中国轻工业“十三五”规划教材

统计学基础

主　编　赵爱威　陈　行
副主编　庞　敏　马　丽

中国轻工业出版社

图书在版编目（CIP）数据

统计学基础/赵爱威，陈行主编.—北京：中国轻工业出版社，2024.1
高等职业教育“十三五”规划教材
ISBN 978-7-5184-1727-8

Ⅰ.①统…　Ⅱ.①赵…　②陈…　Ⅲ.①统计学—高等职业教育—教材　Ⅳ.①C8

中国版本图书馆CIP数据核字（2017）第328084号

责任编辑：张文佳　　责任终审：劳国强　　封面设计：锋尚设计
版式设计：王超男　　责任校对：吴大朋　　责任监印：张　可

出版发行：中国轻工业出版社（北京鲁谷东街5号，邮编：100040）
印　　刷：三河市万龙印装有限公司
经　　销：各地新华书店
版　　次：2024年1月第1版第4次印刷
开　　本：787×1092　1/16　印张：18.5
字　　数：450千字
书　　号：ISBN 978-7-5184-1727-8　定价：39.80元
邮购电话：010-85119873
发行电话：010-85119832　010-85119912
网　　址：http://www.chlip.com.cn
Email：club@chlip.com.cn
如发现图书残缺请与我社邮购联系调换
232201J2C104ZBW

前 言

PREFACE

教材围绕高职教育的培养目标，坚持以能力为本位，以实践为基础，本着“项目导向、任务驱动”的教学理念进行编写。其特点：

（1）创新性。教材在吸收已有教材先进成果的基础上，在内容、体例上均有所创新。在内容上，本着“实用、适用”的原则，少讲“为什么”，多讲“怎么做”，充分体现学生的主体地位，使学生能真正参与到教学的全过程；在体例上，本书各项目开篇有知识目标、能力目标、实例导入，篇中除了任务主体内容外，有“情境创设”“延伸思维”“小思考”“小阅读”等，篇末有思考与练习、技能实训。这样的体例设计，既便于教师组织教学和实践，也便于学生学习和训练。

（2）实践性。教材注重实践性、应用性和技能性。全书以统计工作过程为主线构建项目和任务。共八个项目：认识统计、统计调查、统计整理、统计指标的计算与分析、时间数列分析、统计指数的编制与分析、抽样推断、相关与回归分析，每个项目包含若干任务。通过项目和任务的精心设计，实现了理论与实践的融合，有助于“教、学、做”一体化教学模式的实施。教材各项目特设 Excel 应用板块，培养学生运用 Excel 进行统计计算与分析的基本操作技能。

（3）通俗性。教材内容和语言浅显易懂，深入浅出，一般不作过多的推导与证明。教材中采用大量的图表形式，使教学内容更为具体、形象、直观，便于学生理解和掌握。

（4）适用性。作为一门专业基础课教材，在内容上适当兼顾了财经商贸类各相关专业的教学需要，可适用于高职院校财经商贸类各相关专业。

本教材由山西铁道职业技术学院、安徽职业技术学院组织编写。赵爱威、陈行担任主编，庞敏、马丽担任副主编。具体分工如下：赵爱威（项目六、项目七）；陈行（项目一、项目二）；庞敏（项目四、项目八）；马丽（项目三、项目五）。

编写过程中参阅了许多相关教材和资料，在此谨向这些教材和资料的作者致谢。

由于编者水平有限，书中不足之处在所难免，敬请读者批评指正。

编者

目 录

CONTENTS

项目一 认识统计

【知识目标】

1. 理解统计的含义；
2. 了解统计学的主要特点；
3. 熟悉统计工作过程；
4. 掌握统计学中的几个基本概念。

【能力目标】

1. 培养学生的统计意识；
2. 认识基本的统计现象或统计活动；
3. 能够运用统计语言描述社会经济现象；
4. 树立用统计方法观察和分析问题的理念。

【实例导入】

2016 年全年旅游统计数据报告

2016 年全年，全域旅游推动旅游经济实现了较快增长，大众旅游时代的市场基础更加厚实，产业投资和创新更加活跃，经济社会效应更加明显，旅游业成为“稳增长、调结构、惠民生”的重要力量：国内旅游 44.4 亿人次，比上年同期增长 11%；入出境旅游 2.6 亿人次，增长 3.9%；全年实现旅游总收入 4.69 万亿元，增长 13.6%。

一、全年国内旅游人数增长 11%

根据国内旅游抽样调查结果，2016 年全年，国内旅游人数 44.4 亿人次，比上年同期增长 11%。其中，城镇居民 31.95 亿人次，增长 14.03%；农村居民 12.4 亿人次，增长 4.38%（国内旅游人数城镇和农村居民占比见图 1－1）。国内旅游收入 3.94 万亿元，增长 15.19%。其中城镇居民花费 3.22 万亿元，增长 16.77%；农村居民花费 0.71 万亿元，增长 8.56%。

二、全年入境旅游人数和入境过夜旅游人数分别增长 3.8% 和 4.2%

2016 全年，入境旅游人数 1.38 亿人次，比上年同期增长 3.5%。其中：外国人 2815 万人次，增长 8.3%；香港同胞 8106 万人次，增长 2.0%；澳门同胞 2350 万人次，增长 2.7%；台湾同胞 573 万人次，增长 4.2%（入境旅游人数外国人和港澳台胞占比见图 1－

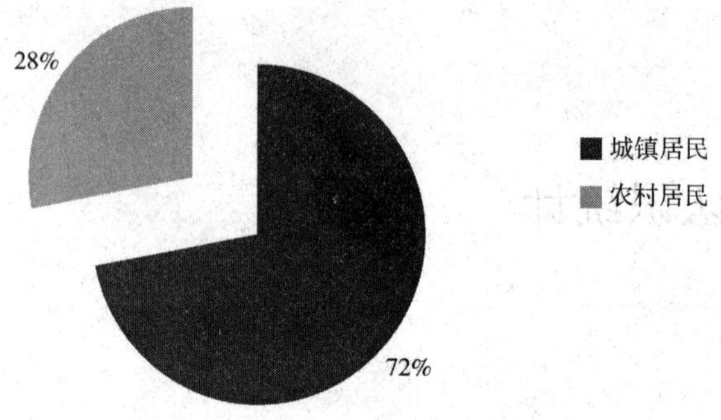

图 1－1　2016 年国内旅游人数城镇和农村居民占比

2）。入境旅游人数按照入境方式分，船舶占 3.4%，飞机占 16.4%，火车占 0.8%，汽车占 21.9%，徒步占 57.5%。

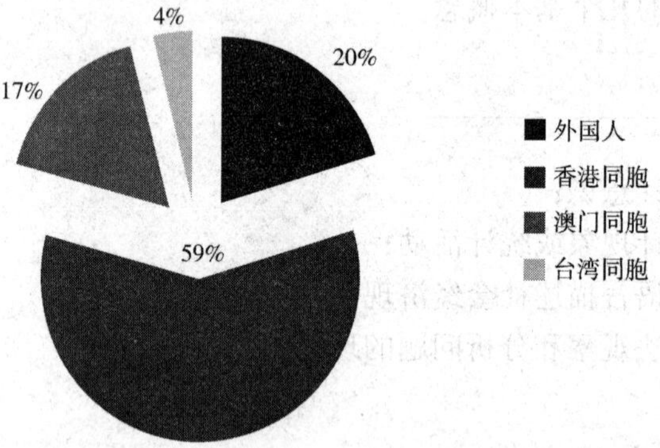

图 1－2　2016 年入境旅游人数外国人和港澳台胞占比

2016 全年，入境过夜旅游人数 5927 万人次，比上年同期增长 4.2%。其中：外国人 2165 万人次，增长 6.7%；香港同胞 2772 万人次，增长 2.3%；澳门同胞 481 万人次，增长 3.1%；台湾同胞 509 万人次，增长 5.0%（入境过夜旅游人数外国人和港澳台胞占比见图 1－3）。

三、全年国际旅游收入达 1200 亿美元

2016 全年，国际旅游收入 1200 亿美元，比上年同期增长 5.6%。其中：外国人在华花费 668 亿美元，增长 10.3%；香港同胞在内地花费 305 亿美元，增长 2.3%；澳门同胞在内地花费 76 亿美元，增长 3.1%；台湾同胞在大陆花费 150 亿美元，增长 5.0%。

四、全年入境外国游客亚洲占比 67.5%，以观光休闲为目的的游客占 33.4%

2016 全年，入境外国游客人数 3148 万人次（含相邻国家边民旅华人数），亚洲占 67.5%，美洲占 10.7%，欧洲占 17.3%，大洋洲占 2.6%，非洲占 1.9%，其他国家占 0.0%（图 1－4）。其中：按照年龄分，14 岁以下人数占 3.6%，15～24 岁占 9.6%，25～44 岁占 46.8%，45～64 岁占 34.3%，65 岁以上占 5.7%（图 1－5）；按性别分，男性占 63.0%，女性占 37.0%；按目的分，会议/商务占 18.4%，观光休闲占 33.4%，探

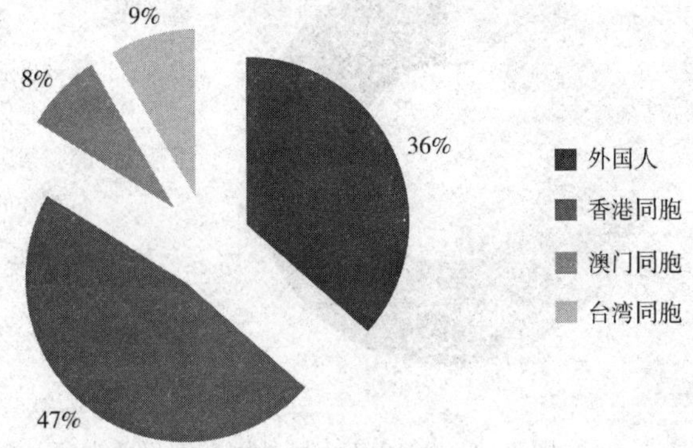

图 1-3　2016 年入境过夜旅游人数外国人和港澳台胞占比

亲访友占 3.1%，服务员工占 15.0%，其他占 30.1%（图 1-6）。

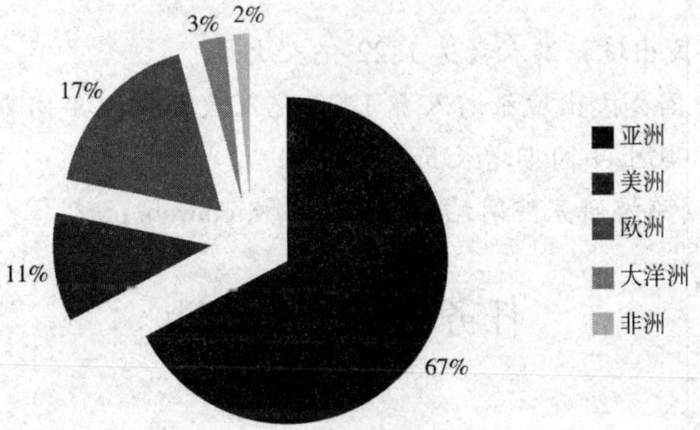

图 1-4　2016 年入境外国游客各大洲占比

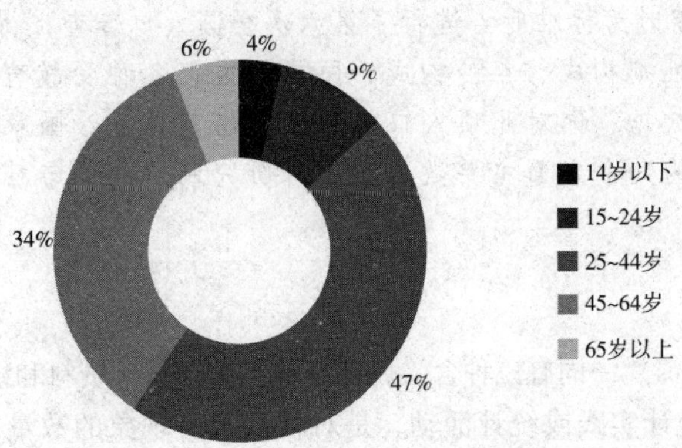

图 1-5　2016 年入境外国游客各年龄段占比

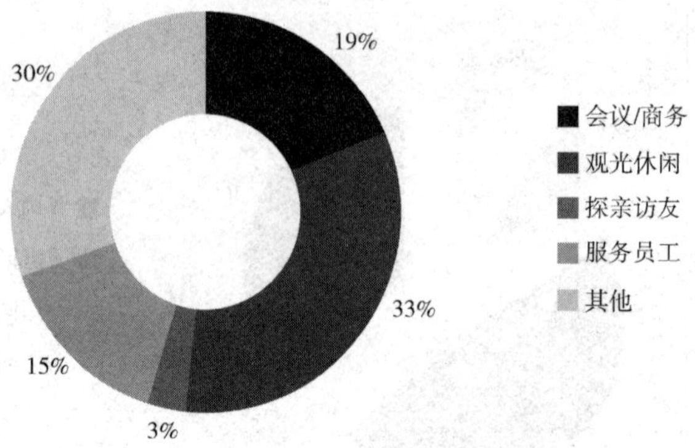

图 1－6　2016 年入境外国游客目的占比

2016 年全年，按入境旅游人数排序，我国主要客源市场前 17 位国家如下：韩国、越南、日本、缅甸、美国、俄罗斯、蒙古、马来西亚、菲律宾、新加坡、印度、泰国、加拿大、澳大利亚、印度尼西亚、德国、英国（其中越南、缅甸、俄罗斯、蒙古、印度含边民旅华人数）。

五、全年中国公民出境旅游人数达 1.22 亿人次

2016 年全年，中国公民出境旅游人数 1.22 亿人次，比上年同期增长 4.3%。出境旅游花费 1098 亿美元，比上年同期增长 5.1%。

（资料来源：中国旅游研究院网站 http：//www.ctaweb.org/）

任务一　了解统计

任务先导

在你的日常生活中，是否接触过"统计"？你能否列举几个统计活动？我国以 2010 年 11 月 1 日零时为标准时点进行了第六次全国人口普查，得出总人口、人口增长、家庭户人口、性别构成、年龄构成、民族构成、各种受教育程度人口、城乡人口、人口的流动等数据。你对此项人口统计活动有何感受？国家为什么要进行人口统计？从以上列出的九个方面主要数据看，对研究制定经济与社会发展战略有哪些指导意义？

一、统计的含义

"统计"（statistics）一词有三种含义，即统计工作、统计资料和统计学。

统计工作，即统计实践或统计活动，是对社会经济现象的数量方面进行数据收集、整理和分析等活动过程的统称。统计工作是统计一词最基本的含义，是人们对客观事物的数量表现、数量关系和数量变化进行描述和分析的一种实践活动，一般包括统计设计、统计调查、统计整理、统计分析与预测、统计资料的提供与开发五个环节。

统计资料，即统计信息，是对统计工作过程中所取得的各项数字资料以及与之相关的其他文字资料、图表资料等的总称，是统计工作的直接成果。统计资料包括原始资料和整理后的次级资料。其形式有原始记录、统计台账、统计表、统计图、统计年鉴、统计分析报告、统计公报等。

统计学是指导人们认识客观现象总体数量特征和数量关系的科学，是对统计实践的经验总结和理论概括，是系统化的知识体系，阐明了统计设计、统计调查、统计整理、统计分析的理论与方法，是一门方法论科学。

统计工作、统计资料和统计学相互依存，相互联系。统计工作是形成统计学的基础；统计资料是统计工作的成果；统计学则是统计工作的理论概括和科学总结，它来源于统计实践，又高于统计实践，反过来又指导统计实践。统计应是统计资料、统计工作、统计学的概括。

二、统计学的产生和发展

统计学是一门古老的科学，迄今已有四五千年的历史。早期的统计学与国家实施政治管理有关。比如，我国古代就有钱粮户口的统计，并在实践中产生了许多思想和方法。春秋时期，齐国在管仲的调查思想指导下，有了第一次经济普查，并且使用了经济折算概念。唐朝杜佑用食盐消费量来推算人口数量，做好户籍管理。在西方，古希腊的亚里士多德撰写“城邦政情”，其内容包括各城邦的历史、行政、科学、艺术、人口、资源和财富等社会和经济情况的比较分析。自17世纪以来，西方一些著名学者的工作促进了统计方法、数学计算和逻辑推理的结合，分析社会经济问题的方式更加注重运用定量分析方法。在19世纪末、20世纪初，以概率论为基础的数理统计学出现了，其中英国学派起了主导作用。

在过去半个多世纪，统计学得到了空前发展，不仅服务于政府职能，而且应用到各行各业，渗透到生活的方方面面。比如，在医学上，研制新药的各个阶段都要做统计分析，用数据来判断新药是否安全有效。在企业管理上，营销过程中的市场调查与预测、生产制造过程中的质量控制和试验设计，都离不开统计学。统计工作的一些方法，比如抽样调查，其用途更加广泛。比如，政治家为摸准选民心理进而调整竞选宣传策略要进行抽样调查，商家为开发产品、投放广告也要进行抽样调查。很多指数也是在抽样调查的基础上取得的，譬如美国道·琼斯股票价格指数就是65种股票价格的某种平均，以反映美国经济状况。

三、统计学的性质和特点

（一）统计学的性质

对任何客观现象的认识，都有质和量两个方面。该现象涉及哪个学科，这一学科自然会研究该现象的“质”的内容。统计学则从另一角度，在此现象实施过程中，从量的方面去认识现象总体的数量特征和数量关系，从而了解现象的规模、水平、发展趋势和整体规律，进而辅助我们更科学地认识现象本质。

可见，统计学只是研究“数据”的方法论科学，它与各领域的实质性科学不同。如社会经济统计学不同于经济学，生物统计学不同于生物学，等等。例如，医学上某种疾病的治疗，其医疗手段、药物配方等都是本学科（医学化学、生物学）等知识的运用，而临床效果如何，需要经过统计获取数据，这样才能更科学地选择最佳方案和最佳治疗手段。再如国家体制的运行，需以政治学、社会学等作为指导思想，但是政策、方针的制定，还必须依靠统计数据，这样才能符合国情国力。

但统计学的基本理论和基本方法应用于不同的领域，产生了不同领域的统计学。例如，统计学应用于生物学领域，产生了生物统计学；统计学应用于天文学，产生了天文统计学，等等。

需要说明的是，本教材所指的统计学，主要针对社会经济现象的数量方面，也即是社会经济统计学。

小思考

在你的专业领域中，会用到统计学吗？试举例。

（二）统计学的特点

统计学的特点，可以归纳为以下四个方面。

1. 数量性

探索现象的数量规律、数量特征是统计学最突出的特点。统计学归根结底是为了概括出现象数量方面的特征和规律，具体包括三方面内容：一是数量多少，即现象的规模、大小、水平等；二是数量关系，即现象的内部结构、比例关系等；三是质与量的关系，即现象质量互变的数量界限。

小思考

据统计：2016 年全年，我国国内生产总值 744 127 亿元，比上年增长 6.7%。其中，第一产业增加值 63 671 亿元，增长 3.3%；第二产业增加值 296 236 亿元，增长 6.1%；第三产业增加值 384 221 亿元，增长 7.8%。第一产业增加值占国内生产总值的比重为 8.6%，第二产业增加值比重为 39.8%，第三产业增加值比重为 51.6%，比上年提高 1.4 个百分点。全年人均国内生产总值 53 980 元，比上年增长 6.1%。全年国民总收入 742 352 亿元，比上年增长 6.9%。

以上资料是否反映了统计学的数量性特征？请具体说明。

2. 总体性

统计学研究的数量是总体的数量，要揭示的是总体的数量特征和规律性。每个现象在各个个体上的体现可能千差万别，具有随机性，而大量的这些随机个体数据综合在一起就会揭示出总体的规律性。可以通俗地说：统计分析就是在这些大量的杂乱无章的数据中寻求总体规律性的过程。例如，在某地消费需求调查中，对每个消费者进行调查的目的，是概括出该地消费者总体的消费需求规律，为企业有针对性地开展营销活动提供依据，每个消费者只是入手点，并不是统计分析的最终对象。再如，了解市场物价情况，统计着眼于整个物价指数的变动，而不是某一种商品价格的变动。当然，物价统计必须从了解每种有关商品的价格变动情况开始，才能经过一系列的统计工作过程，达到对于物价总体数量变化情况的认知。

3. 具体性

统计学研究的是具体事物的数量方面，即研究客观经济现象在一定时间、地点、条件下的数量表现，而不研究抽象的数量。统计学中的每一个数据都会对应于某一具体事物的具体内容。例如，2016 年全年，我国国内生产总值（按当年价格计算）744 127 亿元，这一数据具体反映了在一定的时间（2016 年）、地点（我国）、条件（按当年价格计算）下，所有常住单位所生产和提供的最终产品和劳务市场价值的总和。具体性是统计学区别于数学、数理统计的重要特征之一。

4. 社会性

前已述及，本教材所指的统计学是社会经济统计学，针对的是社会经济现象总体，属社会科学范畴。任何社会经济现象不仅涉及物与物之间的关系，而且涉及物与人、人与人之间的关系。所有的统计数据总是与人们的利益相关，反映着人们之间的相互关系。统计研究通常会通过数量特征和数量关系，来反映各种社会关系的特点和实质。统计学的社会性，要求我们在进行统计调查、统计分析时，要考虑社会制度、社会规范、社会心理等因素。

四、统计工作任务与工作过程

（一）统计工作任务

《中华人民共和国统计法》明确规定：统计的基本任务是对经济社会发展情况进行统计调查、统计分析，提供统计资料和统计咨询意见，实行统计监督。可见，统计工作任务归纳起来就是两个方面：统计服务和统计监督。

统计服务的具体内容又可以归纳为信息和咨询，即统计工作通过搜集、整理和分析全面系统的信息资料来发挥它的咨询服务作用。具体来讲，信息服务是指根据科学的统计指标体系和统计调查方法，灵敏、系统地采集、处理、传递、存储和提供大量的以数量描述为基本特征的社会经济信息。咨询服务是指利用已经掌握的统计信息资源，运用科学的分析方法和先进的技术手段，深入开展综合分析和专题研究，为科学决策和管理提供各种可供选择的咨询建议与对策方案。

统计监督是指通过统计对社会经济各方面的运行情况进行检查监督和预警，同时根据客观实际的变化，及时向决策机构发出适时调整政策的建议，以促使经济和社会持续、协调、稳定地发展。随着经济社会的发展，统计监督的功能愈发显得重要。我们不仅要对微观经济进行统计监督，也要对宏观经济进行统计监督。这种监督作用，是通过准确地反映社会经济各方面的实际过程和结果，并通过对计划执行情况的检查来实现的。

信息、咨询、监督通常被称为统计的三大职能。

小阅读

我国建立有统计公报制度。中国统计公报是定期发布的，有月度、季度、半年度和年度公报，揭示国民经济和社会发展的月度、季度、半年度和年度的发展情况。其中，月度的统计公报主要反映以 GDP、CPI、PPI、PMI 为核心指标的国民经济和社会发展的月度情况、同比变动情况、环比变动情况等。由于时间较短，收集的资料有限，月度公报的内容很精练。国家统计局每月中旬公开发布上一个月份的国家宏观经济月度基本数据。而年度公报较全面详细地反映国民经济和社会发展的情况，可为宏观调控、科学研究、国际交流、企业管理、信息咨询、统计监督提供充分的依据。各地方政府统计部门按照我国统计制度的规定发布本地方的年度统计公报。

现代社会，计算机技术和互联网技术飞速发展，为统计公报制度的实施提供了必要的技术条件，更好地发挥了统计监督和统计信息咨询的服务功能。此外，为了更好地发挥统计的功能，加强宏观经济管理，及时掌握经济发展状况，为国民经济和社会发展服务，国家统计局常常开展各种专项调查或普查，如经济普查、人口普查、1%人口抽样调查、工业普查、农业普查等。为了及时反映普查进度和普查成果，经常发布各种普查公报。

（二）统计工作过程

情境创设

某大型手机卖场为了提高对手机市场的认知程度，更好地服务于顾客，需要了解消费者所持有手机的品牌、价格与消费者年龄、性别等特征之间的关系。这项任务是否属于统计工作范畴？该工作该如何开展呢？

统计工作是对社会经济现象进行调查分析以认识其本质和规律性的一种工作。就一次统计活动来讲，一个完整的统计工作过程一般可以分为五个环节，即：统计设计、统计调查、统计整理、统计分析与预测、统计资料的提供与开发。

统计设计是根据统计的目的和任务对统计工作的各个方面和各个环节所做的通盘考虑。它包括：统计指标和指标体系的设计、统计分组的设计、统计调查和整理的方法与步骤的设计、统计力量的组织安排等。统计设计的结果形成统计设计方案。

统计调查是统计活动的第二个阶段。它的主要任务是按照一定的目的和调查提纲，采用科学合理的组织方式和调查方法，搜集准确可靠的资料，获得丰富的感性认识。这一阶段既是认识客观事物的起点，也是进一步进行加工整理和分析的基础。

统计整理是统计活动的第三个阶段。它的主要任务是把调查得来的大量资料，进行全面的、系统的科学整理。统计整理首先要审查搜集的资料，并把资料进行各种分组，然后汇总计算出总体和各组的指标数值，最后编制成完整的统计表或统计图，使之能说明现象总体的特征，反映事物的本质和规律性。

统计分析与预测是统计活动的第四个阶段。它的主要任务是运用一定的方法对整理过的统计资料进行分析研究，从而得出反映社会经济现象本质和联系的结论。应当指出的是，统计分析不应仅限于对“过去”的社会经济现象进行分析评价，还应当对“未来”的发展情况进行预测分析。因为统计工作的重要目的之一是为了推测将来和指导工作。应该说，统计分析与预测是统计的出发点和归宿。

统计资料的提供与开发是实现统计信息社会化和商品化的重要步骤。统计资料的提供，是指统计部门在搜集到和整理出准确而丰富的统计信息的基础上，建立数据库、信息库，办好开放式统计，以各种方式为社会各界提供信息服务和咨询服务，实施统计监督；统计资料的开发，则要求充分利用统计信息资源，进行深层次加工，以发挥其多方面的社会功能，达到信息共享和信息多次利用的目的。

小阅读

2010 年 12 月，全国统计工作会议提出了“四大工程”的概念。会议指出，抓住统计事业发展的重要战略机遇期，奋力提高统计能力、统计数据质量和政府统计公信力，全面推进统计工作规范统一、改革创新、公开透明，充分发挥统计在国家宏观调控和经济社会管理中的基础性作用，非常重要的一个抓手就是要加快建设基本单位名录库、企业一套表制度、数据采集处理软件系统和联网直报系统等互相联系、共为整体的“四大工程”。

“四大工程”是一个有机整体，基本单位名录库是基础，企业一套表制度是核心，统一的数据采集处理软件系统是平台，联网直报系统是手段。简言之，“四大工程”就是统一的基本单位名录库中的法定调查单位，按照企业一套表制度规定的调查内容，采用统一的数据采集处理软件，将原始数据通过互联网直接报送全国统一的数据中心，实现各级统计机构在线同步接收、审核和共享原始数据，确保数据的真实准确、完整及时。

五、统计分析的基本方法

（一）大量观察法

大量观察法是指在统计过程中必须对现象的全部或足够多的单位进行调查。它主要应用于统计调查阶段。由于总体的复杂性和差异性，各个个别单位往往不能反映出总体的一般规律和特征，这就要求统计必须调查、搜集足够多的资料，以消除个别单位的差异，反映出总体的特征和规律。运用大量观察法，既可以对总体的所有单位进行全面调查，也可以对总体中足以表现总体本质特征的部分单位进行各种非全面调查。

小思考

表 1－1 是统计史上著名的"掷币实验"结果。

表 1－1　　　　掷币实验结果

实验者	掷币次数（n）	正面次数（m）	正面频率（m/n）
A	30 000	14 994	0. 499 8
B	24 000	12 012	0. 500 5
C	12 000	6 019	0. 501 6
D	4 040	2 048	0. 506 9
E	2 048	1 061	0. 518 1

以上结果说明了什么？你自己做一同样的实验，观察并记录每次的结果，随着实验次数的增加，是否会得出规律性结论？

（二）统计分组法

统计分组法是根据统计分析的目的和现象的总体特征，把总体各单位按一定的标志划分为不同性质或类型的组别。统计分组法主要应用于统计整理阶段。这种方法可以把总体内部相同的或相近的单位归并在一起，把组与组明显区别开来，进而反映总体的内部结构，分析总体各部分之间的相互关系，从而阐明现象的本质和规律。

（三）统计指标法

统计指标法就是运用各种统计指标对社会经济现象的数量方面进行综合、概括的分析方法。统计指标法包括的具体方法很多，如总量指标法、相对指标法、平均指标法、标志变异指标法、时间数列分析法、统计指数法、相关分析法等。

思维延伸

统计指标法和统计分组法之间存在密切关系。统计分组如果没有相应的统计指标来反映现象的规模水平，就不能揭示现象总体的数量特征；而统计指标如果不进行科学的统计分组，就无法划分事物变化的数量界限，进而会掩盖现象的矛盾，成为笼统的指标。

在实际应用中，统计指标法属于描述统计的范畴。

描述统计是统计研究的基础，它为统计推断、统计咨询和统计决策提供必要的统计数据资料，其内容包括集中趋势分析、离中趋势分析和相关分析三部分。

集中趋势分析主要靠平均数、中位数、众数等统计指标，来反映数据分布的集中趋势，即各数据向其中心值靠拢或聚集的程度。例如，考试的平均成绩是多少？是正偏分布还是负偏分布？

离中趋势分析主要靠全距、平均差、标准差等统计指标，来反映数据分布的离散程度，即各数据远离其中心值的趋势。例如，分析两个教学班的某门课成绩，哪个班级的成绩分布更分散，就可以用两个班级的标准差来比较。

相关分析探讨数据之间是否具有统计学上的关联性以及关联程度和方向。

（四）统计推断法

统计推断法也称归纳推断法，是根据样本数据来推断总体数量特征的方法，是归纳法在统计推理中的应用。归纳法是指由个别到一般、由具体到概括、由局部到总体的推理方法，它可以使我们从具体的事实得出一般性结论。在统计活动中，我们所面对的总体往往包含大量的甚至无限多的总体单位，对所有个体进行调查登记有时候是没有必要的，有时也是不可能的，这样，我们只能对其中的一部分单位进行调查登记，并且用这一部分单位所组成样本的资料对整个总体的数量特征做出科学的统计推理。

（五）统计模型法

统计模型法是根据一定的经济理论和假设条件，用数学方程模拟现象发展变化趋势或现象之间相互关系的方法。如相关与回归分析法、统计预测法等。利用这种方法，可以对社会经济现象发展变化过程中存在的数量关系进行比较完整和近似的描述，从而简化客观存在的复杂关系，以便于利用模型对社会经济现象的发展变化进行数量上的评估和预测。

小思考

“啤酒与尿布”的故事产生于20世纪90年代的美国沃尔玛超市中。沃尔玛超市管理人员通过分析大量销售数据，发现了一个令人难于理解的现象：在工作日的下午5点到7点，啤酒和尿布的零售额都会有一次同比攀升，即二者存在显著的相关关系。

这一现象引起了管理人员的注意，经过后续调查发现，产生这一关联的原因是年轻的爸爸（25 ~35 岁）在下班后被妈妈派去超市为孩子买尿布的同时，会购买啤酒来奖励自己；或者年轻的父亲因为要照顾小孩，所以没有时间去酒吧喝酒，只能在超市买啤酒喝。

沃尔玛超市充分利用这一研究成果，将啤酒和尿布放在临近的柜台销售，方便了买尿布的爸爸购买啤酒或者买完啤酒的爸爸购买尿布，从而显著提高了啤酒和尿布的销量。

请问：沃尔玛超市管理人员采用了哪种统计分析方法？

小阅读

中国统计开放日是由国家统计局创办，旨在庆祝“世界统计日”成立，同时推动中国统计公开透明，更好地服务于社会。从2010年起，每年9月中旬即为“中国统计开放日”。

2010 年 6 月 3 日，联合国大会第 64/267 号决议决定将 2010 年 10 月 20 日定为“世界统计日”，主题为“庆祝官方统计的众多成就”，以体现官方统计“服务、诚信、专业”的核心价值。联合国邀请中国政府共同庆祝“世界统计日”，并将庆祝“世界统计日”全球主会场设在上海世博园联合国馆。

为庆祝“世界统计日”，同时推动中国统计公开透明，更好地服务于社会，中国国家统计局决定，将 2010 年 9 月 20 日定为“中国统计开放日”，以“统计和您在一起”和“走向公开透明的中国统计”为主题，开展了一系列活动。9 月 20 日当日，在国家统计局办公楼举办了开放日现场活动，邀请网友、媒体、专家等各类代表和统计用户走进国家统计局，参观座谈，共话农业实割实测、人口普查、CPI 采价等统计话题，以促进公众了解统计、走近统计、感受统计。

社会公众代表和部分新闻媒体代表应邀走进国家最高统计机关，深入了解中国政府统计工作走过的不平凡历程和取得的辉煌成就，耳濡目染统计科学知识，亲历观摩统计工作、数据生产和发布的模拟过程，零距离观察统计工作者的工作状态和精神面貌，实地参观国家统计局现代化的办公环境并进行面对面的交流互动。这是社会公众深入认识统计、感受统计的一次难得机会，更是中国政府统计展示统计的服务宗旨、诚信理念和专业精神，争取广大社会公众理解和支持，不断推进新形势下统计科学发展长远大计的重大举措，进一步推进中国统计走向公开透明的积极努力。

前五届“中国统计开放日”的主题分别为：第一届——公开透明；第二届——规范统一；第三届——改革创新；第四届——统计为您服务；第五届——统计人，统计梦。

任务二　识记统计学中的基本概念

任务先导

在“任务一”中，你接触到哪些统计术语？你会解释吗？媒体报道中出现的一些统计术语，你都能理解吗？对于某一统计现象或统计活动，你能从专业的角度，用统计语言去描述吗？

一、统计总体和总体单位

（一）统计总体

统计总体简称总体，是由统计分析的目的、任务和要求所界定出的被分析对象的全体。它是由客观存在的、在同一性质基础上结合起来的许多个别事物的整体。例如，要分析某市商业企业的经营情况，那么该市所有的商业企业就组成一个统计总体；要分析某省高等院校的基本情况，那么该省所有高校就组成一个统计总体。

思维延伸

按照总体中所包含的个别事物是否可以计数，总体可分为有限总体和无限总体两种。有限总体包含的个体是有限的、可以计数的，反之就是无限总体。如某市所有商业企业构成的总体就是有限总体，而某工业企业连续生产的某种产品构成的总体就是无限总体(因产品不断产出)。

统计总体具备三个特征：同质性、大量性、变异性。

同质性是指总体中各个单位必须具有某一方面的共性。同质性是构成总体的必要条件。大量的个体只有在具有某种共同性质时才能把它们结合在一起，成为我们分析的对象。

大量性是指总体必须由大量单位结合组成，仅仅个别单位或少数事物的结合不足以构成总体。大量性是组成总体的基本前提。被分析对象的每个个体的特征表现都具有某种偶然性，只有获取了大量的个体信息，才会表现出该现象的一般规律性。总体的本质特征只有在对众多个别单位的数量特征进行综合时才能反映出来。

变异性是指构成同一总体的各个单位，除了具有某种共同性质以外，在其他方面又要有差异。变异性是统计分析的前提条件，如果总体中的每个个体在各个方面都一样，就没有统计的必要了，只分析其中的某一个个体就行了。正因为个体间的许多方面有差异、杂乱无章，才有必要进行统计分析，寻求总体的一般规律性。

小思考

为了了解我国国有工业企业的生产经营情况，从11万个国有工业企业中抽选出有代表性的1万个企业进行调查分析，这些企业的行业不同、规模不同、资金使用也不同。

这一例子体现了统计总体的哪些特征?

（二）总体单位

总体单位是指构成统计总体的每个个别事物，它是组成统计总体的基本单位，简称为单位。例如，某市所有商业企业组成一个统计总体，该市的每个商业企业就是总体单位；某省所有高校组成一个统计总体，该省的每所高校就是总体单位。

（三）统计总体和总体单位之间的关系

总体和总体单位之间是整体与个体的关系，二者互为存在条件，没有总体单位，总体就不存在；反之没有总体，同样也不会有总体单位。但两者地位的划分并非固定不变，而是随着统计分析任务、目的及范围的不同，二者可以相互转化。如分析某市所有商业企业经营情况时，该市A商业企业是总体单位，但若分析A企业的经营情况时，它便成为总体。

二、标志和统计指标

（一）标志

标志是说明总体单位属性或特征的名称。每个总体单位从不同角度考察，都具有许多属性和特征。例如，每位职工作为总体单位，都具有性别、年龄、文化程度、工种、工资等属性或特征，这些属性或特征的名称即为标志。

标志和总体单位关系密切，总体单位是标志的直接承担者，标志依附于总体单位。

为了便于进行统计分析，可以从不同的角度对标志进行分类。

1. 品质标志和数量标志

按照标志所反映的总体单位特征的不同，标志可分为品质标志和数量标志。

品质标志反映总体单位属性特征，如学生的性别、企业的经济类型等，一般用文字来表现；数量标志则反映总体单位数量特征，如年龄、工资等，可以用数字来表现和计量。

无论是品质标志或数量标志，其标志特征在总体单位上的具体表现称为标志表现。如“性别”为标志，“男”或“女”为标志表现；“年龄”为标志，“25 岁”为标志表现。数量标志的具体表现称为标志值，如“25 岁”为标志值。

2. 不变标志和可变标志

按照标志在总体中各单位的具体表现是否完全相同，标志可分为不变标志和可变标志。

当总体各单位在某一标志上的具体表现完全相同时，这一标志就是不变标志，若不完全相同，则为可变标志。例如，在女学生总体中，每个学生在“性别”这个标志上都表现为女性，因此，“性别”这个标志就是女学生总体中的不变标志。而在女学生总体中的其他标志，如年龄、体重、爱好等，则是不尽相同的，这些就是可变标志。

显然，构成一个总体必须至少有一个不变标志，不变标志是构成总体的基础，而统计分析的主要对象则是那些可变标志。

小思考

班级每一个学生作为总体单位，具有哪些标志？其中哪些是品质标志，哪些是数量标志？哪些是不变标志，哪些是可变标志？

（二）统计指标

1. 统计指标的概念

统计指标是反映统计总体数量特征的概念和具体数值，简称指标。一个完整的统计指标由指标名称和指标数值组成。指标名称是反映统计总体现象的概念，表明现象总体的质的规定性；指标数值则是统计所研究现象的具体数量综合的结果，对某一现象总体特征从数量上加以说明，表明现象总体的量的规定性。例如，2016 年我国全年国内生产总值 744 127 亿元，就是一个统计指标，“国内生产总值”是指标名称，“744 127 亿元”

是指标数值。

2. 统计指标的特点

统计指标主要具有三个特点：数量性、综合性和客观性。

数量性，即所有的统计指标都是用数值来表现的，它所反映的是客观现象总体的数量特征。这是统计指标最基本的特点。

综合性，即统计指标是总体中各单位数量综合的结果。统计指标的形成都必须经过从个体到总体的过程。

客观性，即统计指标是社会经济现象在具体时间、地点和条件下的数量表现，其数值是客观存在的。

3. 统计指标的分类

统计指标按其说明的总体现象内容的不同，可分为数量指标与质量指标。数量指标是说明总体绝对数量多少的统计指标，一般以绝对数来表示。如国内生产总值、全国人口数等。质量指标是说明总体内部数量关系和总体单位一般水平的统计指标。它通常反映总体的相对发展程度、经济效果、工作质量等，一般以相对数或平均数来表示。如产品合格率、平均工资等。

统计指标按其作用和表现形式不同，可分为总量指标、相对指标和平均指标。总量指标是反映总体现象规模的统计指标，它表明总体现象发展的结果。如国内生产总值、全国人口数等。相对指标是两个有联系的统计指标对比而得到的，其具体数值表现为相对数。如计划完成程度、人口密度、人口的年龄构成等。平均指标是按某个数量标志说明总体单位一般水平的统计指标。如平均工资、平均成本等。

（三）统计指标体系

统计指标体系，是指若干个相互联系、相互作用的统计指标组成的整体，用以反映社会经济现象各方面相互依存和相互制约的关系。统计指标体系一般表现为两种形式：一种是通过一定的数学形式来表示，反映现象各方面之间的因果联系。如销售额 = 销售量 × 单价，利润 = 收入 − 费用，期末结余 = 期初结余 + 本期增加 − 本期减少；另一种是指标之间没有数量上的对等关系，不能用数学公式来表达，但却相互联系、相互补充。如反映工业企业经济效益的统计指标体系，可由职工人数、产品产量、净产值、劳动生产率、销售收入、总利税额、资金利润率等指标构成。

（四）统计指标与标志的关系

统计指标与标志之间既有联系，又有明显的区别。

其区别表现为：①指标是反映总体特征的，而标志是反映总体单位特征的。②指标必须数量化，没有不能用数值表达的统计指标。而标志中既有用数字表现的数量标志，也有用文字表现的品质标志。

其联系表现在：①标志是指标的基础，许多统计指标的数值都是由总体单位的数量标志的标志值汇总而来的。如某市 2016 年工业企业从业人数 652 万人这个指标，就是将每一个工业企业的数量标志“从业人数”的标志值经过汇总计算得到的。②指标和标志的确定并非一成不变，当总体和总体单位随着分析目的和任务的不同而发生变换时，指标和标志也必然随之发生相应变换。例如，要分析某市所有商业企业经营情况时，该市 A

商业企业的利润额是数量标志；而要分析 A 企业的经营情况时，其利润额就变成了指标。

小思考

把你所在的班级作为一个总体，你能想到有哪些统计指标？其中哪些是数量指标，哪些是质量指标？哪些指标可以构成指标体系？

三、变异和变量

（一）变异

变异是指可变标志之间的差异。如职工性别标志表现为男、女的差异，年龄标志表现为 22 岁、23 岁、24 岁等的差异等。客观事物普遍存在着变异性，变异是统计的前提条件，没有变异就无须统计。

（二）变量

变异有品质上的差异和数量上的差异。变量则专指数量上的差异，也即可变的数量标志叫变量。变量的具体取值叫变量值。如学生年龄是变量，职工月收入是变量。年龄 23 岁、月收入 3450 元，则 23 岁、3450 元是变量值。

变量按变量值是否连续可分为连续变量和离散变量。连续变量是指在变量的取值范围内可以无限取值的变量，即使在取值范围内的一个很短的区间上也可以取无数个数值，其变量值既可以是整数，也可以是小数，如身高、体重、销售额等。连续变量的数值可用测量或计算的方法取得。离散变量在其取值范围内只能间断地取值，变量值一般表现为整数（实际上往往为自然数），如人数、商店数等。离散变量的数值只能用计数的方法取得。

变量按性质可分为确定性变量和随机变量。确定性变量是指影响变量值变动的是某种起决定性作用的因素，变量值的变化遵循某一确定的规律。例如，由于先进管理水平和生产技术的引进，从而使某企业产品的产量逐年上升，则该产品产量就是确定性变量。随机变量是指影响变量值变动的因素很多，变量值的变动具有偶然性，没有一个确定的规律。例如，抛一个骰子，所有可能得到的点数就是一个随机变量。随机变量是进行抽样推断的前提，统计学中所讨论的变量绝大多数都属于随机变量。

四、流量与存量

流量是指一定时期测算的量。对于流量必须指明时期，具有时间量纲。如消费额是某一时期用于消费而支出的货币流量，产值则是某一时期生产经营活动成果的货币流量。

存量是指一定时点上测算的量。对于存量必须指明时点，不具有时间量纲。如一定时点的人口数、资产与负债、居民存款余额等。

流量与存量互相依存，缺一不可。经济中的许多流量都有与其直接对应的存量，如金融资产流量与金融资产存量相对应。一般来说，存量是流量的前提和基础，而流量在一定程度上取决于存量的大小。因为一定时期的经济流量，总是以其期初存量为基础或条件，期初存量与本期流量就形成期末存量。

对社会经济现象分别进行存量分析和流量分析，可以使我们既了解现象发展变化的过程，又能把握现象发展变化的最终结果。

思考与练习

一、判断题

1. 教授是品质标志。(　　)

2. 2016 年甲地共有高等院校 82 所是数量指标。(　　)

3. 标志值是由许多统计指标的数值汇总而来的。(　　)

4. 变异是统计的前提条件，没有变异就无须统计了。(　　)

5. 当总体单位变为总体时，数量标志就变为指标。(　　)

二、单项选择题

1. 下列标志中属于数量标志的是（　　）。

A. 性别　B. 文化程度　C. 籍贯　D. 工龄

2. 某城市工业企业设备普查，总体单位是（　　）。

A. 工业企业全部设备　B. 工业企业每一台设备

C. 每个工业企业的设备　D. 每一个工业企业

3. 指标是说明总体特征的，标志是说明总体单位特征的，所以（　　）。

A. 标志和指标之间的关系是固定不变的

B. 标志和指标之间的关系是可以变化的

C. 标志和指标都是可以用数值表示的

D. 只有指标才可以用数值表示

4. 将公司 800 名员工的工资额加起来除以 800，这是（　　）。

A. 对 800 个标志求平均数　B. 对 800 个变量求平均数

C. 对 800 个变量值求平均数　D. 对 800 个指标求平均数

5. 下列统计指标中，不属于质量指标的有（　　）。

A. 工资总额　B. 单位产品成本　C. 产品合格率　D. 人口密度

三、多项选择题

1. 在全国人口普查中，(　　)。

A. 年龄是数量标志　B. 性别是品质标志

C. 平均家庭人口数是数量指标　D. 全国人口数是统计总体

E. 某人籍贯“山西”是品质标志表现

2. 下列指标中，属于数量指标的有（　　）。

A. 人口密度　B. 全国总人口数

C. 国民生产总值　D. 出勤率

E. 产品库存量

3. 下列各项中，属于离散变量的有（　　）。

A. 就业人口数　B. 实训设备数

C. 及格率　D. 产品产值

E. 馆藏图书数

4. 下列标志中，属于品质标志的有（　　）。

A. 职工工资　　B. 单位产品成本
C. 旷课次数　　D. 人口籍贯
E. 产品质量

5. 总体、总体单位、标志、指标之间的相互关系表现为（　　）。
A. 没有总体单位也就没有总体，总体单位也离不开总体而存在
B. 统计指标的数值来源于标志
C. 总体单位是标志的承担者
D. 标志是说明总体单位特征的，而指标是说明总体特征的
E. 指标可以用数值表示，而标志不可以用数值表示

四、简答题

1. 简述统计的含义。
2. 统计学有哪些特点？
3. 统计工作过程包括哪些环节？
4. 什么是统计总体和总体单位？二者关系是怎样的？
5. 什么是标志和指标？它们的关系如何？

五、分析题

对以下各题中的各项内容，指出哪些是品质标志，哪些是数量标志，哪些是标志表现；哪些是数量指标，哪些是质量指标，哪些是指标值；若是变量时，哪些是连续变量，哪些是离散变量。

1. 在对外贸易统计中，某海关的统计内容：
（1）产品种类　　（2）仓库库存量
（3）货柜发往地　　（4）出口商品价格
（5）出口某品牌冰箱单价 $450　　（6）进口商品税额
（7）出口电脑总数　　（8）进口相机数
（9）进口德国轿车 120 辆　　（10）进口巴西农产品总金额
（11）进口美国柑橘品种数　　（12）出口退税率
（13）2016 年出口总额 13.84 万亿元

2. 某地区的劳资统计内容：
（1）全部在职职工年末人数总计
（2）2016 年年末全部在职职工总人数 5.6 万人
（3）商业企业职工平均工资
（4）2016 年商业企业职工平均工资 57 950 元
（5）工商注册的商贸公司数
（6）金星大酒店
（7）某行业职工的工资总额
（8）公务员职务
（9）生产工人人数
（10）男女在职职工比率

3. 某地区农业统计内容：
（1）粮食品种数　　（2）玉米
（3）水稻播种面积　　（4）A 村小麦播种面积 420 亩
（5）粮食总产量　　（6）粮食亩产量
（7）土地类型　　（8）人均占有土地量

(9) A 村山坡贫瘠土地 120 亩　　(10) 2016 年粮食总产值 4.5 亿元
(11) 生猪存栏数

技能实训

【实训目的】

1. 引导学生树立统计意识;
2. 使学生在实践中进一步认识和体会统计中的基本概念;
3. 培养学生严谨、求实的作风。

【实训任务】

请尝试对我校某系（或其中的某年级）全部学生情况进行统计。任务包括：确定统计总体、总体单位；根据每个学生的各方面特征属性划分品质标志和数量标志；对学生总人数、学生团员总数、男女生比重、入学平均分等数据进行汇总统计。

【实训要求】

全班同学分组，组内同学分工、协作，共同完成任务。

【成果检验】

每组同学将整个实训内容整理成实训报告并提交，由教师随机挑选某组做课堂汇报与交流分享。教师对各组进行点评及成绩评定。

项目二 统计调查

【知识目标】

1. 了解统计调查的含义和种类；
2. 熟悉统计调查方案的主要内容；
3. 掌握统计调查的组织方式和各种统计调查方法。

【能力目标】

1. 能够设计统计调查方案；
2. 能够灵活运用各种调查组织方式和调查方法，组织实施统计调查。

【实例导入】

第三次全国农业普查方案（摘要）

第一部分　总说明

一、普查目的和意义

农业普查是全面了解“三农”发展变化情况的重大国情国力调查。组织开展第三次全国农业普查，查清我国农业、农村、农民基本情况，掌握农村土地流转、农业生产、新型农业经营主体、农业规模化和产业化等新情况，反映农村发展新面貌和农民生活新变化，对科学制定“三农”政策、促进我国实现农业现代化、全面建成小康社会，具有十分重要的意义。

二、普查对象

第三次全国农业普查的登记对象是中华人民共和国境内的农业经营户、农业经营单位、居住在农村且有确权（承包）土地的住户；填报对象是列入农业普查范围的村（居）民委员会、乡镇（街道）；遥感测量对象以农作物种植地块为主，并包括其他与之相关的土地覆盖要素。

三、普查行业范围

第三次全国农业普查的行业范围包括农作物种植业、林业、畜牧业、渔业和农林牧渔服务业。

四、普查内容

第三次全国农业普查主要包括以下内容：

（一）农业从业者情况；
（二）土地利用和流转情况；
（三）农业新型经营主体情况；
（四）农业现代化进展情况；
（五）农业生产能力和结构情况；
（六）粮食生产安全情况；
（七）农产品销售与农村市场建设情况；
（八）村级集体经济与资产状况；
（九）乡村治理情况；
（十）乡镇社会经济发展状况；
（十一）农民生活状况；
（十二）建档立卡贫困村与贫困户情况；
（十三）主要农作物种植等空间分布情况。

五、普查表种类及登记原则

第三次全国农业普查共设6张普查登记表，包括农户普查表、规模农业经营户普查表、农业经营单位普查表、行政村普查表、乡镇普查表和农作物面积遥感测量实地调查表。

（一）农户普查表，用于登记农业经营户、居住在农村且有确权（承包）土地的住户。登记原则是在乡镇的普查区范围内居住，以居住地为原则登记；不在乡镇的普查区范围内居住，但在普查区内从事农业经营活动，以生产地为原则登记。

（二）规模农业经营户普查表，用于登记符合规模农业经营户标准的住户。登记原则与农户普查表相同。

（三）农业经营单位普查表，用于农业经营单位的登记。以在地原则登记，地域范围为县域。在县域范围内的农业法人单位以及所属的全部农业产业活动单位作为一个对象在普查区登记；如果其所属的农业产业活动单位在本县域范围之外，则在该产业活动单位经营所在地的普查区登记。

（四）行政村普查表，用于登记所有的村民委员会，以及有农业经营活动的居民委员会和具有村级行政管理职能的管理机构。由普查区农业普查工作组收集相关信息直接填报。

（五）乡镇普查表，用于登记所有的乡、镇人民政府，以及有农业经营活动的街道办事处和具有乡镇政府职能的管理机构。由乡镇农业普查办公室收集相关信息直接填报。

（六）农作物面积遥感测量实地调查表，用于对农作物遥感影像的实地核实和调查。

六、普查组织

第三次全国农业普查的组织原则为“全国统一领导、部门分工协作、地方分级负责、各方共同参与”。全国农业普查工作在国务院和地方各级人民政府领导下进行。国务院、省（自治区、直辖市和新疆生产建设兵团）、地（市、州、盟）、县（市、区、旗）设立农业普查领导小组和办公室。乡镇、列入农业普查范围的街道和具有乡镇政府管理职能的农（林、牧、渔）场设立乡镇农业普查办公室。行政村、列入农业普查范围的居委会和具有村级行政管理职能的农（林、牧、渔）场设立农业普查工作组。省、地、县级农业普查领导机构的主要任务是制订计划并组织领导本地区的农业普查工作。乡镇农业普查办公室、村级农业普查工作组的主要任务是做好农业普查各项工作的具体组织实施。

中国人民解放军和中国人民武装警察部队单独设立农业普查机构，负责制定本系统农业普查工作计划和具体实施方案，并负责组织实施。司法系统在各有关省、自治区、直辖市农业普查办公室统一协调下开展普查工作。

主要农作物面积遥感测量工作在国务院及各省（自治区、直辖市）农业普查领导小组办公室统一领导下，由国家统计局各调查总队具体组织实施。全国分为两类不同要求的测量地区。A 类地区为北京、河北、内蒙古、辽宁、吉林、黑龙江、江苏、浙江、安徽、福建、山东、河南、湖北、广东、新疆 15 个省（自治区、直辖市）；B 类地区为天津、山西、上海、江西、湖南、广西、海南、重庆、四川、贵州、云南、西藏、陕西、甘肃、青海、宁夏 16 个省（自治区、直辖市），具体测量要求详见《第三次全国农业普查农作物面积遥感测量工作方案》。

七、普查区划分及普查人员配备

（一）普查区按村（居）民委员会所辖地域划分。每个普查区至少配备一名普查指导员。

（二）普查区下设置普查小区。原则上以村民小组划分普查小区，每个普查小区户数控制在 100 户左右。为方便组织普查工作，对规模较大或居住较分散的村民小组、自然村可适当拆分；对规模较小的村民小组、自然村可适当合并。没有村民小组，或村民小组的住户居住交叉、分散时，参照地理标识划分普查小区。根据行政村规模不同，每个村配备 1 个以上现场数据采集小组，每组配备 2 名普查员。

（三）遥感测量实地调查样方数量，满足省级测量要求的需要 300 个以上抽中普查区（个别省可适当少一些），满足县级测量要求的平均每个县至少 15 个抽中普查区；另外每个普查区内抽中 5 个 200 米×200 米大小的样方，样方框压盖的自然地块为调查样本。

八、普查时间安排

普查时点为 2016 年 12 月 31 日 24 时。凡是年末资料，均以普查时点数据为准。

普查时期为 2016 年 1 月 1 日至 12 月 31 日。凡是年度资料，均以普查时期全年数据为准。

各省（自治区、直辖市）的清查摸底结果上报时间为 2016 年 12 月 31 日前。农户普查表、规模农业经营户普查表、农业经营单位普查表，使用 PDA 进行数据采集，即时访问登记，即时上报，于 2017 年 3 月底前完成。行政村普查表和乡镇普查表上报时间为 2017 年 5 月 15 日前。

主要农作物面积遥感测量实地调查时点：实地调查按照播种季节进行，秋冬播调查时点为 2016 年 4 月 30 日；春播调查时点为 2016 年 5 月 15 日，其中内蒙古、辽宁、吉林、黑龙江、青海、甘肃、宁夏为 2016 年 6 月 15 日；夏播调查时点为 2016 年 8 月 15 日。实地调查结果在调查时点结束后的 5 个工作日内上报至各调查总队，各调查总队 5 个工作日内上报至国务院农普办。遥感测量全部成果上报时间为 2016 年 12 月 31 日前。

特殊地区的普查登记时间经国务院农业普查领导小组办公室批准，可以适当调整。

九、农作物面积遥感测量

《第三次全国农业普查农作物面积遥感测量工作方案》另行印发。

第二部分　普查表式

一、农户普查表

二、规模农业经营户普查表

三、农业经营单位普查表

四、行政村普查表

五、乡镇普查表

六、农作物面积遥感测量实地调查表

第三部分　指标解释

……。

第四部分　实施细则

一、组织工作细则

二、普查指导员、普查员的选聘、职责和培训工作细则

三、普查区划分细则

四、清查摸底工作细则

五、登记工作细则

附件：普查用农作物及畜禽品种目录

（资料来源：中华人民共和国国家统计局 www. stats. gov. cn）

任务一　认识统计调查

任务先导

日常生活中我们经常看到类似这样的信息：坚持每天吃一个苹果的男子，死于心脏病的概率减少50%；身体超重30%会使人的寿命减少1300天；每天摄取500毫升的维生素C，可以使人的寿命延长6年；受到压抑的员工的医疗费用支出要比不受压抑的员工高出70%，等等。这些结论是如何得出的呢？

一、统计调查的含义

在实际社会经济生活中，我们要做出一项正确的决策，就必须拥有大量的统计资料，在此基础上才能进行科学的论断，这样就首先要进行统计资料的搜集。统计调查就是根据统计分析的目的和任务，采用科学的调查方式和方法，有组织、有计划地向社会搜集资料的工作过程。

统计调查有别于一般的社会调查，其主要特征表现在：统计调查是对社会经济现象总体中全部或足够多的单位进行调查，搜集大量以数字为主的信息资料，借以反映总体的数量特征。

统计调查是整个统计工作过程的基础环节，是统计整理和统计分析的前提。它在整

个统计工作过程中，担负着提供基础资料的任务。所有的统计处理、统计运算、统计分析和预测等，都建立在统计调查的基础上。统计调查工作质量如何，直接影响到整个统计工作的质量和成果。于是，统计调查在整个统计工作中占有非常重要的地位。

统计调查搜集的资料包括原始资料和次级资料。原始资料又称初级资料，是指为了分析某个问题，通过调查获得的第一手资料。例如，某手机企业对手机用户调查中，对被抽中手机用户的年龄、职业、收入、使用手机的品牌、对手机售后服务的满意程度、手机质量、对手机运营商的评价等方面进行直接的调查登记所获得的资料。次级资料是指已经加工整理过的资料。例如，从统计年鉴、会计报表、报纸杂志上摘引的资料等。由于次级资料都是由原始资料转化而来的，所以，统计调查的基本任务是搜集原始资料。

二、统计调查的基本要求

统计调查必须做到准确、及时、完整、系统，这是衡量统计调查工作质量的重要标志。

（一）准确性

统计调查的准确性是指所搜集的统计资料必须准确可靠，符合实际。统计工作任务能否顺利完成，很大程度上取决于所搜集的资料是否准确。如果调查所搜集的资料不准，情况失实，那么根据这样的资料进行整理和分析，必将得出错误的结论。因此，我们说统计资料的准确性是统计工作的生命。影响调查资料准确性的原因，有调查者的原因，也有被调查者的原因；有主观原因，也有客观原因。为了保障统计资料的准确性，《中华人民共和国统计法》第三条规定：国家机关、社会团体、企业事业组织和个体工商户等统计调查对象，必须依照本法和国家规定，如实提供统计资料，不得虚报、瞒报、拒报、迟报，不得伪造、篡改。在统计调查过程中，被调查单位、人员必须严格执行《统计法》规定，准确提供统计资料。统计工作者要坚持实事求是，加强事业心、责任感，不断提高业务水平，以保证资料真实可靠、准确无误。

小阅读

统计职业道德是统计工作领域中的道德标准和职业规范要求，统计人员应当恪守职业道德。统计职业道德的基本内容包括：忠诚统计，乐于奉献；实事求是，不出假数；依法统计，严守秘密；公正透明，服务社会。

（二）及时性

统计调查的及时性是指及时上报各种统计调查资料，以满足各方面的需要。搜集的统计资料即使是准确的，但如果提供不及时，犹如“雨后送伞”，起不到应有的作用，将会大大降低资料的使用价值。因此，必须保证统计资料的及时性。同时，及时性还关系到统计工作的全局。一项统计任务的完成，往往是许多单位共同努力的结果，其中任何一个调查单位的资料上报不及时，都会影响到整个统计工作的进程。为了提高统计调查的及时性，各个单位必须共同增强全局观念，严格遵守统计制度和统计纪律，及时调查、及时上报。

（三）完整性

统计调查的完整性是指被调查单位和调查项目要毫无遗漏。如果调查资料残缺不全，就不能反映所分析对象的全貌，就无法正确认识社会经济现象的总体特征，从而给统计整理和统计分析带来困难，这将直接影响统计工作的进程和质量。

（四）系统性

统计调查的系统性是指搜集的统计资料要符合事物的逻辑，不能杂乱无章，即所提供的统计资料，应该便于整理、便于汇总。

三、统计调查的种类

统计调查从不同的角度划分，可以有不同的种类。

（一）按调查组织方式的不同来分类

按调查组织方式的不同来分类，统计调查可分为统计报表和专门调查。统计报表是指各级企事业、行政单位按规定的表格形式、内容、时间要求和报送程序，自上而下统一布置，自下而上逐级提供统计资料的一种统计调查方式。它大部分以定期统计报表制度的形式出现，如工业统计报表、金融统计报表等，但也有临时布置的。专门调查是为了分析某些专门问题而由调查单位专门组织的调查，具体包括普查、重点调查、典型调查、抽样调查等。如为了了解一定时点上的人口资料而组织的人口普查，为了了解消费者对某商品的消费偏好而组织的抽样调查等。

（二）按调查对象包括的范围不同来分类

按调查对象包括的范围不同来分类，统计调查可分为全面调查和非全面调查。全面调查是对构成调查对象总体的所有单位，一一进行调查登记的一种调查方式。例如，要了解全国人口状况，就要对全国人口进行普遍的调查登记；要了解全国煤炭产量，就要对全国所有煤炭企业的煤炭产量进行调查采集等。非全面调查是对构成调查对象总体中的一部分单位进行调查登记的一种方式。例如，要了解居民家庭的消费情况，只需要选出其中一部分居民家庭进行调查；要了解企业产品的质量，可以从中抽取部分产品进行质量检验。

（三）按调查登记的时间是否连续来分类

按调查登记的时间是否连续来分类，统计调查可分为经常性调查和一次性调查。经常性调查是指随着调查对象在时间上的变化连续不断地进行登记的调查方式。如产品产量调查、主要原材料消耗的调查、贷款累计发放额的调查等，都必须对调查对象进行连续不断的登记，才能反映客观实际。一次性调查是指对调查对象间隔一段时间进行一次登记，以取得这些现象在一定时点状态上的资料。如对固定资产总值进行的调查、全国人口普查等。一次性调查可以定期进行，也可以不定期进行。

以上各种分类是相互联系、交叉融合的。例如，普查既是一种全面调查，又是一次性调查，也是专门调查。统计调查的方式多种多样，统计人员只有熟悉各种统计调查方式，才能根据调查对象的特点和调查任务的要求灵活运用各种方式，完成统计调查任务。

任务二　设计统计调查方案

任务先导

为进一步推进文明校园的创建，学校领导安排有关部门对目前学生中的文明意识和文明行为现状进行了解。假如你接受了这项任务，你打算从何处入手，采用何种渠道，就哪些方面的问题，用什么方法，对什么范围的大学生群体进行调查了解？

统计调查是一项涉及面广且复杂，而准确性要求又很高的工作，必须设计一个周密的统计调查方案，才能保证调查工作顺利开展，准确、及时地取得统计资料。统计调查方案设计是统计设计在调查阶段的具体化，是统计设计的一项重要内容。一份完整的统计调查方案应包括以下基本内容。

一、确定调查目的和任务

设计统计调查方案的首要问题是明确调查目的和任务。调查的目的和任务决定着调查工作的内容、范围、方法和组织工作。对任何社会经济现象的分析，都可以根据不同的目的、不同的任务从不同的角度去收集资料。例如，消费者调查中，可以从消费需求的角度进行调查，也可以从消费行为或消费心理等角度进行调查。调查的目的和任务不同，调查的内容和范围也就不同。目的不明、任务不清，就无法确定向谁调查、调查什么、如何调查等问题。

二、确定调查对象和调查单位

调查对象是根据调查目的确定的调查分析的现象总体或调查范围，它是由许多性质相同的个别单位组成的。调查单位是构成调查对象的每一个单位，它是调查项目的承担者或载体，是搜集资料所指向的基本单位。例如，要了解某市工业企业的状况，调查对象是该市所有工业企业，而每个企业则是调查单位。

确定调查对象和调查单位时要注意以下几点：

（1）在很多情况下，调查对象比较复杂，必须根据统计分析的目的严格规定调查对象的含义，指出它与其他有关现象的区别，以免在调查中由于界限不清而发生差错。例如，进行某市城市居民家庭消费支出调查，以该市城市居民家庭为调查对象，就要明确城市居民的含义，划清城市居民和非城市居民概念的界限。

（2）调查单位要随调查目的和对象的变化而变化。例如，进行某市城市居民家庭收入调查，调查单位是该市每户城市居民家庭；而要调查该市职工收入情况，调查单位则是每一位职工。

（3）调查单位可以是调查对象的全部单位，也可以是其部分单位。如果采用全面调查方式，如普查，调查单位就是调查对象中的每一个单位。如果采用非全面调查方式，如抽样调查，调查单位就只是调查对象中的一部分单位。

小思考

对某市进行城市居民家庭家用电脑消费现状调查，调查单位是该市每户城市居民家庭，还是每一位城市居民，或是每一台家用电脑？而如果进行城市居民家用电脑消费观念调查呢？

此外，在确定调查单位的同时，往往还需确定填报单位（又称报告单位）。填报单位是负责填写调查报告的单位。确定调查单位，是要明确所要搜集的资料落实、依附于谁；确定填报单位，则是为了明确谁来负责执行登记、填写、上报资料的工作。

可见，调查单位与填报单位的概念是不同的。但在实际调查中，两者有时一致，有时不一致。例如，调查某市工业企业状况，每个工业企业既是调查单位，同时又是填报单位，这时两者是一致的；而要对某市工业企业设备进行普查时，调查单位是每台设备，而填报单位则是每个工业企业，这时两者是不一致的。

三、拟定调查项目

调查项目是指向调查单位所要调查的具体内容，也即确定向调查单位调查什么问题。一项调查中到底要调查哪些项目，完全由调查对象的性质和调查目的所决定。例如，2010 年我国第六次人口普查的目的是查清 2000 年以来中国人口数量、结构、分布和居住环境等方面的变化情况，根据调查目的所拟定的调查项目有：姓名、性别、年龄、民族、受教育程度、行业、职业、迁移流动、社会保障、婚姻、生育、死亡、住房情况等。

在拟定调查项目时，需要注意以下几点：

（1）在调查项目中只列入为实现调查目的所必需的项目，不要列入那些可有可无的项目。

（2）只列入能够取得资料、能够调查清楚的项目，在现实的人、财、物条件下不能够取得资料或者不能够调查清楚的项目不要列入。列入的项目必须有确定的答案。

（3）调查项目必须有明确的解释，有统一的定义、范畴。

（4）调查项目之间要有联系，以便从整体上认识现象，也便于相互核对、检查调查结果的准确性。

（5）调查项目的设置应考虑时间的统一性，应与过去同类调查项目衔接，保证资料的可比性。

四、设计调查表或调查问卷

调查项目通常以调查表或调查问卷的形式表现。

（一）调查表

调查表是将调查项目按一定的逻辑顺序编制而成的统计表格。它是调查阶段搜集资料常用的基本工具之一。调查表一般由表头、表体和表脚三部分构成。其中，表头位于表的最上方，主要包括调查表的名称、调查单位（或填报单位）的名称、资料所属时间等，这些内容主要用于核实和复查。表体是调查表的主体部分，主要由调查项目及其具体数据、栏号、合计、备注等组成。表脚位于调查表的下方，主要包括调查者或填报人以及审核人的签名或盖章，以及填表日期等，这些内容主要为了明确责任，一旦发现问题便于查询。

调查表有单一表和一览表两种形式。单一表是在一份调查表中只登记一个调查单位，因而可以容纳较多的调查项目，取得比较详尽、丰富的资料。例如，每个职工填写一份职工登记表，则可在调查表中列出职工姓名、性别、民族、文化程度、兴趣爱好、收入、简历、获奖情况等项目，以取得每个职工较详细的资料。一览表是在一份表上登记若干个调查单位，因此调查项目不宜过多。例如，某市工业企业总产值调查表，即可在一份表中登记该市所有工业企业的总产值。调查表拟定后，为便于正确填表，统一规格，有时还要附填表说明，内容主要包括调查表中各个项目的解释、有关计算方法以及填表时应注意的事项等。填表说明应力求简明扼要、通俗易懂。

（二）调查问卷

调查问卷是调查者根据调查目的和要求设计的，由一系列问题、备选答案等组成的一种书面文件。它在统计调查中扮演着非常重要的角色，很多调查项目的资料收集都需要依赖于调查问卷来完成。

一份完整的调查问卷通常由题目、说明信、被调查者的基本情况、调查事项的问题和答案、填写说明和解释五个部分构成。

1. 题目

题目是问卷的主题。俗话说，“题好一半文”。调查问卷与文章一样，题目非常重要，应该准确、醒目、突出，要能准确而概括地表达问卷的性质和内容，言简意赅，明确具体，且要注意不要给调查者以不良的心理刺激。

2. 说明信

说明信一般在问卷的开头，是致被调查者的一封短信。这是调查者与被调查者的沟通媒介，目的是让被调查者了解调查的意义，引起其足够的重视和兴趣，争取他们的支持与合作。说明信要说明调查者的身份、调查的目的和意义、调查的中心内容、选样原则和方法、调查结果的使用、保密措施与承诺等，有时还需要将奖励的方式、方法及奖金、奖品等有关问题叙述清楚。说明信必须态度诚恳，口吻亲切，以打消被调查者的疑虑，取得真实资料。写好说明信，取得被调查者的合作与支持，是问卷调查取得成功的必要保证。

3. 被调查者的基本情况

这是对调查资料进行分类的基本依据。一般而言，被调查者包括两大类，一是个人，二是单位。如果被调查者为个人，则其基本情况包括姓名、性别、年龄、文化程度、职业、职务或技术职称、个人或家庭收入等项目；如果被调查者是企事业单位，则包括单位名称、经济类型、行业类别、职工人数、规模、资产额等项目。不同的问卷，需要填写的内容不同。为了不引起被调查者的抵触情绪，这部分内容能少则少，且要放在问卷的最后。若采用不记名调查，被调查者的姓名可在基本情况中省略。

4. 调查事项的问题和答案

调查事项的问题和答案是调查问卷最主要、最核心的部分。调查资料的搜集主要通过这一部分来完成。这一部分设计得如何，关系到该项调查有无价值和价值的大小。

问卷中的问题有多种类型，总体上可分为两大类，即封闭式问题和开放式问题。

封闭式问题是在问题后设计了若干可能的答案，被访者只能从备选答案中选择一个或几个。其优点是标准化程度高，回答方便，易于归类和分析，有利于提高问卷的回收率和有效率。缺点是被访者只能在限定的答案范围内选择，自由度小，可能无法反映其真实的想法。

开放式问题是指所提出的问题不列出答案，由被访者自由作答。其优点是被访者可以按自己的想法和方式回答问题或发表意见，不受限制，所得数据主动、具体、信息量大。缺点是难以归类汇总，也不便于定量分析。

在设置问题时，务必注意提问的方式：避免提笼统抽象的问题，如您对某超市的印象如何；避免使用含糊不清的概念，如您是否经常去超市购物；尽量不要使用专业术语，如您对当前彩电销售中的低价倾销策略有何看法；避免引导性提问，如消费者反映某品牌电脑物美价廉，您是否有购买计划；切忌语言生硬、令人难堪，如您家至今不买电脑的原因是什么；避免问断定性问题，如您一天抽多少支烟；避免问敏感性、禁忌性问题，如您逃过几次税；等等。

问卷中的问题不能过多，应控制好回答问卷的时间。问题的排列顺序要合理，要有逻辑性，要符合被调查者的思维程序。一般先易后难、先简后繁、先具体后抽象；将比较难以回答的问题和涉及被调查者个人隐私的问题放在最后。问题答案要有编号，以便于汇总整理。

5. 填写说明和解释

填写说明和解释包括填写问卷的要求、调查项目的含义、被调查者应注意的事项等，其目的在于明确填写问卷的要求和方法。

五、确定调查时间和调查期限

调查时间即调查资料所属的时间，也称为客观时间。如果所调查的是时期现象，如产品产量、原材料消耗量、商品销售额、工业总产值等，就要规定资料所属的时期，例如，调查某企业 2016 年 1 月 1 日到 2016 年的 12 月 31 日期间工业总产值资料。如果所调查的是时点现象，如商品库存量、人口数、企业数等，就要明确规定统一的标准时点，例如，2010 年全国第六次人口普查所确定的标准时点是 2010 年 11 月 1 日零时。

调查期限指调查工作的期限，即调查工作起讫时期，它包括搜集资料以及报送资料的整个工作所需的时间，又称为主观时间。2016 年的年报要求在 2017 年 1 月 31 日前上报，其调查期限为一个月。确定调查期限需要考虑调查项目的复杂性和调查资料的有效性。

六、制订调查组织实施计划

为了保证统计调查工作的顺利进行，需要制订一个严密细致的组织实施计划。其主要内容有：调查工作的组织领导机构和人员构成以及调查人员的组织；调查的组织方式和调查资料的搜集方法；调查工作规则和流程；调查前的准备工作；调查经费的预算和开支办法，等等。

小思考

要调查我院学生的生源结构、年龄结构、性别比例等，你会如何设计调查方案？

任务三　组织实施统计调查

任务先导

2014 年，我国进行了第三次经济普查，对我国境内从事第二产业和第三产业的全部法人单位、产业活动单位和个体经营户进行了调查登记。普查内容包括单位基本属性、组织结构情况、从业人员及工资总额、资本状况、财务状况、生产经营情况、税金、能源和水消费情况、科技情况和信息化情况等。普查标准时点为 2013 年 12 月 31 日，普查时期为 2013 年 1 月 1 日—12 月 31 日。普查登记和数据采集工作从 2014 年 1 月 1 日至 3 月 31 日。看到这项调查任务，你有何感受？要完成该项任务，需要如何组织统计调查、用什么方法搜集统计资料呢？

一、统计调查组织方式

统计调查组织方式，即组织统计调查所采用的方式。在我国统计工作实际中，常用的调查组织方式有统计报表和专门调查。

（一）统计报表

1. 统计报表的概念

统计报表是按照国家有关法规的规定，自上而下统一布置，自下而上逐级提供基本统计资料的一种调查组织方式。它是国家搜集统计资料的一种重要方式。统计报表要求以一定的原始记录为基础，按照规定的统一表式、统一指标、统一报送时间和报送程序进行填报。

2. 统计报表的种类

（1）按调查范围的不同来分类，统计报表可分为全面统计报表和非全面统计报表。全面统计报表要求对调查对象的所有单位都进行填报；非全面统计报表只要求填报调查对象中的部分单位。

（2）按报表的内容和性质的不同来分类，统计报表可分为国家统计报表、部门统计报表和地方统计报表。国家统计报表是用来反映全国性的经济与社会基本情况的统计报表；部门统计报表是为适应本部门业务管理的需要而制定的专业统计报表；地方统计报表是为适应地区特点而补充制定的地区性统计报表。其中国家统计报表是统计报表体系的基本部分。

（3）按报送周期长短的不同来分类，统计报表可分为日报、旬报、月报、季报、半年报和年报。日报和旬报主要是为了及时地掌握最重要的产品生产进度或购销进度而制定的报表，因此又称为进度报表；月报和季报主要用来检查各部门的计划执行情况、生产经营动态等；年报则是带有总结性的报表，内容较全，是检查当年的计划执行情况、分析社会经济发展及重要比例关系的依据。

（4）按报送方式的不同来分类，统计报表可分为邮寄报表和电讯报表。邮寄报表即以邮寄的方式报送；电讯报表目前通常以传真、电子邮件等方式报送。随着电子信息技术的发展，电讯报表越来越普遍，通过计算机网络进行报送已成为统计报表报送的主要方式。但有些报表需要签字、盖章、存档等，仍然需要邮寄。

（5）按填报单位的不同来分类，统计报表可分为基层报表和综合报表。由基层单位根据原始记录和统计台账汇总整理而填报的统计报表叫基层报表；由各级业务主管部门或统计部门根据基层报表逐级汇总整理而填报的统计报表叫综合报表。

3. 统计报表的资料来源

统计报表的资料来源于基层单位的原始记录，从原始记录到统计报表，中间还要经过统计台账和企业内部报表。因此，建立健全原始记录、统计台账和企业内部报表制度，是保证统计报表质量的基础。

原始记录是基层单位通过一定的表格形式，对生产、经营、管理活动的过程和成果所做的第一手记录，是未经任何加工整理的初级材料。如工人出勤和工时记录、原材料出库记录、商品销售记录、现金收支凭证等。原始记录是反映社会经济活动的基本事实根据，是统计核算、会计核算和业务核算的资料基础。原始记录具有广泛性、经常性、群体性、真实具体性等特征。广泛性，即原始记录记载着基层单位各个方面的生产经营活动情况，涉及范围极为广泛。经常性，即生产经营活动连续不断地进行，原始记录也要及时地随时加以记载，不能间断。群体性，即原始记录不能交给少数专业人员去做，必须由直接参与生产经营活动的人员直接记载。真实具体性，即原始记录内容必须真实，项目必须具体。

统计台账是基层单位根据填报统计报表和统计核算工作的需要，用一定的表格形式将分散的原始记录资料按时间顺序集中登录在一个表册上而形成的统计资料。统计台账是介于原始记录和统计报表之间的一种汇总资料的形式。统计台账可以说是对原始记录的初步整理和核算，是一种整理性的记录表册。统计台账的基本形式主要有多指标的综合台账、单指标的分组台账两种。多指标的综合台账是在一个表册上，按时间顺序同时登记若干个有关指标数值的发展变化情况。单指标的分组台账是在一个表册上，按时间顺序同时登记各个下属单位某一指标数值的发展变化情况。

企业内部报表是用来反映企业内部各部门在一定时期内生产经营情况的报表。它既是编制上级规定的统计报表的依据，同时也可作为企业内部制订计划、指导生产经营活动的依据。

（二）专门调查

1. 普查

（1）普查的概念。普查是为了某种特定的目的而专门组织的一次性的全面调查，用来调查一定时点或时期内的社会经济现象总量。普查大多在全国范围内进行，主要用来搜集某些不能够或不适宜用其他调查方式进行搜集的统计数据。如人口普查、经济普查、工业普查、农业普查等。由于普查的工作量大，时间性强，需要动员大量的人力、物力和财力，因此，不宜经常举行，而是每隔一段时间进行一次。如我国人口普查每10年进行一次。

（2）普查的组织方式。普查的组织方式一般有两种：一种是建立专门的普查机构，配备大量的普查人员，对调查单位进行直接登记，如人口普查等；另一种是利用调查单位的原始记录和核算资料，由调查单位自行填报调查表，如物资库存普查等。后一种方式比前一种方式简便，适用于内容比较单一、涉及范围较小的情况。

思维延伸

普查还可按工作任务的缓急程度不同，分为一般普查和快速普查两种。一般普查是采用逐级布置任务和逐级汇总上报的办法，需要花费较长时间，不能满足紧急任务的需要。快速普查强调一个“快”字，布置任务和报送资料可越过一切中间环节，由组织调查的最高领导机构直接向基层单位布置普查任务，各基层单位直接向最高领导机构上报资料。这样既缩短了传递时间，又能及时汇总，提高了统计资料的时效性。

（3）普查的组织原则。普查由于面广量大，所以组织工作较为复杂，需遵循以下几个原则：

第一，规定统一的标准时点。标准时点是指对调查对象登记时所依据的统一时点。调查资料必须反映调查对象在这一时点上的状况，以避免调查时因情况变动而产生重复登记和遗漏现象。例如，我国第六次人口普查的标准时点为2010年11月1日零时，即要反映这一时点上我国人口的实际状况。

第二，规定统一的普查期限。在普查范围内，各调查单位或调查点的调查登记工作应尽可能同时进行，并在最短的期限内完成，以便在方法和步调上保持一致，保证资料的准确性和时效性。

第三，规定普查的项目和指标。普查时必须按照统一规定的项目和指标进行登记，不准任意改变和增减，以免影响资料的汇总和综合，降低资料质量。同一种普查，每次调查的项目和指标应力求一致，应按规定的周期进行，这样便于对历次调查资料进行对比分析，以观察社会经济现象的发展变化情况。

小阅读

2003年8月11日，经国务院批准，国家统计局、国家发展和改革委员会、财政部联合发布了《关于调整国家普查项目和周期安排的通知》（以下简称《通知》）。《通知》规定，我国周期性普查每10年进行3项4次，即：人口普查在年份尾数逢0的年份进行；农业普查在年份尾数逢6的年份进行；经济普查每10年进行2次，分别在年份尾数逢3、8的年份进行。

新中国成立后，先后开展了人口普查、工业普查、农业普查、第三产业普查、基本单位普查和经济普查6项普查工作。截至2016年，人口普查6次、工业普查3次、农业普查3次、第三产业普查1次、基本单位普查2次、经济普查3次。

2. 重点调查

情境创设

某连锁企业在A地区有18个门店，这18个门店规模差异较大（注：规模主要以销售额来划分）。如果企业总部想要了解A地区门店的基本经营情况和盈利情况，但时间和经费不足以进行全面调查，可如何组织调查？

（1）重点调查的概念。重点调查是专门组织的一种非全面调查。它是从调查对象的全部单位中选择一部分重点单位进行调查。所谓重点单位，是指其被调查的标志总量占总体全部标志总量的绝大部分，但其单位数占总体单位数比重却不大的这部分单位。对这些单位进行调查能够从数量上反映现象总体在该标志方面的基本情况。例如，要了解全国钢铁生产的基本情况，我们可选若干个重点钢铁企业，如宝钢集团有限公司、鞍山钢铁集团公司、北京首钢股份有限公司、武汉钢铁公司、江苏沙钢集团有限公司、河北钢铁集团有限公司等，这些企业从数量上只占我国钢铁企业的很小比重，但它们的产量却占我国钢铁总产量的绝大比重，对这些重点企业进行调查，便可了解全国钢铁生产的基本情况，且比全面调查更省力、更及时。重点调查既可用于经常性调查（向重点单位布置定期报表），也可用于一次性调查。当任务只要求掌握调查对象的基本情况，而在总体中确实存在着重点单位时，进行重点调查是比较适宜的。

（2）确定重点单位的原则。组织重点调查的关键是确定重点单位。确定重点单位要遵循以下原则：

一是根据调查任务确定重点单位。一般说来，选出的单位应尽可能少些，而其标志值在总体中所占的比重应该尽可能大些。

二是要保证统计资料质量。选中的单位，管理应比较健全，统计工作基础、统计力量应比较扎实，这样才能准确、及时地取得资料。

（3）重点调查的特点。重点调查具有两大特点：

第一，由于重点单位的选择着眼于对象的标志总量的比重，因而它的选择不带有主观因素。因此，对于某些单位因技术先进、管理先进或特殊原因而被列为重点管理的，只要调查的标志总量不占绝大比重，都不是重点调查的单位。

第二，重点调查的目的是反映现象总体的基本情况。一般来说，当调查任务只要求掌握基本情况，而部分单位又能比较集中地反映所分析的项目和指标时，采用重点调查比较适宜，但是它不可能完整地反映现象总量，也不具备推断总体总量的条件。

3. 典型调查

（1）典型调查的概念。典型调查是根据调查目的和要求，在对调查对象进行初步分析的基础上，有意识地选择部分有代表性的单位进行深入调查分析的一种非全面调查。

（2）典型调查的种类。典型调查大体上可以分为两种：一种是选择一个或几个有足够代表性的典型单位进行调查分析，即“解剖麻雀”式的典型调查。在这种调查中，可以对少数典型单位做深入细致的分析，并能解决一些不可能用报表来回答的问题，其目的在于通过典型单位来说明事物的一般情况或事物发展的一般规律性。另一种典型调查是从总体中选择一部分（而非个别）典型单位进行调查，即“划类选典”式的典型调查。在总体单位数较多，各单位之间的差异较大或者涉及的问题比较复杂时，就需要采用这种方式。先按照一定的标志，将总体划分为几个不同的类型，再从各种类型中选取一定数量的典型单位进行调查。其目的则是根据这些典型单位的调查结果，从数量上推算总体。在精确度要求不太高的情况下，采用这种调查比采用抽样调查效率更高。

（3）典型调查的特点。典型调查的最主要特点是：调查单位是根据调查的目的和任务，在对现象总体进行全面分析的基础上，有意识地挑选出来的。典型调查单位的确定与其他非全面调查相比较，更多取决于调查者主观的判断与决策。

4. 抽样调查

抽样调查也是一种非全面调查，它是按照随机原则，即机会均等原则从总体中抽取部分调查单位进行观察，用以推算总体数量特征的一种调查方式。

抽样调查以其经济性、时效性、准确性、灵活性等优点广泛运用于社会经济各领域，是目前非全面调查中最常用的统计调查方法之一。关于抽样调查的具体内容将在项目七详细阐述。

小思考

试分析重点调查、典型调查、抽样调查的相同点和不同点。要调查高校某学院上学期英语统考成绩状况，你会采用哪种调查方式？如果要抽取部分学生，对某任课教师进行测评，了解其教学态度、教学水平、教学效果，你又会采用哪种方式？

二、统计调查方法

统计调查方法即搜集统计资料的方法。常用的统计调查方法有以下几种。

（一）直接观察法

直接观察法是由调查人员亲自到现场对调查对象进行观察和计量，以取得所需资料的一种调查方法。其具体做法有：调查人员到现场直接观察调查对象；利用各种仪器对调查对象的行为进行测录；通过一定的途径，观察事物发生变化后的痕迹，收集有关信息等。我们日常对库存商品的盘点、对农产品的实割实测等，都属于直接观察法。

这种方法的优点是：①直接性和可靠性。直接性即可以实地观察现象的发生，能够获得直接的、具体的、生动的材料。由于观察的直接性，所得到的资料一般具有较高的可靠性。②适用性。观察法基本上是由调查主体一方为主，而不像其他调查方法，要求被调查者具有配合调查的相应能力，如语言表达能力或文字表达能力等，这就大大提高了观察法的适用性。③灵活性。观察法简便易行，灵活性较大。在观察过程中，观察人员可多可少，观察时间可长可短。只要在现象发生的现场，就能比较准确地观察到现象的表现。

观察法也有其局限性，主要表现在以下几个方面：①观察活动必须在现象发生的现场，于是，需要较多人力、物力。②对于一些带有较大偶然性的现象，往往不容易把握其发生的时间和地点，或在现象发生时不能及时到达现场。③观察法明显受到时空限制。观察法要求必须在现象发生的当时当地进行观察。从空间上它只能观察某些点的情况，在时间上对现象过去的情况无法观察。④有些现象不能用观察法，而只能用口头或书面形式搜集资料。如居民家庭收支情况、消费者消费观念等。此外，观察法有时会由于观察活动对被调查者带来一定程度的干扰，使被调查者不能处于自然状态而带来一定偏差。

思维延伸

神秘购物法是直接观察法在商贸流通企业中的一种具体应用。其具体做法是：调查者以普通顾客的身份亲临被调查企业，在真实的消费环境中，以专业的视角感知企业与顾客接触的每一个真实时刻，并将其消费经历、感受、评价等整理成“顾客经历报告”。由于被调查者无法确认“神秘顾客”，较之领导定期或不定期的检查，能够更真实、客观地反映出真实状况。

（二）访问法

访问法也称访谈法、采访法，是指由调查人员向被调查者提问，通过被调查者的答复来搜集统计资料的一种方法。它又分为个别询问法、开调查会法和自填法三种。

个别询问法是由调查人员向被调查者逐一询问来搜集资料的方法。这种方法可以了解被调查者的真实想法，不受其他人意见的影响，可保证调查资料的准确性，但需花费大量的人力和时间，不适用进行全面调查。

开调查会法也叫集体访谈法，是召集了解情况的有关人员，以座谈会形式对被调查的问题展开讨论和分析，以此来搜集统计资料的方法。采用这种方法可以共同商讨、相互启发、相互核实，取得比较准确可靠的资料，但这种方法容易受权威人士或第一发言人的影响，以致出现信息偏差。

自填法是由调查人员把设计好的调查表或调查问卷分发给被调查者，要求填好后送还。这种方法可以节省人力和时间，但调查资料的质量，与被调查者的文化水平、责任心、兴趣等有关，常因被调查者对所调查的问题或者要求的理解不一致而使调查质量受到影响。

小阅读

第二次世界大战后期，美国对德国和日本展开了大规模的战略轰炸，每天都有成千架轰炸机呼啸而去，但往往损失惨重，美国空军对此十分头痛：如果要降低损失，就要往飞机上焊防弹钢板，但如果整个飞机都焊上钢板，则轰炸机的速度、航程和载弹量都要受影响。怎么办?

空军专门请来数学家亚伯拉罕·沃尔德。沃尔德的方法非常简单，他把统计表发给地勤技师，让他们将飞机上弹孔的位置报上来，然后自己铺开一张大白纸，画出飞机的整个轮廓，再把那些小窟窿一个一个地填上去。画完以后大家一看，飞机浑身上下都是窟窿，只有飞行员座舱和尾翼两个地方几乎是空白。

沃尔德告诉大家，从数学家的眼光来看，这张图明显不符合概率分布的规律，而明显违反规律的地方往往就是问题的关键所在。大家听到这里都明白了：如果座舱中弹，飞行员就完了；尾翼中弹，飞机失去平衡就会坠落。这两处中弹，轰炸机多半就飞不回来了，难怪统计数据在这两个位置是一片空白。因此，结论很简单：只需要给这两个部位焊上防弹钢板就可以了。

（三）报告法

报告法是指由报告单位利用原始记录和核算资料为基础，依据统一的表格形式和要求，按照隶属关系，逐级向有关部门提供资料的一种调查方法。目前，我国各企事业单位向上级递送的统计报表，就属于报告法。报告法具有统一项目、统一表式、统一要求和统一上报程序等特点，其取得的资料一般比较可靠和准确。

（四）网络调查法

网络调查法是指利用互联网进行调查，获取调查资料的统计调查方法。这种调查方法既节省时间，又节省费用，也便于数据的处理，调查效率高。但调查范围受到一定限制，且由于上网单位和上网人的分布不均，可能会使资料发生偏差。尽管如此，计算机信息技术的发展，使网络调查越来越多，如消费者行为调查、顾客意见调查、品牌形象调查等，通常采用网站在线调查的方式。

（五）实验法

实验法是根据自然科学中实验的原理，从影响调查对象的若干因素中选出一个或几个因素作为实验因素，在其余因素不变的条件下，了解实验因素的变化对调查对象的影响程度的一种方法。

实验法的优点：通过实验获得的数据比较真实客观，调查结果具有较强的说服力；可以探索现象之间是否存在相关关系。缺陷：调查时间长、费用高；由于影响调查对象的因素较为复杂，因此对实验因素的控制比较困难。

小阅读

日本某公司准备改进咖啡杯的颜色，进行了一项实验。公司邀请了许多人，让他们每人喝浓度完全相同的咖啡，只是咖啡杯的颜色不同，有红色、黄色、青色和咖啡色。试饮的结果是：使用咖啡色杯子的20人中，有13人认为咖啡太浓了；使用青色杯子的人都一致认为太淡了；使用黄色杯子的人都说正好；而使用红色杯子的10个人中，竟有9人说太浓了。根据这一调查结果，公司咖啡店里的杯子以后一律改为黄色。既节约了咖啡原料，又能使绝大多数顾客感到满意。

思考与练习

一、判断题

1. 调查单位和填报单位有时是一致的。（ ）
2. 单一调查表就是一张表上只登记一项调查内容的表格。（ ）
3. 调查时间是指调查工作开始的时间。（ ）
4. 统计报表属于全面调查。（ ）
5. 我国人口普查每十年进行一次，因此它是一种经常性调查方式。（ ）

二、单项选择题

1. 普查中规定的标准时间是（ ）。

A. 登记期限　　B. 时期现象的调查时间
C. 时点现象的调查时间　　D. 调查期限

2. 重点调查中重点单位是指（ ）。

A. 具有典型意义的单位　　B. 那些具有反映事物属性差异的品质标志的单位
C. 标志总量在总体中占有很大比重的单位　　D. 能用以推算总体标志总量的单位

3. 调查几个主要铁路枢纽，就可以了解我国铁路的货运量基本情况和问题，这种调查方式属于（ ）。

A. 典型调查　　B. 重点调查　　C. 普查　　D. 抽样调查

4. 从一批产品中随机抽取500件进行质量检验，这种调查是（ ）。

A. 普查　　B. 重点调查　　C. 典型调查　　D. 抽样调查

5. 要调查人群中经常上网浏览的人的年龄、性别、职业等情况，比较适宜的调查方法是（ ）。

A. 观察法　　B. 采访法　　C. 报告法　　D. 网络调查法

三、多项选择题

1. 要了解某校学生的学习情况，则（ ）。

A. 调查对象是全校学生　　B. 调查对象是全校学生的学习成绩
C. 调查对象是该所学校　　D. 调查单位是每一个学生

2. 要调查一个地区企业的经济效益情况，则每一个企业是（ ）。

A. 调查单位　　B. 调查对象　　C. 填报单位　　D. 总体　　E. 总体单位

3. 下列调查中，属于经常性调查的有（ ）。

A. 商场商品库存量　　B. 运输部门客运周转量
C. 企业工伤事故次数　　D. 学校在校学生人数
E. 某地区年出生人数

4. 普查属于（ ）。

A. 全面调查　　B. 非全面调查　　C. 经常性调查　　D. 一次性调查
E. 专门调查

5. 我国第六次人口普查的标准时点是2010年11月1日零时，下列情况应该统计人口数的有（ ）。

A. 2010年10月31日晚死亡的人　　B. 2010年11月1日1时死亡的人
C. 2010年11月2日出生的婴儿　　D. 2010年10月31日出生的婴儿

E. 2010 年 10 月 31 日出生，11 月 1 日 1 时死亡的人

四、简答题

1. 什么是统计调查？统计调查的基本要求有哪些？
2. 什么是全面调查和非全面调查？
3. 什么是专门调查？它具体包括哪几种调查方式？各有何特点？
4. 统计调查方案包括哪些基本内容？
5. 统计调查方法有哪些？分别做简要阐述。

五、分析题

指出下列调查的调查对象和调查单位：

（1）工业普查
（2）城市职工家庭生活状况调查
（3）商品价格调查
（4）产品成本调查
（5）学生身体状况调查
（6）商品消费情况调查

技能实训

【实训目的】

1. 使学生进一步明确统计调查方案设计在统计工作中的重要性；
2. 进一步掌握统计调查的组织方式和统计调查方法；
3. 激发学生的学习兴趣，培养学生的合作意识和创新能力；
4. 培养学生实事求是的工作作风和严谨认真的工作态度。

【实训任务】

自选一个感兴趣的调查任务，为该任务设计统计调查方案。例如：关于×××高校园区大学生消费状况的统计调查方案。

【实训要求】

全班同学分组，小组成员在充分讨论的基础上共同完成。调查方案内容应包括：

（1）统计调查的目的和任务；
（2）调查对象和调查单位；
（3）调查项目、调查表或调查问卷；
（4）调查时间和期限；
（5）调查工作的组织实施计划（重点确定统计调查组织方式和调查方法，并写明具体操作步骤和流程）。

【成果检验】

实训完成后，各小组上交“关于×××的统计调查方案”一份，由教师随机挑选某组做课堂汇报与交流分享。教师对各组进行点评及成绩评定。

项目三 统计整理

【知识目标】

1. 理解统计整理、统计分组、统计表和统计图的含义；
2. 掌握统计分组、分配数列编制的方法；
3. 掌握编制统计表、绘制常用统计图的方法。

【能力目标】

1. 能够根据原始资料进行统计分组；
2. 能够根据资料特征合理编制分配数列；
3. 能够运用 Excel 进行统计分组、编制统计表和绘制统计图。

【实例导入】

对某车间工人生产定额完成情况的整理

某车间共 100 名工人，分 10 个小组。生产定额为每人每天应生产产品 250 件。4 月 1 日每个工人的实际生产完成情况如下（单位：件）。

一组：	210	210	210	210	225	225	240	240	240	240
二组：	270	270	270	270	270	270	270	270	270	270
三组：	270	270	270	270	270	270	270	270	290	290
四组：	260	260	260	260	265	250	250	250	250	250
五组：	360	360	315	315	315	315	310	310	310	310
六组：	265	265	265	270	310	310	310	310	360	360
七组：	255	255	260	260	260	250	255	255	250	250
八组：	325	325	325	325	325	325	325	325	325	325
九组：	290	290	290	290	290	290	290	290	290	290
十组：	290	290	290	290	290	325	325	310	315	315

从以上资料中，我们只能大致看出，第一组工人完成生产情况不好，10 人均未达到生产定额；第五组、第八组工人完成生产情况最好，都完成 310 件及以上；其他各组有高有低，很不平衡。要想了解更详细的情况和特点，单从以上资料不容易看出。如果将上面的资料进行分组并汇总起来观察，就可以较清楚地观察这 100 名工人生产定额的完成情

况，见表3－1。

表3－1　　某车间生产工人完成定额情况

按完成件数分组/件	工人人数/人	占总人数比例/%
250以下	10	10
250～300	59	59
300～350	27	27
350以上	4	4
合计	100	100

从表3－1，我们可以了解该车间的生产情况和特点：首先，在100名工人中，占90%以上的工人完成了生产定额，未完成定额的只占10%；其次，在完成生产定额的工人中，略超过生产定额的工人（完成250～300件）占59%，超过生产定额较多的工人占31%。总的结论是：该车间工人生产定额完成得比较好，绝大部分能完成或超额完成生产定额。

任务一　认识统计整理

任务先导

经过统计调查，收集到某班30名学生的年龄：22 21 23 20 19 21 22 23 21 20 20 19 19 21 22 21 20 21 19 22 23 22 23 20 22 21 19 20 22 23。这些数据零散而且杂乱无章，无法揭示该班学生的年龄分布特征和规律性。你认为应该如何对这些数据进行整理呢？

一、统计整理的概念与意义

统计整理是根据统计分析的目的与任务，对统计调查所取得的原始资料进行科学的分组、汇总、综合与加工，使之条理化、系统化，从而得出反映总体特征的综合资料的工作过程。有时它还包括系统地积累资料以及为分析特定问题而对资料的再加工。

通过统计调查所取得的各项原始资料往往只是些零星的、分散的、不系统的资料，不能反映总体的全貌，不能揭露现象的本质和内部规律。只有通过整理，对资料进行去粗取精、去伪存真、由此及彼、由表及里的科学加工汇总，才能有助于统计分析，从而揭示和反映现象的内在本质。统计整理工作质量的好坏，不但直接影响调查资料是否能发挥其应有的作用，而且也直接影响到统计分析能否获得正确的结论。

统计资料整理是统计工作的第三个阶段。它是统计调查的继续，也是统计分析的前提，在整个统计工作中起着承前启后的重要作用。因此，统计资料整理得好，会使综合资料十分丰富，从而说明更多问题，否则，会使资料内容贫乏，使调查得来的大量原始资料不能发挥其应有的效用。

二、统计整理的步骤

统计整理是一项细密的工作，需要有计划、有组织地进行，其主要步骤可分为以下几步。

（一）资料的审核与检查

在整理前，要对原始资料进行严格审核，以确保统计资料的准确性、及时性和完整性，这是统计整理的前提工作。做好审核与检查工作的关键是建立健全各项责任制度。在审核与检查中如果发现问题，必须及时查询、纠正。

1. 检查资料的完整性

主要检查应调查的单位有无遗漏和重复，应调查的项目是否齐全，所填内容与规定是否一致，有无错行或错栏情况。

2. 检查资料的及时性

主要是检查资料是否按规定时间报送。如未按规定时间报送，就需检查未按时报送的原因。

3. 检查资料的准确性

主要检查在调查过程中所发生的误差。通常误差有两类：登记性误差和随机误差。产生登记性误差的主要原因是：计量错误、计算错误、抄录错误、在逐级上报过程中的汇总错误、所报不实或调查者弄虚作假等，这类误差是人为的，可以从提高工作人员的思想素质、业务技能和调查纪律等方面加以防止。随机误差是在通过随机抽样推断总体指标时所产生的误差，故又称抽样误差，这类误差由非人为因素造成，是无法避免的，但可以应用统计推断的理论和方法加以控制。

统计资料准确性检查是统计审核的重点。检查方法有两种：逻辑检查和技术性检查。

（1）逻辑检查是用来检查调查表或报表中的内容是否合理，有关项目或资料之间是否矛盾的一种方法。这种方法要求检查人员熟悉情况，有一定的实际工作经验和周密的逻辑推理能力，而且，更重要的是要坚持实事求是的科学态度。

（2）技术性检查主要包括：①计量单位是否和法定计量单位一致；②利用平衡和加总的关系审核各行和各栏的合计、乘积项等与分项数字是否符合等。

小思考

调查问卷设计一般要遵循便于处理的原则，即要使被调查者的回答便于进行检查、数据处理和分析。一份好的问卷在调查完成后，能够方便地对所采集的信息资料进行检查核对，以判别其正确性和实用性，也便于对调查结果的整理和统计分析。

若调查问卷中的题项中有相互矛盾或相近的选项，如“你是否喜欢某课程?”“你是否对某课程感兴趣?”，而问卷中对这两个问题的回答截然相反，是否说明数据资料的逻辑性有问题?

（二）统计分组与汇总

即根据统计分析的目的和需要，选择最基本、最能说明问题本质特征的标志，对原始资料进行科学分组，并选择适当的汇总方法，计算各组及总体的单位数、标志总量、指标值。这是统计整理的中心工作。

（三）整理后的审核

对整理后的资料还要进行认真检查，以纠正在整理过程中所发生的各种差错。主要有复计审核、表表审核、表实审核、对照审核等方法。

1. 复计审核

复计审核是对每个汇总得到的指标数值再重复计算一次，看是否都计算正确。

2. 表表审核

表表审核是审核不同统计表上重复出现的同一数值是否一致，对不同统计表中互有联系的各个数值，审核它们之间是否衔接或符合逻辑性。

3. 表实审核

表实审核是对汇总所得的各项数值与对应的实际情况进行对照，若发现有较大出入，则进行检查、改正。

4. 对照审核

对照审核是将某些统计、会计、业务三种核算都计算的数值放在一起进行对照检查，看是否统一。

（四）编制统计表、绘制统计图

将统计整理的结果编制成统计表或绘制成统计图，以简明扼要的表格形式或生动的图式，表述现象在数量方面的有关联系。这是统计整理的工作结果。

任务二　统计分组与汇总

任务先导

对任务一中的“任务先导”资料，你认为进行怎样的分组，便于反映该班学生的年龄分布情况？对一个班的学生，除了可以按年龄分组外，还可以按照哪些标志来分组？不同的分组标志，分别反映该班学生的哪些分布特征和规律？

一、统计分组的概念

统计分组就是根据统计分析的目的和任务，将统计总体按照一定的标志划分为若干个组成部分的一种统计整理方法。

总体中的各个单位，一方面都在某些标志上具有彼此相同的性质，可以被结合在同一组中。另一方面又在其他标志上具有彼此相异的性质，又可以被区分为性质不同的若干组。由此，统计分组同时具有两个方面的含义：对总体而言是“分”，即将总体区分为性质相异的若干组；对总体单位而言是“合”，即将性质相同的总体单位组合起来。就所采用的分组标志而言，同组的总体单位间都具有相同之处，不同组的总体单位间则具有相异之处。统计分组是在统计总体内部进行的一种定性分类。

在统计分析时，我们不仅需要对总体进行整体的分析，而且还需要对总体中的各个组进行分析，以便补充、丰富和发展对总体的认识。例如，可以将所有具有我国国籍的人组成的人口总体按照年龄、性别、民族等不同标志划分为各种不同的组，以便对我国人口总体有更深入的认识。可见，统计分组，是使认识深化的必要前提。

思维延伸

为了保证统计分组的科学性，必须遵循穷尽原则和互斥原则，做到“尽举互斥”。穷尽原则是指全部分组必须包括所有的总体单位，即总体中的每个总体单位都各得其“组”。例如，企业员工按文化程度分组，若只分为小学毕业、中学毕业和大学毕业三组，则未上过学的及大学以上文化程度的员工就无组可归了，这种分组就没有遵循穷尽原则。互斥原则是指在特定的分组标志下，总体中的任何一个单位只能归于某一组，不能同时归于几个组。例如，将服装分为男装、女装和童装三类，就不符合互斥原则，因为童装也有男装和女装之分。

二、统计分组的作用

统计分组是一种常用的基本统计整理方法。它的作用体现在以下三个方面。

（一）划分现象的类型

在复杂的社会经济现象总体中，客观上存在多种多样的类型，各种不同的类型有着不同的特点和变化规律。借助于统计分组可以将复杂的社会经济现象按照统计分析的要求区分为不同的类别或群体，以便进一步分析各组的数量特征、组与组之间的相互关系。例如，2015 年我国按行业划分的固定资产投资总额如表 3－2 所示。

表 3－2　　2015 年我国按行业划分的固定资产投资总额

按经济类型分组	实际完成额/亿元	所占比重/%
全社会固定资产投资	561 999.83	100.00
制造业	180 370.38	32.09
房地产业	134 284.30	23.89
水利、环境和公共设施管理业	55 679.56	9.91
交通运输、仓储和邮政业	49 200.04	8.75
电力、燃气及水的生产和供应业	26 722.76	4.75
农、林、牧、渔业	21 042.66	3.74
其他行业	94 700.13	16.85

由此可知，我国 2015 年在全部固定资产投资总额中，包括了制造业、房地产业等。反映了在中国的经济发展中，工、农、商缺一不可，无“农”不稳，无“工”不强，无“商”不富。

（二）揭示现象的内部结构

各种现象的总体都是由各个部分构成的。总体内部结构一般以总体各组所占比重来表示，从而形成总体内部结构的分布状况，表明了总体与部分、部分与部分之间的关系。比重数相对大的部分，决定着总体的性质或结构类型。例如，表 3－3 所示为我国 2007—2015 年产业增加值的结构和变化情况。

表 3－3　　我国产业增加值的结构及变化情况

	2015 年	2013 年	2011 年	2009 年	2007 年
第一产业增加值/%	8.8	9.3	9.4	9.8	10.3
第二产业增加值/%	40.9	44	46.4	45.9	46.9
第三产业增加值/%	50.2	46.7	44.2	44.3	42.9

可以看出，产业增加值中，第一产业所占比重较小，但是变化较为稳定。而第二产业、第三产业所占比重较大，而且第三产业增加值的比重已经逐渐超过了第二产业增加值所占份额。

（三）分析现象间的依存关系

社会经济现象之间相互联系、相互制约，一些现象的发展变化往往会引起另一些现象的发展变化。这种现象之间的依存关系可以通过统计分组反映出来。例如，商品需要量与商品价格之间、家庭收入和家庭支出之间、劳动生产率和生产成本之间，通过统计分组就可以显示出两者之间的依存关系，如表 3－4 所示。

表 3－4　　某地区某产品企业劳动生产率与单位成本之间的关系

按劳动生产率分组/（万元/人）	单位产品生产成本/元
0.8	560
1.1	480
1.3	370
1.9	220
2.4	190

表 3－4 显示，企业的劳动生产率越高，单位产品生产成本越低，两者之间呈现出负相关的关系。

以上三种作用中，反映现象的内部结构是最基本的作用，划分现象的类型是反映现象内部结构的特例，而分析现象间的依存关系则是反映现象内部结构的扩展运用。

三、分组标志的选择原则

情境创设

对全国总人口进行分组，可选择哪些分组标志呢？

统计分组的关键是选择分组标志。分组标志主要有两大类：品质标志和数量标志。应用品质标志分组，其分组方法较简单，只需确定采用哪个标志就行。而应用数量标志分组时，不仅要选择分组标志，还要合理确定各组的界限，因此较为复杂。对于同一资料，采用不同的标志进行分组，会得出不同的结果。如工业企业可按所有制划分，也可按企业规模划分。分别按两个标志对工业企业进行划分会得出不同的分布形式以及反映不同的问题。因此，如何正确选择分组标志，关系到能否确切地反映总体的特征，完成统计分析的任务。

正确选择分组标志，必须遵循以下原则。

（一）要根据统计分析的目的选择分组标志

对于同一总体，由于统计分析的目的和任务不同，应分别采用与其目的和任务密切相关的标志作为分组标志，这样才能使统计分组提供符合要求的资料。例如，调查某地区不同规模工业企业的生产经营状况时，可选择职工人数或生产能力（生产用固定资产原值）等作为分组标志；当分析的目的和任务是该地区各种经济类型的工业企业间的比例关系时，则可选择所有制形式作为分组标志。

（二）选择最重要的、最能反映现象本质特征的分组标志

在现象总体的若干标志中，有的是主要的、本质的，有的则是次要的、非本质的。只有选择能够说明问题本质的重要标志作为分组标志，才能反映出问题的实质。例如，分析居民生活水平状况，可以按城乡居民分组，可以按不同收入的居民分组，也可以按居民的职业进行分组，还可以按脑力劳动者与体力劳动者进行分组等，其中按居民的职业或城乡居民分组最能反映问题的本质，所以应选择居民职业或城乡居民作为分组标志。

（三）结合分析对象所处的具体历史、社会经济发展条件，动态地选择分组标志

一个社会现象在不同的时间、地点、条件下会有不同的特征，于是，过去最能反映现象本质特征的标志，未必适合现在。因此，随着历史条件的不同以及社会经济条件的发展变化，分组标志也需要相应改变。例如，工业企业按规模大小分组时，在劳动密集型或技术不发达的条件下，可以选择职工人数作为分组标志；而在技术密集型或技术装备比较先进的条件下，则可采用生产能力或生产用固定资产原值作为分组标志，这样才能比较确切地反映出现象的本质特征。

四、统计分组的种类

依据不同的标准，可将统计分组划分为不同的种类。

（一）简单分组和复合分组

依据分组标志的多少，统计分组可分为简单分组与复合分组。

1. 简单分组

简单分组就是按一个标志对总体进行分组。例如，人口按性别分组、企业按经济类型分组、职工按工龄分组等。

2. 复合分组

复合分组就是将两个或两个以上的分组标志层叠起来对总体进行分组。即先将总体按某一个标志分组，再按另一个标志将已经分好的组划分为若干小组。例如，将某地区人口依次按性别和文化程度两个分组标志进行复合分组，见表3－5。

表3－5　　某地区人口构成情况

按性别及文化程度分组	比重/%
一、男性	50.2
1. 文盲及半文盲	0.2
2. 小学毕业	5.4
3. 初中毕业	11.7
4. 高中毕业	20.1
5. 大学及以上	12.8
二、女性	48.8
1. 文盲及半文盲	0.3
2. 小学毕业	6.8
3. 初中毕业	12.9
4. 高中毕业	18.7
5. 大学及以上	10.1

将该地区人口按上述形式进行复合分组，不仅能反映人口的性别构成情况，还可以反映不同性别人口的受教育程度。但要注意的是复合分组随着分组标志的增多，组数将成倍增加，有时反而将问题复杂化。因此，复合分组的分组标志不宜过多，一般不超过三个。另外，复合分组通常用于总体单位数很多的情况，如果总体单位数太少，复合分组意义也不大。

思维延伸

分组体系也是对总体分组的方法，它是用两个或两个以上有联系的标志对总体进行多种分组，有平行分组体系和复合分组体系两种。分组体系能从多方面综合反映总体基本特征间的相互联系、相互补充的依存关系。因此，分组体系往往能比较完整地反映总体的多方面特征。

平行分组体系是一个个简单分组所组成的分组体系。例如将某企业职工按以下方式作体系分组：

（1）按性别分组，分为①男职工、②女职工。

（2）按文化程度分组，分为①初中及以下、②高中、③大专及以上。

（3）按年龄分组，分为①20岁及20岁以下、②20～35岁。③36～50岁。④51～60岁。⑤61岁及以上。

（4）按工作岗位分组，分为①生产工人、②科技人员、③领导干部、④后勤人员。

复合分组本身就形成了复合分组体系，如表 3－5 所示的人口构成情况。

（二）品质标志分组与数量标志分组

依据分组标志性质的不同，可将统计分组划分为品质标志分组与数量标志分组。

1. 品质标志分组

品质标志分组，就是按事物的品质特征进行分组。例如，人口按民族、文化程度、性别、职业等标志分组；商业企业按经济类型、经营业务性质、管理系统等标志分组。

事物品质特征的差异是客观存在的和相对稳定的，因此按品质标志分组一般来说给人们的概念比较明确，分组也相对稳定。有些品质标志的分组是比较简单的，例如，人口按性别分组，只能分为男、女两组，只要分组标志确定了，组数也就确定了。然而有些品质标志的分组是比较复杂的，分组界限和组数都不易确定。例如，人口按文化程度来分组、工业产品按经济用途来分组等都是如此。在我国统计实践中，对重要的品质标志分组，往往编有标准的分类目录，以统一全国的分组口径，如国家统计局制定的职业分类目录、产品分类目录等。

2. 数量标志分组

数量标志分组，就是按事物的数量特征分组。例如，企业按职工人数、生产能力、固定资产总值等标志分组；职工按年龄、工龄、工资等标志分组。按数量标志分组的目的并不是单纯确定各组的数量差别，而是要通过数量的变化来区分各组的不同类型和性质。所确定的数量界限必须能够反映各组间的质的差别。因此，正确地选择决定事物质的差别的数量界限，在数量分组中是个关键问题。这就要求研究人员在按数量标志分组时，首先分析总体中可能有多少种性质不同的组成部分，然后研究确定各组成部分之间的数量界限。例如，研究居民家庭贫富状态时，一般选择恩格尔系数作为分组标志，食品类支出占居民家庭消费支出的比重越大，即恩格尔系数越大，居民家庭越贫困。所选择的分组界限为 60% 以上为贫困家庭，50% ~60% 为温饱家庭，40% ~50% 为小康家庭，40% 以下为富裕家庭。

小思考

若按年龄对全国人口进行分组，其分组界限如何确定？我们通常按 0 ~ 14 岁、15 ~ 59 岁、60 岁以上以及 65 岁以上进行分组，选择这个分组界限有什么意义？

五、统计汇总方法

情境创设

在统计工作中，如果收集到的数据比较多，或分组比较复杂，比如全校学生各门课考试成绩、全国连锁企业各地区、各门店的销售业绩等，你会如何分组并汇总？

在统计分组的基础上，我们要对总体各单位按组归类，并按统计分析的目的和要求，计算出各组及总体的单位数、标志总量、指标值，从而揭示统计分析对象的数量特征和规律，这就是统计汇总。它是统计分组的延续。

统计汇总方法主要有手工汇总和计算机汇总两种。

（一）手工汇总

手工汇总是用手、脑、笔或小型计算器等对统计资料进行汇总。这是一种传统的汇总方式，在现代统计工作中运用较少。具体方法有划记法、折叠法、过录法和卡片法等。

划记法就是在汇总时，用划点或划线（通常用正字）的办法来进行汇总。这种方法简便易行，但只能汇总各组和总体的单位数，不能汇总标志值。

折叠法是把所有调查表上需要汇总的项目及数值全部折叠在边上，然后一张一张地叠在一起进行加总。这种方法简便易行，省时省力，但如发现差错难以查明原因，需从头返工。

过录法是将各单位的调查资料过录到事先设计的表格上，计算出结果，再将计算结果填入正式的统计汇总表。这种方法的优点是当汇总内容较多时，便于核对检查；缺点是工作量大，费时费力。只有在总体单位不多，分组简单的情况下，采用过录法比较适宜。

卡片法是先准备好摘录卡片，将每个单位需要汇总的项目和数值摘录在一张卡片上，然后根据卡片进行分组和汇总计算。卡片法适用于总体单位多、调查内容多、分组较细的情况。

（二）计算机汇总

计算机汇总是现代统计汇总的主要方法，具有计算量大、速度快、准确程度高等特点。通常采用已有的一些应用程序（如 Excel 等）和专业的统计软件，直接利用其中嵌入的函数进行汇总计算。

思维延伸

统计汇总的组织形式有逐级汇总、集中汇总和综合汇总三种。

逐级汇总是按照统一的汇总方案，自下而上地逐级汇总本地区或本系统范围内的统计资料。我国现行的各种定期统计报表多采用这种汇总方式。逐级汇总的优点是能就地审查和订正调查资料，能满足各级管理部门对统计资料的需要。缺点是整个汇总过程时间较长，而且由于层层转录容易出现差错。

集中汇总是把全部调查资料集中到组织调查的最高机构直接进行汇总。重点调查、快速普查一般采用这种汇总方式。它的优点是可以缩短汇总时间，减少汇总差错，便于采用计算机汇总。缺点是不能及时就地审核和订正调查资料，汇总结果不能满足各地区各部门的需要。

综合汇总就是一方面把某些地区、部门都需要的统计数据进行逐级汇总，另一方面又将全部原始资料实行集中汇总。这种汇总方式是逐级汇总和集中汇总的综合运用，同时具备两种汇总方式的优点，但耗费人力、物力、财力较大。我国的人口普查就采用这种汇总方式，几个主要指标采用逐级汇总方式，以便汇总结果可就地提供给各级管理部门。同时对全部调查资料采用分省、市集中汇总，再由国务院人口管理部门汇总，以保证及时搜集人口资料。这样就可以满足及时性、全面性和深入性的需要。

六、分配数列

统计分组与汇总之后，便可形成一个反映总体中各单位在各组间分配的数列，称为次数分配数列或次数分布数列，简称为分配数列或分布数列。

分配数列由分组标志和各组的次数两个要素构成。分组标志表现为各组的名称，可以是品质组名，也可以是变量组名。各组的次数又称为频数，表示各组中的单位数。各组次数与总次数之比称为比重或频率。

分配数列是统计整理的一种重要形式，可以表明总体的分布特征、结构情况，并可据此分析总体某一标志的平均水平及其变动规律性。分配数列通常以统计表的形式表现。

（一）分配数列的种类

根据分组标志的不同，分配数列可以分为品质分配数列和变量分配数列两种。

1. 品质分配数列

按品质标志分组所编制的分配数列叫作品质分配数列，简称品质数列。对于品质数列来讲，如果分组标志选择得好，分组标准定得恰当，则事物的差异表现得就比较明确。所以，品质数列通常均能准确地反映总体的分布特征。例如，某大学在校学生按性别标志分组，可编成如下品质分配数列，如表 3－6 所示。

表 3－6　某大学在校学生的性别分布

性别	人数/人	比重/%
男性	13 000	52.0
女性	12 000	48.0
合计	25 000	100.0

2. 变量分配数列

按数量标志分组所形成的分配数列叫作变量分配数列，简称变量数列。对于变量数列来说，组限和组数往往会因人的主观认识而异，因此按同一数量标志分组时有可能出现多种分配数列。例如，某班同学按年龄分组可编制如下变量数列，如表 3－7 所示。

表 3－7　某班同学年龄分布

年龄/岁	人数/人	比重/%
18	2	10.0
19	8	26.7

续表

年龄/岁	人数/人	比重/%
20	14	46.7
21	4	13.3
22	1	3.3
合计	30	100.0

变量数列按照用以分组的变量表现形式，可以分为单项式变量数列和组距式变量数列两种。

（1）单项式变量数列。若以一个变量值代表一组，这样编制的变量数列即单项式变量数列，简称单项数列。单项式变量数列一般是在离散型变量变异幅度不太大的情况下被采用的。

（2）组距式变量数列。若以变量值的一个区间代表一组，这样编制的变量数列即组距式变量数列，简称组距数列。组距式变量数列适用于离散型变量变异幅度较大时或连续型变量的情况，一般表现为变量值个数较多、变动范围较大的资料。

在组距式变量数列中，每一组的最大变量值称为该组的上限，最小变量值称为该组的下限。上限与下限之间的距离或差数就是该组的组距，即：组距＝上限－下限。

思维延伸

组距数列又有等距数列和异距数列之分。如果各组组距都相等，称为等距数列；若各组组距大小不都相等，称为异距数列。在统计实践中，选用等距数列还是异距数列，要视具体情况而定。一般而言，若各单位变量值分布较均匀，则编制等距数列；若变量值分布不均匀，则编制异距数列。

例如，有30个变量值，分别为：

1 1 1 1 1 2 2 2 2 2 2 3 3 3 3 3 4 4 4 10 10 10 17 17 18 18 19 19 20 20 21

若编制为等距数列，则形成的分配数列如表3－8所示。

表3－8　等距分组

分组标志	次数
0～5	18
5～10	3
10～15	0
15～20	8
20～25	1
合计	30

通过表 3－8 可以看出，等距分配数列中出现了次数很小甚至为零的组。对于这种情形，可以将几个相邻的组合并，形成异距分配数列，以形成对总体更为系统和深入的认识，如表 3－9 所示。

表 3－9　　异距分组

分组标志	次数
0～5	18
5～15	3
15～25	9
合计	30

（二）分配数列的编制

品质数列的编制较为容易，在实际工作过程中更多的是变量数列的编制，因此本教材以变量数列为例讲述分配数列的编制方法。

1. 单项式变量数列的编制

单项式变量数列就是把每一个变量值作为一组，据此编制的变量数列。若变量为离散变量，且变量值变动范围较小，可编制单项式变量数列。

如，某公司某日 50 名销售人员销售量资料如下：

3	6	2	4	3	2	6	4	3	2
4	2	5	2	6	2	3	5	4	3
2	3	6	5	4	2	4	3	2	2
3	5	4	5	6	2	2	6	4	3
2	6	3	4	5	4	5	2	3	5

首先，将原始资料按变量值大小的顺序排列如下：

2	2	2	2	2	2	2	2	2	2
2	2	2	2	3	3	3	3	3	3
3	3	3	3	3	4	4	4	4	4
4	4	4	4	4	5	5	5	5	5
5	5	5	6	6	6	6	6	6	6

然后，将相同变量值分为一组，最后将资料分为若干组。本例共分五组，分组变量值为 2、3、4、5、6。

分组后统计出每组变量值出现的次数，即频数（一般用 f 表示），并计算出各个变量值出现次数占总次数的比重，即频率（$f/\sum f$）。

最后，按变量值的大小顺序列出单项式变量数列，并形成分配数列统计表，如表 3－10 所示。

表 3-10　　50 名销售人员销售量分组表

销售量	人数/人	比重/%
2	14	28
3	11	22
4	10	20
5	8	16
6	7	14
合计	50	100

小思考

单项式变量数列的编制是首先确定分组标志，计算出各组次数和频率，列表即可。那么如何编制品质数列？

2. 组距式变量数列的编制

组距式变量数列的编制步骤如下：

（1）将原始资料顺序排列，确定变量值的变动范围。

如，某班级 40 名学生某课程考试成绩资料如下：

68	89	88	84	86	87	75	73	72	68
75	82	100	58	81	55	76	76	95	76
71	60	91	65	76	72	76	85	89	92
64	57	83	81	78	77	72	61	70	87

以上原始资料是分散无序的，不易看出其特征。我们将这些成绩按大小顺序排列，可以确定其变动范围和最大值、最小值，反映出基本的集中趋势。

55	57	58	60	61	64	65	68	68	70
71	72	72	72	73	75	75	76	76	76
76	76	77	78	81	81	82	83	84	85
86	87	87	88	89	89	91	92	95	100

通过初步整理，可以看出学生学习成绩的基本情况：最低分 55 分，最高分 100 分，成绩的变动幅度在 55 ~ 100 分，全距 100 - 55 = 45 分。为方便计算，可将全距修正为：100 - 50 = 50 分。另外从数列中可看出，大多数学生的成绩在 60 ~ 90 分，不及格和优秀学生人数不多。

（2）确定组数和组距。即确定原始资料应分多少组及各组的组距为多大。组数的多少和组距的大小是相互制约的，一般来说，组数越多，组距越小；反之，组数越少，组距越大。确定组数和组距的原则：一是分组后能把总体单位的分布特征显示出来；二是组与组之间应该反映出现象的差异。

如果变量值变动较均匀，可采用等距分组编制等距数列。等距数列易于编制，各组次数可直接对比，便于计算各项综合指标。

采用等距分组时有如下关系式：组距 = 全距/组数

通常是先确定组数，再确定组距。

如果数据资料很多，且基本上呈单峰对称分布，即标志值小的和标志值大的两端单位较少，居中的标志值的单位多，可参考美国统计学家斯特吉斯提出的经验公式：

$$组数 = 1 + 3.322\log N \quad （N 为不同数据的个数）$$

但在一般情况下，大都根据经验和实际需要而定。

(3) 确定组限。组距数列中每个组的两个端点数值叫组限，包括下限和上限。组限的确定应该注意以下几点：

第一，最小组的下限要略低于或等于最小变量值，最大组的上限要略高于或等于最大变量值，以免在分组中产生遗漏。

第二，组限的确定应体现事物性质的数量界限，并能真实反映总体内各单位的分布情况。

第三，连续型变量在分组时，一般上一组的上限要与下一组的下限重合，即每个组的上限同时也是下一组的下限，重合的上下限遵循“上限不在内”的原则。例如上述学习成绩资料，可作如下分组：

60 分以下

60 ~ 70

70 ~ 80

80 ~ 90

90 分以上

如果某同学成绩正好是 70 分，该同学就属于 70 ~ 80 分这一组内。

第四，离散型变量在分组时相邻组的上下限可以不重合。例如企业按职工人数分组：

99 人以下

100 ~ 199

200 ~ 299

300 ~ 399

400 ~ 499

500 ~ 599

600 人以上

但在统计实践中，为方便起见，不论对什么类型的变量作分组时更多地采用重合式组限。

第五，如果总体中有极小的变量值时，就采用下开口组，即用“××以下”。有极大的变量值时，就采用上开口组，即“××以上”。

（4）计算组中值。根据组距数列进行计算分析时，需采用组中值作为各组的代表值。组中值是各组下限和上限的中点数值，计算公式为：

$$组中值 = (上限 + 下限)/2$$

对于开口组，一般是用相邻组的组距作为开口组的组距，其组中值的近似公式为：

$$对上开口组:组中值 = 本组下限 + 邻组组距/2$$

$$对下开口组:组中值 = 本组上限 - 邻组组距/2$$

组中值是以各组内的变量值均匀分布为假设前提的，因此以组中值为各组的代表值计算的一些综合指标，只能是近似的。

（5）编制分配数列。根据上面确定的组数、组距和组限，可以把各个变量值按组归类，编制成组距数列，计算出各组次数或频率，以统计表的形式表现出来，如表3－11所示，即得到分配数列。

表3－11　某班40名学生成绩分组表

按成绩分组/分	学生数/人	比重/%
60以下	3	7.5
60～70	6	15.0
70～80	15	37.5
80～90	12	30.0
90以上	4	10.0
合计	40	100.0

从这个变量数列中可以看出某班学生的成绩分布，70～80分的人数最多，80～90分的人数次之，不及格和优秀的学生最少。

（三）累计次数和累计频率

为了分析变量数列的次数分布状况，统计工作中还常计算累计次数和累计频率，它表明总体在某一定量值之下或之上共包含的单位个数及占总体单位总数的比重。按照累计的方向不同，累计次数和累计频率分为两种。

1. 向上累计

又称由小向大累计。它是将各组次数和频率由变量值小的组向变量值大的组逐组累计，它表明该组上限以下的单位数是多少，占总体比重是多少。

2. 向下累计

又称由大向小累计。它是将各组次数和频率由变量值大的组向变量值小的组逐组累计，它表明该组下限以上的单位数是多少，占总体比重是多少。

累计次数和累计频率的计算，仍以前面的某班统计学成绩分配数列为例，如表3－12所示。

表 3－12 某班 40 名学生成绩分组表

按成绩分组/分	学生数/人	比重/%	向上累计		向下累计	
			学生数/人	比重/%	学生数/人	比重/%
60 以下	3	7.5	3	7.5	40	100
60～70	6	15.0	9	22.5	37	92.5
70～80	15	37.5	24	60.0	31	77.5
80～90	12	30.0	36	90.0	16	40.0
90 以上	4	10.0	40	100	4	10.0
合计	40	100	—	—	—	—

（四）常见的次数分布类型

各种不同现象都有着特殊的次数分布。概括起来，主要有下列三种类型：钟形分布、U 形分布和 J 形分布。

1. 钟形分布

钟形分布的特征是“两头小、中间大”，即靠近中间的变量值分布的次数多，靠近两端的变量值分布的次数少，绘成的曲线图宛如一口古钟。钟形分布具体可分为对称分布和非对称分布。

对称分布也叫正态分布，它是最重要、最常见的一种分布。对称分布的特征是中间变量值分布的次数最多，两侧变量值分布的次数则随着与中间变量值距离的增大而渐次减少，并且围绕中心变量值两侧呈对称分布，如图 3－1 所示。许多社会经济现象总体的分布都趋近于正态分布，例如，一个地区成人的身高（或体重、收入等）、学生考试成绩、市场某种商品价格等通常服从正态分布。

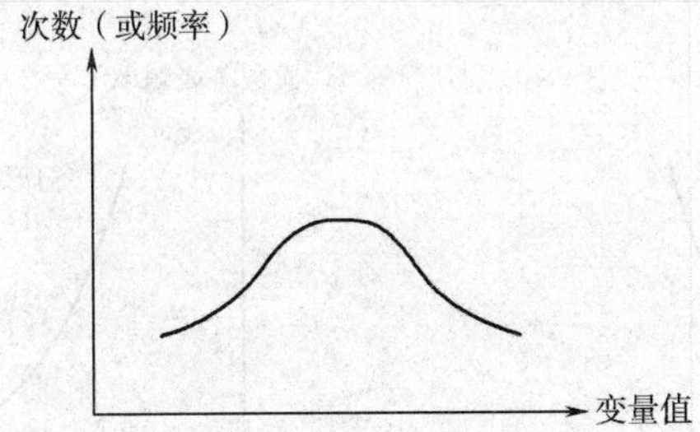

图 3－1　对称钟形分布

非对称分布有左偏分布和右偏分布，如图 3－2 所示。

2. U 形分布

U 形分布的特征与正态分布恰恰相反，靠近两端的变量值分布的次数多，靠近中间的变量值分布的次数少，形成“两头高、中间低”的分布特征。绘成的曲线图像英文字母“U”，如图 3－3 所示。有些社会经济现象的分布表现为 U 形分布。例如，由于人口总体中幼儿死亡人数和老年死亡人数均较高，而中年死亡人数最低，因而按年龄分组的人口死亡率便表现为 U 形分布。

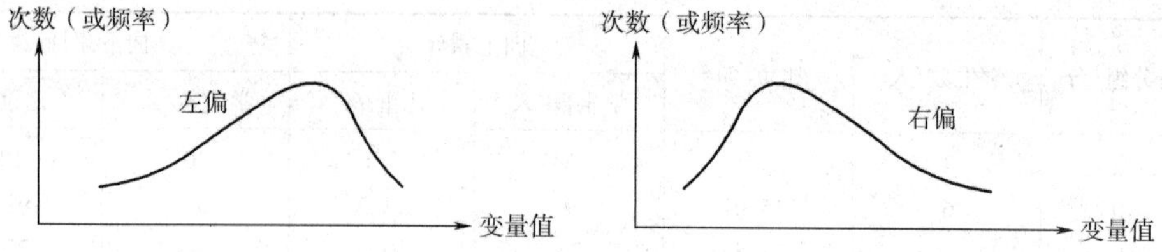

图 3 – 2　非对称分布

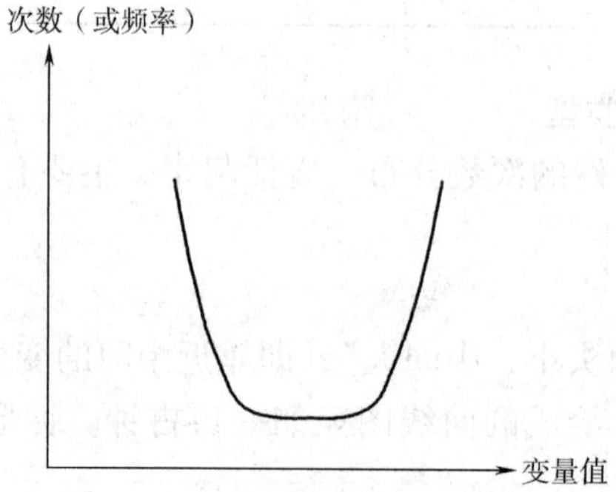

图 3 – 3　U 形分布

3. J 形分布

J 形分布有两种类型：一种是正 J 形分布，即次数随着变量值增大而增多，绘成曲线图，犹如英文字母“J”字；另一种是反 J 形分布，即次数随着变量值的增大而减少，绘成曲线图，犹如反写的英文字母“J”字，如图 3 – 4 所示。

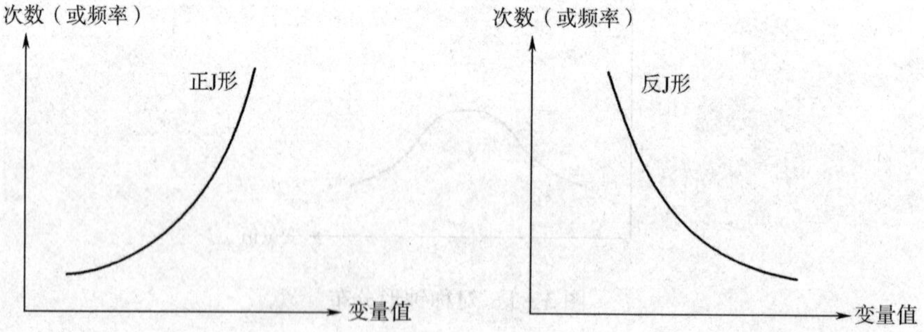

图 3 – 4　J 形分布

在社会经济现象中，有一些统计总体呈 J 形分布。例如，投资项目按利润率大小分布，一般均呈正 J 形分布；而人口总体按年龄大小分布，则一般呈反 J 形分布。

次数分布的类型主要取决于社会经济现象本身的性质。通过统计分组整理而编制的分配数列，虽因统计总体所处的客观条件不同而有不同的数量表现，但分配数列的形态仍应符合该社会经济现象的分布特征。如不相符，要么，说明现象总体发生了异常的变化；要么，统计分组整理违背了现象的内在规律，应加以检查纠正。

任务三　编制统计表和绘制统计图

任务先导

根据中华人民共和国国家统计局的统计结果，2010—2015 年，各年年末全国总人口数分别为（万人）：134 091、134 735、135 404、136 072、136 782、137 462。以上资料用什么形式表达出来较为直观、清晰？

统计表和统计图是统计资料的两种重要表达形式。根据分析目的不同、表述内容不同，统计图表的形式多种多样。它贯穿于整个统计工作过程中，直观、形象地表述现象的特征。

一、统计表

（一）统计表的概念及其优点

统计资料经过汇总整理后，按一定顺序将其填列在以纵横交叉的线条所绘制的表格内，这种表格称为统计表。统计表是统计表格与统计数字的结合体。

统计表的主要优点：它能使统计资料条理化、系统化地排列，使统计资料的表述清晰、醒目；能合理地、科学地组织统计资料，便于进行对比分析；它是积累和保存统计资料的主要手段。

（二）统计表的构成

1. 形式构成

从形式上看，统计表是由纵横交叉的直线组成的左右两边不封口的表格，一般包括四个部分：

（1）总标题。它是统计表的名称，表明全部统计资料的内容，一般写在表的上端正中。

（2）横行标题。它是横行的名称，表明各组的名称，通常也称为统计表的主词（主栏），一般写在表的左方。

（3）纵栏标题。它是纵栏的名称，表明各项统计指标的名称，通常也称为统计表的宾词（宾栏），一般写在表的上方。

（4）数字资料。它是统计指标的数值，即各横栏与纵栏的交叉处的数字。

2. 内容构成

从内容上看，统计表由主词和宾词两部分组成。主词是统计表所要说明的总体，它可以是各个总体单位的名称，也可以是总体的各个组。宾词则说明总体的各种统计指标，包括指标名称和指标数值。

统计表的构成格式如表 3－13 所示。

表 3-13　　2015 年中国就业人数分布情况

按产业分类	就业人数/万人	占工业增加值的比重/%
第一产业	21 919.0	28.30
第二产业	22 693.0	29.30
第三产业	32 839.0	42.40
合计	77 451.0	100.00

（三）统计表的分类

1. 按作用不同进行分类

统计表按作用不同，可分为调查表、整理表和分析表。

（1）调查表。调查表是在统计调查阶段用于登记、搜集原始资料的表格，是广义的统计表。

（2）整理表。整理表又称汇总表，是在统计整理阶段用于汇总统计资料和表现统计整理结果的表格。

（3）分析表。分析表是在统计分析中用于对所整理的统计资料进行统计定量分析的表格。这类表格往往与整理表格结合在一起，成为整理表的延续。

2. 按主词分组情况不同进行分类

统计表按主词分组情况不同，可分为简单表、简单分组表和复合分组表。

（1）简单表。它是指统计总体主词未经任何分组，在主词栏中仅罗列总体各单位名称或按时间顺序排列的统计表。例如，表 3-14 就是主词按总体单位排列的简单表。

表 3-14　　某连锁企业下属三个门店销售情况统计表

门店	销售利润率/%	销售额/万元
A	15	500
B	12	1 000
C	10	1 500
合计	—	3 000

再如，表 3-15 就是主词按时间顺序排列的简单表。

表 3-15　　某年企业产值统计表

时间	总产值/百万元
一季度	180
二季度	170
三季度	195
四季度	210
合计	755

(2) 简单分组表。它是指表的主词只按一个分组标志分组的统计表，如表 3－16 为按品质标志分组的简单统计表。

表 3－16　　某企业工人性别统计表

按性别进行分组	工人数/人	比重/%
男	254	50.8
女	246	49.2
合计	500	100.0

再如，表 3－17 是按数量标志分组的简单分组表。

表 3－17　　某班同学成绩统计表

按成绩分组	学生数/人	比重/%
60 分以下	2	5.0
60～70	8	20.0
70～80	20	50.0
80～90	7	17.5
90 分以上	3	7.5
合计	40	100.0

(3) 复合分组表。它是指统计总体的主词按照两个或两个以上标志进行复合分组所得的统计表，可以揭示现象受多种因素影响的特征或规律。表 3－18 就是复合分组表。

表 3－18　　某车间工人按性别、等级分组统计表

工人按等级、性别分组	工人人数/人
高级工	15
男工	8
女工	7
中级工	40
男工	25
女工	15
初级工	10
男工	7
女工	3
合计	65

(四) 统计表的编制原则

为了使统计表清楚地反映现象的数量特征，编制统计表必须遵循科学、实用、简练、美观的原则。

第一，统计表的各种标题，特别是总标题的表达，应该十分简明确切，能概括地反映表的基本内容。总标题还应该标明资料所属的地点和时间。

第二，表中的主词各行和宾词各栏，一般应按“先局部、后整体”的原则排列，即先列各个项目，后列总计。当没有必要列出所有项目时，可以先列总计，而后列出其中一部分的重要项目。

第三，如果统计表的栏数较多，通常要加以编号，以处理好各纵栏之间的逻辑关系与排列顺序。在主词和计量单位等栏，用（甲）、（乙）、（丙）等文字标明；宾词指标各栏，用（1）、（2）、（3）等数字编号。各栏指标值之间有计算关系的，可用数字运算符号标明，如（4）=（2）+（3），表明第（4）栏的指标值等于第（2）栏的指标值加上第（3）栏的指标值。

第四，统计表一般是开口式的，即表的左右两侧不画纵线。

第五，表中数字应该填写整齐，对准位数，不留空白。当数字为0或因数字太小可略而不计时，要写上0；当缺乏某项资料时，用符号“…”表示；不应有数字时用符号“－”表示。有数字的一律填写数字，不能用“同上”“同左”等字样代替。

第六，统计表中必须注明数字资料的计量单位。如全表只有一种计量单位时，可以把它写在表的右上方。如表中需要分别注明不同单位时，可以专设计量单位一栏说明横行的计量单位。纵栏的计量单位要与纵栏标题写在一起。

第七，必要时，统计表应加注说明或注解。例如，某些指标有特殊的计算口径，某些资料只包括一部分地区，某些数字是由估算来插补的，等等，都要加以说明。此外还要注明统计资料的来源，以便查考。说明和注解一般写在表的下端，如国家统计局呈现历年全国人口数时，注明：1981年及以前人口数据为户籍统计数；1982年、1990年、2000年、2010年数据为当年人口普查数据推算数；其余年份数据为年度人口抽样调查推算数据；总人口和按性别分人口中包括现役军人，按城乡分人口中现役军人计入城镇人口。

二、统计图

（一）统计图的概念与作用

统计图是指利用几何图形或具体事物的形象和符号来表现社会经济现象数量关系的图形。统计图与统计表一样，可以从数量方面显示出分析对象的规模、水平、结构、发展趋势和比例关系，也是表现统计资料的一种形式。

将统计资料绘制成统计图，可以使复杂的数字通俗化、简单化、形象化，便于记忆和比较。相比之下，它比统计表更为直观，更易理解，更具有说服力，尤其是在揭示经济现象的发展趋势，检查工作进度与计划执行情况，对比分析现象在不同时间、空间的状况等方面，都起着很重要的作用。因此，统计图具有简明具体、生动形象、通俗易懂，更为明确的特点。

（二）常见的统计图类型

常用的统计图主要有：直方图、折线图、柱形图、条形图、饼形图。

1. 直方图

直方图是以组距为宽度，以长方形面积代表各组的次数所绘制的次数分配图形。当各组组距相等时，各长方形的高度与次数就成比例关系，即高度就可反映次数。由于各组是连续的，所以每个长方形是彼此连接在一起的，其间不留有空隙。利用表 3－11 的数据绘制的直方图如图 3－5 所示。

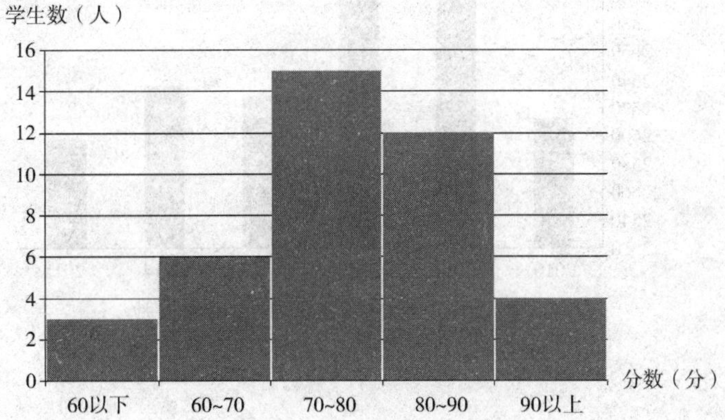

图 3－5　学生成绩直方图

2. 折线图

折线图是将纵横坐标相交的实心点以直线相连接而形成的图形。对于同一组数据，折线图具有唯一性，即两点间只有一条直线。

对于组距数列资料，每组数值用组中值代替，即折线图用组中值与频数（或频率）求坐标点连接而成。也即相当于将直方图的每个长方形的顶端中点用折线连点而成。

利用表 3－11 的数据绘制的折线图如图 3－6 所示。

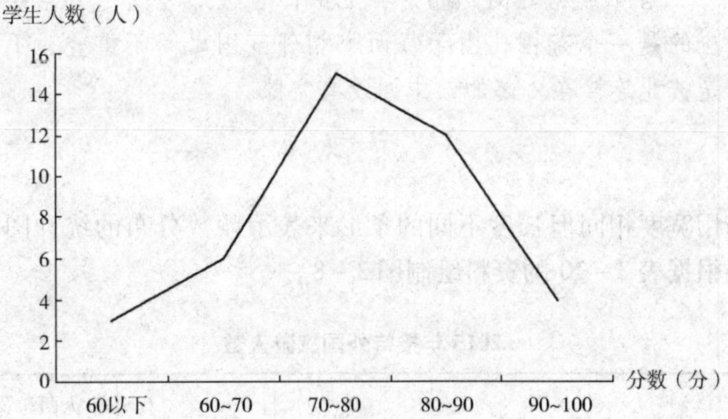

图 3－6　学生成绩折线图

3. 柱形图

柱形图是在同一底线上，用相同宽度所建立的各自隔离的许多柱形，其高度根据实际资料既可以选用绝对数也可以选用相对数来表示。

表 3－19　　2010－2015 年接待外国旅游人数

年份	2010	2011	2012	2013	2014	2015
旅游人数（万人次）	2 612.69	2 711.20	2 719.15	2 629.00	2 636.10	2 598.50

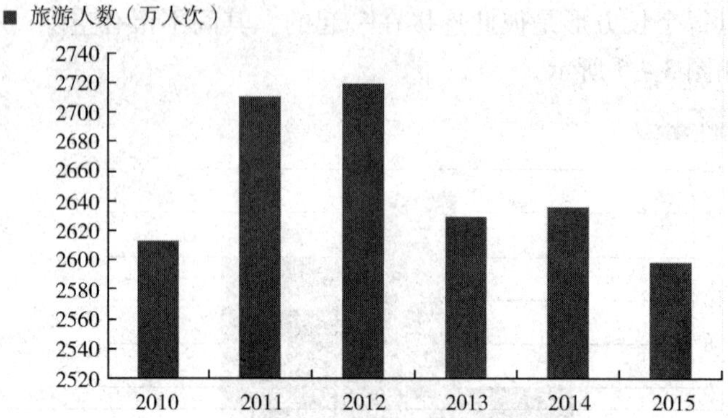

图 3－7　2010—2015 年接待外国旅游人数

思维延伸

柱形图与直方图的区别：

（1）柱形图横轴上的数据是孤立的，是一个具体的数据，或仅表示类的差异；而直方图的横轴则有真正的坐标，横轴上的数据是连续的，是一个范围。

（2）柱形图是用柱形的高度表示频数的大小；而直方图是用长方形的面积表示频数，只有当长方形的宽都相等时，才可以用长方形的高表示频数的大小。

（3）柱形图中，各个数据之间是相对独立的，各柱形之间是有空隙的；而在直方图中，各长方形对应的是一个范围，由于每两个相邻范围之间不重叠、不遗漏，因此在直方图中，长方形是彼此连接在一起的，中间没有空隙。

4. 条形图

条形图是指用宽度相同但长度不同的条形来表示频数分布的统计图，实际是柱形图的横置。例如，根据表 3－20 的资料绘制图 3－8。

表 3－20　　2015 年接待外国旅游人数

地区	亚洲	非洲	欧洲	拉丁美洲	大西洋及太平洋岛屿	其他
旅游人数（万人次）	1 659.50	58.00	491.70	35.00	77.60	276.70

5. 饼形图

饼形图是用来描述和表现各成分或某一成分所占百分比的一种图形。它是以一个圆代表一个全体，用其中的扇形区域代表各部分，扇形区域的大小与该成分的大小成正比。根据表 3－13 中各产业占工业增加值的比重绘制的饼形图如图 3－9 所示。

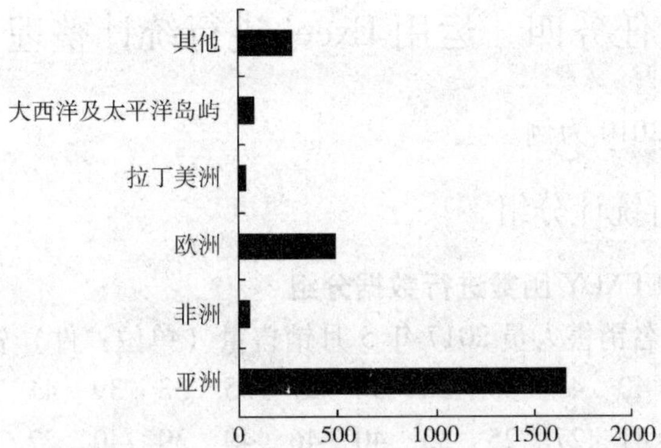

图 3－8　2015 年接待外国旅游人数

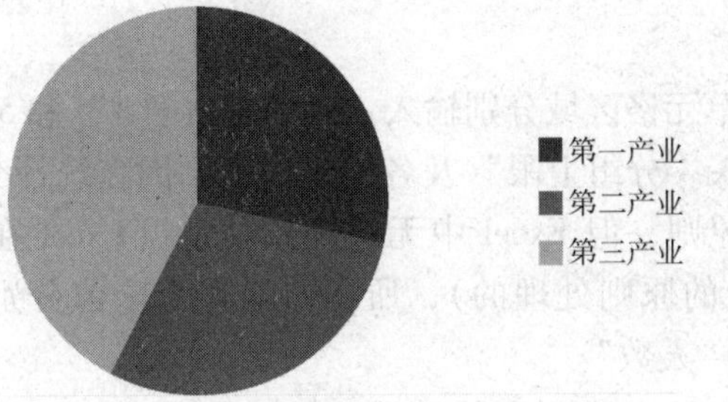

图 3－9　饼形图

小阅读

统计图表是展示数据的有效方式。在日常生活中，阅读报刊、看电视、上网都能看到大量的统计图表。统计图把数据形象地展示出来，统计表把杂乱的数据有条理地组织在一张简明的表格内。显然，看统计图表要比看那些枯燥的数据更有趣，也更容易理解数据信息。合理使用统计图表是做好统计分析的基本技能。

使用图表的目的是让人们更容易地理解数据。一张精心设计的图表可以有效地把数据呈现出来。使用计算机很容易绘制出漂亮的图表，但需要注意的是，初学者往往会在图形的修饰上花费太多的时间和精力，而不注意对数据的表达。

精心设计的图表可以准确地表达数据所要传递的信息。设计图表时，应尽可能简洁，以清晰地显示数据、合理地表达统计信息。在绘制图形时，应避免一切不必要的修饰。过于花哨的修饰往往会使人注重图形本身，而忽略了图形所要表达的信息。图形大体为4:3的一个矩形，过长或过高的图形都有可能歪曲数据，给人留下错误的印象。此外，图表应有编号和标题。编号一般使用阿拉伯数字，如表 1、图 2 等。图表的标题应明确展示出研究数据所属时间、地点和内容。表的标题通常放在表的上方；图的标题既可以放在图的上方，也可以放在图的下方。

任务四　运用 Excel 进行统计整理

以下操作以 Excel2010 为例。

一、运用 Excel 进行统计分组

（一）运用 FREQUENCY 函数进行数据分组

例如，某企业 50 名销售人员 2017 年 5 月销售量（单位：件）资料如下：

49　46　26　30　40　45　33　26　36　27　35　33　39　41　43　44　45　50　44
40　33　34　38　41　27　25　33　40　46　49　39　40　27　29　30　35　38　43
45　48　30　29　32　38　40　41　39　32　27　30

最低销售量为 25 件，最高销售量为 50 件。运用 FREQUENCY 函数将这 50 名销售人员按销售量（件）分为 30 以下、30 – 35、35 – 40、40 – 45 和 45 以上五组，分别统计各组人数，步骤如下：

（1）在 A1：A51 单元格区域分别输入“销售量（件）”和 50 个销售量的值，在 B1：B6 单元格区域分别输入“分组上限”及各组上限值。因在统计分组中，重合的上下限遵循“上限不在内”的原则，但 Excel 中无此识别功能（Excel 在统计各组次数时，是按“各组上限在本组内”的原则处理的），所以，输入上限值分别为：29、34、39、44 和 50。在 C1 单元格输入“人数”。

（2）使用鼠标拖选 C2：C6 单元格区域。

（3）在数据编辑行中输入公式“ = FREQUENCY（A2：A51，B2：B6）”（此时切记，输入后不按回车键，也不点击数据编辑行左侧“√”按钮），或者点击“f_x”图标插入函数，在“选择类别”框中选“全部”或“统计”，在下面的“选择函数”方框里点击“FREQUENCY”，并“确定”，在出现的“函数参数”对话框的第一行“Data_ array”中输入“A2：A51”（或鼠标拖选），对话框的第二行“Bins_ array”中输入“B2：B6”（或鼠标拖选）（此时切记，选完之后不点击“确定”）。

（4）以上输入完成后，按下“Ctrl + Shift + Enter”组合键，即可得到各组的人数资料，如图 3 – 10 所示。

（二）编制分配数列

（1）重新打开一个 Excel 工作簿，在 A1 格输入“按销售量分组（件）”，A2、A3、A4、A5、A6、A7 格分别输入“30 以下”“30 – 35”“35 – 40”“40 – 45”“45 以上”“合计”；在 B1 格输入“人数”，然后将“（一）（4）”中所得到的各组人数资料复制到 B2 至 B6 格；鼠标选定 B2：B6 区域，点击工具栏中“∑自动求和”按钮，在 B7 格得到合计值。形成的分组资料如图 3 – 11 所示。

（2）在步骤（1）的工作表中，C1 单元格输入“比重（%）”；选中 C2 格，在数据编辑行中输入“ = B2/50 * 100”，回车或点击数据编辑行左侧“√”，得到该组比重值；点击 C2 单元格并将光标指向其右下方的填充柄，当光标变为实心“ + ”时，按住左键将光标拖至 C7 单元格，即可得到其余各组的比重值；最后调整小数点位数（本例保留一位

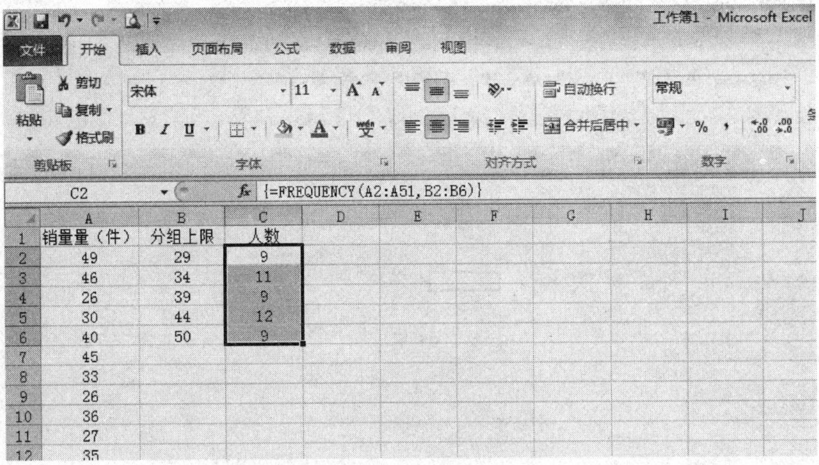

图 3－10　各组人数

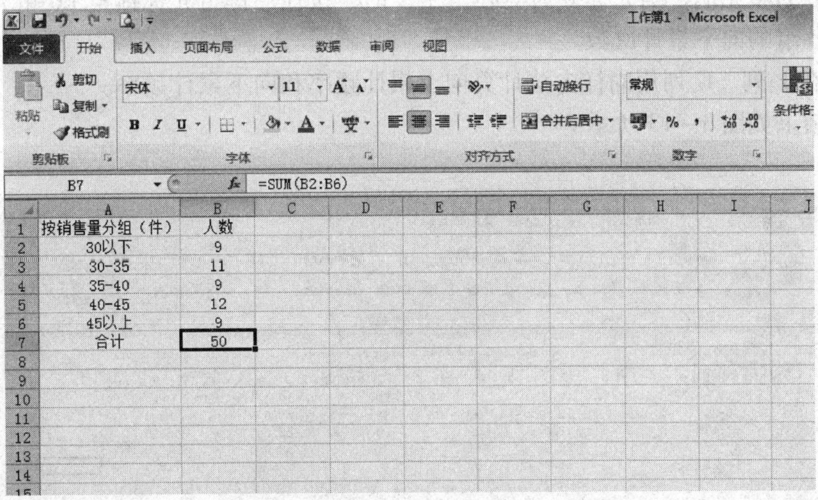

图 3－11　分组资料

小数）。形成的分配数列如图 3－12 所示。

（三）计算累计次数和累计频率

对以上分配数列，运用 Excel 分别计算各组向上累计次数、向下累计次数和向上累计频率、向下累计频率。方法如下：

（1）在（二）（2）生成的工作表中，D1 单元格输入“向上累计次数”，在 D2 单元格输入“＝SUM（B2：B＄2）”并按回车键或点击“√”，即可得到第一组的向上累计次数；点击 D2 单元格并将光标指向其右下方的填充柄，当光标变为实心“＋”时，按住左键将光标拖至 D6 单元格，即可得到其余各组的向上累计次数。

（2）在 E1 单元格输入“向下累计次数”，在 E2 单元格输入“＝SUM（B2：B＄6）”

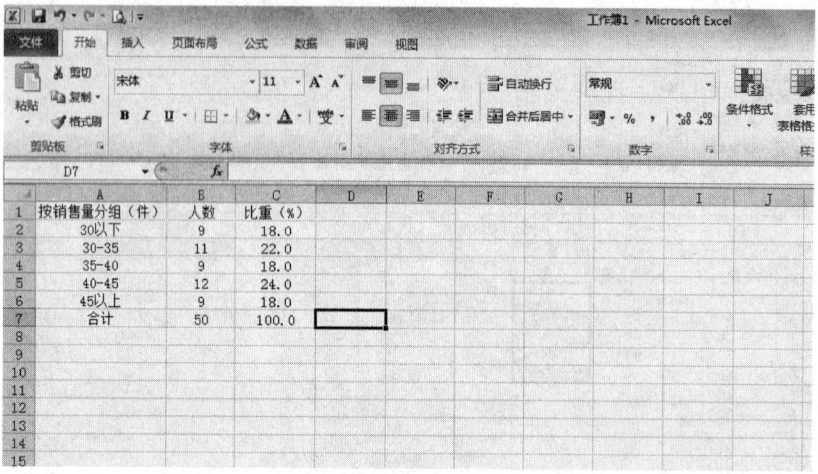

按销售量分组（件）	人数	比重（%）
30以下	9	18.0
30-35	11	22.0
35-40	9	18.0
40-45	12	24.0
45以上	9	18.0
合计	50	100.0

图 3－12　分配数列

并按回车键或点击“√”，即可得到第一组的向下累计次数；点击 E2 单元格并将光标指向其右下方的填充柄，当光标变为实心“＋”时，按住左键将光标拖至 E6 单元格，即可得到其余各组的向下累计次数。

（3）在 F 列、G 列用同样方法计算向上累计频率和向下累计频率。

计算结果如图 3－13 所示。

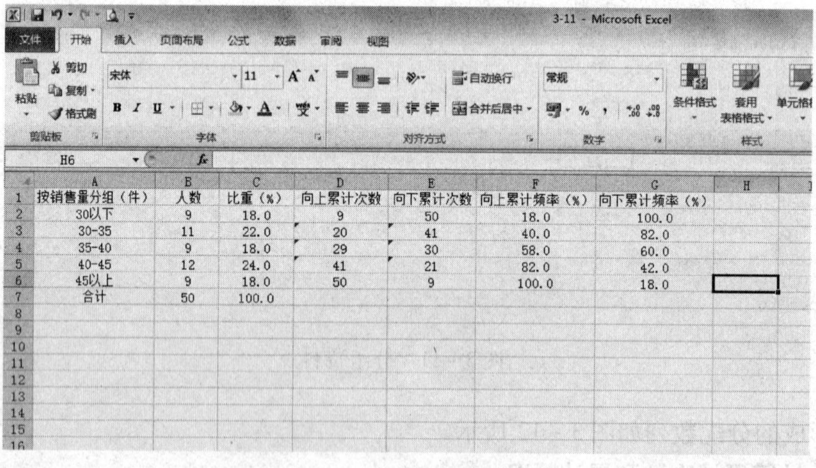

按销售量分组（件）	人数	比重（%）	向上累计次数	向下累计次数	向上累计频率（%）	向下累计频率（%）
30以下	9	18.0	9	50	18.0	100.0
30-35	11	22.0	20	41	40.0	82.0
35-40	9	18.0	29	30	58.0	60.0
40-45	12	24.0	41	21	82.0	42.0
45以上	9	18.0	50	9	100.0	18.0
合计	50	100.0				

图 3－13　累计次数和累计频率

二、运用 Excel 编制统计表

对以上“某企业 50 名销售人员 2017 年 5 月销售量资料”，运用 Excel 编制统计表。步骤如下。

（一）命名工作表

工作表的命名方法有两种。第一种方法是启动 Excel 之后，系统会自动创建一个空白工作簿“工作簿1”，此工作簿包含3个工作表，分别为Sheet 1、Sheet 2和Sheet 3。在Sheet 1上单击鼠标右键，弹出快捷菜单，选择“重命名”选项，输入名称“2017年5月销售量统计表”。另一种方法是启动Excel之后，执行“格式”-“重命名工作表”命令，输入名称“2017年5月销售量统计表”。结果如图3-14所示。

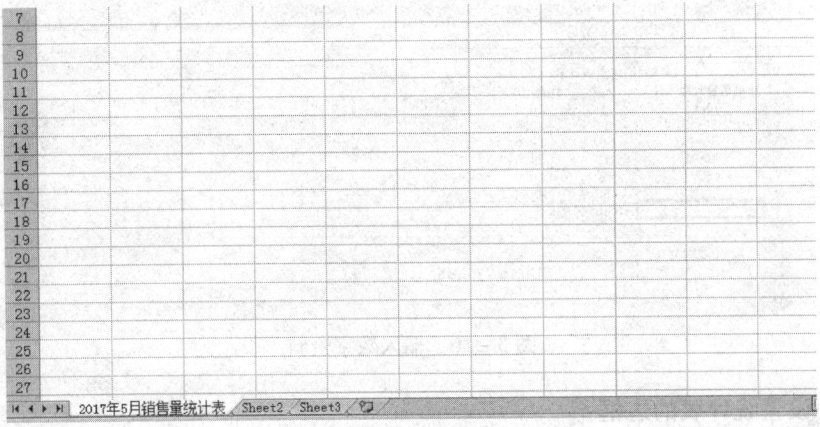

图3-14　命名统计表

（二）创建统计表标题

打开已经创建的统计表，在第一行输入统计表总标题：首先合并单元格，然后输入名称“2017年5月销售量统计表”。接着，输入横行标题与纵栏标题：在单元格A2、B2、C2中分别输入“按销售量分组（件）”“人数”“比重（%）”；在单元格A3、A4、A5、A6、A7、A8中分别输入“30以下”“30-35”“35-40”“40-45”“45以上”“合计”，如图3-15所示。

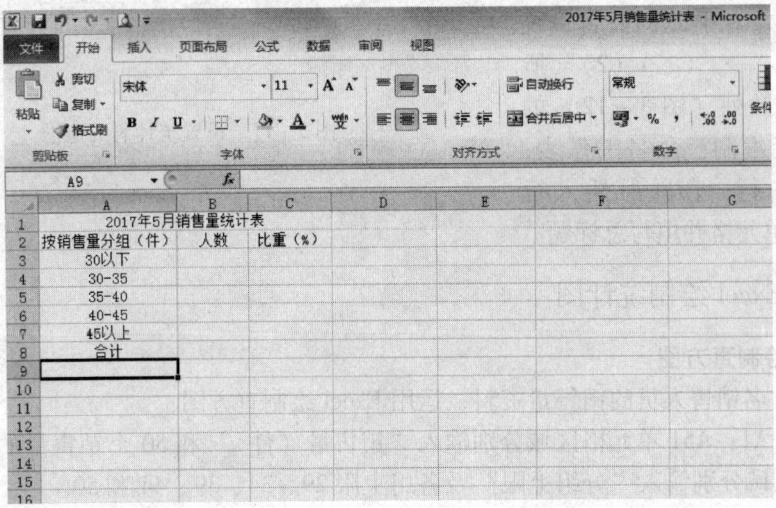

图3-15　创建统计表标题

（三）输入数字资料

在上述创建的统计表中，在单元格B3至B8中分别输入人数资料，单元格C3至C8

中分别输入比重资料，如图 3－16 所示。

图 3－16　输入数字资料

（四）设置统计表的边框

选中统计表中除总标题之外的内容，鼠标右击，选择“设置单元格格式”，点“边框”，一般除左右两侧不需要边框外，其他内部和外部边框都应选中，如图 3－17 所示，点击“确定”，所编制的统计表如图 3－18 所示。

以上是统计表的基本编制过程。事实上，对于此例而言，统计表可以在“一、（二）（2）”所生成的分配数列（图 3－12）的基础上直接编制：命名工作表；顶端插入一行；合并所插入行（第一行）单元格并填写总标题。

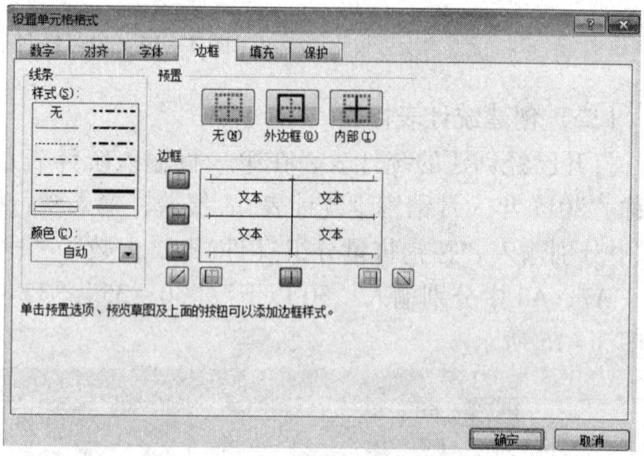

图 3－17　设置统计表的边框

三、运用 Excel 绘制统计图

（一）绘制直方图

根据 50 名销售人员的销售量资料，运用 Excel 绘制直方图：

（1）在 A1：A51 单元格区域分别输入“销售量（件）”和 50 个销售量的值，在 B1：B6 单元格区域分别输入“分组上限”及各组上限 29、34、39、44 和 50。

（2）点击“数据”菜单中的“数据分析”命令，选择其中的“直方图”，如图 3－19 所示，然后点击“确定”。（如果“数据”菜单中看不到“数据分析”命令，则先进行以下操作：依次点击“文件”“选项”“加载项”按钮，点击“转到”，勾选“分析工具库”前的方框，点击“确定”即可。）

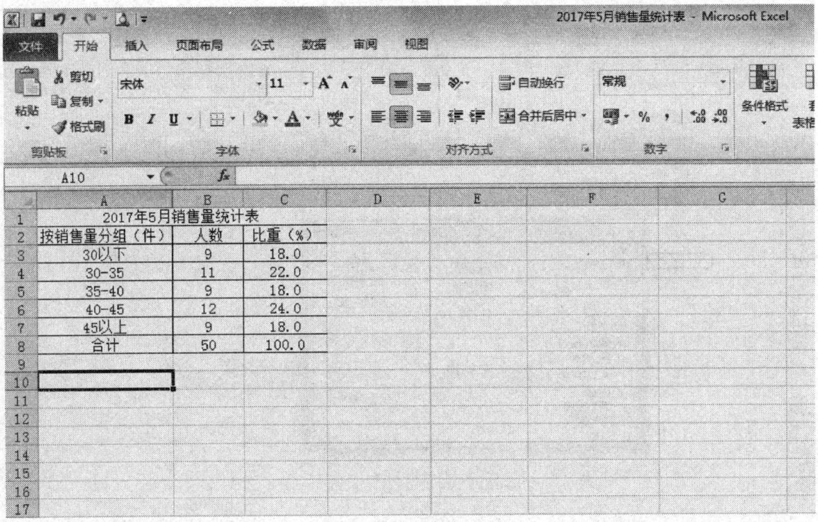

图 3－18　统计表

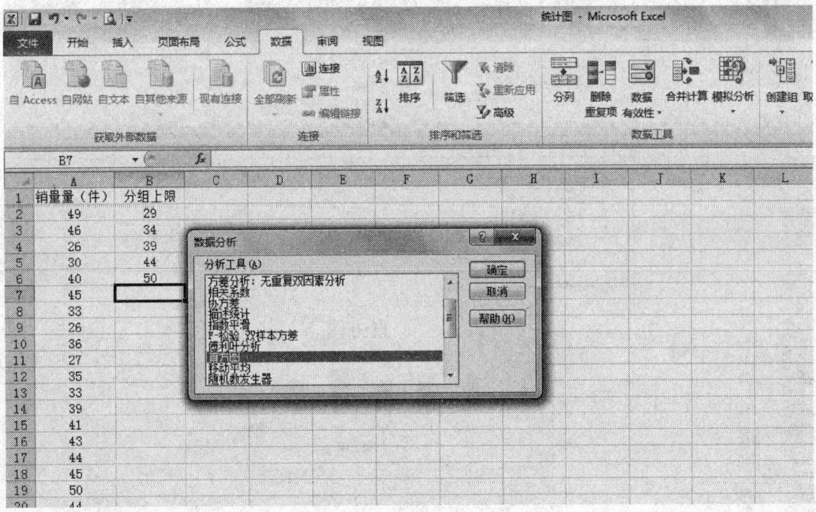

图 3－19　数据分析命令

(3) 在直方图对话框的“输入区域”通过鼠标拖选方式输入“A1：A51”，在“接收区域”后通过鼠标拖选方式输入“B1：B6”，点击“输出区域”前的圆圈，鼠标点击其后面的空白区域，再用鼠标选中 C1 框，勾选“标志”和“图表输出”，如图 3－20 所示。

(4) 点击“确定”，便得到以上 50 名销售人员销售量的次数分布表和直方图，如图 3－21 所示。

(5) 将图 3－21 中生成的“分组上限”改为“销售量（件）”，将 29、34、39、44、50 分别用 30 以下、30－35、35－40、40－45、45 以上代替；将“频数”改为

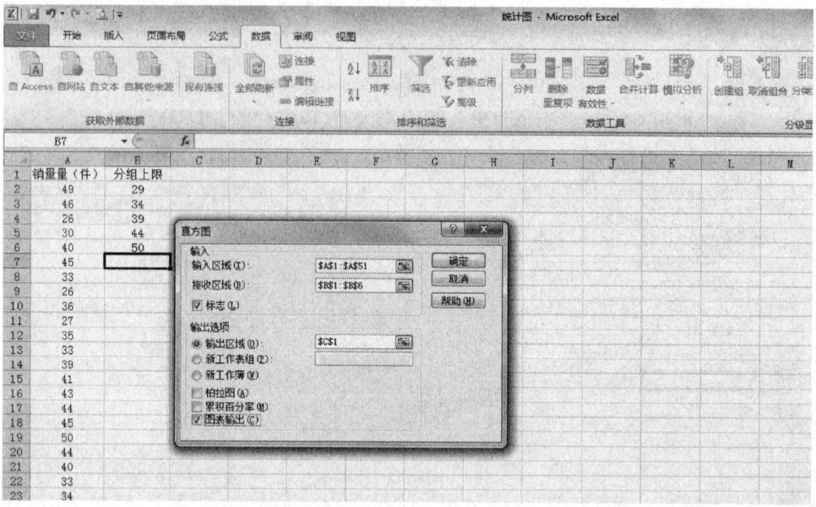

图 3 - 20　直方图对话框

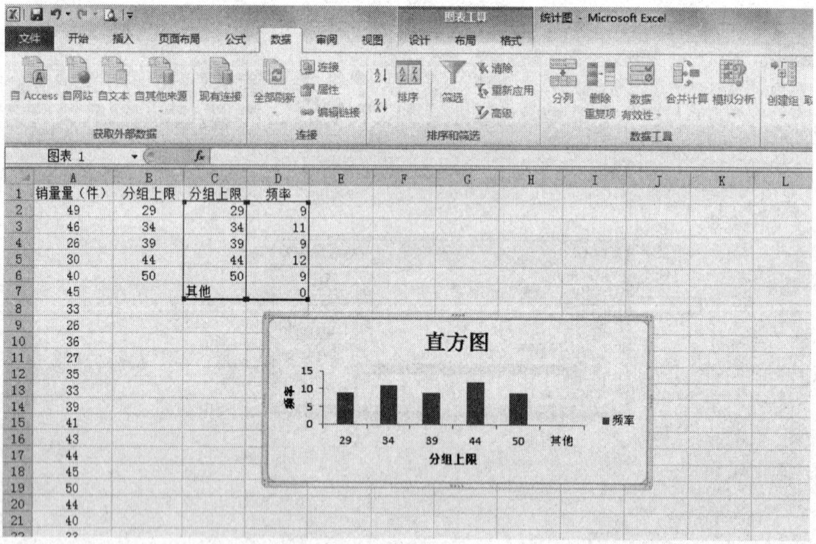

图 3 - 21　系统生成的次数分布表和直方图

“人数”；将“其他”一行“清除内容”。右键单击直方图中任意矩形，在弹出的快捷菜单中执行“设置数据系列格式”命令，再在弹出的对话框的“系列选项”中将“分类间距”设为0（无间距），即可得到矩形之间无间隔的直方图（与任务四中的直方图一致），见图3 - 22。

（二）绘制折线图

根据50名销售人员的销售量资料，运用Excel绘制折线图：

（1）将50名销售人员的销售量分配数列输入到Excel工作表（保留两列：“按销售量

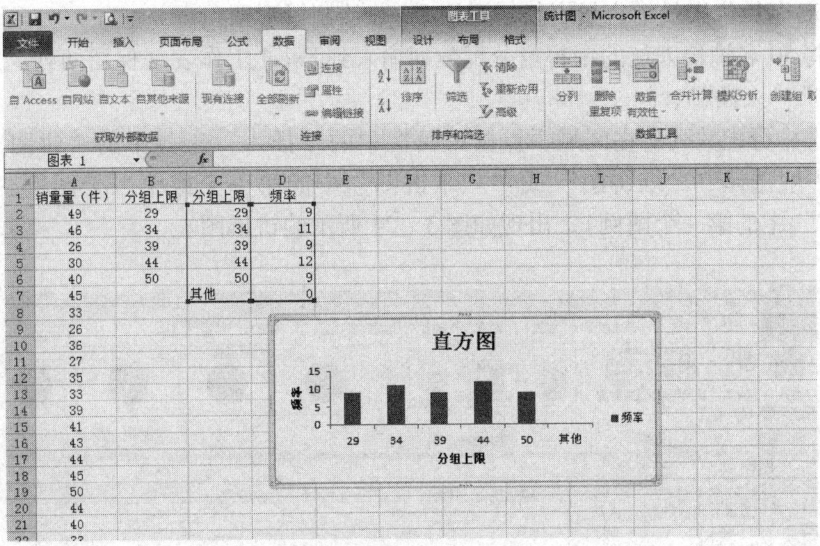

图 3－22　绘制直方图

分组（件）”“人数”）。

（2）选中分配数列所在区域，点击工具栏中的“插入”工具中的“折线图”，选择某一图例（一般选择“二维折线图”中各类型的第一个或第二个图例，本例选择“二维折线图”中的第二种类型的第一个图例），可以生成折线图。调整横坐标和纵坐标的标题，出现如图 3－23 所示的折线图。

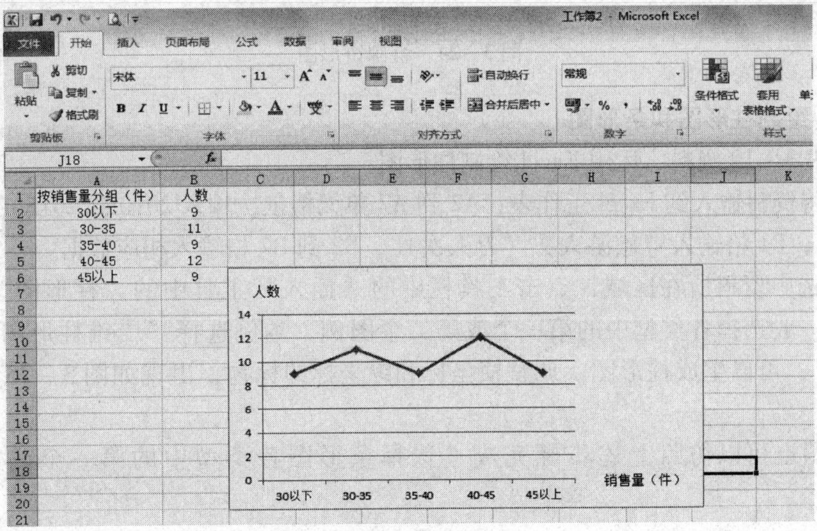

图 3－23　绘制折线图

（三）绘制饼形图

根据50名销售人员销售量资料，运用Excel绘制饼形图：

（1）将50名销售人员的销售量分配数列输入到Excel工作表（保留两列："按销售量分组（件）""人数"）。

（2）选中分配数列所在区域，点击工具栏中的"插入"工具中的"饼图"，选择某一图例（一般选择"二维饼图"或"三维饼图"中的第一个或第二个图例，本例选择"二维饼图"中的第一个图例），出现如图3－24所示的饼形图。

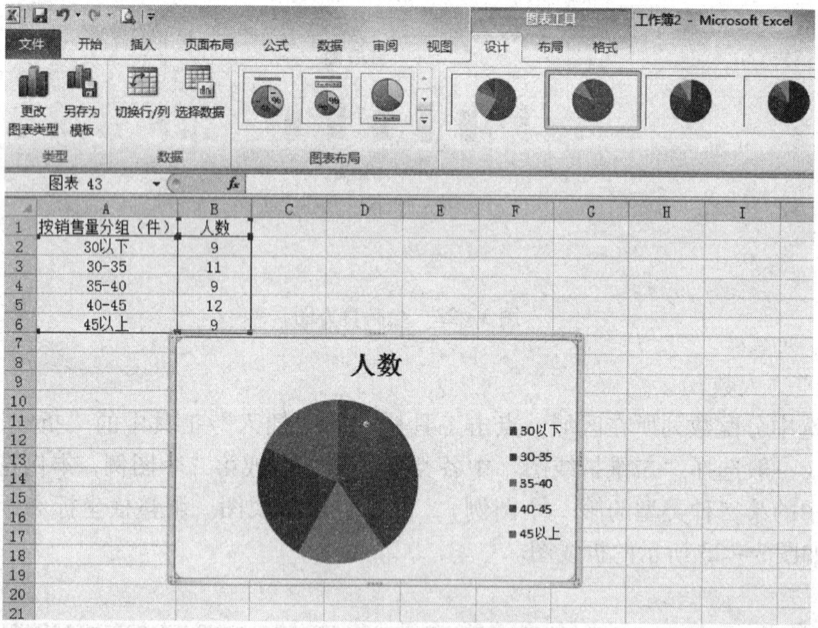

图3－24　绘制饼形图

（四）绘制柱形图和条形图

根据表3－19资料，运用Excel绘制柱形图：

（1）将资料输入到Excel工作表：A2到A7单元格依次输入2010到2015（注意：A1空白即可）；B1格输入"旅游人数（万人次）"，B2到B7格输入相应数据。

（2）选中资料所在区域，点击工具栏中的"插入"工具中的"柱形图"，选择某一图例（一般选择各类型中的第一个或第二个图例，本例选择"二维柱形图"中的第一个图例），可以生成柱形图。调整横坐标和纵坐标的标题，出现如图3－25所示的柱形图。

条形图也可以仿照上述步骤完成（选择条形图各类型中的第一个或第二个图例）。

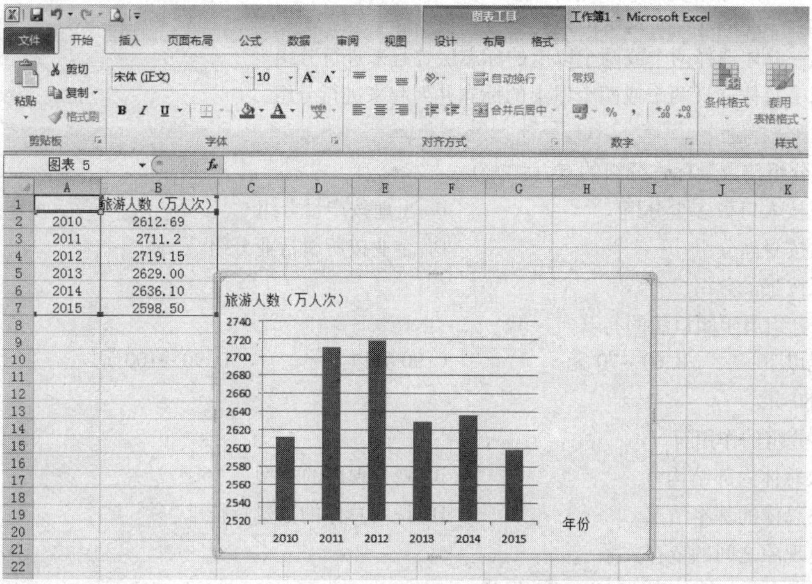

图 3－25　绘制柱形图

思考与练习

一、判断题

1. 统计分组的关键问题是确定组距和组数。(　　)

2. 变量数列的各组频率和小于等于 1。(　　)

3. 某企业职工按文化程度分组形成的分配数列是一个单项式分配数列。(　　)

4. 离散型变量只适合于进行单项式分组。(　　)

5. 正态分布是一种 U 形分布。(　　)

二、单项选择题

1. 在分组时，凡遇到某单位的标志值刚好等于相邻两组上下限数值时，一般是（　　）。

A. 将此值归入上限所在组　　B. 将此值归入下限所在组

C. 此值归入两组均可　　D. 另立一组

2. 企业按资产总额分组（　　）。

A. 只能使用单项式分组　　B. 只能使用组距式分组

C. 可以单项式分组，也可以用组距式分组　D. 无法分组

3. 下列分组中属于按品质标志分组的是（　　）。

A. 学生按考试分数分组　　B. 产品按品种分组

C. 企业按计划完成程度分组　　D. 家庭按年收入分组

4. 分配数列是（　　）。

A. 按数量标志分组形成的数列　　B. 按品质标志分组形成的数列

C. 按统计指标分组形成的数列　　D. 按数量标志和品质标志分组形成的数列

5. 复合分组是（　　）。

A. 用同一标志对两个或两个以上的总体层叠起来进行分组

B. 对某一总体选择一个复杂的标志进行分组

C. 对同一总体选择两个或两个以上的标志层叠起来进行分组

D. 对同一总体选择两个或两个以上的标志并列起来进行分组

三、多项选择题

1. 下列分组按数量标志分组的有（　　）。

A. 家庭按人口数多少分组　　B. 土地按产量分组

C. 学生按身高分组　　D. 企业按所属行业分组

E. 职工按工龄分组

2. 以下分组属于闭口组的有（　　）。

A. 60 元以下　　B. 60 ~ 70 元　　C. 90 元以上　　D. 90 ~ 100 元

E. 70 ~ 80 元

3. 统计分组的作用有（　　）。

A. 反映总体内部结构　　B. 划分现象的类型

C. 反映总体的基本情况　　D. 说明总体的数量特征

E. 研究现象之间的依存关系

4. 从内容来看，统计表由（　　）组成。

A. 总标题　　B. 横行标题　　C. 纵栏标题　　D. 主词栏

E. 宾词栏

5. 在分配数列中（　　）。

A. 总次数一定，频数和频率成反比　　B. 各组的频数之和等于 100

C. 各组的频率之和等于 100%　　D. 组数和组距成反比

E. 频数越小，则该组的标志值所起的作用越小

四、简答题

1. 什么是统计整理？

2. 统计整理的基本步骤有哪些？

3. 什么是统计分组？统计分组的作用有哪些？

4. 什么是分配数列？分配数列有哪些主要类型？

5. 统计表从内容和形式上分别由哪些部分构成？

五、计算题

1. 某企业有 30 名销售人员，日销售量（台）的资料如下：

5	4	2	4	3	4	3	4	4	5	4	3	4	2	6
4	4	2	5	3	4	5	3	2	4	3	6	3	5	4

根据以上资料编制单项式分配数列。

2. 某生产车间 40 名工人日加工零件数（件）如下：

30	26	42	41	36	44	40	37	43	35
37	25	45	29	43	31	36	49	34	47
33	43	38	42	32	25	30	46	29	34
38	46	43	39	35	40	48	33	27	28

要求：根据以上资料分成如下几组：25 ~ 30，30 ~ 35，35 ~ 40，40 ~ 45，45 ~ 50，计算出各组的频数和频率，编制组距式分配数列。

3. 某连锁企业某年 30 个门店的商品销售额（单位：万元）资料如下：

200	740	1 260	1 500	1 820	350	830	1 280	1 550	1 870
400	850	1 320	1 560	1 930	450	950	1 340	1 570	2 000
500	1 000	1 360	1 600	2 100	580	1 050	1 390	1 630	2 200

（1）编制变量数列（包括次数与频率）；

（2）计算累计频数和累计频率（包括向上累计和向下累计）；

（3）绘制直方图和折线图。

技能实训

【实训目的】

1. 进一步巩固学生的统计整理技能和理论联系实际的能力；

2. 培养学生严谨、求实的作风。

【实训任务】

搜集全班学生某学期各门课程的考试成绩资料，按成绩分组，编制分配数列，并以统计表和统计图的形式展示出来，同时对成绩分布情况做简要分析。

【实训要求】

每位同学选择其中一门课程，独立完成。

【成果检验】

每组同学将整个实训内容整理成实训报告并提交，由教师随机挑选某组做课堂汇报与交流分享。教师对各组进行点评及成绩评定。

项目四 统计指标的计算与分析

【知识目标】

1. 了解总量指标、相对指标、平均指标和标志变异指标的含义和作用；
2. 掌握总量指标、相对指标、平均指标和标志变异指标的计算和分析方法。

【能力目标】

1. 能根据基础资料计算各种统计指标，并运用这些指标分析各种社会经济现象；
2. 具备运用 Excel 计算各种统计指标的能力。

【实例导入】

2010 年第六次全国人口普查主要数据公报（第 1 号）

中华人民共和国国家统计局

2011 年 4 月 28 日

根据《全国人口普查条例》和《国务院关于开展第六次全国人口普查的通知》，我国以 2010 年 11 月 1 日零时为标准时点进行了第六次全国人口普查。在国务院和地方各级人民政府的统一领导下，在全体普查对象的支持配合下，通过广大普查工作人员的艰苦努力，目前已圆满完成人口普查任务。现将快速汇总的主要数据公布如下：

一、总人口

全国总人口为 1 370 536 875 人。其中：普查登记的大陆 31 个省、自治区、直辖市和现役军人的人口共 1 339 724 852 人；香港特别行政区人口为 7 097 600 人；澳门特别行政区人口为 552 300 人；台湾地区人口为 23 162 123 人。

二、人口增长

大陆 31 个省、自治区、直辖市和现役军人的人口，同第五次全国人口普查 2000 年 11 月 1 日零时的 1 265 825 048 人相比，十年共增加 73 899 804 人，增长 5.84%，年平均增长率为 0.57%。

三、家庭户人口

大陆 31 个省、自治区、直辖市共有家庭户 401 517 330 户，家庭户人口为 1 244 608 395人，平均每个家庭户的人口为 3.10 人，比 2000 年第五次全国人口普查的 3.44 人减少 0.34 人。

四、性别构成

大陆31个省、自治区、直辖市和现役军人的人口中，男性人口为686 852 572人，占51.27%；女性人口为652 872 280人，占48.73%。总人口性别比（以女性为100，男性对女性的比例）由2000年第五次全国人口普查的106.74下降为105.20。

五、年龄构成

大陆31个省、自治区、直辖市和现役军人的人口中，0~14岁人口为222 459 737人，占16.60%；15~59岁人口为939 616 410人，占70.14%；60岁及以上人口为177 648 705人，占13.26%，其中65岁及以上人口为118 831 709人，占8.87%。同2000年第五次全国人口普查相比，0~14岁人口的比重下降6.29个百分点，15~59岁人口的比重上升3.36个百分点，60岁及以上人口的比重上升2.93个百分点，65岁及以上人口的比重上升1.91个百分点。

六、民族构成

大陆31个省、自治区、直辖市和现役军人的人口中，汉族人口为1 225 932 641人，占91.51%；各少数民族人口为113 792 211人，占8.49%。同2000年第五次全国人口普查相比，汉族人口增加66 537 177人，增长5.74%；各少数民族人口增加7 362 627人，增长6.92%。

七、各种受教育程度人口

大陆31个省、自治区、直辖市和现役军人的人口中，具有大学（指大专以上）文化程度的人口为119 636 790人；具有高中（含中专）文化程度的人口为187 985 979人；具有初中文化程度的人口为519 656 445人；具有小学文化程度的人口为358 764 003人（以上各种受教育程度的人包括各类学校的毕业生、肄业生和在校生）。

同2000年第五次全国人口普查相比，每10万人中具有大学文化程度的由3 611人上升为8 930人；具有高中文化程度的由11 146人上升为14 032人；具有初中文化程度的由33 961人上升为38 788人；具有小学文化程度的由35 701人下降为26 779人。

大陆31个省、自治区、直辖市和现役军人的人口中，文盲人口（15岁及以上不识字的人）为54 656 573人，同2000年第五次全国人口普查相比，文盲人口减少30 413 094人，文盲率由6.72%下降为4.08%，下降2.64个百分点。

八、城乡人口

大陆31个省、自治区、直辖市和现役军人的人口中，居住在城镇的人口为665 575 306人，占49.68%；居住在乡村的人口为674 149 546人，占50.32%。同2000年第五次全国人口普查相比，城镇人口增加207 137 093人，乡村人口减少133 237 289人，城镇人口比重上升13.46个百分点。

九、人口的流动

大陆31个省、自治区、直辖市的人口中，居住地与户口登记地所在的乡镇街道不一致且离开户口登记地半年以上的人口为261 386 075人，其中市辖区内人户分离的人口为39 959 423人，不包括市辖区内人户分离的人口为221 426 652人。同2000年第五次全国人口普查相比，居住地与户口登记地所在的乡镇街道不一致且离开户口登记地半年以上的人口增加116 995 327人，增长81.03%。

十、登记误差

普查登记结束后，全国统一随机抽取402个普查小区进行了事后质量抽样调查。抽查结果显示，人口漏登率为0.12%。

（资料来源：中华人民共和国国家统计局网站　http：//www. stats. gov. cn）

任务一　计算和分析总量指标

任务先导

要认识一个企业，我们通常会从职工总人数、总资产额、年产值、年销售额、年利润额等方面去描述。要了解一个国家的基本情况，我们首先会考虑：国土总面积、总人口数、国内生产总值、国民收入等。以上这些指标，属于什么指标？有哪些异同？指标数值如何获得？

一、总量指标的概念、作用与构成

（一）总量指标的概念

总量指标是反映某一现象总体在一定时间、地点条件下的总规模或总水平的指标。其表现形式为绝对数，因而又称为绝对指标。例如，2010年11月1日零时的第六次人口普查，普查得出全国总人口为1 370 536 875人，这一总量指标反映了我国人口的总规模。再如，2016年全年货物进出口总额243 386亿元，其中，出口138 455亿元，进口104 932亿元，进出口顺差33 523亿元，这些总量指标反映了我国的进出口水平。总量指标是最基本的综合指标。

（二）总量指标的作用

总量指标作为最基本的综合指标，其作用表现在以下几个方面。

第一，总量指标是认识社会经济现象总体的起点。

人们要想认识一个国家的实力，以及社会及经济发展的状况，首要的问题就是要准确掌握客观现象在一定时间、地点、条件下数量的多少，其通常表现为总量指标。如我国2016年国内生产总值为744 127亿元，全社会固定资产投资为606 466亿元，社会消费品零售总额为332 316亿元，年末总人口为138 271万人，都从不同角度表明了我国社会及经济发展的状况。总量指标是定量描述社会经济现象的起点。

第二，总量指标是编制规划，进行科学管理的重要依据。

对经济活动进行管理，一般都是通过计划的制订、执行和控制来实现的，而一些基本的计划指标常以总量指标的形式规定，没有总量指标无法进行经济管理。例如，国家“十三五”规划规定，到2020年，国内生产总值和城乡居民人均收入要比2010年翻一番，人均国内生产总值要增至49 351元，这些都是总量指标。

第三，总量指标是计算相对指标和平均指标的基础。

总量指标是综合指标的基本形式。相对指标和平均指标一般是由两个总量指标对比而得到的，所以它们是总量指标的派生指标。如人均国民生产总值、劳动生产率、家庭平均年收入等都是由总量指标派生出来的。总量指标是否准确，将直接影响到相对指标、平均指标的准确性。

（三）总量指标的构成

总量指标从形式上看，包含两大组成部分：指标概念和指标数值。例如：我国人口总量：137 053 万人；国内生产总值：744 127 亿元。其中：我国人口总量、国内生产总值是指标概念；137 053 万人、744 127 亿元是指标数值。

总量指标从其内涵分析，包含六个构成要素：指标名称、计算方法、时间限制、空间限制、指标数值和计量单位。如：2010 年我国人口总量：137 053 万人。指标名称：人口总量；计算方法：统计汇总；时间限制：2010 年 11 月 1 日零时这个时点；空间限制：全国（含港、澳、台）；指标数值：137 053；计量单位：万人。再如：2016 年国内生产总值：744 127 亿元。指标名称：国内生产总值；计算方法：按现值统计计算；时间限制：2016 年 1 月 1 日至 2016 年 12 月 31 日这段时期；空间限制：全国（不含港、澳、台）；指标数值：744 127；计量单位：（人民币）亿元。

思维延伸

（1）总量指标表现为绝对数形式，一定有计量单位。

（2）总量指标的计算仅限于有限总体。

（3）总量指标不仅可以表明现象的总规模或总水平，也可以表明现象总体在不同时间、地点条件下的数量增减变化的绝对量。例如，2016 年全国一般公共预算收入 159 552 亿元，比上年同口径增加 6 828 亿元；2016 年全年货物进出口总额 243 386 亿元，出口大于进口 33 523 亿元，这些都属于总量指标。

二、总量指标的分类

（一）按总量指标反映的内容不同来分类

按总量指标反映的内容不同来分类，总量指标可分为总体单位总量和总体标志总量。

总体单位总量简称为单位总量，是用来反映总体本身规模大小、总体单位数量多少的总量指标。例如，要了解某市工业企业职工的收入状况，总体就是该市工业企业的全部职工，若该市工业企业职工人数 13 万人，则 13 万人就是总体单位总量。总体标志总量简称为标志总量，是总体中各单位标志值的总和。例如，了解某市工业企业职工的收入状况时，该市职工的工资总额 20 万元就是一个总体标志总量。

需要注意的是，总体单位总量和总体标志总量并不是一成不变的，它会随着研究目的和研究对象的不同而变化。例如，考察某地区工业企业生产经营状况时，全部工业企业构成一个总体，每一个工业企业就是一个总体单位，则该地区工业企业数 300 家就是总体单位总量，用以反映该总体规模的大小，而该地区工业企业职工总人数 30 万人是一个总体标志总量；若考察该地区工业企业职工的收入状况时，该市全部工业企业的职工构成一个总体，每一个职工就是一个总体单位，则该地区工业企业职工总人数 30 万人就是总体单位总量，而全部职工工资总额 30 000 万元就是一个总体标志总量。

（二）按总量指标所反映的时间状况不同来分类

按总量指标所反映的时间状况不同来分类，总量指标可分为时期指标和时点指标。

时期指标，又称为时期数，是反映社会经济现象在某一段时期内发展变化累积起来的总结果的总量指标，连续性变化的现象，只有通过时期指标才能反映其变化过程的总量。如2016年我国城镇新增就业1 314万人，是2016年每月城镇新增就业人口数的累计；2016年我国进出口贸易总额243 386亿元，是全年每笔进出口贸易额的累加。时期指标在经济学中称为流量。统计时期指标应有起、止时间。

时点指标，又称时点数，是反映社会经济现象在某一时点（时刻）状况上的总量指标。如2010年11月1日零时全国人口数1 370 536 875人、某商业企业9月末库存量200台、某高校图书馆12月末馆藏图书28 000册等都是时点指标。时点指标在经济学中称为存量，它只反映某事物在某时刻的总量。

时期指标与时点指标的区别主要表现在：

第一，时期指标说明现象在一段时期内的规模或水平；时点指标则说明现象在某一时点所达到的规模或水平。

第二，时期指标可以连续累计，累计结果有意义，且指标值的大小与时期长短有直接关系；时点指标累计结果没有实际意义，且指标值的大小与时间间隔长短没有直接关系。

第三，时期指标值通过经常性调查获得，如企业年利润总额就是由每个月的利润额相加累计得来；而时点指标值常常通过一次性调查获得，如人口普查。

（三）按总量指标采用计量单位的不同来分类

按总量指标采用计量单位的不同来分类，总量指标可分为实物指标、价值指标和劳动量指标。

1. 实物指标

实物指标是根据事物的自然属性或物理属性来计量事物数量多少的总量指标。实物指标的实物单位一般有以下几种：

（1）自然单位。它是反映现象自然属性的单位。如高职院校按“所”计量，汽车按“辆”计量。

（2）度量衡单位。它是根据度量衡制度来规定的计量单位。如煤炭产量按千克或吨计量，耕地面积按亩计量。

（3）双重单位。它同时采用两种计量单位来表明某一事物的数量。如拖拉机可以用台表示，也可以用马力表示，同时用台和马力（台/马力）表示就是双重计量单位。

（4）复合单位。它由两个或两个以上的单位结合在一起使用。如货物周转量以“吨公里”为计量单位，发电量以“千瓦时”为计量单位。

（5）标准实物单位。它是按照统一的折算标准来度量被研究现象数量的一种计量单位。如拖拉机以15马力为一标准台、煤以1千克7 000千卡为标准发热量等。

实物单位能反映实物的使用价值量，但其综合性较差。用不同的实物单位表示的实物数量不能相加。

2. 价值指标

价值指标是以货币作为计量单位，表明事物价值量的总量指标。例如，国内生产总值、商品销售额、利润额、产品成本、工资总额等都是以货币作为计量单位的。价值指标具有广泛的综合性和较强的概括能力，它使实物形态各不相同的产品数量可以相加汇总，在社会经济统计中应用得最为广泛。但价值指标受价格变动的影响，在对不同时间的价值量做对比时，往往要采用不变价格或固定价格，以消除价格变动的影响。

3. 劳动量指标

劳动量指标是以劳动时间作为计量单位的总量指标，如工日、工时。在计算一个企业或车间的产品产量时，可以把生产这些产量所消耗的劳动量累计起来，计算劳动消耗总量和单位产品劳动消耗量，作为评价劳动时间利用程度和计算劳动生产率的依据。

通常，不同企业会根据本企业生产产品的具体情况，制定生产单位产品或完成单位作业量所需要的时间标准，即工时定额。

$$总工时 = 工时定额 \times 总产量$$

劳动量指标在企业内部计量生产总量时具有综合性，它特别适合产品品种较多、零件复杂多样的机械制造企业使用。

小阅读

在国民经济统计核算中，常常用到以下几个重要的总量指标：

（1）国内生产总值（GDP）。它是指一个国家或一个地区所有常住单位在一定时期内所生产和提供的最终产品和劳务市场价值的总和。

（2）国内生产净值（NDP）。它是指在一个国家或地区的领土上，在一定时期内所生产的最终产品和劳务按市场价格计算的净值，即新增加的产值。

（3）国民生产总值（GNP）。它是指本国公民所生产的最终产品和劳务的价值的综合。

（4）国民收入（NI）。它是指一个国家或一个地区在一定时期内（一般为一年）物质资料生产部门的劳动者新创造的价值的总和。

三、总量指标的计算

总量指标的计算方法有直接计量法和间接推算法两种。

（一）直接计量法

直接计量法是通过对被研究对象进行直接点数、计数或者测量，然后加以汇总得到总量指标的一种方法。例如，组织相关人员经过实际的盘点得到某企业某商品 6 月末的库存量为 1500 件。

（二）间接推算法

当总量指标不能或不必直接计算时，可采用间接推算法。间接推算法是根据现象之间的各种关系进行相互推算的方法。

1. 因素关系推算法

因素关系推算法是利用现象各影响因素之间的关系，根据已知因素来推算未知因素的方法。如“销售额 = 单价 × 销售量”这一关系式中，已知其中的两项就可推算出另一项。

2. 比例关系推算法

比例关系推算法是利用各相关指标之间的比例关系进行推算的一种方法。如，某帽子生产厂生产帽子的合格率为97%，由此可推算出该厂某车间生产的100件产品中，不合格品约为3件。

3. 平衡关系推算法

平衡关系推算法是利用各种指标之间的平衡关系推算未知指标的方法。如“利润=收入-费用”，已知该平衡式中的任意两项指标就可推算出另一项未知指标。

4. 抽样推断法

抽样推断法是指按照随机原则，从总体中随机抽取一部分单位组成样本，利用样本数据去估算总体数据的一种方法。该部分内容将在“项目七”中详细学习。

四、总量指标统计的要求

为使总量指标资料准确，在进行总量指标统计时有如下要求：

第一，对总量指标的内涵、范围等要做严格规定。总量指标的计算，并非单纯的汇总技术问题。有一些总量指标，如工业企业数，从表面上看是比较简单的，但是如果不能对“工业企业”的含义加以确切界定，就统计不出准确的工业企业数。又如计算工业总产值时，需要明确“工业”的概念、总产值包括的范围等。

第二，计算实物总量指标时，要注意现象的同类性。实物指标通常针对物质产品而言，同类性则同名产品，它意味着产品具有同样的使用价值和经济内容，于是可以综合汇总。而对于不同类现象则不能通过简单的相加汇总来计算其实物指标。比如，简单地把铜、煤、粮、棉等产品进行直接汇总是毫无意义的。不过我们对现象同类性要求不能绝对化，例如计算货物运输总量时，产品的同类性就不成为计算的条件，因为它只要求通过货物的重量和里程计算货物量和货物周转量。

第三，要有统一的计量单位。在计算实物指标总量时，不同实物单位代表不同类现象，而同类现象又可能因历史或习惯的原因采用不同的计量单位。计算单位如不统一，就容易造成统计上的差错或混乱，所以，总量指标的实物单位，应按照全国统一规定的指标目录中的单位计量。我国从1991年起统一使用以国际单位制为基础的法定计量单位制度。

任务二 计算和分析相对指标

任务先导

某企业有甲、乙两个分公司。若已知两个分公司某年的利润额分别为80万元、60万元，能否根据这两个数据评判两个分公司的盈利水平？

总量指标只能反映现象总体所达到的规模或水平，而要深入了解事物的状况，仅依据总量指标是远远不够的，还要在总量指标的基础上，通过深入地对比分析，计算相对指标。

一、相对指标的概念、作用和表现形式

（一）相对指标的概念

相对指标又称统计相对数，它是社会经济现象中两个有关指标数值之比，用以表明各种经济现象间的发展程度、结构、强度、普遍程度或比例关系等数量对比关系。如人口的性别比例和年龄构成、人口的出生率和死亡率、人口密度等都属于相对指标。相对指标把社会经济现象的两个具体数值抽象化，便于在现象之间进行对比，使人们对现象之间所存在的固有联系有较为深刻的认识。相对指标在社会经济领域广泛存在着，借助于相对指标对现象进行对比分析，是统计分析的基本方法。

（二）相对指标的作用

相对指标是统计分析的重要方法，是反映现象之间数量关系的重要手段，在国民经济和社会发展问题的研究中有着重要的作用，具体表现在以下两个方面。

第一，相对指标可以反映社会经济现象之间的相对水平和联系程度。许多社会现象之间存在着相互联系、相互制约的关系，相对指标可以反映现象之间的相对水平和联系程度，从而为我们更全面地认识事物提供依据。例如，人们常用老龄人口占总人口的比重来判断一个国家是否进入老龄化社会；用计划完成相对数来衡量企业的计划或任务是否完成；用某地区商业机构的个数与人口数相比来判断一个地区商业的发达程度等。虽然这些相对指标不是评判事物的唯一标准，但仍为我们分析问题提供了方便。

第二，相对指标可以使不能直接对比的总量指标找到可比的基础，从而准确判断现象之间的差异程度。例如，由于企业的规模不同，不能直接用利润额对比来说明同类企业经营成果的好坏，但计算产值利润率，则可做出恰当评价。

（三）相对指标的表现形式

相对指标的表现形式可分为两类：有名数和无名数。有计量单位就是有名数，无计量单位就是无名数。相对指标是社会经济现象中两个有关指标数值之比，当这两个指标计量单位不一致时，形成的相对指标表现为有名数；当这两个指标计量单位一致时，形成的相对指标表现为无名数。

1. 有名数

它主要用来表现大多数强度相对指标的数值，它是以相对指标中分子与分母指标数值的计量单位来表示的。如，人均国内生产总值用“元/人”表示，人口密度用“人/平方公里”表示等。

2. 无名数

相对指标大多数以无名数来表示，无名数是一种抽象化的数值，常用系数、倍数、成数、百分数、千分数表示。

系数和倍数是将对比基数抽象为1而计算出来的相对数。两个数字对比，当其子项和母项指标数值相差不大时，常用系数表示。如工资等级系数、产品折合系数等；而两个

数字对比，当子项指标的数值较母项大得多时，则常用倍数表示。

成数是将对比基数抽象为10而计算出来的相对数，常用在农业生产统计上，如粮食产量比上年增产1成，即增产1/10。

百分数是将对比基数抽象为100而计算出来的相对数，它是相对数中最常见的一种形式，一般用"%"表示。如计划完成相对指标、物价指数等，都用百分数表示。在统计工作中，有时把两个以百分数表示的相对指标相减，差距为1%，则称为相差1个百分点。例如，某企业总产值计划比上年同期提高5%，实际提高了7%，说明企业总产值实际比计划规定多提高了2个百分点。

千分数是将对比基数抽象为1 000而计算出来的相对数。当对比的分子数值比分母数值小很多时，不宜用百分数表示，一般采用千分数表示。如人口的出生率、死亡率等。

二、相对指标的种类及其计算方法

相对指标按其作用和计算方法不同可分为结构相对指标、比例相对指标、比较相对指标、强度相对指标、动态相对指标和计划完成程度相对指标。

（一）结构相对指标

1. 概念

结构相对数，它是将总体按某一标志分组，然后将各组指标数值与总体指标数值对比求得的结果。它可用来说明总体结构。结构相对指标一般用百分数表示。

2. 计算公式

$$\text{结构相对指标} = \frac{\text{各组总量指标数值}}{\text{总体总量指标数值}} \times 100\%$$

【例4-1】2016年社会消费品零售总额332 316亿元，其中网上商品零售额41 944亿元，则网上商品零售额占社会消费品零售总额的12.6%（$\frac{41\,944}{332\,316} \times 100\%$），12.6%即为结构相对指标。

结构相对指标主要用以研究总体内各组成部分的分配比重及其变化情况，从而深刻认识事物各个部分的特殊性质及其在总体中所占有的地位和地位的变化。

（1）通过结构相对指标可以反映总体的内部结构，说明事物基本特征。

（2）通过不同时期结构相对指标的变化，可以看出事物的发展变化过程及发展趋势。

（二）比例相对指标

1. 概念

比例相对指标又称比例相对数，它是反映总体中各组成部分之间数量对比关系的相对指标，也即同一总体内各个部分指标数值之比。

2. 计算公式

$$\text{比例相对指标} = \frac{\text{总体中某一部分指标数值}}{\text{总体中另一部分指标数值}}$$

比例相对指标可以用百分数表示，也可以用一比几或几比几形式表示。例如，全国第六次人口普查得出我国男女性别比例为105.2∶100。

比例相对指标和结构相对指标有着密切的联系，两者的作用相同，只是对比的基础不同，侧重点有所差别，比例相对指标反映的比例关系是一种结构性比例。

比例相对指标能够反映事物内部各部分之间的数量联系程度和比例关系。社会经济生活中的许多重大比例关系，诸如人口的性别比例关系，积累和消费的比例关系，第一、第二、第三产业的比例关系等，都是通过计算比例相对指标来反映的。经常不断地研究和分析这些比例关系，有利于发现和研究社会经济发展的规律。

（三）比较相对指标

1. 概念

同一类事物由于所处的空间条件不一样，发展状况也不同，要了解它们之间的差异程度，就需要将不同空间条件下的同类事物对比。比较相对指标就是将同类指标做静态对比求得的比值。它表明同类事物在不同空间条件下的数量对比关系。比较相对指标也叫比较相对数，即不同总体同类指标之比。

2. 计算公式

$$\text{比较相对指标} = \frac{\text{某一总体某类指标数值}}{\text{另一总体同类指标数值}} \times 100\%$$

比较相对指标，可以用倍数表示，也可以用百分数表示。例如，中国的国土面积为960万平方公里，美国的国土面积为936万平方公里，中国国土面积为美国的1.025倍或102.5%。它是用中国的国土面积除以美国的国土面积的结果。也可以用美国的国土面积除以中国的国土面积，则得美国国土面积为中国的0.975倍或97.5%。由此可见，比较相对指标的分子与分母位置可以互换。

比较相对指标用来反映某种现象在同一时间不同空间条件下的差异程度。如在经济工作中，把企业的各项技术经济指标与同类企业的先进水平对比，或与国家规定的标准条件对比，可以找出差距，从而为提高企业的生产水平、管理水平提供依据。

计算比较相对数时，用来对比的两个指标必须是同一性质的，也就是必须是可比的，否则就无法准确地反映事物在不同空间条件下的差异程度。

比较相对指标可以是绝对数对比，也可以是相对数或平均数对比。由于总量指标易受具体条件不同的影响，因而，计算比较相对指标，更多地采用相对数或平均数对比。如果将两个不同国家的国民生产总值对比，只能反映国民生产总值总水平在不同国家之间的差异程度，而不能表明经济水平在不同国家之间的差异程度。

比较相对指标既可用于不同国家、地区、单位的比较，也可用于先进与落后的比较，还可用于和标准水平与平均水平的比较。比较时以哪个指标作为对比的基础，可以根据研究的目的而定。也就是说，根据研究目的的不同，比较相对指标的分子和分母可以相互交换，从不同的出发点说明问题。

（四）强度相对指标

1. 概念

强度相对指标也叫强度相对数，是将两个性质不同但有一定联系的指标数值进行对比，用来表明现象的强度、密度、普遍程度等的相对数。例如，以人口数与土地面积对比得到的人口密度、以主要产品产量与人口数对比得到的人均产量、以医院病床数与人口数对比得到的每一万人平均分摊的医院病床数、以出生人口数与全部人口数对比得到的人口出生率等，均为强度相对指标。

2. 计算公式

$$强度相对指标 = \frac{某一总体的指标数值}{另一有联系的总体指标数值} \times 100\%$$

【例4-2】2016年我国人口为138 271万人，土地面积为960万平方公里，国内生产总值为744 127亿元，粮食产量为61 624万吨，则

$$人口密度 = \frac{138\ 271\ 万人}{960\ 万平方公里} = 144.03\ 人/平方公里$$

$$人均国内生产总值 = \frac{744\ 127\ 亿元}{138\ 271\ 万人} = 53\ 816.6\ 元/人$$

$$人均粮食产量 = \frac{61\ 624\ 万吨}{138\ 271\ 万人} = 445.68\ 千克/人$$

强度相对指标一般用计算该指标的分子、分母的原有计量单位来表示，如人口密度用“人/平方公里”表示。当强度相对指标表现为无名数时（分子、分母的计量单位相同），一般用百分数或千分数表示，如商品流通费用率用百分数表示、人口出生率和死亡率用千分数表示。

有些强度相对指标，对比的两个指标可以互为分子、分母。这样，强度相对指标也就有正指标和逆指标两种形式。

正指标：强度相对指标数值大小与现象之间的密度、强度成正比例关系。

逆指标：强度相对指标数值大小与现象之间的密度、强度成反比例关系。

【例4-3】假设某城市某年年末人口数为200 000人，零售商业机构为800个，则该城市零售商业网点密度为：

$$(每千人的商业网点数)\ 正指标 = \frac{800}{200\ 000} = 4(个/千人)$$

$$(每个商业网点服务的人数)\ 逆指标 = \frac{200\ 000}{800} = 250(人/个)$$

强度相对指标在实际工作中有着广泛的应用。首先，它能反映社会经济现象的强弱程度和经济实力。如平均每人的国内生产总值、平均每人主要产品产量等，都是反映国家和地区经济实力的重要指标。其次，强度相对指标可用来反映社会生产活动的条件或效果。如工业企业的流动资产利润率和流通费用率等可反映企业的生产效果。

计算强度相对指标，必须从社会经济现象的本质方面去寻求它们之间的内在联系，这样才能使两个指标的对比具有实际意义。如将钢铁总产量与人口对比就有实际意义，但把钢铁总产量与土地面积对比就没有意义，因为它们之间没有内在联系。

值得注意的是，从表面上看，强度相对数有时带有“平均”的意思，但它不是平均指标，它不是总体各单位标志值的平均。强度相对数作为两个有联系的不同事物的总量指标之比，反映的是现象的强度、密度和普遍程度。

小思考

试举出一些社会经济现象中分子、分母可以互换的强度相对指标，并分析正、逆指标所代表的含义。

（五）动态相对指标

1. 概念

动态相对指标也叫动态相对数，它指的是同类现象在不同时间上的指标数值对比的比率，表明同类事物在不同时间状态下的对比关系，说明现象在时间上的运动、发展和变化的相对程度。在统计中一般将其称为发展速度。

2. 计算公式

$$\text{动态相对指标}=\frac{\text{报告期水平}}{\text{基期水平}}\times 100\%$$

通常把用来作为比较标准的时期称为“基期”，而把同基期对比的时期称为“报告期”。

【例4-4】2016 年我国税务部门组织税收收入 115 878 亿元（已扣减出口退税），2015 年为 110 604 亿元（已扣减出口退税），则：

$$\text{动态相对指标}=\frac{115\ 878}{110\ 604}\times 100\%=104.8\%$$

计算结果表明：2016 年我国税务部门组织税收收入为 2015 年的 104.8%，即增长了 4.8%。比上年增加的绝对额为 115 878 - 110 604 = 5 274（亿元）。

动态相对指标将在“项目五”中详细学习。

（六）计划完成程度相对指标

1. 概念

计划完成程度相对指标又称计划完成情况相对数或计划完成相对数，是指计划期内实际完成数与计划任务数之比，用来检查、监督计划的执行情况。

2. 计算公式

$$\text{计划完成相对数}=\frac{\text{实际完成数}}{\text{计划完成数}}\times 100\%$$

因计划指标既可能是总量指标，也可能是相对指标或平均指标，所以在具体计算时，要根据具体情况采用不同的方法。

（1）根据总量指标计算计划完成相对数。按总量指标计算计划完成相对数时，直接套用以上计算公式即可。

【例4-5】设某企业某年计划销售额达到 600 万元，实际完成 660 万元，则

$$\text{企业销售额的计划完成相对数}=\frac{660}{600}\times 100\%=110\%$$

$$\text{超额完成的绝对额}=660-600=60(\text{万元})$$

计算结果表明，该厂销售额实际比计划超额完成计划 10%，超额完成的绝对额为 60 万元。

（2）根据相对指标计算计划完成相对数。在实际统计工作中，有些计划任务数是用本年计划数比上年实际数提高或降低多少来表示的，即计划任务数是一相对数，如成本降低率、销售增长率等。这时，往往须对以上计算公式稍作变形。

【例4－6】某公司计划报告期销售费用下降10%，实际执行结果下降了12%，则该公司报告期销售费用的计划完成相对数为：

$$\text{计划完成相对数} = \frac{1-12\%}{1-10\%} \times 100\% = 97.78\%$$

（3）根据平均指标计算计划完成相对数。按平均指标计算计划完成相对数时，直接套用计算公式。

【例4－7】某企业某产品计划在去年平均每件900元的成本水平上降低80元，而实际今年每件平均成本为800元，则该企业产品成本的计划完成相对数为：

$$\text{计划完成相对数} = \frac{800}{900-80} \times 100\% = 97.56\%$$

小思考

上述【例4－6】、【例4－7】中，企业的计划是否完成？

3. 计划完成程度的评价

计划完成程度的评价，应当注意计划指标的性质和要求。当计划指标是以最低限额规定的，如产品产量、产值、利润等，这样的指标，数值越大越好，计划完成相对数要大于100%才算超额完成计划；当计划数是以最高限额规定的，如产品成本、原材料消耗量等，这样的指标，数值越小越好，则计划完成相对数要小于100%才算超额完成计划。

4. 计划执行进度的考核

如果实际完成数所包含的时期只是计划期的一部分，则我们通常需要考核计划执行进度。计划执行进度不是在计划期末计算，而是在计划执行的过程中来进行计算的。其计算公式为：

$$\text{计划执行进度} = \frac{\text{计划期期初至某时间止累计完成数}}{\text{整个计划期计划任务数}} \times 100\%$$

以检查年度计划的进度为例，上式中累计完成数是指从年初起至检查日止实际完成累计数。

【例4－8】某商业企业2016年计划商品销售额为350万元，到9月底累计商品销售额为290万元，则截止到9月底该商业企业商品销售额计划的执行进度为：

$$\text{计划执行进度} = \frac{260}{320} \times 100\% = 82.86\%$$

计算结果表明，该企业前9个月完成全年计划任务的82.86%，说明计划执行进度较快（完成9/12即75%为正常）。

小思考

表 4-1　　某公司三个商场计划完成情况计算表

商场	全年计划销售额/万元	截止到第一季度末累计实际完成销售额/万元	截止到第一季度末对全年计划执行进度/%
A	10	3	
B	20	4	
C	8	2	
合计	38	9	

要求：1. 将上述表格填充完整。

2. 该公司三个商场第一季度销售额计划完成情况如何？下一步该如何决策？

5. 长期计划完成情况的检查

根据客观现象的性质不同，长期计划指标有两种规定方法，即规定计划期期末应达到的水平或规定计划期内应完成的累计数。因而检查长期计划的完成情况，有水平法和累计法之分。

（1）水平法。水平法适用于在制定计划中，以计划期最后一年应达到的能力水平为目标的情况。如工业总产值、产品产量等计划完成情况的检查就应使用水平法。公式如下：

$$计划完成相对数 = \frac{计划期期末实际达到的水平数}{计划期期末任务数} \times 100\%$$

此外，我们还可计算长期计划提前完成的时间，方法是：在计划期内，从前往后考察，只要有连续一年时间（不论是否在一个日历年度，只要连续 12 个月即可）实际完成的水平达到了计划规定的最末一年的水平，就算完成了计划，剩余时间即为提前完成计划的时间。

【例 4-9】某企业规定“五年”计划最末一年的产品销量要达到 40 万吨，各年具体销售情况如表 4-2 所示。试求该企业“五年”计划的完成情况。

表 4-2　　某企业“五年”计划执行情况

年度	第一年	第二年	第三年	第四年		第五年	
				上半年	下半年	上半年	下半年
销量/万吨	24	28	30	12	20	20	28

由表 4-2 得出，该企业第五年年末实际达到的销量为 48 万吨，则：

计划完成相对数 $= \frac{48}{40} \times 100\% = 120\%$，结果表明，该企业超额 20% 完成了计划。

而根据表 4-2 得出：该企业在第四年的下半年和第五年的上半年（共 1 年）销量刚好达到 40 万吨，即刚好完成计划，则该企业提前半年完成了销量计划。

（2）累计法。累计法适用于在制定计划中，以整个计划期累计应达到的总量为目标的情况。如基本建设投资额、造林面积等计划完成情况的检查就应使用累计法。公式如下：

$$计划完成程度相对数 = \frac{计划期间实际累计完成数}{计划内计划任务数} \times 100\%$$

按累计法同样可计算提前完成计划的时间，方法是：从期初往后连续考察，只要实际累计完成数达到计划期内规定的累计任务数，即完成长期计划，所余时间为提前完成计划的时间。

【例 4 – 10】某地区计划“十二五”期间 5 年内接待外国游客 400 万人，5 年内实际累计接待 480 万人，则

$$计划完成相对数 = \frac{480}{400} \times 100\% = 120\%$$

若已知自 2011 年年初至 2015 年 6 月底止实际累计接待外国游客已达 400 万人，则提前半年完成了计划任务。

三、相对指标应用原则

（一）可比性原则

相对指标是两个有联系的指标之比，要使对比的结果能正确反映现象之间的联系，用来对比的两个指标必须具有可比性。可比性的内容主要包括以下几个方面。

1. 总体范围可比

指标值的大小往往会受总体范围大小的影响。在计算相对指标时，往往由于机构的变更，行政区域的调整等而造成总体范围不一致，影响指标数值大小。这就需要以报告期总体范围为准，对基期的指标数值作调整后再对比。

2. 计算方法和计算价格可比

随着时间的推移，统计指标的内涵与外延、计算方法以及价格等会发生变化，也会影响到指标间的可比性。因此，在计算相对指标时，要注意两个对比指标的计算方法和计算价格的一致性。例如，比较不同企业劳动生产率，必须明确是全员劳动生产率还是工人劳动生产率；计算价值量指标的发展（增长）速度时，应扣除价格变动的影响，采用不变价格计算，然后再对比。

3. 指标包含的经济内容可比

指标的经济内容也就是指标的外延。同一指标在不同时期经济内容可能发生变化，在不同国家（或地区）也可能存在差别，在进行对比时应注意消除这种差别。例如，在计算和对比第三产业的产值时，须注意第三产业所包含内容的变化。在对比分析这些指标时，必须进行调整，使其尽量保持一致。

可比性除以上几个方面外，还包括计算时间、计量单位等方面。指标的可比性是一个相当复杂的问题，强调可比性不应片面追求两个指标的所有条件必须严格相同才可以比较，具体情况应作具体分析。

（二）相对指标与总量指标结合运用

相对指标是一个比值，它不能反映现象之间绝对数的差别。要比较准确地说明客观

现象的基本情况，需要将相对指标与总量指标结合起来运用。

例如，两个企业生产同一种产品，甲企业的产量由基期的4吨增加到报告期的6吨，乙企业由基期的30吨增加到报告期的45吨，其产量的增长速度都是50%，仅从增长速度上不能看出两者的差距。但乙企业产量的增加数是甲企业的7.5倍，其经济意义却大不相同。

同时，不同的相对指标，说明的问题不同，作用也不同，各自从不同的侧面说明现象某一方面的性质。要全面、准确地反映事物，还必须将各种相对指标与绝对指标结合起来运用。例如，分析企业的经营状况，应将反映产值、利润、劳动消耗、劳动效率、资金利用率、库存周转情况等多方面的相对指标与绝对指标结合起来运用，才能比较全面、准确地反映企业的经营状况。

（三）各种相对指标相结合的原则

每一种相对指标只能从某一方面反映现象数量之间的对比关系，其作用是有限的，要全面认识事物的特征及变化规律，就必须把各种相对指标结合起来，进行分析研究。例如，为了全面反映一个企业的生产成果和经济效益，在掌握主要的总量指标，如产品产量、总产值、利润总额等的基础上，需计算多种相对指标。如把实际总产值与计划总产值对比，计算计划完成情况相对指标；将本年的总产值与上年的总产值对比可计算发展速度；将本企业的利润额与同期的总产值对比计算产值利润率，以此反映企业的经济效益情况。这样把多种相对指标结合起来观察，就能较全面地说明企业的生产经营情况。

任务三 计算和分析平均指标

任务先导

某大学毕业生找工作时看到这样一则招工启事：“我公司因扩大规模，现需招若干名员工，月平均工资2000元。有意者请于2016年7月10日到我处面试。佰特商贸公司人事部”。可是，在经过了与公司老总、员工的交流之后，他却困惑了。老总说，我公司员工的收入很高，月平均工资2000元；员工A说，我们好几个人工资都是1100元；员工B说，我的工资是1200元，在公司算中等收入。经过了解，该公司所有员工的月薪情况如表4-3所示。

表4-3 佰特商贸公司员工月薪情况表

员工	经理	副经理	职员A	职员B	职员C	职员D	职员E	职员F	职员G
工资/元	6 000	4 000	1 700	1 300	1 200	1 100	1 100	1 100	500

假如你是这位大学毕业生，做何感想？

一、平均指标的概念、作用和种类

（一）平均指标的概念

平均指标又称统计平均数，它将同质总体内各单位某一数量标志的差异抽象化，用以反映总体在一定时间、地点条件下的一般水平。如职工的平均工资，商品的平均价格，粮食的单位面积产量等。平均指标可能不等于总体内任何一个单位的标志值，但对总体具有代表性。

在社会经济统计中，平均指标都是有计量单位的，它的计量单位与被平均的单位标志值是一致的。

（二）平均指标的作用

平均指标由于能综合反映所研究的现象在具体条件下的一般水平，因而在各项经济管理和分析中被广泛应用，其作用主要表现在以下几个方面：

第一，反映总体各单位标志值分布的集中趋势。在一个总体中，各单位标志值的大小不尽相同、存在差异，但这种差异并不是毫无限制的，它们总是以平均数为中心，围绕平均数上下波动。因此，平均指标反映各单位标志值分布的集中趋势。例如，人的身高，非常高的人和非常矮的人都很少，大多数人的身高趋近于一般水平。

第二，比较同类现象在不同时空范围的差异。当不能直接用总量指标来比较说明各单位的生产水平、工作质量或经济效益时，可以考虑使用平均指标进行比较。例如，要评价两个同类商业企业营业员的劳动成果，就不能用销售额这个总量指标进行比较，而采用人均销售额这个平均指标进行评判更为恰当。

第三，分析现象之间的依存关系。例如，企业生产设备的先进程度和管理水平与企业的工人劳动生产率之间存在着依存关系，可以根据工人劳动生产率大小来对同类生产企业的设备更新换代情况，或者管理水平的变化进行评价。

（三）平均指标的种类

根据计算方法的不同，平均指标可以分为数值平均数和位置平均数。数值平均数是根据总体各单位所有标志值计算而得到的，有算术平均数、调和平均数、几何平均数等。位置平均数是根据总体中某些标志值所具有的特殊性质或所处的特殊位置来确定的，有众数和中位数等。各种平均指标的计算方法不同，指标的含义、应用条件也有所不同，但它们都是总体各单位数量标志值的一般水平的代表值。

二、算术平均数

（一）算术平均数的基本公式

算术平均数是统计中最基本、最常用的一种综合指标。它是将总体各单位的标志值相加求其算术总和，然后除以总体单位个数而得。其基本公式：

$$\text{算术平均数}=\frac{\text{总体标志总量}}{\text{总体单位个数}}$$

算术平均数与强度相对指标的区别在于分子与分母二者的总体范围是否一致。若一致，则是平均数；若不一致，则为强度相对指标。例如，全国粮食产量与全国种粮农民人数之比，计算得出的农民劳动生产率指标是平均指标；而全国粮食产量与全国人口数之比，计算得出的全国平均每人拥有的粮食产量指标是个强度相对指标。因为全国的每一个种粮农民都具有粮食产量这个标志，而全国人口中，却有很多人不具有这个标志。强度相对数与平均指标相区别的一个明显特征就是看用作比较的母项是否为总体单位数。

若是，即为平均指标。

算术平均数由于掌握的资料不同，可分为简单算术平均数和加权算术平均数两种。

（二）简单算术平均数

当总体各单位没有经过分组，即掌握的资料是总体各单位的标志值时，可先将各单位的标志值相加得出标志总量，然后再除以总体单位数，这种计算平均数的方法称为简单算术平均数。其计算公式为：

$$\bar{x} = \frac{x_1 + x_2 + x_3 + x_4 \cdots + x_{n-1} + x_n}{n} = \frac{\sum_{i=1}^{n} x_i}{n}$$

此公式可简化为：$\bar{x} = \frac{\sum x}{n}$

式中，$\bar{x}$ ——算术平均数；

$x_1, x_2, \cdots, x_n$ ——总体各单位标志值；

n——总体单位数；

Σ——求和符号。

【例 4－11】某销售部有 8 名销售人员，每个销售人员的日销量分别为 10，13，11，13，15，14，16，20 件，求该销售部销售人员的平均日销量。

$$\bar{x} = \frac{\sum x}{n} = \frac{10 + 13 + 11 + 13 + 15 + 14 + 16 + 20}{8} = 14 \text{（件）}$$

（三）加权算术平均数

当总体各单位经过分组，即掌握的资料是经过加工整理的变量数列，且各组的单位数不相等，这时，需要以各组的单位数为权数，采用加权平均的办法计算算术平均数，其计算公式为：

$$\bar{x} = \frac{x_1 f_1 + x_2 f_2 + x_3 f_3 + \cdots + x_n f_n}{f_1 + f_2 + f_3 + \cdots + f_n} = \frac{\sum_{i=1}^{n} x_i f_i}{\sum_{i=1}^{n} f_i}$$

式中，$\bar{x}$ ——算术平均数；

$x_1, x_2, \cdots, x_n$ ——总体各单位标志值；

$f_1, f_2, \cdots, f_n$ ——总体各组的单位数即各组的次数；

Σ——求和符号。

此公式可简化为：$\bar{x} = \frac{\sum xf}{\sum f}$

将上述公式进行变形：

$$\bar{x} = \frac{x_1 f_1 + x_2 f_2 + x_3 f_3 + \cdots + x_n f_n}{f_1 + f_2 + f_3 + \cdots + f_n} = \frac{x_1 f_1}{f_1 + f_2 + \cdots + f_n} + \frac{x_2 f_2}{f_1 + f_2 + \cdots + f_n} + \cdots + \frac{x_n f_n}{f_1 + f_2 + \cdots + f_n} = \sum_{i=1}^{n} x_i \cdot \frac{f_i}{\sum_{i=1}^{n} f_i}$$

此公式可简化为：$\bar{x} = \sum x \cdot \frac{f}{\sum f}$

上式$\frac{f}{\sum f}$表示各组的频率，即各组次数占总体单位数的比重。

在具体计算算术平均数时，又可分为单项数列与组距数列两种形式。

单项数列计算算术平均数

单项数列的算术平均数计算，是通过各组观察值与各组频数乘积的总和除以各组频数之和来进行的。

【例 4－12】某企业 2016 年 8 月份职工月工资分组资料如表 4－4 所示，试求职工 8 月份平均工资。

表 4－4　　某企业职工月工资分组及相关计算表

月工资/元 (x)	职工人数/人 (f)	频率（$\frac{f}{\sum f}$）	$X \cdot \frac{f}{\sum f}$	工资总额 xf
900	10	0.10	90	9 000
1 000	18	0.18	180	18 000
1 100	26	0.26	286	28 600
1 200	35	0.35	420	42 000
1 400	11	0.11	154	15 400
合计	100	1.00	1 130	113 000

$$\bar{x} = \frac{\sum xf}{\sum f} = \frac{113\ 000}{100} = 1\ 130(\text{元})$$

$$\text{或}\ \bar{x} = \sum (x \cdot \frac{f}{\sum f}) = 1\ 130(\text{元})$$

从上述计算可以看出，算术平均数不仅受各组变量值大小的影响，而且还受各组次数或比重（频率）大小的影响。计算出来的算术平均数向出现次数最多的那个标志值或者说次数比重最大的那个标志值靠拢。我们之所以把这种方法计算出来的平均数称为加权算数平均数，是因为次数起着权衡轻重的作用。也正因此，我们把次数也称作权数。

加权算术平均数与简单算术平均数的相同点，是两者都受标志值大小的影响；不同点在于，加权算术平均数除了受标志值大小的影响外，还受权数或次数多少的影响。因而当各组权数相同或次数相等时，加权算术平均数就变成简单算术平均数。

即：　　$f_1 = f_2 = f_3 = \cdots = f_n = A$ 时，

$$\bar{x} = \frac{\sum xf}{\sum f} = \frac{A \cdot \sum x}{n \cdot A} = \frac{\sum x}{n}$$

2. 组距数列计算算术平均数

利用组距数列计算算术平均数，计算方法基本上与单项数列相同，只是需要先计算出各组的组中值，然后将各组的组中值作为各组变量值的代表，再按上述方法计算。

【例4－13】设某厂检验员产品检验的分组资料如表4－5所示。

表4－5 某厂检验员产品检验的分组资料

日检验产品数/件	组中值/件	质检人数/人	日检产品总数/件
30～35	32.5	4	475
35～40	37.5	6	225
40～45	42.5	18	765
45～50	47.5	10	475
50～55	52.5	8	420
55～60	57.5	6	345
60～65	62.5	2	125
合计	—	54	2 485

该厂检验员检验产品的平均数为：

$$\bar{x}=\frac{\sum xf}{\sum f}=2\ 485/54=46.02(\text{件})$$

组距数列计算算术平均数，由于用组中值作为组平均值进行计算，因此计算方法具有一定的假定性，得到的平均数通常只是一个近似值。

（四）算术平均数的两个主要性质

算术平均数在统计学中具有重要的地位，是进行统计分析和统计推断的基础。算术平均数反映了一组数据的数量集中趋势，是数据偶然性、随机性特征相互抵消后形成的稳定数值，反映了事物必然性的数量特征。而其计算公式也有很多数学方面的性质，这些性质不单是平均数形式数学变形的结果，而且和标准差计算有关，具有重要意义。

（1）各变量值与其算术平均数的离差之和等于零。

未分组时：$\sum(x-\bar{x})=0$

已分组时：$\sum(x-\bar{x})f=0$

该性质说明：算术平均数是一个把总体各单位的变量值差异抽象化了的代表性数值。各变量值与平均数的正、负离差的总和相等，相互抵消为零。

（2）各变量值与算术平均数的离差平方之和为最小值。

未分组时：$\sum(x-\bar{x})^2\leqslant\sum(x-x_0)^2$　　x_0为任意常数。

已分组时：$\sum(x-\bar{x})^2f\leqslant\sum(x-x_0)^2f$　　x_0为任意常数。

该性质说明：各变量值与任意不为平均数的数值的离差平方之和，总是大于其与算术平均数的离差平方之和。

小思考

假如你是一家企业的负责人，有两家厂商可向你提供货品，价格与质量相同，甲厂商平均交货天数为5天，乙厂商为6天，你会向哪家厂商订货？

如果只从交货的平均天数来看，你可能会认为，甲厂商的平均交货天数比乙厂商少，可较快拿到货品，故而向甲厂商订货。但这样你就可能陷入了平均数的陷阱。

如果我们再来看一下甲、乙两厂商最近发生的5次交货记录，甲厂商（2，2，7，1，9）、乙厂商（7，5，6，7，5），那么就会发现虽然甲厂商的平均交货天数较少，但他交货的情况极其不稳定，有时1天就可交货，但有时却要迟至第9天才能交货。乙厂商的平均交货天数虽稍长，但他均能在5~7天内准时交货。因此，如果你只依据平均数来做决策，那么你的企业就可能面临运营不流畅的困境。

三、调和平均数

当缺乏总体单位的资料，不能直接计算算术平均数时，就需要采用调和平均数。调和平均数是各个标志值倒数的算术平均数的倒数，所以又称为倒数平均数。有简单调和平均数和加权调和平均数两种计算形式。

（一）简单调和平均数

简单调和平均数是标志值倒数的简单算术平均数的倒数。如果掌握的是未分组资料，则用简单式计算调和平均数。其计算公式为：

$$H = \frac{n}{\frac{1}{x_1} + \frac{1}{x_2} + \cdots + \frac{1}{x_n}} = \frac{n}{\sum \frac{1}{x}}$$

式中，H——调和平均数；

x——各单位标志值；

n——变量值的个数。

其具体计算过程如下：

第一步，先计算各个变量值的倒数，即$\frac{1}{x}$。

第二步，计算上述各个变量值倒数的算术平均数，即$\frac{\sum \frac{1}{x}}{n}$。

第三步，再计算这种变量值倒数的算术平均数的倒数$\frac{n}{\sum \frac{1}{x}}$。

【例4－14】某市场上某种蔬菜早市为每千克1.80元，中市为每千克1.40元，晚市为每千克1.20元，若早、中、晚市各买1元钱的菜，则平均每千克价格为：

$$H = \frac{n}{\sum \frac{1}{x}} = \frac{3}{\frac{1}{1.8} + \frac{1}{1.4} + \frac{1}{1.2}} = \frac{3}{2.1} = 1.43(\text{元})$$

（二）加权调和平均数

加权调和平均数适用于已分组的资料。如果所掌握的是各组的标志值水平和各组的标志总量，而不知道各组的单位数时，应采用加权调和平均形式计算调和平均数。其计算公式为：

$$H = \frac{m_1 + m_2 + \cdots + m_n}{\frac{m_1}{x_1} + \frac{m_2}{x_2} + \cdots + \frac{m_n}{x_n}} = \frac{\sum m}{\sum \frac{m}{x}}$$

式中，m——各组标志值总量；

x——各组标志值水平。

【例4－15】某市场上某种蔬菜早市为每千克1.80元，中市为每千克1.40元，晚市为每千克1.20元，若早市买60元、中市买30元、晚市买20元钱的菜，则平均每千克价格为：

$$H = \frac{\sum m}{\sum \frac{m}{x}} = \frac{60 + 30 + 20}{\frac{60}{1.8} + \frac{30}{1.4} + \frac{20}{1.2}} = 1.54(\text{元})$$

如果所掌握的资料是组距式数列，那么首先要计算出各组的组中值，用组中值来代替各组的组平均数，然后再按加权调和平均数的公式进行计算。

【例4－16】某企业生产情况如表4－6所示。

表4－6　　生产情况表

按劳动生产率分组/（元/人）	组中值（x）/（元/人）	总产值（m）/元	人数（m/x）/人
900～1 100	1 000	50 000	50
1 100～1 300	1 200	60 000	50
1 300～1 500	1 400	140 000	100
1 500～1 700	1 600	80 000	50
合计	—	330 000	250

则平均劳动生产率为：

$$H = \frac{\sum m}{\sum \frac{m}{x}} = \frac{330\ 000}{250} = 1\ 320\ (\text{元／人})$$

（三）调和平均数的应用

（1）调和平均数和算术平均数实质相同。在社会经济统计中，调和平均数是作为算术平均数的变形来使用的，它们在实质上相同。算术平均数的基本公式为：总体标志总量/总体单位总量。其分子项的资料为总体标志总量，分母项的资料为总体单位总量。即$\bar{x} = \frac{\sum xf}{\sum f}$，由$xf = m$、$f = \frac{m}{x}$可知，调和平均数和算术平均数之间存在如下关系：

$$\bar{x} = \frac{\sum xf}{\sum f} = \frac{\sum m}{\sum \frac{m}{x}} = H$$

于是：

①若已知分母项资料或分子项、分母项资料均已知，可直接用算术平均数的基本公式计算。

在【例4－16】中，若已知总产值为330 000元，职工人数为250人，则平均劳动生产率为：

$$平均劳动生产率 = \frac{330\ 000}{250} = 1\ 320(元/人)$$

若已知下列资料（表4－7）：

表4－7　　生产情况表

按劳动生产率分组/（元/人）	组中值/元	人数/人
900～1 100	1 000	50
1 100～1 300	1 200	50
1 300～1 500	1 400	100
1 500～1 700	1 600	50
合计	—	250

则平均劳动生产率

$$= \frac{\sum xf}{\sum f} = \frac{1\ 000 \times 50 + 1\ 200 \times 50 + 1\ 400 \times 100 + 1\ 600 \times 50}{50 + 50 + 100 + 50} = 1\ 320(元/人)$$

②若已知分子资料，一般用调和平均数公式计算（见【例4－16】）。

（2）由相对指标计算平均数时，根据掌握的资料不同，有时也需要用调和平均数的公式。

【例4－17】某企业有甲、乙、丙三个分公司，每个分公司又有若干个企业。某期实际计划完成情况见表4－8。

表4－8　　计划完成情况表

分公司	企业个数	实际完成数/万元	计划完成/%
甲	7	95	95
乙	12	255	102
丙	14	357	105
合计	33	707	250

则该企业平均计划完成情况为：

$$H = \frac{实际完成数}{计划任务数} = \frac{\sum m}{\sum \frac{m}{x}} = \frac{95 + 255 + 357}{\frac{95}{0.95} + \frac{255}{1.02} + \frac{357}{1.05}} = \frac{707}{685} = 103.21\%$$

计划完成情况相对指标的基本公式为：实际完成数/计划任务数，计算平均计划完成情况，当缺少分子资料时，一般用加权算术平均；当缺少分母资料时，一般用调和平均

(如本例)。

四、几何平均数

情境创设

某机械厂生产机器，设有铸造、粗加工、精加工、装配四个连续作业的车间，某批产品各个车间的合格率分别为98%、96%、93%、90%。你能求出该批产品在各车间的平均合格率吗?

前面讲述的算术平均数和调和平均数，适用于总量等于各分量和的情况。但有些社会经济现象，总量不等于各分量之和，而等于各分量之积，如比率问题、速度问题等。这时，我们需要用几何平均法计算平均数。

几何平均数又称对数平均数，它是若干项变量值连乘积开其项数次方的算术平方根。根据所掌握资料的不同，几何平均数也可分为简单几何平均数和加权几何平均数两种形式。前者适用于未分组资料，后者适用于分组后的变量数列。

(一) 简单几何平均数

设有 n 个变量值（比率或速度）分别为 $x_1, x_2, \cdots, x_n$，则简单几何平均数 G 的计算公式为:

$$G = \sqrt[n]{x_1 \cdot x_2 \cdot x_3 \cdot \cdots \cdot x_n} = \sqrt[n]{\prod_{i=1}^{n} x_i}$$

此公式可简化为 $G = \sqrt[n]{\prod x}$

式中的 $\prod$ 为连乘符号。

【例4-18】某企业某产品的生产需要依次经过三个车间的三道工序，前道工序生产的合格产品方能进入下一道工序继续进行加工。已知这三个车间的投入及次品情况如下：第一车间：投入1 000，次品200；第二车间：次品80；第三车间：次品216。请问该产品的平均次品率是多少?

该产品的合格率为三个车间合格率的连乘积，所以可采用简单几何平均法计算该产品平均合格率。但次品率不等于三个车间次品率的连乘积。于是，需要首先计算各车间的合格率，求得平均合格率，再换算成次品率。

第一车间产品合格率为: $\dfrac{1\,000 - 200}{1\,000} \times 100\% = 80\%$

第二车间产品合格率为: $\dfrac{1\,000 - 200 - 80}{1\,000 - 200} \times 100\% = 90\%$

第三车间产品合格率为: $\dfrac{1\,000 - 200 - 80 - 216}{1\,000 - 200 - 80} \times 100\% = 70\%$

三个车间的平均合格率为:

$$G = \sqrt[n]{\prod x} = \sqrt[3]{80\% \times 90\% \times 70\%} = 79.6\%$$

平均次品率为：1 - 79.6% = 20.4%

（二）加权几何平均数

设经过分组后有 n 个变量值（比率或速度）分别为 $x_1, x_2, \cdots, x_n$，假设各变量值出现的次数（权数）分别为 $f_1, f_2, \cdots, f_n$，则加权几何平均数 G 的计算公式为：

$$G = \sqrt[\sum f]{x_1^{f_1} \cdot x_2^{f_2} \cdot x_3^{f_3} \cdot \cdots \cdot x_n^{f_n}} = \sqrt[\sum f]{\prod x^f}$$

【例 4 - 19】投资银行某笔投资的年利率是按复利计算的，20 年的年利率分配是：前 10 年的年利率为 10%，中间 5 年的年利率为 8%，最后 5 年的年利率为 6%。计算 20 年的平均利率。

总利率不等于分利率的积，但本息与本金的总比率等于各期本息与本金比率的积。所以，可用几何平均法求得各期本息与本金的平均比率：

$$G = \sqrt[\sum f]{\prod x^f} = \sqrt[(10+5+5)]{1.1^{10} \times 1.08^5 \times 1.06^5} = 108.49\%$$

20 年的平均利率则为：108.49% - 1 = 8.49%

当各项变量值的连乘积等于总比率或总速度时，适宜用几何平均形式计算平均率或平均速度。有关平均速度的计算详见“项目五”。

思维延伸

计算和使用数值平均数应注意的问题：

①当变量数列有变量为零时，则不能计算调和平均数和几何平均数。因为此时，调和平均数公式的分母将等于无穷大，几何平均数各项变量值的连乘积等于零，因而无法求出一个确定的平均值。

②当变量数列有变量为负数时，则无法计算几何平均数或计算几何平均数无意义。

③数值平均数，易受极端变量值的影响。当数列存在极端大的数值时，数值平均数增大；当存在极端小的数值时，数值平均数减小。

④三种数值平均数各有其特点和应用条件，要根据研究目的和社会经济现象本身的客观性质选用计算公式。一般而言，同时运用三种公式计算三个平均数，并无多大实际意义，但从数量关系角度看，同一资料计算三种平均数有如下关系：

$$\bar{X} \geqslant G \geqslant H$$

当且仅当所有变量值都相等时，计算得到的三种数值平均数才相等。

五、众数和中位数

情境创设

某次数学考试，婷婷得 78 分。全班共 30 人，其他同学的成绩为 1 个 95 分，4 个 90 分，22 个 80 分，一个 2 分和一个 10 分。婷婷计算出全班的平均分为 76.8 分，所以婷婷告诉妈妈说，自己这次成绩在班上处于“中上水平”。婷婷的说法对吗？

数值平均数是所有标志值参与计算的结果。因此，在统计实践中，如果现象总体中存在极端数值，就会影响到平均数的代表性。此时，数值平均数就不再适用，而要考虑位置平均数：众数和中位数。

（一）众数

1. 众数的概念

众数是在总体中出现次数最多的标志值，即总体中最常遇到的最普遍、最一般的变量值，它能直观地说明客观现象分配中的集中趋势。

在实际工作中，有时要利用众数代替算术平均数来说明社会经济现象的一般水平。如为了掌握某商场某种商品的价格水平，往往利用该种商品最普遍的成交价格为代表，这里的最普遍的成交价格也就是成交量最多的价格，这一价格就是众数；在大批量生产的女式皮鞋中，有多种尺码，其中37码是销售量最多的尺码，则这个37码就是众数，可以代表女式皮鞋尺码的一般水平，宜大量生产，以便满足市场需求。

由众数的定义我们可以看出众数存在的条件：即总体的单位数较多，各标志值的次数分配又有明显的集中趋势。因此，如果总体单位数很少，尽管次数分配较集中，计算出来的众数意义也不大；如果总体单位数较多，但次数分配不集中，即各单位的标志值在总体中出现的次数较均匀，则无众数可言。

对于单项数列和组距数列，其众数的确定方法有所不同。

2. 单项数列众数的确定

单项数列众数的确定方法比较简单，只要通过观察次数，找出出现次数最多的标志值，就是众数。

【例4－20】某销售部门销售人员日销量分组资料见表4－9。

表4－9　　某销售部门职工按日销量分组资料

日销量/件	70	71	72	73	74
职工人数/人	3	6	20	7	2

通过观察发现，该销售部门日销量72件的职工人数最多，有20人，则众数是72件。

3. 组距数列确定众数

对于组距数列，确定众数需要分两步进行：

第一步，确定众数组，即从变量数列中找出次数或频率最大的组。该组的上、下限就规定了众数的可能取值范围。

第二步，依据与众数组相邻的两个组的次数，利用公式近似计算众数值。

其计算公式如下：

下限公式：

$$M_0 = L + \frac{\Delta_1}{\Delta_1 + \Delta_2} \times i$$

上限公式：

$$M_0 = U - \frac{\Delta_2}{\Delta_1 + \Delta_2} \times i$$

式中，M_0——众数；

L——众数组的下限；

U——众数组的上限；

i——众数组组距；

Δ_1——众数组次数与其前一组次数之差；

Δ_2——众数组次数与其后一组次数之差。

（1）当 $\Delta_1 = \Delta_2$ 时，众数等于众数组的组中值；

（2）当 $\Delta_1 > \Delta_2$ 时，众数靠近于众数组的上限；

（3）当 $\Delta_1 < \Delta_2$ 时，众数靠近于众数组的下限。

【例 4－21】某市 2016 年家庭年收入的抽样调查资料如表 4－10 所示。

表 4－10　　2016 年家庭年收入调查表

家庭年收入/元	家庭数/户
130 000 ~ 140 000	100
140 000 ~ 150 000	260
150 000 ~ 160 000	490
160 000 ~ 170 000	80
170 000 ~ 180 000	70
合计	1 000

试求家庭收入的众数。

（1）首先确定众数组：

收入在 150 000 ~ 160 000 元的家庭数最多（490 户），该组为众数组。

（2）利用公式计算众数：

下限公式：

$$M_0 = L + \frac{\Delta_1}{\Delta_1 + \Delta_2} \times i$$

$$= 150\ 000 + \frac{490 - 260}{(490 - 260) + (490 - 80)} \times 10\ 000 = 153\ 593.75(\text{元})$$

上限公式：

$$M_0 = U - \frac{\Delta_2}{\Delta_1 + \Delta_2} \times i$$

$$= 160\ 000 - \frac{490 - 80}{(490 - 260) + (490 - 80)} \times 10\ 000 = 153\ 593.75(\text{元})$$

由上例可知，上限公式与下限公式的计算结果是相同的。

（二）中位数

1. 中位数的概念

把总体各单位标志值按大小顺序排列后，居中间位置的标志值就是中位数。

中位数把变量数列分为相等的两部分，一部分的标志值小于中位数，另一部分的标志值大于中位数。用这样一个中等水平的标志值来反映数据的集中趋势或反映现象的一般水平，具有非常直观的代表性。在许多情况下，不易计算数值平均数时，可用中位数代表总体的一般水平，尤其是在总体标志值差异较大的情况下，中位数更加具有较强的代表性。例如，要了解某地区职工收入的一般水平，由于该地区职工收入差距悬殊，因此用职工收入的中位数要比用平均收入更能代表职工的实际收入水平。

2. 确定中位数的方法

(1) 根据未分组资料确定中位数。对于未分组资料，先将其标志值按大小顺序进行排序：$x_1, x_2, \cdots, x_n$。若 n 为奇数，则第 $\frac{n+1}{2}$ 的标志值就是中位数；若 n 为偶数，则中位数等于第 $\frac{n}{2}$ 项的标志值与第 $\frac{n}{2}+1$ 项的标志值的简单算术平均数。即：

$$M_e = x_{\frac{n+1}{2}} \text{（}n\text{ 为奇数时）}$$

$$M_e = \frac{x_{\frac{n}{2}} + x_{\frac{n}{2}+1}}{2} \text{（}n\text{ 为偶数时）}$$

【例 4－22】求数列 3，5，9，10，12，17，23 的中位数。

这个数列共有 7 项，所以第 4 项的标志值就是中位数，即：

$$M_e = x_{\frac{n+1}{2}} = x_4 = 10$$

【例 4－23】求数列 3，5，9，10，12，17，23，25 的中位数。

这个数列共有 8 项，为偶数项。

$$x_{\frac{n}{2}} = x_4 = 10$$

$$x_{\frac{n}{2}+1} = x_5 = 12$$

则 $M_e = \frac{x_4 + x_5}{2} = 11$

(2) 根据分组资料确定中位数。分组资料可以分为单项变量数列和组距变量数列。

①单项变量数列中位数的确定。

首先，确定中位数的位次。中位数的位次即累计次数的半值 $\frac{\sum f}{2}$ 或 $\frac{(\sum f)+1}{2}$。

其次，找出中位数所在的组，即含累计次数半值的组，该组的变量值就是中位数。

【例 4－24】某生产车间 140 名工人生产某种零件的日产量分组资料如表 4－11 所示，确定该车间工人日产量的中位数。

表 4－11　　某生产车间工人日产量分组资料

按日产量分组/件	工人数/人	累计次数	
		向上累计	向下累计
15	22	22	140
16	28	50	118
17	40	90	90
18	26	116	50
19	24	140	24
合计	140	—	—

中位数的位次为 $\frac{\sum f}{2}=70$，无论向上累计还是向下累计，该点都被包含在变量值为17的组，所以中位数为17件。

②组距变量数列中位数的确定。

对于组距变量数列，首先要确定中位数所在组，并假定组内次数分布呈均匀分布，再利用中位数组内次数与其大（或小）的各组累计次数差的变动比例近似求其中位数。其计算公式有下限公式和上限公式两种。

下限公式：
$$M_e = L + \frac{\frac{\sum f}{2} - s_{m-1}}{f_m} \times i$$

上限公式：
$$M_e = U - \frac{\frac{\sum f}{2} - s_{m+1}}{f_m} \times i$$

式中，L——中位数所在组的下限；

s_{m-1}——中位数所在组前一组的累计次数（其累计按向上累计计算）；

f_m——中位数所在组的次数；

i——中位数所在组的组距；

U——中位数组所在组的上限；

s_{m+1}——中位数所在组以上各组的累计次数（累计次数按向下累计次数计算）。

【例4－25】某市2015年对事业单位职工月收入进行抽样调查，资料如表4－12所示。试确定职工收入的中位数。

表4－12　某市2015年事业单位职工月收入抽样调查表

按月收入额分组/元	职工数/人	向上累计	向下累计
2 500 以下	40	40	500
2 500～2 800	90	130	460
2 800～3 100	110	240	370
3 100～3 400	105	345	260
3 400～3 700	70	415	155
3 700～4 000	50	465	85
4 000 以上	35	500	35
合计	500	—	—

中位数的位次 $=\frac{500}{2}=250$，从而确定中位数所在的组为3100～3400这一组，根据下限公式计算：

$$M_e = L + \frac{\frac{\sum f}{2} - s_{m-1}}{f_m} \times i = 3\,100 + \frac{\frac{500}{2} - 240}{105} \times 300 = 3\,128.57(\text{元})$$

根据上限公式计算：

$$M_e = U - \frac{\frac{\sum f}{2} - s_{m+1}}{f_m} \times i = 3\ 400 - \frac{\frac{500}{2} - 155}{105} \times 300 = 3\ 128.57(\text{元})$$

即：某市事业单位职工月收入的中位数为3 128.57元。

（三）众数、中位数与算术平均数的关系

众数、中位数与算术平均数之间存在着一定的数量关系，这种关系取决于总体内部的分布情况。如果次数分布是对称的钟形分布，则三者相同，即 $\bar{x} = M_e = M_0$ ，如图 4－1 所示。

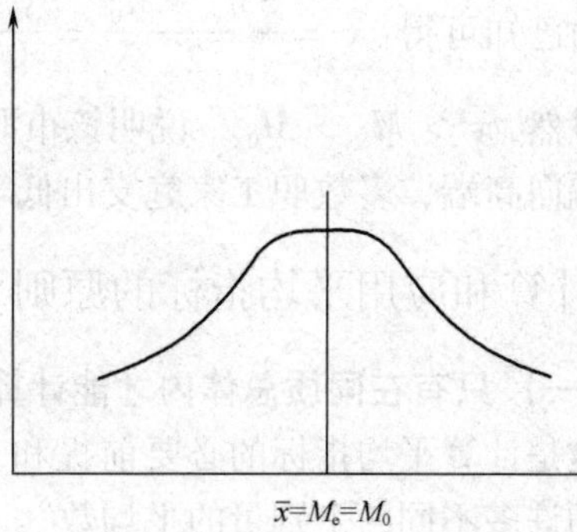

图 4－1　$\bar{x} = M_e = M_0$

若次数分布是非对称的钟形分布，则算术平均数、中位数、众数就有一定的差别，这种差别取决于非对称程度。非对称程度越大，它们之间差别越大，反之越小。如果存在极端变量值，变量分布就会偏斜。若分布左偏，众数最大、平均数最小，即 $\bar{x} < M_e < M_0$ ，如图 4－2 所示。

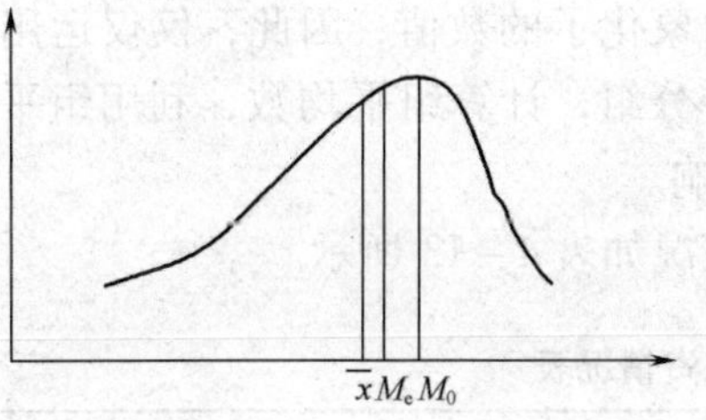

图 4－2　$\bar{x} < M_e < M_0$

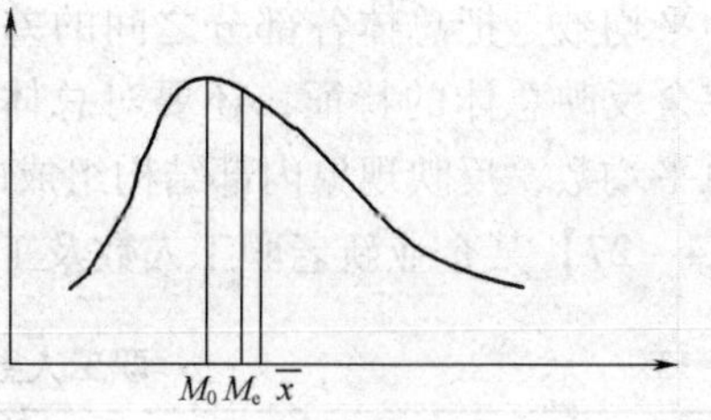

图 4－3　$M_0 < M_e < \bar{x}$

若分布右偏，则算术平均数最大，众数最小，即 $\bar{x} > M_e > M_0$，如图 4－3 所示。

可见，无论左偏还是右偏，中位数总是居于算术平均数和众数中间。

众数、中位数、平均数都属于平均指标，但各自特性不同。众数是次数分布最多的变量值，它既不受变量值大小的影响，也不受变量值位置的影响；中位数仅受变量值位置的影响，不受变量值大小的影响；只有平均数是根据所有变量值计算的，即受变量值的影响。所以，当总体中存在极端变量值时，平均数所受影响最大。

根据经验，当总体分布在偏斜适度的情况下，不论左偏还是右偏，中位数与算术平均数之差约等于众数与算术平均数之差的 1/3，即：

$$3(\bar{x} - M_e) = \bar{x} - M_0$$

由此可得以下两个关系式：

$$\bar{x} = \frac{3M_e - M_0}{2}$$

$$M_0 = 3M_e - 2\bar{x}$$

可以利用这些关系，从已知的两个平均指标来估计另一个平均指标。

【例4－26】根据某市抽样调查资料显示：该市职工的家庭月支出的众数为3 040元，中位数为3 128.57元，问算术平均数为多少？其分布呈何形态？

由已知可得：$\bar{x} = \frac{3M_e - M_0}{2} = \frac{3 \times 3\ 128.57 - 3\ 040}{2} = 3\ 172.86$（元）

显然，$\bar{x} > M_e > M_0$，说明该市职工家庭支出呈右偏分布，也说明支出分配中算术平均数偏向高端，多数职工家庭支出低于算术平均数。

六、计算和应用平均指标的原则

（一）只有在同质总体内才能计算和应用平均指标

这是计算平均指标的必要前提和基本原则。正如马克思所指出的“平均量始终只是同种的许多不同的个别量的平均数”。所谓同质性，就是研究现象总体的各个单位在某一标志上性质相同。只有在同质总体中，总体各单位才具有共同的特征，从而才能通过计算它们的平均数来反映其一般水平。如果总体各单位是不同质的，那么计算出来的平均指标，非但不能说明事物的性质及其规律性，反而会掩盖现象之间的本质差别，甚至歪曲事实真相。

（二）用组平均数补充说明总平均数

因为平均数是把总体各部分之间的差异抽象化了的数值，因此，仅仅运用总平均数还不能完全反映总体的特征，还要对总体进行分组，计算组平均数，利用组平均数来补充说明总平均数，反映现象内部结构组成的影响。

【例4－27】某企业新老职工人数及工资情况如表4－13所示。

表4－13　职工人数及工资情况表

职工类别	2015年			2016年		
	职工数/人	工资总额/元	平均工资/元	职工数/人	工资总额/元	平均工资/元
新职工	100	250 000	2 500	400	1 120 000	2 800
老职工	400	1 280 000	3 200	100	350 000	3 500
合计	500	1 530 000	3 060	500	850 000	2 940

从总水平上看，2015年总平均工资为3 060元，2016年总平均工资为2 940元，工资水平下降了。而这与实际新老职工的工资增加情况不一致，出现这一现象的原因是由于新老职工的工资水平不同，且新老职工所占的比重不同。2015年新职工占职工总数的1/5，2016年占4/5，从而造成工资总水平有所下降。所以，在具体分析某一社会现象时，必须把总平均指标与分组法结合起来，用组平均数补充说明总平均数，才能比较全面地反映事物的真实情况。

（三）用分组数列补充说明平均数

平均指标只能反映总体各单位的一般水平，掩盖了变量数列中各标志值的差别，在实际工作中为了更深入地说明问题，需按被平均标志对总体进行分组，用分配数列补充说明总平均数。例如，研究居民平均收入时，要结合变量数列对高收入层、低收入层的具体情况做分析。

任务四 计算和分析标志变异指标

任务先导

甲、乙两名运动员都是跳水运动员，现要从甲、乙两名运动员中挑选一名代表参赛，于是对两名跳水运动员进行测试，每名运动员分别跳水10次。甲运动员的成绩分别为：9.6、9.6、9.5、9.5、9.5、9.4、9.4、9.3、9.3、9.3。乙运动员的成绩分别为：10.0、10.0、9.9、9.9、9.9、9.4、8.8、8.5、8.5、8.1。请思考：应该派谁参加此次跳水比赛？

平均指标把总体各单位标志值的差异抽象化，反映总体的一般水平和分布的集中趋势。但总体内各单位标志值是参差不齐的，它们分布在平均数的周围，又呈现一种离中趋势或离散趋势。标志变异指标则反映这种离中趋势或离散趋势。集中趋势强，离散趋势就弱；离散趋势强，集中趋势就弱。一个社会经济现象不可能只有集中趋势而无离散趋势，或只有离散趋势而无集中趋势。它们分别从两个侧面描述了总体分布的特征。

一、标志变异指标的概念、作用和分类

（一）标志变异指标的概念

标志变异指标是用来说明总体各单位的标志值之间差异程度的综合指标，也称为离散指标或标志变动度。

平均指标只反映总体的一般水平与共性以及总体的集中趋势。由于它掩盖了总体各单位的数量差异，所以，仅用平均指标不能全面描述总体分布的特征。标志变异指标则弥补了这个不足，它反映的是总体各单位标志值之间的差异性，从另一方面说明了总体分布的特征，反映了总体分布的离中趋势或离散程度。

（二）标志变异指标的作用

1. 反映总体各单位标志值的离散程度

标志变异指标可反映总体各单位标志值之间的差异大小和离散程度。标志变异指标数值越大，说明总体各单位标志值之间的差异越大，离散程度越大；反之，就越小。

2. 评价平均数代表性的强弱

平均指标作为总体某一数量标志的代表数值，其代表性强弱取决于总体各单位标志值的差异程度。标志变异指标数值越大，则平均数代表性越差；标志变异指标数值越小，则平均数代表性越强。

3. 反映社会经济活动过程的均衡性和稳定性

标志变异指标值小，说明社会经济活动过程的均衡性和稳定性好；反之则差。

例如，通过计算各月产品销售量的标志变异指标，可反映产品销售过程的波动程度，分析企业产品销售的稳定性；通过计算股票价格的标志变异指标，可反映股票价格的波动性，作为投资决策的依据。对反映产品质量状况的指标，如产品使用寿命等，若其标志变异指标的值大，则说明产品质量不稳定；若标志变异指标的值小，则说明产品质量比较稳定。

（三）标志变异指标的分类

标志变异指标通常分为以下两类：

（1）反映总体各单位标志值变动绝对量的标志变异指标：全距、平均差、标准差。一般来说，这类标志变异指标有计量单位，它的计量单位与平均指标一致。

（2）反映总体各单位标志值变动相对量的标志变异指标：离散系数，包括全距系数、平均差系数、标准差系数。这类标志变异指标无计量单位，用无名数表示。

二、标志变异指标的计算

（一）全距

全距也称极差，它是总体各单位标志值中最大值与最小值之差。即：

$$R = x_{\max} - x_{\min}$$

式中，R ——全距；

$x_{\max}$ ——总体单位中最大的标志值；

$x_{\min}$ ——总体单位中最小的标志值。

全距可以说明总体中标志值变动的范围。全距越大，说明总体中标志值变动的范围越大，从而说明总体各单位标志值差异大；反之则小。

【例4－28】某组工人的工资数据如下：

工资数据（元）：3 500，3 580，3 620，3 800，4 000，4 380，4 590

$$R = x_{\max} - x_{\min} = 4\ 590 - 3\ 500 = 1\ 090(\text{元})$$

若根据组距数列计算全距，可用数列中最高一组的上限减去最低一组的下限求得全距的近似值。

全距测定标志变异程度的优点是计算简单，但它仅取决于总体中两个极端值的大小，没有反映其他数值的差异。当极端值相差较大，而中间数值分布比较均匀时，便不能确切反映总体分布特征，所以应用时有较大缺陷。

（二）平均差

平均差是各单位标志值与其算术平均数离差的绝对值的算术平均数，又称平均离差，通常用 $A \cdot D$ 表示。与全距相比，平均差的计算考虑了各个标志值之间的差异，因而能比较确切地反映变量数列的标志变动程度。根据算术平均数的数学特点，各个变量值与其算术平均数离差之和等于零，因此，为了避免正负离差相抵消，需采用绝对值，即用离差绝对值之和除以数据个数。

由于掌握的资料不同，平均差可分为简单算术平均差和加权算术平均差两种。

1. 简单平均差

在资料未分组时，采用简单平均差公式。即：

$$A \cdot D = \frac{\sum |x - \bar{x}|}{n}$$

【例 4-29】某公司两组销售人员日销量资料如表 4-14 所示。

表 4-14　　某公司销售人员日销量资料表

甲组			乙组		
日销量/件 x	离差 $x-\bar{x}$	离差绝对值 $\|x-\bar{x}\|$	日产量/件 x	离差 $x-\bar{x}$	离差绝对值 $\|x-\bar{x}\|$
150	-20	20	160	-10	10
160	-10	10	165	-5	5
170	0	0	170	0	0
180	10	10	175	5	5
190	20	20	180	10	10
合计	0	60	合计	0	30

计算甲、乙两组销售人员日销量平均差：

$$\bar{x}_{甲} = \bar{x}_{乙} = 170(件)$$

$$A \cdot D_{甲} = \frac{60}{5} = 12(件)$$

$$A \cdot D_{乙} = \frac{30}{5} = 6(件)$$

甲、乙两组工人平均日销量相等的情况下，甲组的平均差大于乙组的平均差，因而甲组平均日销量的代表性比乙组小。

2. 加权平均差

在资料经过分组后，采用加权平均差公式，即

$$A \cdot D = \frac{\sum |x - \bar{x}| f}{\sum f}$$

【例 4-30】某销售部销售人员日销量资料如表 4-15 所示。求其平均差。

表 4-15　　日销量资料表

日销量/件	销售人员数/人
25	10
35	70
45	90
55	30
合计	200

$$\bar{x} = \frac{\sum xf}{\sum f} = \frac{25 \times 10 + 35 \times 70 + 45 \times 90 + 55 \times 30}{10 + 70 + 90 + 30} = 42(件)$$

$$A \cdot D = \frac{\sum |x-\bar{x}|f}{\sum f} = \frac{|25-42|\times 10 + |35-42|\times 70 + |45-42|\times 90 + |55-42|\times 30}{10+70+90+30}$$

$$=6.6\text{（件）}$$

如果是组距数列，先求出组中值，然后以组中值作为代表值，和单项数列一样求出平均数与平均差。

（三）标准差

标准差也称均方差。它的含义与平均差相同，也表示各标志值对算术平均数的平均距离，所不同的是在数学处理上有所区别。平均差是用绝对值消除各标志值与平均数离差的正负值问题，而标准差是用平方再开方的方法消除各标志值与平均数离差的正负值。相比之下，由于平均差含有绝对值，不方便代数运算，因此标准差的运用较为广泛。它在进行抽样估计时，具有一定的意义。

根据掌握的资料不同，标准差有两种计算方法：简单平均法和加权平均法。

1. 简单平均法

对于未分组资料，用简单平均法。计算方法是：将每个标志值与平均数的离差平方的和除以总体单位数后再开平方。其计算公式为：

$$\sigma = \sqrt{\frac{\sum (x-\bar{x})^2}{n}}$$

式中，σ——标准差。

计算标准差大体分以下几步：

第一步，计算总体平均数。

第二步，求出各单位标志值与算术平均数的离差。

第三步，求各单位标志值与算术平均数的离差平方和。

第四步，计算离差平方的算术平均数。

第五步，将第四步计算结果开平方，得标准差。

【例 4－31】某公司两组销售人员日销量资料如表 4－16 所示。计算标准差。

表 4－16　　某公司销售人员日销量资料表

甲组			乙组		
日销量/件 x	离差 $x-\bar{x}$	离差平方 $(x-\bar{x})^2$	日销量/件 x	离差 $x-\bar{x}$	离差平方 $(x-\bar{x})^2$
150	－20	400	160	－10	100
160	－10	100	165	－5	25
170	0	0	170	0	0
180	10	100	175	5	25
190	20	400	180	10	100
合计	0	1 000	合计	0	250

$$\overline{x_{甲}} = \overline{x_{乙}} = 170\text{(件)}$$

$$\sigma_{甲} = \sqrt{\frac{\sum(x-\bar{x})^2}{n}} = \sqrt{\frac{1\,000}{5}} = 14.1(件)$$

$$\sigma_{乙} = \sqrt{\frac{\sum(x-\bar{x})^2}{n}} = \sqrt{\frac{250}{5}} = 7.07(件)$$

甲组的标准差大，其平均数的代表性小；乙组的标准差小，其平均数的代表性大。

2. 加权平均法

对于分组资料，计算标准差时，是将各组标志值与算术平均数的离差平方乘以各组次数，然后除以总次数，再开平方。其计算公式为：

$$\sigma = \sqrt{\frac{\sum(x-\bar{x})^2 f}{\sum f}}$$

【例4－32】某销售部销售人员日销量资料如表4－17所示。求其标准差。

表4－17　**日销量资料表**

日销量/件	销售人员数/人
25	10
35	70
45	90
55	30
合计	200

根据已知条件：

$$\bar{x} = \frac{\sum xf}{\sum f} = \frac{25\times10+35\times70+45\times90+55\times30}{10+70+90+30} = 42(件)$$

$$\sigma = \sqrt{\frac{\sum(x-\bar{x})^2 f}{\sum f}}$$

$$= \sqrt{\frac{(25-42)^2\times10+(35-42)^2\times70+(45-42)^2\times90+(55-42)^2\times30}{10+70+90+30}}$$

$$= \sqrt{\frac{12200}{200}} = 7.8(件)$$

组距式数列首先求出组中值，用组中值作为代表值计算其标准差。

【例4－33】某乡村的粮食产量资料如表4－18所示。计算其标准差。

表4－18　**某乡村粮食产量统计表**

每亩产量/（千克/亩）	组中值	播种面积/亩
400～500	450	6
500～600	550	30
600～700	650	50

续表

每亩产量/（千克/亩）	组中值	播种面积/亩
700 ~ 800	750	60
800 ~ 900	850	40
900 ~ 1 000	950	14
合计	—	200

根据已知条件：

$$\bar{x} = \frac{\sum xf}{\sum f} = \frac{450 \times 6 + 550 \times 30 + 650 \times 50 + 750 \times 60 + 850 \times 40 + 950 \times 14}{6 + 30 + 50 + 60 + 40 + 14}$$

$$= 720(\text{千克})$$

$$\sigma = \sqrt{\frac{\sum (x - \bar{x})^2 f}{\sum f}} = \sqrt{\frac{3\ 020\ 000}{200}} = 122.88(\text{千克})$$

即该乡村的粮食亩产量的标准差为 122.88 千克。

（四）是非标志的标准差

是非标志又称交替标志，它实质上就是品质标志。在社会经济活动中，出于量化分析的需要，有时把某种社会经济现象的全部单位分为具有某种特征和不具有某种特征两类，用“有”“无”或“是”“非”来表示其属性，如产品质量分为合格与不合格，人口性别分为男性与女性等，这类反映总体单位特征的标志均为是非标志。由于是非标志只具有两种标志表现，所以可以用 1 表示总体单位具有某种标志表现；用 0 表示总体单位不具有某种标志表现，从而实现了品质标志的量化处理。

要测定是非标志的变动程度，也需要计算标准差。是非标志标准差的测定，其原理与前述的内容一致，但在计算的表现形式上有所区别。

首先要将是非标志的具体表现数量化，即将具有某种属性的单位的标志值用“1”表示，将不具有该种属性的单位的标志值用“0”表示，然后，再计算其平均数和标准差。

设全部总体单位数为 N，具有某种属性的单位数为 N_1，其成数用 p 表示；不具有某该种属性的单位数为 N_0，其成数用 q 表示，则：

$$p = \frac{N_1}{N} q = \frac{N_0}{N} \text{且}:p + q = 1$$

根据平均数计算公式，有：

$$\text{是非标志的平均数}\ \bar{x} = \frac{\sum xf}{\sum f} = \frac{1 \times N_1 + 0 \times N_0}{N_1 + N_0} = \frac{N_1}{N} = p$$

由此可见，是非标志的平均数就是具有某种属性单位数的成数。

根据标准差计算公式，有：

$$\text{是非标志的标准差}\ \sigma = \sqrt{\frac{\sum (x - \bar{x})^2 f}{\sum f}}$$

$$= \sqrt{\frac{(1-p)^2 N_1 + (0-p)^2 N_0}{N_1 + N_0}}$$

$$= \sqrt{(1-p)^2 p + p^2 q}$$

$$= \sqrt{q^2 p + p^2 q} = \sqrt{pq(p+q)}$$

$$= \sqrt{pq} = \sqrt{p(1-p)}$$

【例 4－34】某产品 5 000 件中有 500 件不合格，求成数的标准差。

根据已知条件：

$$\text{成数(合格率)}p = \frac{N_1}{N} = \frac{5\,000 - 500}{5\,000} \times 100\% = 90\%$$

$$\text{标准差}\ \sigma = \sqrt{p(1-p)} = \sqrt{90\%(1-90\%)} = 0.3 = 30\%$$

或：

$$\text{成数(不合格率)}p = \frac{N_0}{N} = \frac{500}{5\,000} \times 100\% = 10\%$$

$$\text{标准差}\ \sigma = \sqrt{p(1-p)} = \sqrt{10\%(1-10\%)} = 0.3 = 30\%$$

（五）离散系数

各种标志变异指标，包括全距、平均差、标准差，都有计量单位（与平均指标计量单位相同），都是反映总体各单位标志值变异的绝对指标。它们的大小不仅取决于标志值离差的大小，而且和标志值水平的高低有关。因此在比较不同水平下的总体变异程度时，不宜直接用某一变异指标来对比其离差的大小。为了对比分析不同总体之间的标志变异程度，需要计算标志变异的相对指标，即离散系数。常用的离散系数及其计算公式如下：

$$\text{全距系数}\ V_R = \frac{R}{\bar{x}} \times 100\%$$

$$\text{平均差系数}\ V_{A \cdot D} = \frac{A \cdot D}{\bar{x}} \times 100\%$$

$$\text{标准差系数}\ V_\sigma = \frac{\sigma}{\bar{x}} \times 100\%$$

标准差系数是应用最广泛的离散系数。

【例 4－35】某地区工薪阶层人员的月平均收入为 4 000 元，标准差为 600 元，个体工商业者的月平均收入为 12 500 元，标准差为 1 250 元。从标准差来看（绝对水平），工薪人员收入水平的差异小于个体工商业者收入水平的差异。

计算标准差系数：

$$\text{工薪人员}:V_\sigma = \frac{\sigma}{\bar{x}} \times 100\% = \frac{600}{4\,000} \times 100\% = 15\%$$

$$\text{个体工商业者}:V_\sigma = \frac{\sigma}{\bar{x}} \times 100\% = \frac{1\,250}{12\,500} \times 100\% = 10\%$$

从差异相对程度看，工薪人员收入水平的差异大于个体工商业者收入水平的差异。因此，个体工商业者的月平均收入代表性要高一些。

需要注意的是：是非标志实际上是品质标志，没有计量单位，它的平均数和标准差也没有计量单位。因此，当不同现象或具有不同水平单位的是非标志标准差进行比较时，可以直接对比，无须计算离散系数。

任务五　运用 Excel 进行统计指标的计算

以下操作以 Excel2010 为例。

一、利用 Excel 计算总量指标

利用 Excel 计算总量指标，通常有以下两种情况：

（1）计数。Excel 中要实现计数功能，通常会用到函数 COUNT 或 COUNTIF。COUNT 函数主要用于计算指定单元格区域中包含数字以及包含参数列表中的数字的单元格的个数。COUNTIF 函数主要用于计算指定单元格区域中满足给定条件的单元格的个数，其语法格式是：COUNTIF（range，criteria）。其中，range 为数值区间；criteria 为条件。

（2）求和。Excel 中要实现求和功能，通常会用到函数 SUM 或 SUMIF。SUM 函数主要用于计算指定单元格区域中所有数值之和。SUMIF 函数主要用于根据指定条件对若干单元格求和，其语法格式为：SUMIF（range，criteria，sum_ range）。其中，range 为数值区间，criteria 为条件，sum_ range 为需要求和的实际单元格。

【例 4－36】某班一部分学生的考试成绩以及在图书馆借书数量如表 4－19 所示。试根据表中资料，运用 Excel 计算以下总量指标：考试及格学生的人数、考试不及格学生的人数、考试成绩大于或等于 80 分的学生人数、所有学生的借书总数量、考试成绩不及格的学生的借书总数量、考试成绩在 90 分以上的学生的借书总数量。

表 4－19　　某班部分学生考试成绩及借书数量

姓名	陈树	李利	张勇	王刚	杨阳	高鹏	张成	王强
成绩/分	80	75	93	不及格	78	83	不及格	96
借书数量/本	5	3	7	1	4	6	2	8

将表 4－19 中的数据录入 Excel 工作表中，结果如图 4－4 所示。

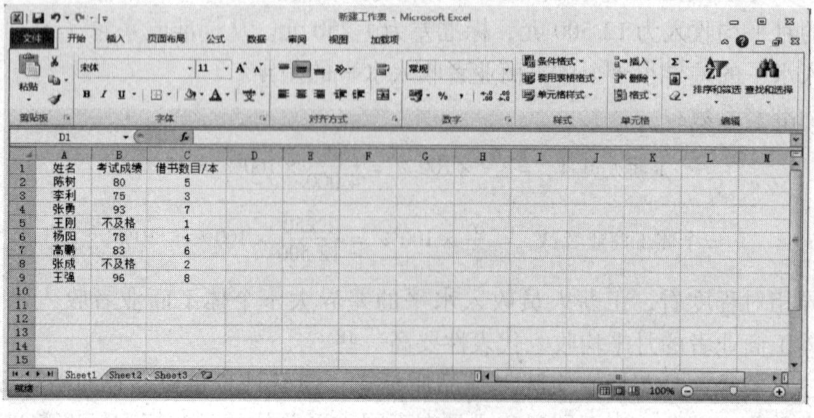

图 4－4　录入数据

首先，选定一个输出单元格。然后，直接在单元格中输入相应的函数语法；或者在公式编辑栏中输入等号，再输入相应的函数语法；或者先单击函数快捷图标 f_x，在弹出的“插入函数”对话框（图 4－5）中选择所需函数，再按函数对话框中的提示输入制定区域等参数（为了简便，通常采用此法）。最后，按下 Enter 键就会在事先选定的单元格中显示相应的计算结果。

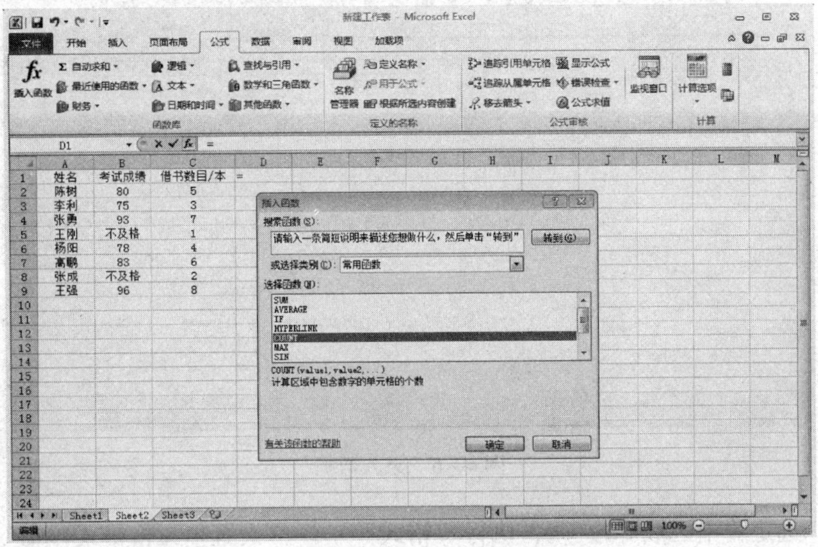

图 4－5　插入函数对话框

本例中运用的函数语法及计算结果如表 4－20 所示。

表 4－20　　　　函数语法及计算结果

指标含义	函数语法	计算结果
成绩及格学生的人数	COUNT（B2：B9）	6
成绩不及格学生的人数	COUNTIF（B2：B9，“不及格”）	2
成绩大于或等于 80 分的人数	COUNTIF（B2：B9，“＞＝80”）	4
所有学生的借书总数量	SUM（C2：C9）	36
成绩不及格学生的借书总数量	SUMIF（B2：B9，“不及格”，C2：C9）	3
成绩在 90 分以上的学生的借书总数量	SUMIF（B2：B9，“＞＝90”，C2：C9）	15

二、利用 Excel 计算相对指标

利用 Excel 计算相对指标，最常用的功能就是公式及公式复制。这些操作比较简单直观，只需掌握 Excel 的基本使用方法即可。

【例 4－37】某高职院校有三个年级，其中，大一：男生 800 人，女生 600 人，共 1 400人；大二：男生 1 000 人，女生 800 人，共 1 800 人；大三：男生 950 人，女生 750 人，共 1 700 人。试利用 Excel 计算各年级男生所占比重、女生所占比重和性别比（以女

生人数为 100）。

首先，在 Excel 工作表中输入相关数据以及需要计算的相对指标的名称，如图 4－6 所示。

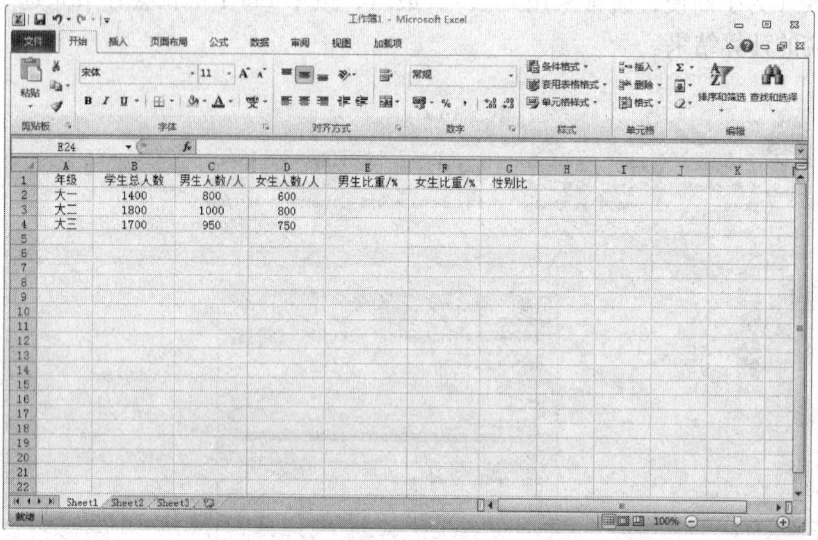

图 4－6　录入数据

然后，选定输出区域 E2：G4，执行“格式”——“设置单元格格式”命令，在弹出的“设置单元格格式”对话框中选择“数字”选项，在“分类”项下选择“数值”，将小数位数设置为 2，单击“确定”按钮，如图 4－7 所示。

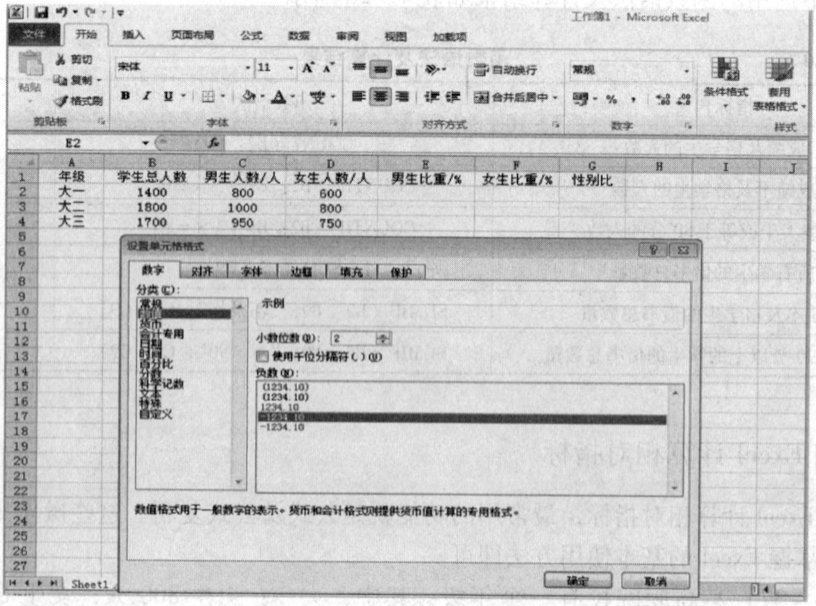

图 4－7　设置输出数据格式

最后，执行如下操作：

(1) 在单元格 E2 中输入公式“ = C2/B2 ∗ 100”，按下 Enter 键；

(2) 在单元格 F2 中输入公式“ = D2/B2 ∗ 100”，按下 Enter 键；

(3) 在单元格 G2 中输入公式“ = C2/D2 ∗ 100”，按下 Enter 键。

(4) 再分别选中单元格 E3、F3、G3 以及 E4、F4、G4。

即可得到全部计算结果。具体如图 4 - 8 所示。

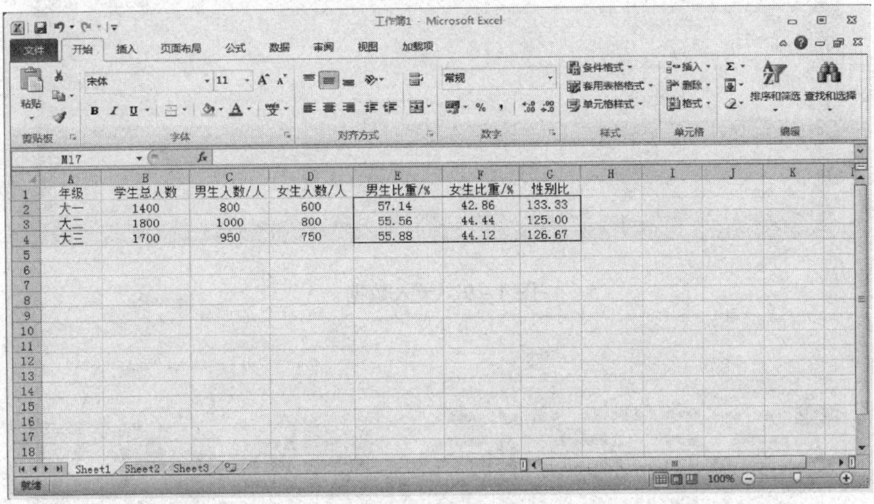

图 4 - 8　输出结果

三、利用 Excel 计算平均指标和标志变异指标

(一) 利用函数计算未分组数据的相关指标

【例 4 - 38】10 名工人的日产量分别为：32、33、33、34、34、35、35、35、36、37（单位：件）。试利用 Excel 计算该资料的平均数、众数、中位数、全距、平均差、标准差和标准差系数。

首先将各数据录入 Excel 工作表，如图 4 - 9 所示。

(1) 在单元格 C3 输入“ = AVERAGE（A2：A11）”，按下 Enter 键，得到平均数；

(2) 在单元格 C4 输入“ = Mode（A2：A11）”，按下 Enter 键，得到众数；

(3) 在单元格 C5 输入“ = MEDIAN（A2：A11）”，按下 Enter 键，得到中位数；

(4) 在单元格 C6 输入“ = （A11 - A2）”，按下 Enter 键，得到全距；

(5) 在单元格 C17 输入“ = AVEDEV（A2：A11）”，按下 Enter 键，得到平均差；

(6) 在单元格 C8 输入“ = VARP（A2：A11）”，按下 Enter 键，得到方差；

(7) 在单元格 C9 输入“ = C8^0. 5”，按下 Enter 键，得到标准差；

(8) 在单元格 C10 输入“ = C9/C3”，按下 Enter 键，得到标准差系数。

具体如图 4 - 10 所示。

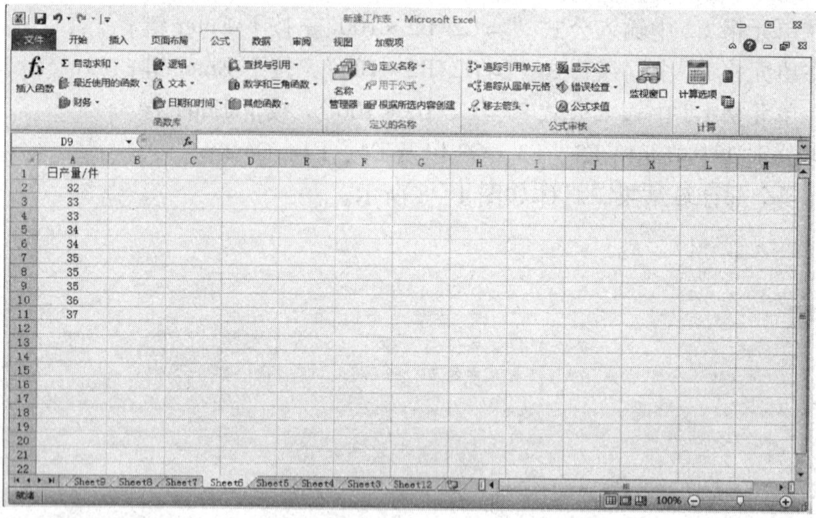

图 4－9　录入数据

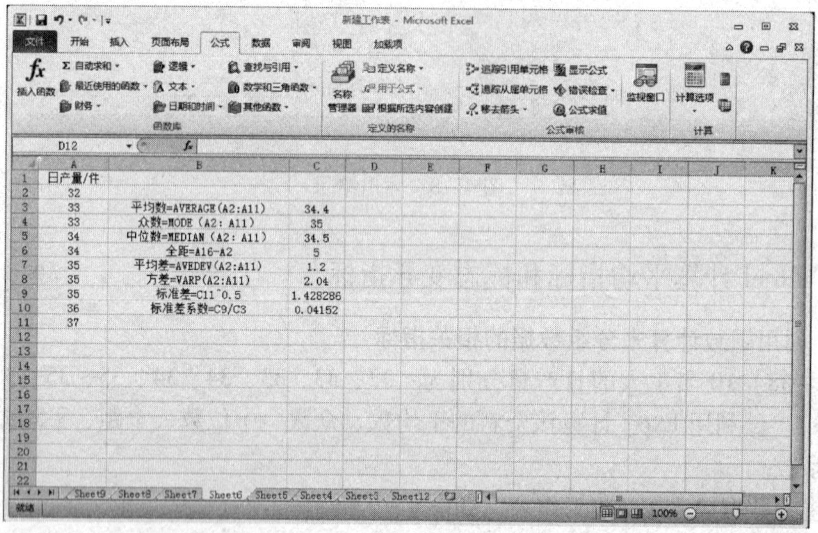

图 4－10　函数公式及计算结果

（二）利用函数计算分组数据的相关指标

【例 4－39】某企业职工的工资如表 4－21 所示。相关指标计算如下。

表 4－21　　某企业职工工资分组情况

按工资分组/元	职工人数/人
1 500～1 700	12
1 700～1 900	18

续表

按工资分组/元	职工人数/人
1 900 ~ 2 100	35
2 100 ~ 2 300	30
2 300 ~ 2 500	5
合计	100

根据上述资料：

（1）将表中数据录入 Excel 工作表，再在单元格 B10 输入公式“ = D8：B8”，按下 Enter 键，得到平均数 1996 元。

（2）由表中的数据可知，中位数位次为 100/2 = 50，位于 1900 - 2100 这一组，因此在单元格 B11 输入公式“ = 1900 + （B8/2 - H4）/B5）”，即可得出中位数为 1900. 571429 元。

（3）在单元格 E3、F3、G3 分别输入公式“ = C3 - 1996”“ = E3^2”“ = F3 * B3”，按下 Enter 键并将结果填充至单元格 E7、F7、G7，即可得出各组的离差、离差平方及离差平方乘次数。对离差平方乘次数求和，得到数值 4638400。

（4）在单元格 B12 中输入公式“ = （G8/B8）^0. 5”，按下 Enter 键，即可得出标准差为 215. 36945。具体结果如图 4 - 11 所示。

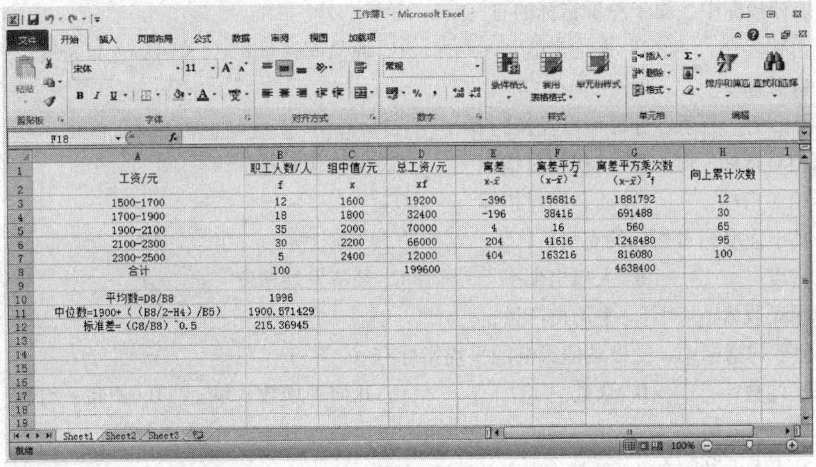

工资/元	职工人数/人 f	组中值/元 x	总工资/元 xf	离差 x-x̄	离差平方 (x-x̄)²	离差平方乘次数 (x-x̄)²f	向上累计次数
1500-1700	12	1600	19200	-396	156816	1881792	12
1700-1900	18	1800	32400	-196	38416	691488	30
1900-2100	35	2000	70000	4	16	560	65
2100-2300	30	2200	66000	204	41616	1248480	95
2300-2500	5	2400	12000	404	163216	816080	100
合计	100		199600			4638400	
平均数=D8/B8	1996						
中位数=1900+（（B8/2-H4）/B5）	1900.571429						
标准差=（G8/B8）^0.5	215.36945						

图 4 - 11　公式、中间数据及输出结果

思考与练习

一、判断题

1. 一个总量指标属总体单位总量还是总体标志总量，是固定不变的。（　　）

2. 企业计划规定，2016 年第一季度的单位产品成本比去年同期降低 16%，实际执行结果降低 8%，则企业单位产品成本仅完成计划的一半。（　　）

3. 权数对算术平均数的影响作用取决于权数本身数值的大小。（　　）

4. 当变量数列有变量为零或负数时，则不能计算几何平均数。（　　）

5. 标志变异指标数值大，说明总体中各单位标志值的差异程度大，则平均指标的代表性就小。（　　）

二、单项选择题

1. 计算结构相对指标时，总体各部分数值与总体数值对比求得的比重之和（　　）100%。

A. 小于　　B. 大于　　C. 等于　　D. 小于或大于

2. 计算平均指标最常用的方法和最基本的形式是（　　）。

A. 中位数　　B. 众数　　C. 算术平均数　　D. 调和平均数

3. 在分配数列中，当标志值较小而权数较大时，计算的加权算术平均数（　　）。

A. 接近于标志值较大的一方　　B. 接近于标志值较小的一方

C. 接近于中间水平的标志值　　D. 不受权数的影响

4. 某公司下设五个分部，共有 2 000 名工人。已知每个分部某月产值计划完成情况相对数和实际产值，要计算该公司该月产值计划完成的平均程度，采用加权调和平均数的方法计算，其权数是（　　）。

A. 计划产值　　B. 实际产值　　C. 工人数　　D. 企业数

5. 两个总体的平均数不等，但标准差相等，则（　　）。

A. 两个平均数代表性相同　　B. 平均数较大的，代表性小

C. 平均数较小的，代表性小　　D. 无法判断

三、多项选择题

1. 下列统计指标中，属于总量指标的有（　　）。

A. 工资总额　　B. 人均产值　　C. 商品库存量　　D. 人口密度

E. 进出口总额

2. 相对指标中，分子、分母可以互换的有（　　）。

A. 比例相对指标　　B. 结构相对指标　　C. 比较相对指标

D. 强度相对指标　　E. 动态相对指标

3. 下列属于强度相对指标的有（　　）。

A. 人口密度　　B. 人口出生率　　C. 经济发展速度

D. 人均国民收入　　E. 平均亩产量

4. 在各种平均指标中，受极端值影响的平均指标有（　　）。

A. 算术平均数　　B. 众数　　C. 几何平均数　　D. 调和平均数

E. 中位数

5. 以下表述不正确的有（　　）。

A. 计算相对指标的两个指标，计量单位必须相同

B. 所有相对指标都具有可加性

C. 相对指标必须就同质总体计算

D. 所有总量指标都具有可加性

E. 平均指标必须就同质总体计算

四、简答题

1. 总量指标有哪些类型？其中时期指标和时点指标各有什么特点？

2. 简述强度相对指标与平均指标的区别，并举例说明。

3. 什么是平均指标？它有何特点、作用？

4. 什么是标志变异指标？它有哪些作用？

5. 什么是离散系数？离散系数在什么条件下应用？

五、计算题

1. 某地区年末总人口 3 420 万人，其中男性人口 1 745 万人，女性人口 1 675 万人，总人口比上年年末净增 24 万人，年内新出生人口 51 万人。试利用上述数据计算除计划完成情况相对数之外的其他相对指标。

2. 根据表 4－22 资料，计算并填空。

表 4－22　　工业总产值计划完成情况

企业	工业总产值/万元		
	计划	实际	计划完成程度/%
甲	680	750	
乙			109.7
丙	600		
合计	2 000	2 200	

3. 某生产车间计划某产品单位成本降低 4%，实际降低了 5%，试计算单位产品成本降低的计划完成程度。

4. 按“五年”计划的规定，某企业某产品在 2015 年年底的销售额应达到 500 万元，并且已知其实际执行的结果（表 4－23）。

表 4－23　　销售额实际执行结果

时间	第一年	第二年	第三年		第四年				第五年			
			上半年	下半年	一季	二季	三季	四季	一季	二季	三季	四季
销售额/万元	440	450	220	240	110	120	125	125	130	125	125	130

试计算该产品的产量计划完成程度相对指标和提前完成“五年”计划规定任务的时间。

5. 某年某月甲、乙两个农贸市场某种农产品价格及成交量、成交额的资料如表 4－24 所示。

表 4－24　　农贸市场农产品交易情况表

等级	价格/（元/千克）	甲市场成交额/万元	乙市场成交量/万千克
三等品	2.0	1	5
二等品	3.0	3	3
一等品	4.0	6	1
合计	—	10	9

要求：试比较该农产品在甲、乙两个市场的价格水平，并说明其高低的原因。

6. 某生产车间的工人技术级别分布情况如表 4－25 所示。

表 4－25　　工人技术级别分布表

技术级别/级	工人数/人
1	30
2	60
3	100
4	70
5	25
6	15
合计	300

要求：确定该车间工人技术级别的众数和中位数。

7. 已知某班学生某学期《统计学基础》考试成绩资料如表 4－26 所示。

表 4－26　　考试成绩表

按考试成绩分组/分	学生人数/人
60 以下	3
60～70	7
70～80	22
80～90	13
90 以上	5
合计	50

要求：计算该班学生《统计学基础》考试成绩的算术平均数、众数和中位数。

8. 某销售部门有甲、乙两个销售小组，甲组平均每个销售人员的日销量为 36 件，标准差为 9.6 件；乙组销售人员日销量资料如表 4－27 所示。

表 4－27　　乙组日销量表

日销量/件	工人数/人
10～20	18
20～30	39
30～40	31
40～50	12
合计	100

要求：计算乙组平均每个销售人员的日销量，并比较甲、乙两销售小组哪个组的平均日销量更有代表性?

技能实训

【实训目的】

通过实训，使学生深入理解并熟练掌握统计指标的内涵及计算方法，将所学理论知识与实践相结合，提高学生运用统计方法解决实际问题的能力。

【实训任务】

从所在系（或专业）任选两个班级（分别命名为甲班、乙班），搜集两个班级学生的性别、年龄以及某一门课程的考试成绩。

（1）依据资料计算下列总量指标：甲、乙两个班的学生人数；甲、乙两个班的男生人数和女生人数；甲、乙两个班各年龄人数；

（2）依据资料计算下列相对指标：甲、乙两个班的男生人数、女生人数的结构相对指标以及男生与女生的比例相对指标；甲班与乙班男生人数的比较相对指标；

（3）依据资料计算平均指标：将两个班级的成绩按照“60以下，60~70，70~80，80~90，90以上”进行分组，统计出各组的学生人数，再计算班级平均成绩；

（4）比较两个班的平均成绩哪个更具代表性。

【实训要求】

全班同学分组，组内同学要合理分工、协作。

【成果检验】

每组同学将整个实训内容整理成实训报告并提交，由教师随机挑选某组做课堂汇报与交流分享。教师对各组进行点评及成绩评定。

项目五 时间数列分析

【知识目标】

1. 理解时间数列的含义、种类及编制原则；
2. 掌握各类时间数列水平指标和速度指标的计算方法；
3. 掌握长期趋势变动分析的移动平均法和最小平方法以及季节变动分析的按月（季）平均法；
4. 了解长期趋势变动分析的时距扩大法、分段平均法和季节变动分析的移动平均趋势剔除法。

【能力目标】

1. 能根据实际资料编制时间数列；
2. 能计算时间数列水平指标和速度指标；
3. 能运用 Excel 进行长期趋势变动分析和预测；
4. 能运用 Excel 进行季节变动分析和预测。

【实例导入】

2012—2016 年我国国民经济发展概况

2016 年，经初步核算，全年国内生产总值 744 127 亿元，比上年增长 6.7%。其中，第一产业增加值 63 671 亿元，增长 3.3%；第二产业增加值 296 236 亿元，增长 6.1%；第三产业增加值 384 221 亿元，增长 7.8%。第一产业增加值占国内生产总值的比重为 8.6%，第二产业增加值比重为 39.8%，第三产业增加值比重为 51.6%。全年人均国内生产总值 53 980 元，比上年增长 6.1%。全年国民总收入 742 352 亿元，比上年增长 6.9%。

由此可看出我国国内生产总值及其结构的发展变化趋势，如图 5－1、图 5－2 所示。

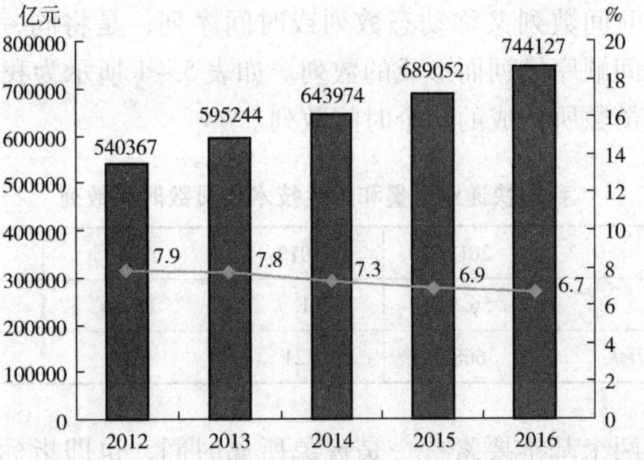

图 5－1　2012—2016 年国内生产总值及其增长速度

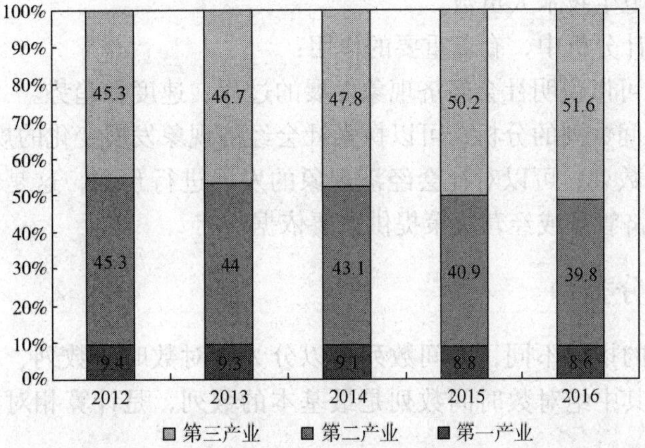

图 5－2　2012—2016 年第一、第二、第三产业增加值占国内生产总值比重

注：国内生产总值、各产业增加值和人均国内生产总值绝对数按现价计算，增长速度按不变价格计算。

国民总收入，原称国民生产总值，是指一个国家或地区所有常住单位在一定时期内所获得的初次分配收入总额。它等于国内生产总值加上来自国外的净要素收入。

（资料来源：国家统计局）

任务一　认识时间数列

任务先导

某城市 2004—2016 年每年统计参加体育锻炼的人口数，并把该指标值按时间顺序排列起来。该城市领导人在制定 2017 年或以后若干年中体育健身工作计划或发展战略时，是否可以根据这 13 个历史数据来预测每年的体育锻炼人数呢？

一、时间数列的概念

社会经济现象的规模、比例等总是处于不断变化中，为了研究其动态发展变化过程，需要编制时间数列。时间数列又称动态数列或时间序列，是将同一社会经济现象不同时间上的指标数值按时间顺序排列而形成的数列。如表 5 – 1 所示为我国 2012 – 2016 年快递业务量和卫生技术人员数所构成的两个时间数列。

表 5 – 1　　我国快递业务量和卫生技术人员数时间数列

年份	2012	2013	2014	2015	2016
快递业务量/亿件	56.9	91.9	139.6	206.7	312.8
年末卫生技术人员数/万人	668	721	759	801	844

时间数列通常有两个基本要素：一是现象所属时间，也即指标数值所属时间，如表 5 – 1中的 2012 年、2013 年等；二是反映客观现象的统计指标数值，如表 5 – 1 中我国每年的快递业务量和卫生技术人员数。

时间数列在统计分析中，有着重要的作用：

（1）时间数列可以说明社会经济现象发展的过程、速度和趋势。

（2）通过对时间数列的分析，可以探索社会经济现象发展变化的规律性。

（3）运用时间数列，可以对社会经济现象的发展进行预测，这是统计预测方法的一个重要内容，为经济管理或经营决策提供重要依据。

二、时间数列的分类

根据形成数列的指标不同，时间数列可以分为绝对数时间数列、相对数时间数列和平均数时间数列。其中绝对数时间数列是最基本的数列，是计算相对数时间数列和平均数时间数列的基础。

（一）绝对数时间数列

绝对数时间数列又称总量指标时间数列，是由同一总量指标在不同时间上的指标数值按照时间先后顺序编排而成的数列，反映社会经济现象在各期达到的规模、水平及其发展变化情况。由于总量指标有时期指标和时点指标之分，因此绝对数时间数列也可分为时期数列与时点数列。

1. 时期数列

时期数列是由时期指标形成的数列，数列中的每个指标数值都是反映某种社会经济现象在一段时期内发展过程的总量。表 5 – 1 中我国快递业务量数列就是时期数列。

时期数列有以下几个特点：

（1）时期数列中的各个指标数值是可以相加的，相加之和表示研究现象在更长时期内的发展总量。

（2）时期数列中每个指标数值的大小与其时期长短有直接关系。一般情况下，时期越长，指标数值越大，反之就越小。

（3）时期数列中的各个指标数值通常都是通过连续不断的登记而取得的。

2. 时点数列

时点数列是由时点指标形成的数列，数列中每个指标数值都是反映某种社会经济现象在某时点上所达到的状态或水平。表 5－1 中我国卫生技术人员数数列就是时点数列。

时点数列有以下几个特点：

（1）时点数列中的各个指标值是不能相加的，相加后没有实际意义。

（2）时点数列中，每个指标数值的大小与其间隔长短无直接关系。在时点数列中，两个相邻指标在时间上的距离叫作“间隔”。时点数列每个指标的数值，只表明现象在某一瞬间上的数量，因此它的指标数值大小与时间间隔长短没有直接关系。

（3）时点数列中的每个指标数值是相隔一定时期的某一时点上，做一次性登记取得的。

（二）相对数时间数列

相对数时间数列是由一系列同类的相对指标，按时间的先后顺序加以排列而形成的数列。它反映社会经济现象之间相互数量关系的发展过程，如表 5－2 所示。

表 5－2　某企业 2015 年上半年各月计划完成情况

时间	1 月	2 月	3 月	4 月	5 月	6 月
计划完成程度/%	98.32	101.15	102.00	105.00	102.42	105.00

表 5－2 每一个相对指标都是由与之相对应的有联系的两个绝对指标相比而计算出来的。除表 5－2 所列入的计划完成相对数之外，还有比较相对指标、结构相对指标、动态相对指标和强度相对指标四种，它们同样可以用来编制成相应的相对数时间数列。由于相对数时间数列是派生数列，因此构成相对数的分子分母可以是时期指标，也可以是时点指标。应当注意，在相对数时间数列中，各指标数值不能相加。

（三）平均数时间数列

平均数时间数列是将一系列同类平均指标按时间先后顺序排列而成的数列，用来反映社会经济现象总体一般水平的发展变化趋势，如表 5－3 所示。

表 5－3　某企业上半年某车间人均产量

时间	1 月	2 月	3 月	4 月	5 月	6 月
人均产量/千克	2 500	2 480	2 504	2 510	2 538	12 491

与相对数时间数列一样，平均数时间数列的各项指标也不具有可加性。

小思考

各个专业领域均有相应的统计数据，如会计专业的资产、负债和利润统计；市场营销专业的销售额、市场份额统计；金融专业的汇率、股票价格统计等。由这些数据构成的数列分别属于哪种类型的时间数列？

三、时间数列的编制原则

若要研究社会经济现象的发展变化规律，需要时间数列中的各项指标数值要具有可比性，这是编制时间数列应遵循的基本原则。具体体现在以下几个方面。

（一）时间长短应相等

在时期数列中，各项指标值相应的时期长短应相等。因为时期数列中各个指标数值的大小与所属的时期长短有直接关系，只有时期长短相等，才能通过比较时期数列中各个指标值的大小，研究和分析社会经济现象的发展变化情况。

在时点数列中，由于各个指标数值反映的是现象在某一时点的状态，相邻数值之间的时间间隔长度最好相等，以便于对比分析。

思维延伸

特殊情况下，也可以将不同时间长度的同类指标组成时期数列进行分析，以达到说明特殊问题的目的。如表5－4所示，我国几个重要时期钢产量按时间先后顺序排列。第1项指标值是新中国成立前我国五十年钢产量的总和，后4项指标值为新中国成立后我国各五年计划的实际钢产量。虽然指标值时间长度不完全相等，但该数列目的在于说明新中国成立前经济落后和成立后钢铁产业迅速发展的情况。因此，在某些特殊情况下，时期数列中的时间可以有一定的灵活性。但一般情况下，仍应使数列中各项指标值的时间长度保持一致。

表5－4　　我国不同时期的钢产量

年份	1900—1949	1981—1985	1986—1990	1991—1995	1996—2000
钢产量/万吨	776	20 304	27 372	42 478	71 842

（二）总体范围要一致

时间数列中各个指标值应反映同一总体在不同时间上的变化，也即总体的空间范围前后要一致，以保证资料在总体范围上具有可比性。例如，我们要研究四川省1991－2000年的人口增长或工业生产情况，1997年重庆市从四川省独立出去后成为直辖市，四川省的行政区划有了变动，则1997年前后期指标数值就不能直接对比，必须对与之相应的时间数列中的指标进行适当的调整，使人口总体和工业企业总体范围前后一致，然后再进行动态分析。

（三）指标的经济内容应相同

在时间数列中，不同时期指标数值所包含的经济内容应该相同，应保证它们的同质性，这样编制的数列才有实际意义。例如，商品的价格有批发价格和零售价格，若不区分这些指标数值，将其编制在同一时间数列中，就会导致错误的分析结论。

（四）指标数值的计算方法、计算价格、计量单位应该一致

组成时间数列中各个指标数值的计算方法、计算价格、计量单位应该一致。计算方法有时也叫计算口径。在指标名称和指标经济内容都一致的情况下，有时因计算口径不一致（如劳动生产率指标有的按全部职工计算，有的按生产工人计算），或者在价值指标中计算价格不统一（如产值指标有的按现价，有的按不变价），或在实物指标中计量单位不统一等，都会导致指标数值的不可比。

任务二　计算时间数列水平指标

任务先导

据 PM2.5 实时监控网显示，实时空气质量指数（AQI）可表示空气质量的优劣，该数值越大，空气质量越差。某城市一周内连续监测空气质量，数据如下：114、125、83、93、137、107 和 105，另一城市同一周内空气质量监测数据为：53、53、51、50、50、50 和 41，哪个城市的环保压力更大一些呢？

为了研究社会经济现象的发展水平和速度，认识事物数量发展的规律，需要针对时间数列，计算一系列的分析指标。主要的指标有两类：一类是水平指标，包括发展水平、平均发展水平、增长量、平均增长量；另一类是速度指标，包括发展速度、平均发展速度、增长速度和平均增长速度等。其中，水平指标是速度指标的基础，而速度指标是水平指标的延续。

一、发展水平

发展水平是指时间数列中的每项指标数值，用来反映社会经济现象在各个时期或时点上所达到的规模或水平。它既可以是总量指标，也可以是相对指标或平均指标。发展水平同时也是计算其他动态分析指标的基础。

发展水平按其在时间数列中所处的位置不同，可分为最初水平，最末水平和中间水平。

最初水平（a_0）：是指时间数列中的第一项指标数值。

最末水平（a_n）：是指时间数列中的最后一项指标数值。

中间水平（$a_1,a_2,a_3,\cdots,a_{n-1}$）：是指时间数列中除首、尾两项指标数值之外的其余各项指标数值。

将两个时间的发展水平进行动态对比时，按其所对应的时期不同，可分为报告期水平和基期水平。

报告期水平是指作为研究或比较时期的发展水平，又称计算期水平。

基期水平是指作为比较基准时期的发展水平。通常会选择某一固定的时期或报告期的前一期作为基期。

报告期和基期不是固定不变的，而是随着研究目的的不同而发生变化的。

二、平均发展水平

平均发展水平又称序时平均数或动态平均数。它是时间数列中各个不同时期或时点上发展水平的平均数，用以表明现象在一段时间内发展变化的一般水平。它把社会经济现象在不同时间上的变动差异抽象化，从动态上说明现象在某一段时间内的一般水平。平均发展水平既可以根据绝对数时间数列计算，也可以根据相对数时间数列或平均数时间数列计算，前者是最基本的。

平均发展水平在统计上具有如下作用。

首先，它可以反映现象在一定时间内的一般水平，可以消除现象在短时间内波动的影响，便于在各段时间之间进行比较并观察其发展变化趋势及其规律。

其次，通过序时平均数可以了解时间数列中某些可比性问题，便于对同一现象在不同时期的变化状况进行比较。

思维延伸

平均发展水平与静态平均数既有联系又有区别，两者都是将现象的个别差异抽象化，以反映现象的一般水平。两者的区别主要有：首先，计算依据不同。平均发展水平是根据时间数列计算的，而静态平均数是根据变量数列计算的；其次，平均对象不同。时间数列是对同一指标在不同时间上的数值进行平均，而静态平均数是对同一时间上不同变量值进行平均；最后，作用不同。时间数列表明了动态一般水平，而静态平均数则表明了静态一般水平。

（一）根据绝对数时间数列计算平均发展水平

绝对数时间数列分为时期数列和时点数列，由于两种数列的特点不同，所以计算平均发展水平的方法也有所不同。

1. 由时期数列计算平均发展水平

时期数列中各项指标数值可以直接相加，所以在计算序时平均数时，可以采用简单算术平均的方法计算，即用数列中各个指标数值之和除以时期的项数来计算。其计算公式为：

$$\bar{a}=\frac{a_1+a_2+a_3+\cdots+a_n}{n}=\frac{\sum a}{n}$$

式中，$\bar{a}$ 代表平均发展水平；a_n 代表各期发展水平；n 代表时期指标项数。

【例5-1】某商场2015年各月份的商品销售额资料如表5-5所示，要求计算全年平均月销售额。

表5-5　某商场2015年各月份商品销售额

月份	1	2	3	4	5	6	7	8	9	10	11	12
销售额/万元	5	7	6	8	7	10	9	8	9	9	10	7

$$\bar{a} = \frac{a_1 + a_2 + a_3 + \cdots + a_n}{n} = \frac{\sum a}{n}$$

$$= \frac{5+7+6+8+7+10+9+8+9+9+10+7}{12} = \frac{95}{12} = 7.92(\text{万元})$$

2. 由时点数列计算平均发展水平

时点数列是由一系列时点指标值编制而成的。按其资料登记是否连续可分为连续时点数列和间断时点数列两种，其计算平均发展水平的方法也不同。

（1）连续时点数列。连续时点数列是指一段时间中每日的时点指标值都能够获知的动态数列。它有两种情况：一是数列中的资料是逐日记录，而又逐日排列的，这是间隔相等的连续时点数列；二是数列中的指标值并非逐日记录与排列，只在发生变动时统计，不变则不予统计，这是间隔不等的连续时点数列。

①间隔相等的连续时点数列。对于间隔相等的连续时点数列，序时平均数的计算与时期数列类似，用简单算术平均法计算。其计算公式为：

$$\bar{a} = \frac{\sum a}{n}$$

式中，$\bar{a}$ 代表平均发展水平；a 代表时点数列中各时点上的指标数值；n 代表时点数列的天数。

【例5－2】某工厂8月上旬各天职工出勤人数资料如表5－6所示，计算平均每天出勤人数。

表5－6　　某工厂8月上旬每天职工出勤人数统计表

日期	1	2	3	4	5	6	7	8	9	10
出勤人数/人	300	304	298	302	301	296	298	302	300	299

$$\bar{a} = \frac{\sum a}{n} = \frac{300+304+298+302+301+296+298+302+300+299}{10}$$

$$= 300(\text{人})$$

②间隔不等的连续时点数列。对于间隔不等的连续时点数列，计算平均发展水平需用加权算术平均法，其计算公式为：

$$\bar{a} = \frac{\sum af}{\sum f}$$

式中，$\bar{a}$ 代表平均发展水平；a 代表时点数列中各时点上的指标数值；f 代表各时点指标值持续的天数。

【例5－3】某企业某年一月份产品库存量变动情况如表5－7所示，计算该企业该年一月份平均产品库存量。

表 5-7　　某企业某年一月份产品库存量变动表

时间	1 日	9 日	15 日	31 日
库存量/箱	380	450	300	250

$$\bar{a} = \frac{\sum af}{\sum f} = \frac{380 \times 8 + 450 \times 6 + 300 \times 16 + 250 \times 1}{31} = 348.06(\text{箱})$$

（2）间断时点数列。由于社会经济现象经常不断地发生变化，要随时登记变动情况有困难，往往是每隔一段时间登记一次。间断时点数列是指只能获知一段时间中一部分日期的时点指标值的时间数列。它有两种情况：一是数列中相邻两项指标值之间的时间间隔都大致相等，如都为一个月、一个季度或一年等，这是间隔相等的间断时点数列；二是数列中相邻两项指标值的时间间隔不完全相等，如有的指标值间隔一个月而有的间隔三个月，这是间隔不等的间断时点数列。

①间隔相等的间断时点数列。这种类型的数列，我们需先假定所研究现象在两个相邻时点间的变动是均匀的。若要计算平均发展水平，需先计算各相邻两期发展水平的平均数，然后再将这些平均数用简单算术平均的方法求得平均发展水平，或直接将数列中的首末两项折半，加上中间各项之和，再除以项数减 1 进行计算，即“首尾折半法”。其计算公式为：

$$\bar{a} = \frac{\frac{a_1 + a_2}{2} + \frac{a_2 + a_3}{2} + \cdots + \frac{a_{n-1} + a_n}{2}}{n - 1}$$

$$= \frac{\frac{a_1}{2} + a_2 + a_3 + \cdots + a_{n-1} + \frac{a_n}{2}}{n - 1}$$

式中，$\bar{a}$ 代表平均发展水平；a 代表数列中各时点指标值；n 代表时点指标项数。

【例 5-4】某企业 2015 年第三季度各月月末职工人数资料如表 5-8 所示，计算第三季度平均职工人数。

表 5-8　　某企业 2015 年第三季度各月月末职工人数

时间	6 月 30 日	7 月 31 日	8 月 31 日	9 月 30 日
职工人数/人	500	510	550	570

$$7\text{ 月份平均职工人数} = \frac{a_1 + a_2}{2} = \frac{500 + 510}{2} = 505(\text{人})$$

$$8\text{ 月份平均职工人数} = \frac{a_2 + a_3}{2} = \frac{510 + 550}{2} = 530(\text{人})$$

$$9\text{ 月份平均职工人数} = \frac{a_3 + a_4}{2} = \frac{550 + 570}{2} = 560(\text{人})$$

$$\text{第三季度各月平均职工人数} = \frac{505 + 530 + 560}{3} = 531.67(\text{人})$$

或者：

$$\bar{a}=\frac{\frac{a_1}{2}+a_2+a_3+\cdots+a_{n-1}+\frac{a_n}{2}}{n-1}$$

$$=\frac{\frac{500}{2}+510+550+\frac{570}{2}}{4-1}=531.67\text{（人）}$$

②间隔不等的间断时点数列。对于这种类型的数列，同样需先假定所研究现象在两个相邻时点间的变动是均匀的，可用各时间间隔长度 f 为权数，对各相应时点的平均水平加权来计算平均发展水平。其计算公式为：

$$\bar{a}=\frac{\frac{a_1+a_2}{2}f_1+\frac{a_2+a_3}{2}f_2+\cdots+\frac{a_{n-1}+a_n}{2}f_{n-1}}{f_1+f_2+\cdots+f_{n-1}}$$

式中，$\bar{a}$ 代表平均发展水平；a 代表数列中各时点指标值；n 代表时点指标项数；f 代表各时点指标值间隔的期数。

【例 5－5】某企业 2015 年职工人数资料如表 5－9 所示，计算 2015 年平均职工人数。

表 5－9　　某企业 2015 年职工人数资料

时间	1 月 1 日	3 月 1 日	7 月 1 日	10 月 1 日	12 月 31 日
职工人数/人	1 000	600	800	1 200	1 000

$$\bar{a}=\frac{\frac{a_1+a_2}{2}f_1+\frac{a_2+a_3}{2}f_2+\cdots+\frac{a_{n-1}+a_n}{2}f_{n-1}}{f_1+f_2+\cdots+f_{n-1}}$$

$$=\frac{\frac{1\,000+600}{2}\times 2+\frac{600+800}{2}\times 4+\frac{800+1\,200}{2}\times 3+\frac{1\,200+1\,000}{2}\times 3}{2+4+3+3}$$

$$=891.66\text{（人）}$$

应该注意的是，根据间断时点数列计算平均发展水平，是以被研究现象在相邻两个时点之间均匀变动为前提的，但实际上现象的变动并非完全如此。因此，所求结果只是一个近似值。为了使其计算结果尽可能地反映实际情况，间断时点数列的间隔不宜过长。

（二）根据相对数时间数列计算平均发展水平

相对指标有静态相对指标和动态相对指标之分，这里指的是由静态相对指标形成的时间数列。

情境创设

某学校 2012—2016 年女生占全校学生的比重依次为 30%、40%、40%、30% 和 40%，而这五年间全校学生人数也发生了变化，依次为 3000、3500、3500、4000 和 4500 人，如何求这五年女生占全校学生的平均比重？

静态相对指标都是由两个具有密切联系的总量指标相对比而得到的。由于各相对指标比较基数不同，因此不能根据相对数时间数列中的各指标值直接相加计算平均发展水平。

根据相对数时间数列计算平均发展水平的基本方法是：首先计算构成该相对指标的分子与分母数列的平均发展水平，然后再将这两个平均发展水平对比求得。其计算公式如下：

$$\bar{c} = \frac{\bar{a}}{\bar{b}}$$

式中，$\bar{c}$ 表示相对数数列的平均发展水平；$\bar{b}$ 表示分母数列的平均发展水平；$\bar{a}$ 表示分子数列的平均发展水平。

应注意的是，在计算分子数列和分母数列的平均发展水平时，首先必须分清分子、分母数列是属于时期数列，还是属于时点数列。一般有以下三种情况。

1. 分子数列和分母数列都是时期数列

计算公式为：

$$\bar{c} = \frac{\bar{a}}{\bar{b}} = \frac{\frac{\sum a}{n}}{\frac{\sum b}{n}} = \frac{\sum a}{\sum b}$$

【例 5－6】某企业 2016 年 1～3 月利润完成情况如表 5－10 所示，试计算该企业第一季度利润平均计划完成程度。

表 5－10　　利润计划完成情况表

月份	1 月	2 月	3 月
实际利润/万元	630	719	898
计划利润/万元	600	700	850
计划完成程度/%	105	103	106

计划完成程度数列为相对数时间数列，其各项指标值是由实际利润和计划利润对比而得。由于实际利润数列和计划利润数列均为时期数列，则该企业第一季度利润平均计划完成程度为：

$$\bar{c} = \frac{\bar{a}}{\bar{b}} = \frac{\sum a}{\sum b} = \frac{630 + 719 + 898}{600 + 700 + 850} = 104.51\%$$

2. 分子数列和分母数列都是时点数列

计算的基本原则仍是先计算分子数列和分母数列的平均发展水平，然后再进行对比。在实际工作中较为常见的情况是分子和分母数列均属于间隔相等的间断时点数列，则其平均发展水平的计算公式为：

$$\bar{c} = \frac{\bar{a}}{\bar{b}} = \frac{\dfrac{\frac{a_1}{2} + a_2 + a_3 + \cdots + a_{n-1} + \frac{a_n}{2}}{n-1}}{\dfrac{\frac{b_1}{2} + b_2 + b_3 + \cdots + b_{n-1} + \frac{b_n}{2}}{n-1}} = \frac{\frac{a_1}{2} + a_2 + a_3 + \cdots + a_{n-1} + \frac{a_n}{2}}{\frac{b_1}{2} + b_2 + b_3 + \cdots + b_{n-1} + \frac{b_n}{2}}$$

【例5－7】某企业2015年第三季度各月月末非生产人员和职工人数资料如表5－11所示，计算该企业第三季度平均非生产人员占职工人数的比重。

表5－11 某企业非生产人员占职工人数比重

	6月30日	7月31日	8月31日	9月30日
月末非生产人员/人 a	82	83	79	86
月末职工人数/人 b	510	515	505	520
非生产人员占职工人数的比重/% c	16.07	16.11	15.64	16.53

非生产人员占职工人数的比重数列为相对数时间数列，其各项指标值是由月末非生产人员和月末职工人数对比而得，分子数列和分母数列均为间隔相等的间断时点数列。则该企业第三季度平均非生产人员占职工人数的比重为：

$$\bar{c}=\frac{\bar{a}}{\bar{b}}=\frac{\frac{a_1}{2}+a_2+a_3+\cdots+a_{n-1}+\frac{a_n}{2}}{\frac{b_1}{2}+b_2+b_3+\cdots+b_{n-1}+\frac{b_n}{2}}$$

$$=\frac{\frac{82}{2}+83+79+\frac{86}{2}}{\frac{510}{2}+515+505+\frac{520}{2}}=\frac{246}{1\,535}=16.03\%$$

3. 分子数列和分母数列中一个是时期数列而另一个是时点数列

基本计算公式仍然是：

$$\bar{c}=\frac{\bar{a}}{\bar{b}}$$

需要注意的是，由于分子与分母数列的性质不同，在具体计算过程中应分别选用适当的方法计算。

【例5－8】某商店2015年第二季度各月的商品流转次数资料如表5－12所示，计算该商店第二季度平均商品流转次数。

表5－12 某商场商品流转次数资料

时间	3月	4月	5月	6月
商品销售额/万元	—	150	180	200
月末库存商品额/万元	75	100	80	90
商品流转次数/次	—	1.71	2	2.35

商品流转次数数列是相对数时间数列，其各项指标值是由商品销售额和库存商品额对比而得，商品销售额数列为时期数列，而月末库存商品额数列为间隔相等的间断时点数列。则该商店各月平均商品平均流转次数为：

$$\bar{c}=\frac{\bar{a}}{\bar{b}}=\frac{\frac{\sum a}{n}}{\frac{\left(\frac{b_1}{2}+b_2+b_3+\cdots+\frac{b_n}{2}\right)}{n}}=\frac{\frac{150+180+200}{3}}{\frac{\frac{75}{2}+100+80+\frac{90}{2}}{3}}=\frac{530}{262.5}=2.02(\text{次})$$

（三）由平均数时间数列计算平均发展水平

平均数又可分为一般平均数（静态平均数）和序时平均数（动态平均数），依据它们组成的时间数列去计算平均发展水平，其计算方法也有区别。

1. 由一般平均数组成的平均数时间数列

一般平均数时间数列，实质上也是两个绝对数时间数列相对比所形成的。因此，其平均发展水平的计算与相对数时间数列平均发展水平的计算完全相同。

2. 由序时平均数组成的平均数时间数列

由间隔相等的序时平均数所形成的平均数时间数列，计算平均发展水平时，可以用简单算术平均法计算。由间隔不等的序时平均数所形成的平均数时间数列，计算平均发展水平时，则以间隔长度为权数进行加权计算。

三、增长量

增长量是报告期发展水平与基期发展水平之差，用以说明社会经济现象在一定时期内增减变化的绝对数量。其计算公式为：

$$\text{增长量}=\text{报告期水平}-\text{基期水平}$$

增长量可以是正值，也可以是负值，正值表示增长，负值表示减少。在计算增长量时，由于选择的基期不同，增长量可以分为逐期增长量和累计增长量。

（一）逐期增长量

逐期增长量是报告期水平与前一期水平之差，说明报告期水平比上一期水平增加（或减少）的绝对量。其计算公式为：

$$\text{逐期增长量}=\text{报告期水平}-\text{报告期前一期水平}$$

用符号表示为：$a_1-a_0,a_2-a_1,\cdots,a_n-a_{n-1}$

（二）累计增长量

累计增长量是报告期水平与某一固定基期水平之差，说明报告期水平比最初水平增加（或减少）的绝对量。其计算公式为：

$$\text{累计增长量}=\text{报告期水平}-\text{固定基期水平}$$

在计算累计增长量时，通常把现象的最初水平作为固定基期，所以其计算公式可用符号表示为：$a_1-a_0,a_2-a_0,\cdots,a_n-a_0$

逐期增长量和累计增长量之间存在如下关系：

（1）累计增长量等于相应的各个逐期增长量之和，用公式表示为：

$$a_n-a_0=(a_n-a_{n-1})+(a_{n-1}-a_{n-2})+(a_{n-2}-a_{n-3})+\cdots+(a_3-a_2)+(a_2-a_1)+(a_1-a_0)$$

（2）相邻两个累计增长量之差等于相应的逐期增长量，用公式表示为：

$$(a_n-a_0)-(a_{n-1}-a_0)=a_n-a_{n-1}$$

（三）平均增长量

平均增长量指的是现象在一定时期内平均每期增长的数量。它是逐期增长量的平均数，用各个逐期增长量相加除以增长量的个数求得。由于各个逐期增长量之和等于累计增长量，所以也可以用累计增长量除以时间数列的项数减 1（逐期增长量的个数）求得。其计算公式为：

$$\text{平均增长量} = \frac{\text{逐期增长量之和}}{\text{逐期增长量的个数}} = \frac{(a_2 - a_1) + (a_3 - a_2) + \cdots + (a_n - a_{n-1})}{n-1} = \frac{a_n - a_1}{n-1}$$

【例5－9】某企业 2012—2016 年商品销售总额的逐期增长量与累计增长量如表5－13所示，求该企业 2012—2016 年的平均每年增长量。

表 5－13　　某企业 2012—2016 年商品销售总额情况

年份	2012	2013	2014	2015	2016
销售额/万元	720	825	970	1 200	1 600
逐期增长量/万元	—	105	145	230	400
累计增长量/万元	—	105	250	480	880

$$\text{平均每年增长量} = \frac{105 + 145 + 230 + 400}{4} = \frac{880}{4} = 220(\text{万元})$$

思维延伸

在实际工作中，有时为了消除季节变动的影响，需要计算年距增长量。它是用报告期水平减去上年同期水平的差额。

如某企业今年 1 月份产品产量为 2 000 万件，去年 1 月份为 1 800 万件，则年距增长量 = 2 000 − 1 800 = 200（万件）。

任务三　计算时间数列速度指标

任务先导

2016 年，全国 PM10 平均浓度同比下降 5.7%，比 2013 年下降 15.5%；京津冀、长三角、珠三角三个重点区域 PM2.5 平均浓度分别同比下降了 7.8%、13.2% 和 5.9%，与 2013 年相比降幅都超过了 30%，优良天数的比例继续增加。你能解释这些数据的含义吗？

一、发展速度

发展速度是数列中报告期水平与基期水平之比，表明现象发展变化的方向和程度。一般用百分数表示。其计算公式为：

$$\text{发展速度} = \frac{\text{报告期水平}}{\text{基期水平}} \times 100\%$$

当发展速度大于100%时，说明现象发展呈上升趋势；当发展速度小于100%时，表明现象发展呈下降趋势。根据对比基期的不同，发展速度可分为环比发展速度和定基发展速度。

（一）环比发展速度

环比发展速度是把报告期的前一期作为基期，用报告期水平与前一期水平相对比所得的发展速度。它表明了是现象逐期发展变动的程度，其计算公式为：

$$环比发展速度=\frac{报告期水平}{报告期前一期水平}\times 100\%$$

用符号表示为：$\frac{a_1}{a_0},\frac{a_2}{a_1},\cdots,\frac{a_n}{a_{n-1}}$

（二）定基发展速度

定基发展速度是把某一固定时期作为基期，用报告期水平与某一固定基期水平（通常是最初水平）相比所得的发展速度。它表明现象在一段时期内总的发展变化程度，又称总速度。其计算公式为：

$$定基发展速度=\frac{报告期水平}{固定基期水平}\times 100\%$$

用符号表示为：$\frac{a_1}{a_0},\frac{a_2}{a_0},\cdots,\frac{a_n}{a_0}$

（三）定基发展速度与环比发展速度的关系

（1）定基发展速度等于相应的各环比发展速度的连乘积。用符号表示为：

$$\frac{a_1}{a_0}\times\frac{a_2}{a_1}\times\cdots\times\frac{a_n}{a_{n-1}}=\frac{a_n}{a_0}$$

（2）两个相邻的定基发展速度之比等于相应的环比发展速度。用符号表示为：

$$\frac{a_n}{a_0}/\frac{a_{n-1}}{a_0}=\frac{a_n}{a_{n-1}}$$

根据上述关系，可以相互进行推算，对于某些短缺历史资料的整理工作有重要作用。

思维延伸

在测量社会经济现象变化程度时，尤其是在计算月份或季度发展速度时，可能会受到季节因素的影响。在这种情况下，可以选择将上年同期作为基期，计算年距发展速度，达到说明本期发展水平较去年同期发展水平变化程度的目的。如2016年某企业第四季度商品销售额为65万元，2015年第四季度商品销售额为50万元，则年距发展速度=65/50×100%=130%。

二、增长速度

增长速度是指报告期增长量与基期水平之比，用来反映社会经济现象在一定时期内增长的相对程度。其计算公式为：

$$增长速度=\frac{增长量}{基期水平}=\frac{报告期水平-基期水平}{基期水平}=\frac{报告期水平}{基期水平}-1$$

= 发展速度 - 1

当发展速度大于1时，增长速度为正值，表明现象的增长程度；当发展速度小于1时，增长速度为负值，表明现象的降低程度。

同发展速度一样，由于计算时选择的基期不同，增长速度也分为环比增长速度和定基增长速度。

（一）环比增长速度

环比增长速度是逐期增长量与报告期的前一期水平之比，说明现象逐期增长的程度。其计算公式为：

$$环比增长速度=\frac{报告期水平-报告期前一期水平}{报告期前一期水平}=环比发展速度-1$$

（二）定基增长速度

定基增长速度是累计增长量与固定基期水平之比，说明现象在一段时间的总增长程度。其计算公式为：

$$定基增长速度=\frac{报告期水平-固定基期水平}{固定基期水平}=定基发展速度-1$$

这里必须注意，由于环比增长速度与定基增长速度都是发展速度的派生指标，它们只反映增长部分的相对程度。因此，不同于发展速度，定基增长速度不等于环比增长速度的连乘积，定基增长速度与环比增长速度之间不能直接换算。如果要根据环比增长速度推算定基增长速度，必须先将各环比增长速度分别加1（或100%）转换为各环比发展速度，再将各环比发展速度连乘得定基发展速度，最后减1（或100%）转换为定基增长速度。

【例5-10】某地区2012-2016年国内生产总值资料如表5-14所示，计算该地区各年的发展速度和增长速度。

表5-14　　某地区2012-2016年国内生产总值及速度指标

年份	2012	2013	2014	2015	2016
国内生产总值/亿元	20.23	21.67	23.65	28.23	30.94
环比发展速度/%	—	107.12	109.14	119.37	109.60
定基发展速度/%	—	107.12	116.91	139.55	152.94
环比增长速度/%	—	7.12	9.14	19.37	9.60
定基增长速度/%	—	7.12	16.91	39.55	52.94

三、平均发展速度

为了说明现象在若干连续时期内每期发展、增长变化的一般程度，需要将现象在各个时期中的差异加以抽象，计算平均速度指标。平均发展速度是把现象在研究期间各期的环比发展速度加以平均而求得的平均数，用以反映现象在一段较长时间内逐期发展速度的一般水平。根据已掌握的资料，平均发展速度的计算方法有水平法和累计法两种。

这两种方法应根据现象的不同特点加以运用。如果较为注重中长期累计总量的计划完成情况，如基本建设投资额、造林绿化面积、旅游人数等指标，可以采用累计法计算其平均发展速度；如果较为注重中长期最末一年达到的水平，如汽车产量、商品市场份额等指标，可以采用水平法计算其平均发展速度。由于水平法计算方法简便，因此，它是计算平均发展速度的常用方法。

（一）水平法

由于定基发展速度等于各期环比发展速度的乘积，所以，计算平均发展速度可用几何平均法。其计算公式为：

$$\bar{x} = \sqrt[n]{x_1 \cdot x_2 \cdot x_3 \cdot \cdots \cdot x_n} = \sqrt[n]{\prod_{i=1}^{n} x_i}$$

式中，$\bar{x}$ 代表平均发展速度；x_1，x_2，x_3，…，x_n 代表各期的环比发展速度。

由于 $\prod_{i=1}^{n} x_i = \frac{a_n}{a_0}$，所以 $\bar{x} = \sqrt[n]{\frac{a_n}{a_0}}$

一段时期的定基发展速度也是现象的总发展速度，如果用 R 表示总速度，则平均发展速度的公式又可以表示为：

$$\bar{x} = \sqrt[n]{R}$$

以上就是用水平法计算平均发展速度的常用公式。从公式可以看出，平均发展速度只与最初水平和最末水平有关，与中间各期的水平无关，不能准确反映动态数列中间水平的起伏状况。因此，在采用水平法时，应注意最初水平与最末水平是否受特殊因素影响。同时，要联系各期环比发展速度加以分析，必要时用分段平均发展速度补充总平均发展速度，以对现象的发展做出全面客观的评价。

【例 5－11】某企业 2010－2015 年工业总产值资料如表 5－15 所示，试求 2010－2015 年工业总产值的平均发展速度。

表 5－15　　某企业 2010－2015 年工业总产值资料

年份	2010	2011	2012	2013	2014	2015
工业总产值/万元	400	420	450	470	490	520
环比发展速度/%	—	105	107.1	104.4	104.3	106.1

年平均发展速度 $\bar{x} = \sqrt[n]{x_1 \cdot x_2 \cdot x_3 \cdots \cdot x_n} = \sqrt[5]{1.05 \times 1.071 \times 1.044 \times 1.043 \times 1.061} = 105.4\%$

或 $\bar{x} = \sqrt[n]{\frac{a_n}{a_0}} = \sqrt[5]{\frac{520}{400}} = \sqrt[5]{1.3} = 105.4\%$

（二）累计法

累计法又称高次方程法，按此种方法计算平均发展速度的理论依据是：从最初水平出发，每期按平均发展速度发展，经过 n 期后，各期的理论水平之和应等于各期实际发展水平之和。

设 a_0 为最初水平，$a_1, a_2, \cdots, a_n$ 为各期实际水平，$\bar{x}$ 为平均发展速度，则按平均发展速度所推算的各期理论水平为：

第 1 期为：$a_0\bar{x}$

第2期为：$a_0\bar{x}\cdot\bar{x}=a_0\cdot(\bar{x})^2$

第3期为：$a_0\bar{x}\cdot\bar{x}\cdot\bar{x}=a_0\cdot(\bar{x})^3$

……

第 $n-1$ 期为：$a_0\bar{x}\cdot\bar{x}\cdot\bar{x}\cdot\cdots\cdot\bar{x}=a_0\cdot(\bar{x})^{n-1}$

第 n 期水平为：$a_0\bar{x}\cdot\bar{x}\cdot\bar{x}\cdot\cdots\cdot\bar{x}=a_0\cdot(\bar{x})^n$

我们要求各期推算的理论水平之和应等于各期实际水平之和，于是有：

$$a_0\bar{x}+a_0(\bar{x})^2+a_0(\bar{x})^3+\cdots+a_0(\bar{x})^n=a_1+a_2+a_3+\cdots+a_n$$

$$a_0[\bar{x}+(\bar{x})^2+(\bar{x})^3+\cdots+(\bar{x})^n]=\sum a$$

$$\bar{x}+(\bar{x})^2+(\bar{x})^3+\cdots+(\bar{x})^n=\frac{\sum a}{a_0}$$

这是一个以 $\bar{x}$ 为未知数的高次方程，解这个关于 $\bar{x}$ 的高次方程的正根，就是所求的平均发展速度。在实际统计工作中，可查阅事先编好的《平均发展速度查对表》来查得 $\bar{x}$ 的值。查表求平均发展速度的步骤为：

（1）根据 $\sum a/a_0$ 的计算值判断资料的增减类型。如果计算值大于 n，则平均发展速度 $\bar{x}>100\%$，$\bar{x},(\bar{x})^2,(\bar{x})^3,\cdots,(\bar{x})^n$ 的类型属于递增数列，应查递增速度表；如果计算值小于 n，则平均发展速度 $\bar{x}<100\%$，$\bar{x},(\bar{x})^2,(\bar{x})^3,\cdots,(\bar{x})^n$ 的类型属于递减数列，应查递减速度表；如果计算值等于 n，则平均发展速度 $\bar{x}=100\%$，不需要查表。

（2）根据 n 和 $\frac{\sum a}{a_0}$ 的计算值，从《平均增长速度查对表》中查出相应平均递增速度或递减速度。

（3）根据查表所得的递增速度或递减速度加上100%，即为所求的平均发展速度。

【例5－12】我国2010－2015年的税收收入资料如表5－16所示，试用累计法查表求得2010－2015年平均发展速度。

表5－16　　我国税收收入统计

年份	发展水平/亿元
2010	73 210.79
2011—2015	544 980.88

（1）判断数列的增减类型。

$\frac{\sum a}{a_0}=\frac{544\ 980.88}{73\ 210.79}=7.444\ 0>5$，表明 $\bar{x},(\bar{x})^2,(\bar{x})^3,\ldots,(\bar{x})^n$ 为递增数列，应查递增速度表。

（2）查《平均增长速度查对表》，如表5－17所示，即依据744.40%和5年两个值查表。在表5－17中“5年”栏内，最接近744.40%的数值为744.98%。该数同行左边的13.6%就是平均递增速度。

（3）求平均发展速度，即13.6%＋100%＝113.6%。

表 5－17　　累计法递增速度查对表（间隔期为 1～5 年）

平均每年增长%	各年发展水平总和为基期的%				
	1 年	2 年	3 年	4 年	5 年
⋮	⋮	⋮	⋮	⋮	⋮
13.4	113.40	242.00	387.83	553.20	740.73
13.5	113.50	242.32	388.53	554.48	742.83
13.6	113.60	242.65	389.25	555.79	744.98
13.7	113.70	242.98	389.97	557.10	747.13
13.8	113.80	243.30	390.67	558.38	749.23
13.9	113.90	243.63	391.39	559.69	751.38
14.0	114.00	243.96	392.11	561.00	753.53
⋮	⋮	⋮	⋮	⋮	⋮

四、平均增长速度

平均增长速度是环比增长速度所构成的时间数列的序时平均数，用以反映现象在较长时期内逐期增长速度的一般水平。

平均增长速度的计算不能应用前面求平均发展水平和平均发展速度的方法，也不能由增长速度直接计算平均增长速度。因为，总增长速度既不等于各环比增长速度的连乘积，也不等于各环比增长速度的总和。所以，计算平均增长速度必须通过平均发展速度间接求出，其计算公式为：

$$\text{平均增长速度} = \text{平均发展速度} - 100\%$$

【例 5－13】表 5－15 中某企业 2010－2015 年工业总产值平均增长速度为：

$$\text{平均增长速度} = 105.4\% - 100\% = 5.4\%$$

五、增长 1% 的绝对值

情境创设

假定有两个生产条件基本相同的企业，2015—2016 年，甲企业的利润额由 500 万元增长至 600 万元，增长了 20%；乙企业的利润额由 60 万元增长至 84 万元，增长了 40%。从速度指标看，乙企业的效益要优于甲企业。事实是否真的如此？

发展水平和增长量是绝对数，说明现象发展所达到的和所增长的绝对数量；发展速度和增长速度是相对数，说明现象发展和增长的程度，把现象之间的绝对量差异抽象化了，在一定程度上掩盖了发展水平的差异。因此，低水平基础上的增长速度与高水平基础上的增长速度是不可比的，因而相同的环比增长速度具有不同的经济意义。所以在动态分析时，不仅要看各期增长的百分数，还要看每增长 1% 所包含的绝对值，这是一个由相对数和绝对数相结合运用的指标。

$$每增长1\%的绝对值=\frac{逐期增长量}{环比增长速度\times 100}=\frac{逐期增长量}{\dfrac{逐期增长量}{报告期前一期水平}\times 100}$$

$$=\frac{前一期水平}{100}$$

即每增长1%的绝对值等于基期水平的1%。通常基期水平越高，则增长1%所包含的增长量越大，反之则越小。

任务四　时间数列的因素分析

任务先导

自2014年9月至2016年6月1日，国内玉米价格从2 714元/吨下跌至1 838元/吨，跌幅高达32%。近两年价格为何持续下跌？自2006年起，国家实行“临储”政策，再加上玉米连年大丰收、进口增加等因素，国内玉米库存持续攀升。但是，近几年生猪存栏量不断降低，造成玉米需求相对低迷，供求关系的失衡造成价格下跌。自2016年我国玉米种植面积出现下滑，进口玉米及其替代品数量明显缩小，同时东北饲料加工企业收购补贴政策陆续出台，猪肉价格飙升也将大幅增加养猪利润。政策支撑、进口骤减、需求增加，是否意味着未来国内玉米价格该涨了？

客观现象总是处于不断地发展变化之中，并表现出一定的动态规律性。时间数列是对现象发展变化的数量记载和描述。根据时间数列不仅可以分析现象的发展水平和速度，还可以揭示现象的变化趋势和各种影响因素及其相互作用。

一、影响时间数列变动的因素及其作用模式

（一）影响时间数列变动的因素

1. 长期趋势因素（T）

长期趋势因素是指在一个相当长的时期内，对社会经济现象影响稳定的、持续起作用的因素。如生产力的不断发展，科学技术的不断进步等，就是影响国内生产总值和职工薪资待遇的长期趋势因素。如果现象只受长期趋势因素的影响，则其发展变化必然是逐渐增长或逐渐下降的。

2. 季节变动因素（S）

社会经济现象在一年内的不同季节，由于受自然条件、生产条件等变化的影响，会出现季节性的波动，影响现象波动的这些因素即季节变动因素。其特点是在短时间里（如月、季）对现象的影响较显著，但在一年内，它对现象各季的好坏影响则可以综合抵消。如空调、农作物的销售量受季节影响会出现波动。

3. 循环变动因素（C）

循环变动因素是指使社会经济现象出现周期性波动的因素。这种循环变动往往是以

若干年为周期发生的起伏波动，它不同于季节因素使现象在一年四季内上下波动。如经济周期总是在若干年中重复着繁荣、衰退、萧条和复苏的规律，或农作物以若干年为周期的价格波动规律。

4. 不规则变动因素（I）

不规则变动是指社会经济现象由于突发事件或偶然因素引起的随机波动。这里的突发事件或偶然因素即为不规则变动因素，如突发的自然灾害、意外事故、战争或重大的政治事件等。这种因素在目前科学技术条件下还不能预测或者控制，其特点是它对现象的影响在短时间内不易消除，但在较长时期内它对现象的正负影响一般可以抵消。

（二）各因素的作用模式

现象的影响因素之间存在着相互联系、相互影响和相互制约的关系。依据各因素之间相互作用的方式，人们提出了两种假定模型。

当四种因素各自独立地作用于现象时，则认为现象的数量变化由各因素相加而成。于是有加法模型：

$$y = T + S + C + I$$

当四种因素彼此间相互作用，则认为现象的数量变化由各因素相乘而成。于是有了乘法模型：

$$y = T \cdot S \cdot C \cdot I$$

以上两个公式中：

y——各因素共同作用的结果；

T——长期趋势因素；

S——季节变动因素；

C——循环因素；

I——不规则因素。

二、长期趋势的测定

长期趋势是指现象在相当长的时期内，持续增长或不断下降的趋势。分析时间数列的长期趋势，有助于认识现象的变动规律，这样可以为预测事物未来的发展变化提供依据，而且对编制计划、指导生产和经营、进行正确决策都具有重要意义。

分析和测定现象变动的长期趋势，主要是对时间数列进行修匀。修匀的方法有很多，常用的有时距扩大法、移动平均法、分段平均法、最小平方法等。下面分别对这些方法进行介绍。

（一）时距扩大法

时距扩大法就是对原时间数列中较小时距单位的若干指标数值按照一定的时间跨度相加合并，得出扩大了时距单位的指标数值，形成新的时间数列。这种方法使原时间数列中季节变动和偶然因素的影响因相互抵消而被消除，从而呈现出长期趋势。

在确定时距时，时距的大小要适中，如果时距扩大不够，就不能消除现象变动中的偶然因素，反之，如果时距过长，修匀后整理出的新时间数列指标就少，这将会掩盖现象发展的具体趋势。用时距扩大法修匀时间数列，既可用总量指标表示，也可用平均指标表示，前者仅适用于时期数列，后者既适用于时期数列，也适用于时点数列。

【例 5－14】现以某企业 2015 年的工业总产值资料为例，如表 5－18 所示。

表 5－18　　某企业 2015 年各月工业总产值

月份	1	2	3	4	5	6	7	8	9	10	11	12
总产值/万元	50.5	45	52	51.5	50.4	55.5	53	58.4	57	59.2	58	60.5

从上述原始时间数列中看出，该企业的各月总产值总体有上升的发展趋势，但月与月之间有升降的交替现象，上升趋势并不显著，如果将各月的总产值资料合并为按季的资料，即扩大时距，则可整理出如表 5－19 所示的新时间数列。

表 5－19　　某企业 2015 年各季度工业总产值

季度	第一季	第二季	第三季	第四季
总产值/万元	147.5	157.4	168.4	177.7

在修匀后的新数列中，总产值呈现出明显的上升趋势。运用时距扩大法来修匀时间数列，要求扩大后的各个时期的时距应该相等，这样才能相互比较并看出现象的变动趋势。

（二）移动平均法

这种方法实质上是时距扩大法的改良。它也是把原时间数列的时距扩大，经过逐项移动，计算序时平均数，得出的序时平均数构成一个新的时间数列。通过这种“移动平均”的修匀法，也可以消除数列中季节变动、循环变动和偶然因素引起的不规则变动，用以反映现象发展的总趋势。这种方法的移动平均项数越多，修匀的效果越好；移动平均的项数越少，修匀的效果越差。

设时间数列的指标值顺次为 $a_1,a_2,a_3,a_4,\cdots,a_n$，若取五项平均，则移动平均形成的新数列为：

$$\overline{a_3}=\frac{a_1+a_2+a_3+a_4+a_5}{5}$$

$$\overline{a_4}=\frac{a_2+a_3+a_4+a_5+a_6}{5}$$

$$\cdots\cdots$$

$$\overline{a_{n-2}}=\frac{a_{n-4}+a_{n-3}+a_{n-2}+a_{n-1}+a_n}{5}$$

式中，$\bar{a}$ 的下标为原数列对应时期的顺序号。

【例 5－15】某工厂 2015 年 11 月份钢产量资料如表 5－20 所示。

表 5-20　　某工厂 2015 年 11 月份钢产量资料

日期	钢产量/吨	日期	钢产量/吨	日期	钢产量/吨
1	70.5	11	71.4	21	75.3
2	71.4	12	73.6	22	76.2
3	72.0	13	72.1	23	75.0
4	72.3	14	78.0	24	77.9
5	71.3	15	77.2	25	76.3
6	72.8	16	76.2	26	75.2
7	73.5	17	76.1	27	77.8
8	74.5	18	76.0	28	75.0
9	73.7	19	73.4	29	75.4
10	74.1	20	78.0	30	76.1

如果将时距扩大 5 天修匀原时间数列，计算如下：

$$1 \sim 5\text{日的钢产量平均数} = \frac{70.5 + 71.4 + 72 + 72.3 + 71.3}{5} = 71.5(\text{吨})$$

$$2 \sim 6\text{日的钢产量平均数} = \frac{71.4 + 72 + 72.3 + 71.3 + 72.8}{5} = 72.0(\text{吨})$$

以此类推，可整理出扩大时距为 5 天修匀的时间数列。

如果将时距扩大为 7 天后修匀原时间数列，计算如下：

$$1 \sim 7\text{日的钢产量平均数} = \frac{70.5 + 71.4 + 72 + 72.3 + 71.3 + 72.8 + 73.5}{7} = 72(\text{吨})$$

$$2 \sim 8\text{日的钢产量平均数} = \frac{71.4 + 72 + 72.3 + 71.3 + 72.8 + 73.5 + 74.5}{7} = 72.5(\text{吨})$$

以此类推，可整理出扩大时距为 7 天修匀的时间数列。

按时距扩大为 5 天和 7 天，采用移动平均法修匀后的时间数列如表 5-21 所示，折线图如图 5-3 所示。

表 5-21　　修匀后的时间数列

日期	钢产量/吨		日期	钢产量/吨		日期	钢产量/吨	
	5 天移动平均	7 天移动平均		5 天移动平均	7 天移动平均		5 天移动平均	7 天移动平均
1	—	—	11	73.0	73.9	21	75.6	76.0
2	—	—	12	73.8	74.3	22	76.5	76.0
3	71.5	—	13	74.5	74.7	23	76.1	76.3
4	72.0	72.0	14	75.4	74.9	24	76.1	76.2
5	72.4	72.5	15	75.9	75.6	25	76.4	76.2
6	72.9	72.9	16	76.7	75.6	26	76.4	76.1

续表

日期	钢产量/吨		日期	钢产量/吨		日期	钢产量/吨	
	5天移动平均	7天移动平均		5天移动平均	7天移动平均		5天移动平均	7天移动平均
7	73.2	73.2	17	75.8	76.4	27	75.9	76.2
8	73.7	73.0	18	75.9	76.0	28	75.9	—
9	73.4	73.4	19	75.8	75.9	29	—	—
10	73.5	73.3	20	75.8	75.7	30	—	—

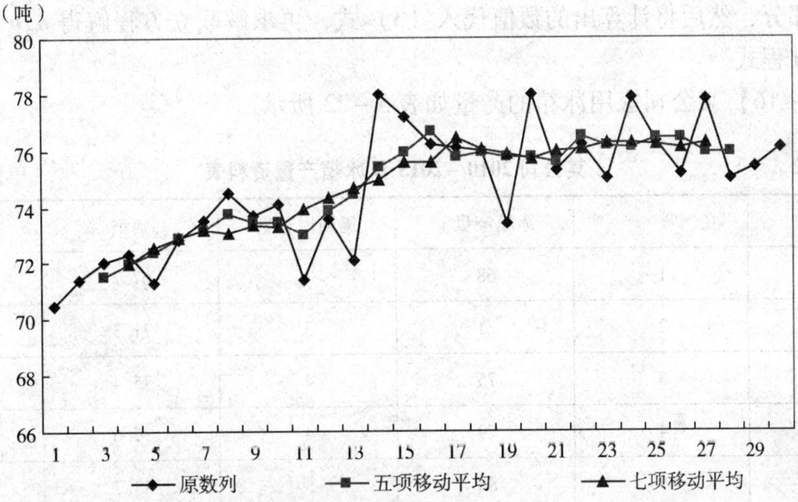

图5-3 移动平均前后的对比图

可以看出，经过移动平均后所得的序时平均的项数比原时间数列的项数要少，时距越大，所得修匀后的值变化越均匀，曲线越平滑，但所得修匀后的指标项数越少。本例按5天修匀得26项数据，按7天修匀就只有24项数据。可见，时距的大小要适中，否则不利于揭示现象的发展趋势。

（三）分段平均法

分段平均法又称分割平均法，是将时间数列的项数按时间顺序分为前后两个相等的部分，再分别用直线方程拟合，通过分段求平均数并代入直线方程中，求解直线方程参数，得出趋势直线方程式。这种方法适用于现象变动比较均衡的情况，用其配合趋势直线可以粗略地反映长期趋势，其数学根据是实际值与趋势值的离差和等于零。

即 $\sum(y-\hat{y})=0$ （1）

在直线趋势中 $\hat{y}=a+bt$ （2）

式中，y——实际值；

$\hat{y}$——趋势值；

a,b ——参数；

t ——时间单位顺序。

将（2）式代入（1）式，得：

$$\sum[y-(a+bt)]=0$$

$$\sum y-\sum(a+bt)=0$$

$$\frac{\sum y}{n}-\frac{na+b\sum t}{n}=0$$

得

$$\frac{\sum y}{n}-\frac{b\sum t}{n}-a=0 \quad (3)$$

根据上面方程式，可求待定参数 a,b 值，计算过程是先将已知的时间数列分成为项数相等的两部分，然后将计算出的数值代入（3）式，再求解联立方程解得 a,b 值，最后拟合成直线方程式。

【例 5－16】某公司家用冰箱的产量如表 5－22 所示。

表 5－22　　某公司 2010－2015 年冰箱产量资料表　　单位：千台

年份	t	冰箱产量 y	逐期增长量	趋势值 $\hat{y}$	$y-\hat{y}$
2010	1	68	—	67.2	+0.8
2011	2	71	3	71.3	-0.3
2012	3	75	4	75.4	-0.4
2013	4	79	4	79.6	-0.6
2014	5	84	5	83.7	+0.3
2015	6	88	4	87.8	+0.2
合计	—	465	—	465	0

从表 5－22 可见，该数列的逐期增长量大体相等，宜配合直线方程。

$n=6$，前三项为一组，后三项为一组，前三项从 2010 年到 2012 年。

$\sum t=6$，$\sum y=214$，$n=3$　代入（3）式：

$$\frac{214}{3}-\frac{6b}{3}-a=0$$

后三项从 2013 年到 2015 年。

$\sum t=15$，$\sum y=251$，$n=3$　代入（3）式：

$$\frac{251}{3}-\frac{15b}{3}-a=0$$

解以上联立方程式，得 $a=63.1$　$b=4.1$

将 a,b 值代入直线方程式：

$$\hat{y}=63.1+4.1t$$

根据趋势值的方程式可预测未来的发展水平。例如2017年该公司冰箱的产量为：

$$y_{2017} = 63.1 + 4.1t = 63.1 + 4.1 \times 8 = 95.9（千台）$$

（四）最小平方法

最小平方法又叫最小二乘法，是统计学中估计数学模型参数最重要的一种方法。其数学依据是：如果现象的发展趋势大致是直线型的，就可以为其拟合一条直线，以反映现象的长期趋势。最好的一条直线是：根据它计算出来的趋势值与实际观察值之间的离差平方和最小，即：

$\sum (y - \hat{y})^2$ 最小值。

将 $\hat{y} = a + bt$ 代入上式，则有：

$\sum (y - a - bt)^2$ 最小值。

求偏导数，并令一阶偏导数为零，可以得出下列关于两个参数的标准方程：

$$\begin{cases} \sum y = na + b\sum t \\ \sum ty = a\sum t + b\sum t^2 \end{cases}$$

解此方程组，则得：

$$\begin{cases} a = \bar{y} - b\bar{t} \\ b = \dfrac{n\sum ty - \sum t \sum y}{n\sum t^2 - (\sum t)^2} \end{cases}$$

上式中，$\sum t$ 是一个共同因子，若令 $\sum t = 0$，可简化求 a, b 参数的计算方法。简捷法的具体计算是：当资料的项数为奇数时，以中间项为原点，各项的 t 值分别取…，-3，-2，-1，0，1，2，3，…，从而使 $\sum t = 0$；当项数为偶数时，各项的 t 值分别取…，-5，-3，-1，1，3，5，…，同样可以使 $\sum t = 0$。

于是上述方程可以简化为：
$$\begin{cases} a = \dfrac{\sum y}{n} \\ b = \dfrac{\sum ty}{\sum t^2} \end{cases}$$

需要注意的是采用简化公式时，t 要以新的序列值取值，不能采用原来的序列值。

【例5-17】某公司2010—2016年连续7年的销售资料如表5-23所示，用最小二乘法求趋势线，并预测2017年该公司销售额。

表5-23　　某公司2010—2016年的销售资料表

年份	2010	2011	2012	2013	2014	2015	2016
销售额/万元	250	258	266	273	279	286	294

（1）若采用一般公式，t 取值为：1，2，3，4，5，6，7。

将表5-23中的数据代入以下公式：

$$\begin{cases}\sum y = na + b\sum t \\ \sum ty = a\sum t + b\sum t^2\end{cases}$$

可得方程组：

$$\begin{cases}1\ 906 = 7a + 28b \\ 7\ 825 = 28a + 140b\end{cases}$$

求解方程组可得：

$$\begin{cases}a = 243.57 \\ b = 7.18\end{cases}$$

或者直接代入公式求解：

$$b = \frac{n\sum ty - \sum t\sum y}{n\sum t^2 - (\sum t)^2} = 7.18$$

$$a = \bar{y} - b\bar{t} = 243.57$$

2017 年的 t 取值为 8，则 $y_{2017} = a + bt = 243.57 + 7.18t = 243.57 + 7.18 \times 8 = 301.01$（万元）

（2）若采用简捷公式，t 取值为 −3，−2，−1，0，1，2，3。

将表 5 − 23 中的数据代入简化公式为：

$$\begin{cases}a = \dfrac{\sum y}{n} = \dfrac{1\ 906}{7} = 272.29 \\ b = \dfrac{\sum ty}{\sum t^2} = \dfrac{201}{28} = 7.18\end{cases}$$

2017 年的 t 取值为 4，则 $y_{2017} = a + bt = 272.29 + 7.18 \times 4 = 301.01$（万元）

三、季节变动的测定

季节变动分析是指对时间数列进行加工分析，通过消除长期趋势因素和偶然因素对现象发展的影响，使现象因季节因素所产生的波动显现出来的方法。测定季节变动要求具有三年以上分月或分季的资料。按年计算的资料不能测定季节变动。

测定季节变动的方法有两种：一种是不考虑长期趋势，即假定不存在长期趋势。在这种情况下，可以用按月（或按季）平均法；另一种是考虑长期趋势的存在，然后再分析季节变动。这两种方法最终都是计算季节比率，用以反映季节变动影响的程度。季节比率高的是“旺季”，季节比率低的是“淡季”。

（一）按月（季）平均法

按月（季）平均法的具体步骤为：

第一步，根据各年的月度或季度资料计算出各年同月（季）平均数；

第二步，根据各年同月（季）平均数计算出各年所有月（季）的总平均数；

第三步，将各年同月（季）平均数与总平均数相比，求得季节比率。

【例 5 − 18】某公司 2012 − 2015 年某产品各季度销售量资料如表 5 − 24 所示，试用按月（季）平均法分析季节变动因素的影响。

表 5-24　　某公司 2012-2015 年某产品销售量资料　　单位：万件

年份＼季度	1 季度	2 季度	3 季度	4 季度	合计
2012	8	10	19	12	49
2013	7	11	22	14	54
2014	11	15	25	20	71
2015	14	18	29	22	83
合计	40	54	95	68	257
各年同季平均数	10.00	13.50	23.75	17.00	16.06
季节比率/%	62.27	84.06	147.88	105.85	400.06
校正后季节比率/%	62.26	84.05	147.86	105.83	400.00

（1）求出各年同季的平均数。

$$各年1季度平均销售量 = (8 + 7 + 11 + 14)/4 = 10.00(万件)$$

……

$$各年4季度平均销售量 = (12 + 14 + 20 + 22)/4 = 17.00(万件)$$

（2）求出总的季平均数。

$$总的季平均数 = (10.00 + 13.50 + 23.75 + 17.00)/4 = 16.06(万件)$$

（3）计算出季节比。

$$1季度季节比率 = 10.00/16.06 = 62.27\%$$

……

$$4季度季节比率 = 17.00/16.06 = 105.85\%$$

$$各季度的季节比率之和 = 62.27\% + 84.06\% + 147.88\% + 105.85\% = 400.06\%$$

（4）4 个季度的季节比率之和应等于 400%（十二个月的季节比率之和应等于 1200%）。如果不等于 400%，就需要校正。校正的方法是用校正系数乘以各季度的原季节比率，得到校正后的季节比率。

$$校正系数 = \frac{400\%}{各季平均季节比率之和} = \frac{400\%}{400.06\%} = 0.999\ 85$$

用原算得的季节比率乘以校正系数，得出校正后的季节比率。

可以看出，该企业这种产品的销售量受季节因素的影响比较强烈，1 季度的销售量最低，为正常销售量的 62.26%，3 季度的销售量最高，为正常销售量的 147.86%，3 季度的销售量约为 1 季度销售量的 2.4 倍。

必须指出，这种方法虽然简便，但是并没有消除长期趋势因素的影响。若季节因素影响很显著，而长期趋势不明显，则这种方法能大体上反映季节因素的影响程度。

（二）移动平均趋势剔除法

移动平均趋势剔除法，是先对时间数列用移动平均法求出长期趋势值，然后将其趋势值从原时间数列中剔除，再测定季节变动，计算季节比率。

这种方法由于先消除了长期趋势，所得平均季节比率已不受长期趋势的影响，因而测定季节变动比较精确。移动平均趋势剔除法的具体步骤为：

第一步，根据时间数列各月（季）资料，进行十二项（或四项）移动平均，求长期趋势值 $\hat{y}$。由于偶数项移动平均数落点在两个数据的中间，无法对应某时间点（某月或某季），因此必须进行 2 次移动平均，来确定某季（月）的趋势值。

第二步，用原数列实际发展水平除以趋势值（$y/\hat{y}$），得出剔除趋势后的各年各月（季）的季节比率。

第三步，将各年同月（季）的季节比率相加并平均，就得出了消除长期趋势影响的季节比率。

第四步，把各季的平均季节比率相加，其总和如果不等于 400%，就需要校正，校正的方法是用校正系数乘以各季度的平均季节比率，即为所求的校正季节比率。

【例 5－19】某公司 2012－2015 年各季度某种产品的销售量资料如表 5－25 所示，试用移动平均趋势剔除法分析季节变动因素的影响。

（1）根据表 5－25 的资料，用四项移动平均法求长期趋势值。由于偶数项移动平均数落在两个数据的中间，因此必须对它们再进行移动平均，来确定某季的趋势值 $\hat{y}$，如表 5－25 中第四列和第五列所示。

（2）用 $y/\hat{y}$ 计算各年各季的季节比率，如表 5－25 中第六列所示。

表 5－25 某公司 4 年某种产品的销售量资料及移动平均剔除法季节比率计算表（一）

年份	季度	销售量/万件 y	四季移动平均数	两期趋势值 $\hat{y}$	季节比率 $y/\hat{y}$/%
2012	1	8			
	2	10			
			12.25		
	3	19		12.125	156.70
			12.00		
	4	12		12.125	98.97
			12.25		
2013	1	7		12.625	55.45
			13.00		
	2	11		13.250	83.02
			13.35		
	3	22		14.000	157.14
			14.50		
	4	14		15.000	93.33
			15.50		
2014	1	11		15.875	69.29
			16.25		
	2	15		17.000	88.24
			17.75		
	3	25		18.125	137.93
			18.50		
	4	20		18.875	105.96
			19.25		
2015	1	14		19.750	70.89
			20.25		
	2	18		20.500	87.80
			20.75		
	3	29			
	4	22			

（3）将各年同季的季节比率 $y/\hat{y}$ 相加并平均，就得出了消除长期趋势影响的季节比

率，如表5－26所示。

表5－26 移动平均剔除法季节比率计算表（二）

	一季度	二季度	三季度	四季度	合计
2012年季节比率/%	—	—	156.70	98.97	—
2013年季节比率/%	55.40	83.02	157.14	93.33	—
2014年季节比率/%	69.29	88.24	137.93	105.96	—
2015年季节比率/%	70.89	87.80	—	—	—
合计/%	195.58	259.06	451.77	298.26	—
平均季节比率/%	65.19	86.35	150.59	99.42	401.56
校正季节比率/%	64.94	86.02	150.00	99.03	400.00

（4）各年同季度的平均季节比率之和为401.56%。

（5）校正系数 $= \frac{400\%}{\text{各季平均季节比率之和}} = \frac{400\%}{401.56\%} = 0.996115$。

用校正系数乘以各季度的平均季节比率，即为所求的校正季节比率，如表5－26所示。

这种方法由于消除了长期趋势，所得平均季节比率已不受长期趋势的影响，因而测定季节变动更为准确。

任务五 运用Excel进行时间数列指标计算与分析

以下操作以Excel2010为例。

一、运用Excel计算时间数列水平指标和速度指标

我国2012－2016年国内生产总值资料如表5－27所示，用Excel计算有关水平指标和速度指标的方法如下：

表5－27 我国2012－2016年国内生产总值

年份	2012	2013	2014	2015	2016
国内生产总值/亿元	540 367	595 244	643 974	689 052	744 127

（1）将表5－27中的2012—2016年国内生产总值录入Excel工作表，如图5－4所示。

（2）用AVERAGE函数计算时间数列的平均发展水平。

单击任一空白单元格，如在G2中输入“＝AVERAGE（B2：F2）”，按下Enter键，得到结果642552.8，如图5－5所示。

（3）在Excel中依次列出需要计算的速度指标，如图5－5所示。

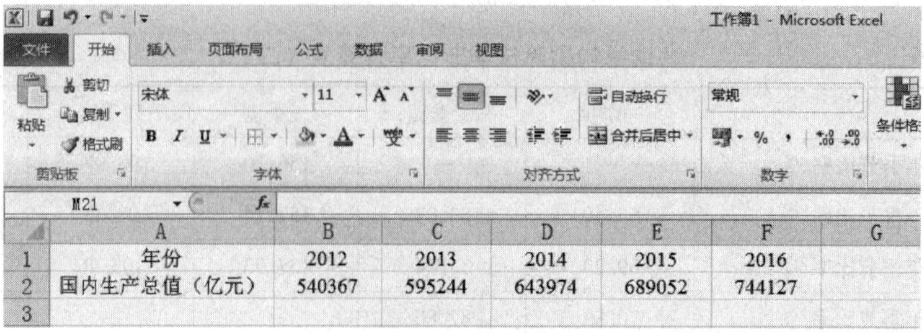

	A	B	C	D	E	F	G
1	年份	2012	2013	2014	2015	2016	
2	国内生产总值（亿元）	540367	595244	643974	689052	744127	
3							

图 5－4　2012—2016 年国内生产总值时间数列

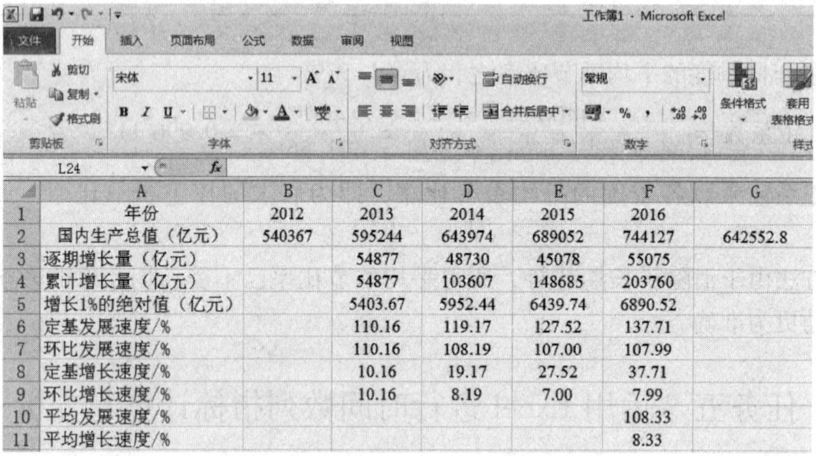

	A	B	C	D	E	F	G
1	年份	2012	2013	2014	2015	2016	
2	国内生产总值（亿元）	540367	595244	643974	689052	744127	642552.8
3	逐期增长量（亿元）		54877	48730	45078	55075	
4	累计增长量（亿元）		54877	103607	148685	203760	
5	增长1%的绝对值（亿元）		5403.67	5952.44	6439.74	6890.52	
6	定基发展速度/%		110.16	119.17	127.52	137.71	
7	环比发展速度/%		110.16	108.19	107.00	107.99	
8	定基增长速度/%		10.16	19.17	27.52	37.71	
9	环比增长速度/%		10.16	8.19	7.00	7.99	
10	平均发展速度/%					108.33	
11	平均增长速度/%					8.33	

图 5－5　增长量和速度指标计算结果

①计算逐期增长量。在单元格 C3 中输入“＝C2－B2”，按下 Enter 键，再向右填充至单元格 F3，计算出所有的逐期增长量。

②计算累计增长量。在单元格 C4 中输入“＝C2－540367”，按下 Enter 键，再向右填充至单元格 F4，计算出各年累计增长量。

③计算增长 1% 的绝对值。在单元格 C5 中输入“＝B2/100”，按下 Enter 键，再向右填充至单元格 F5，计算出各年增长 1% 的绝对值。

④计算定基发展速度。在单元格 C6 中输入“＝C2/540367”，按下 Enter 键，再向右填充至单元格 F6，计算出各年定基发展速度。

⑤计算环比发展速度。在单元格 C7 中输入“＝C2/B2”，按下 Enter 键，再向右填充至单元格 F7，计算出各年环比发展速度。

⑥计算定基增长速度。在单元格 C8 中输入“＝C6－100%”，按下 Enter 键，再向右填充至单元格 F8，计算出各年定基增长速度。

⑦计算环比增长速度。在单元格 C9 中输入“＝C7－100%”，按下 Enter 键，再向右填充至单元格 F9，计算出各年环比增长速度。

⑧计算平均发展速度。在单元格 F10 中输入“= GEOMEAN（C7：G7）”，按下 Enter 键。

⑨计算平均增长速度。在单元格 F11 中输入“=F10－100%”，按下 Enter 键。

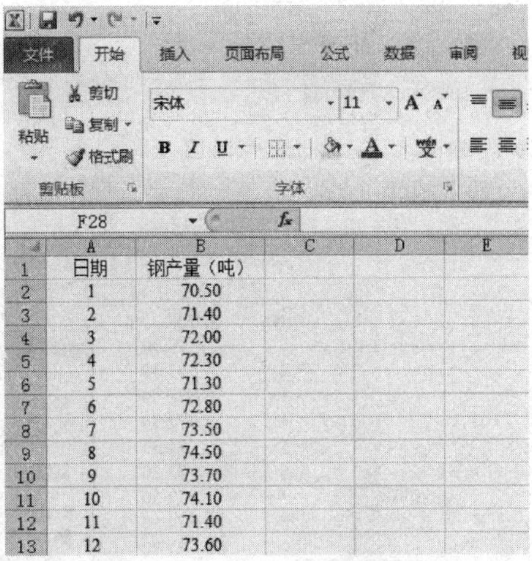

图 5－6　钢产量数据录入

二、运用 Excel 进行移动平均分析

以“任务四”中的例 5－15 为例，运用 Excel 进行五项移动平均，分析其长期趋势。

（1）将表 5－20 中的数据录入 Excel 工作表中，如图 5－6 所示。

（2）选择“数据”菜单，执行“数据分析”命令。在对话框中选择“移动平均”选项，如图 5－7 所示。

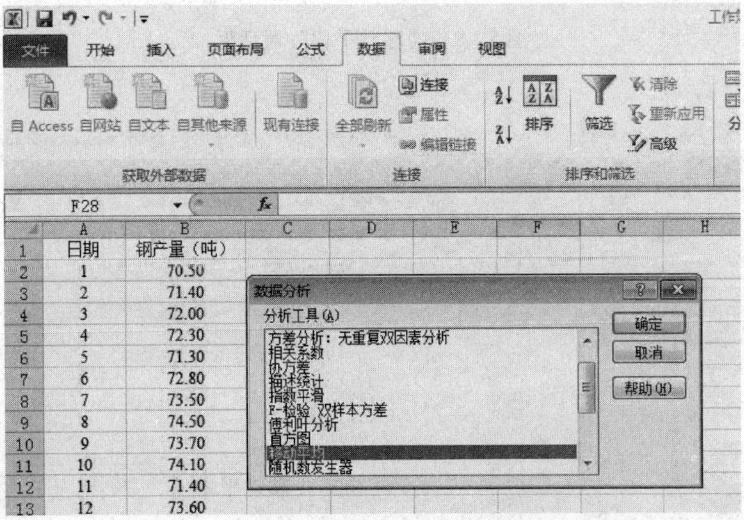

图 5－7　执行“数据分析”命令

（3）单击“确定”，弹出“移动平均”对话框。在“输入区域”栏输入“B2：B31”；在“间隔”栏输入 5（移动平均的项数）；在“输出区域”栏输入 C2；勾选“图表输出”，如图 5－8 所示。

（4）单击“确定”，可得到五项移动平均数列及趋势图，调整数据结果的位置后，如图 5－9 所示。

三、运用 Excel 进行按月（季）平均法分析

以“任务四”中的【例 5－18】为例，运用 Excel 进行季节变动分析，方法为按月（季）平均法。

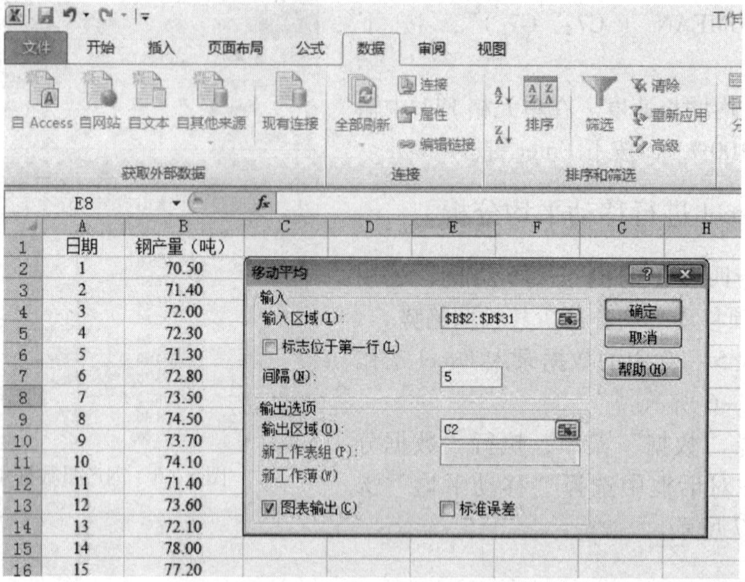

图 5－8 “移动平均”对话框

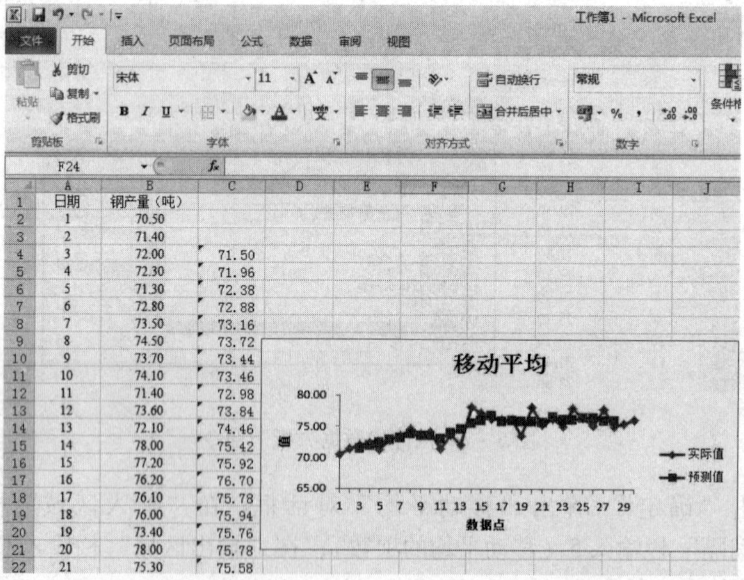

图 5－9 移动平均输出结果

（1）将表 5－24 中的数据录入 Excel 工作表中。在 A6 单元格输入“各年同季平均数”。在 B6 单元格输入“＝AVERAGE（B2：B5）”，按下 Enter 键，再向右填充至单元格 E6，计算出各年同季平均数。

（2）计算各年各季度的总平均数。在 F6 单元格中输入“＝AVERAGE（B6：E6）”，即可得到4年16个季度的总平均数。

（3）在A7单元输入“季节比率”。在B7单元格中输入“=AVERAGE（B6：E6）”，按下Enter键，再向右填充至单元格E7，计算出各季度季节比率。在F7输入“=SUM（B7：E7）”，计算出季节比率各为400.06%。

（4）在A8单元格输入“校正后季节比率”。单击空白单元格G7，输入“=400/400.06”，计算出校正系数。在B8单元格输入“=B7*0.99985”，按下Enter键，再向右填充至单元格E8，计算出校正后各季度季节比率，和为400.00%。

按月（季）平均法计算结果如图5-10所示。

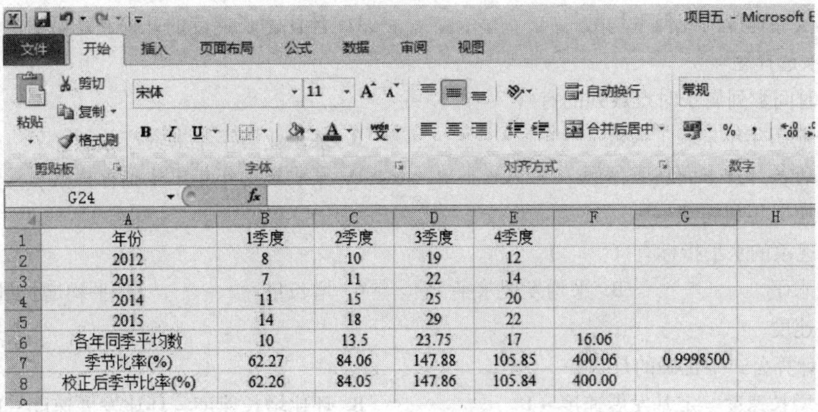

	A	B	C	D	E	F	G	H
1	年份	1季度	2季度	3季度	4季度			
2	2012	8	10	19	12			
3	2013	7	11	22	14			
4	2014	11	15	25	20			
5	2015	14	18	29	22			
6	各年同季平均数	10	13.5	23.75	17	16.06		
7	季节比率(%)	62.27	84.06	147.88	105.85	400.06	0.9998500	
8	校正后季节比率(%)	62.26	84.05	147.86	105.84	400.00		

图5-10　按月（季）平均法计算结果

思考与练习

一、判断题

1. 发展水平就是时间数列中的每一项具体指标数值，它只能表现为绝对数。（　　）

2. 若将2010-2015年年末某国有企业固定资产净值按时间先后顺序排列，此种时间数列称为时点数列。（　　）

3. 若逐期增长量每年相等且不为零，则其各年的环比发展速度是年年下降的。（　　）

4. 定基发展速度等于相应各个环比发展速度的连乘积，所以定基增长速度也等于相应各个环比增长速度的连乘积。（　　）

5. 定基发展速度和环比发展速度之间的关系是两个相邻时期的定基发展速度之积等于相应的环比发展速度。（　　）

二、单项选择题

1. 以下社会经济现象属于时期数列的有（　　）。

A. 某学校在“十二五”期间毕业生总数　　B. 某厂历年年末职工人数

C. 某商场历年利税额　　D. 某专业户历年年末生猪存栏头数

2. 说明现象在较长时期内发展的总速度的指标是（　　）。

A. 环比发展速度　　B. 平均发展速度

C. 定基发展速度　　　　　　　　　　　　D. 定基增长速度

3. 以1982年为基期，2015年为报告期，计算某现象的平均发展速度应开（　　）。

A. 33次方　　　　B. 32次方　　　　C. 31次方　　　　D. 30次方

4. 已知各期环比增长速度为2%、5%、8%和7%，则相应的定基增长速度的计算方法为（　　）。

A. （102%×105%×108%×107%）-100%

B. 102%×105%×108%×107%

C. 2%×5%×8%×7%

D. （2%×5%×8%×7%）-100%

5. 平均发展速度是（　　）。

A. 定基发展速度的算术平均数　　　　B. 环比发展速度的算术平均数

C. 环比发展速度的几何平均数　　　　D. 环比增长速度的几何平均数

三、多项选择题

1. 下列时间数列属于时点数列的有（　　）。

A. 某企业历年年末职工人数　　　　B. 某企业历年年末资产总额

C. 某商店各月月末商品库存额　　　　D. 某农场历年年末生猪存栏数

E. 某企业历年利润额

2. 分析现象的水平指标有（　　）。

A. 发展水平　　　　B. 平均发展水平　　　　C. 增长量　　　　D. 平均增长量

E. 发展速度

3. 下列计算公式中正确的是（　　）。

A. 定基增长速度＝定基发展速度－1　　　　B. 环比增长速度＝环比发展速度－1

C. 环比发展速度＝环比增长速度－1　　　　D. 平均增长速度＝平均发展速度－1

E. 发展速度＝增长速度－1

4. 时间数列的影响因素包括（　　）。

A. 长期趋势因素　　　　B. 循环变动因素　　　　C. 季节变动因素　　　　D. 不规则变动因素

E. 社会因素

5. 用水平法求平均发展速度的计算公式是（　　）。

A. $\bar{x} = \sqrt[n]{\prod_{i=1}^{n} x_i}$　　　　B. $\bar{x} = \sqrt[n]{\frac{a_n}{a_0}}$　　　　C. $\bar{x} = \sqrt[n]{R}$　　　　D. $\bar{x} = \sqrt[n-1]{\frac{a_n}{a_0}}$

E. $\bar{x} = \sqrt[n]{\frac{a_1}{a_0} \times \frac{a_2}{a_1} \times \cdots \times \frac{a_n}{a_{n-1}}}$

四、简答题

1. 什么是时间数列？它有哪些类型？

2. 时期数列与时点数列各有何特点？

3. 编制时间数列应遵循哪些基本原则？

4. 用水平法和累计法计算平均发展速度有何不同？

5. 测定季节变动的按月（季）平均法与移动平均趋势剔除法有何不同？

五、计算题

1. 已知某银行2015年上半年现金库存额资料如表5-28所示，分别求一、二季度及上半年平均现金库存额。

表 5-28　　某银行 2015 年上半年现金库存额

登记日期	1 月 1 日	2 月 1 日	3 月 1 日	4 月 1 日	5 月 1 日	6 月 1 日	7 月 1 日
现金库存额/万元	500	480	450	520	550	600	580

2. 某企业某年 4 个月的资料如表 5-29 所示，试计算：（1）第二季度平均月产值；（2）第二季度平均人数；（3）第二季度每人总产值的平均数。

表 5-29　　某企业某年 4 个月的资料

日期	三月	四月	五月	六月
月末工人数/人	2 000	2 000	2 200	2 200
总产值/万元	11.0	12.6	14.6	16.3

3. 某地区粮食产量 2010—2012 年平均发展速度是 1.03，2012—2014 年平均发展速度是 1.05，2015 年比 2014 年增长 6%，试求 2010—2015 年的平均发展速度。

4. 某地区 2010 年年底人口数为 3 000 万人，假定以后每年以 7‰的增长率增长；又假定该地区 2010 年粮食产量为 110 亿千克，要求到 2015 年平均每人粮食达到 425 千克。试计算 2015 年的粮食产量应该达到多少千克？粮食产量每年平均增长速度如何？

5. 某公司 2011—2015 年商品销售额数据如表 5-30 所示。

表 5-30　　某公司 2011-2015 年商品销售额资料表

年份	2011	2012	2013	2014	2015
销售额/万元	9 240	9 490	9 340	9 860	10 070

用最小二乘法求直线趋势方程，并预测 2017 年该公司商品销售额。

6. 某地区 2012—2015 年工业增加值季度资料如表 5-31 所示。

表 5-31　　某地区 2012 年至 2015 年工业增加值　　单位：万元

年份	一季度	二季度	三季度	四季度
2012	1 382.4	1 584.2	1 533.7	1 631.0
2013	1 548.2	1 765.3	1 754.7	1 916.0
2014	1 903.8	2 178.3	2 057.9	2 111.5
2015	1 987.2	2 294.0	2 230.0	2 446.4

根据以上资料：

（1）计算四项移动平均趋势值；

（2）用按季平均法计算各季的季节比率；

（3）用移动平均趋势剔除法计算各季的季节比率。

技能实训

【实训目的】

1. 进一步巩固和加强学生用时间数列分析方法分析和处理实际资料的能力。

2. 培养学生的团队合作精神。

【实训任务】

通过网络搜集我国1996—2015年的每年年末总人口数资料，编制时间数列后计算平均发展水平和速度指标，再以分段平均法或移动平均法测定长期趋势因素的影响。

【实训要求】

全班同学分组，组内同学进行任务分工，分为搜集、整理、分析等工作环节，要保证数据真实完整，方法准确但不受限制。

【成果检验】

每组同学将整个实训内容整理成实训报告并提交，由教师随机挑选某组做课堂汇报与交流分享。教师对各组进行点评及成绩评定。

项目六 统计指数的编制与分析

【知识目标】

1. 理解统计指数的概念、作用和种类；
2. 掌握综合指数和平均指数的编制方法；
3. 掌握总量指标变动的两因素分析方法以及平均指标变动的因素分析方法；
4. 了解几种重要的经济指数。

【能力目标】

1. 能够运用综合指数形式计算总指数；
2. 能够运用平均指数形式计算总指数；
3. 能够对总量指标和平均指标的变动进行因素分析；
4. 具备运用 Excel 进行统计指数编制与分析的能力。

【实例导入】

2017 年 6 月份居民消费价格指数同比上涨 1.5%

2017 年 6 月份，全国居民消费价格指数同比上涨 1.5%。其中，城市上涨 1.7%，农村上涨 1.0%；食品价格下降 1.2%，非食品价格上涨 2.2%；消费品价格上涨 0.6%，服务价格上涨 3.0%。上半年，全国居民消费价格总水平比去年同期上涨 1.4%。

6 月份，全国居民消费价格指数环比下降 0.2%。其中，城市下降 0.1%，农村下降 0.2%；食品价格下降 1.0%，非食品价格上涨 0.1%；消费品价格下降 0.4%，服务价格上涨 0.3%。

一、各类商品及服务价格指数同比变动情况

6 月份，食品烟酒价格同比下降 0.2%，影响 CPI 下降约 0.06 个百分点。其中，畜肉类价格下降 10.5%，影响 CPI 下降约 0.53 个百分点（猪肉价格下降 16.7%，影响 CPI 下降约 0.51 个百分点）；蛋价格下降 9.3%，影响 CPI 下降约 0.05 个百分点；鲜果价格上涨 9.9%，影响 CPI 上涨约 0.16 个百分点；鲜菜价格上涨 5.8%，影响 CPI 上涨约 0.12 个百分点；水产品价格上涨 5.1%，影响 CPI 上涨约 0.09 个百分点；粮食价格上涨 1.5%，影响 CPI 上涨约 0.03 个百分点。

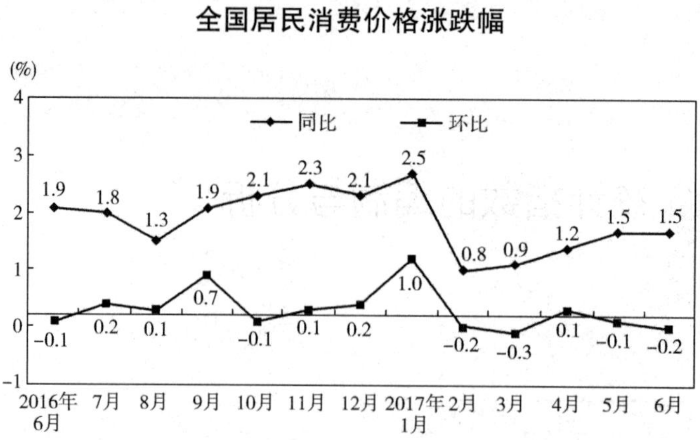

图6-1　2017年6月份全国居民消费价格指数涨跌幅

6月份，其他七大类价格指数同比均有所上涨。其中，医疗保健价格上涨5.7%，其他用品和服务价格上涨2.8%，居住、教育文化和娱乐价格均上涨2.5%，衣着、生活用品及服务、交通和通信价格分别上涨1.4%、1.1%和0.1%。

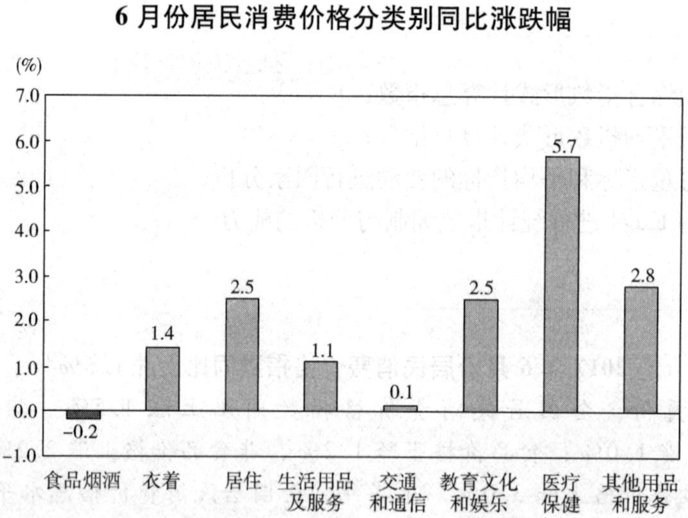

图6-2　2017年6月份全国居民消费价格指数同比涨跌幅

二、各类商品及服务价格指数环比变动情况

6月份，食品烟酒价格环比下降0.7%，影响CPI环比下降约0.19个百分点。其中，鲜果价格下降4.2%，影响CPI下降约0.08个百分点；畜肉类价格下降2.2%，影响CPI下降约0.10个百分点（猪肉价格下降3.4%，影响CPI下降约0.09个百分点）；鲜菜价格下降1.1%，影响CPI下降约0.02个百分点；水产品价格下降0.5%，影响CPI下降约0.01个百分点；蛋价格上涨4.9%，影响CPI上涨约0.02个百分点。

6月份，其他七大类价格指数环比五涨二降。其中，教育文化和娱乐、医疗保健价格均上涨0.3%，居住价格上涨0.2%，生活用品及服务、其他用品和服务价格均上涨0.1%；交通和通信、衣着价格分别下降0.3%、0.2%。

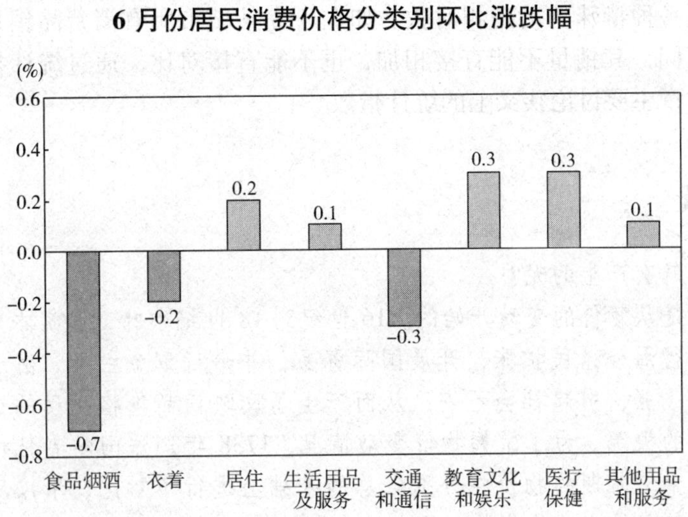

图6-3　2017年6月份全国居民消费价格指数分类别环比涨跌幅

（资料来源：国家统计局）

任务一　认识统计指数

任务先导

日常生活中，我们被各种“指数”包围着。了解经济形势要看CPI、PPI等指数，炒股要看股价指数，买房要看房价指数，出门要看穿衣指数，吃饭要看饭店口味指数，甚至过得好不好都要对照一下幸福指数，指数无时无刻不在影响着人们的生活，“指数化时代”已悄然来临。那么，“指数”究竟指什么？表示什么含义？反映什么问题？如何获得？

一、统计指数的概念和性质

（一）统计指数的概念

统计学上所说的“指数”是一种对比性的分析指标，它与数学上“指数函数”的概念完全不同。运用统计指数可以考察很多社会经济问题，例如，通过生产指数可以反映经济增长的实际水平，通过股价指数可以显示股市行情，通过物价指数可以说明市场价格的动态及其对居民生活的影响，等等。

统计指数的概念，有广义和狭义之分。

广义的统计指数，是指一切动态相对数。如一种商品价格的动态相对数，一种商品销售量的动态相对数。同时，也包括多种商品价格的动态相对数，多种产品产量的动态相对数等。

狭义的统计指数，仅指反映不能直接相加、不能直接对比的复杂社会经济现象变动的相对数。它是一种特殊的动态相对数。如在研究某城市所有消费品销量的变动时，由于消费品种类不同，其销量不能直接相加，也不能直接对比，通过统计指数，可以使问题得到解决。本章主要讨论狭义上的统计指数。

小阅读

指数最初是怎么产生的呢？

指数的编制是从物价的变动开始的。16 世纪到 18 世纪中叶，是资本主义原始积累阶段，欧洲各国进行海外殖民扩张，开展国际贸易，并奉行重金主义。由于金银大量流入欧洲，导致物价飞涨，引起社会不安，从而产生了反映商品价格变动的迫切要求，这就是物价指数产生的根源。为了掌握物价变动情况，1738 年，法国学者杜托把路易十四时期的物价同路易十二时期的物价在分别汇总的基础上进行了对比，用以反映物价的综合变动情况，这是简单综合物价指数。后来统计指数的运用被推广到经济领域的各个方面。

（二）统计指数的性质

概括地讲，统计指数具有如下性质。

1. 相对性

统计指数是总体各变量在不同场合下对比形成的相对数，它可以度量一个变量在不同时间或空间的相对变化，如一种商品的价格指数；也可以反映一组变量的综合变动，如居民消费价格指数。

2. 综合性

综合性是针对狭义统计指数而言的。狭义统计指数能够反映复杂社会经济现象总体一组变量在不同时间或不同空间的综合变动方向和程度，即能够说明总体中不同质事物某一数量指标或质量指标的总变动方向和程度。例如，居民消费价格指数（CPI）就说明了一组有代表性的商品与服务项目的价格报告期相对于基期而言总的变动方向和程度，而不是反映了某一种商品或服务项目的价格变动情况。没有综合性，统计指数就不可能发展成为一种独立的理论和方法论体系。

3. 平均性

平均性也是针对狭义统计指数而言的。狭义统计指数是反映复杂社会经济现象总体中各种异质事物某一数量指标或质量指标变动情况的一个代表性数值，它将每一种事物数量指标或质量指标变动程度之间的差异抽象化了，反映了各种事物数量指标或质量指标的平均变动程度。例如，商品零售价格指数就反映了多种零售商品价格的平均变动水平。

小阅读

2017 年 6 月份，全国工业生产者出厂价格指数同比上涨 5.5%，环比下降 0.2%。

一、工业生产者价格指数同比变动情况

工业生产者出厂价格中，生产资料价格同比上涨 7.3%，影响工业生产者出厂价格总水平上涨约5.4个百分点。其中，采掘工业价格上涨18.3%，原材料工业价格上涨10.0%，加工工业价格上涨5.4%。生活资料价格同比上涨0.5%，影响工业生产者出厂价格总水平上涨约0.1个百分点。其中，食品价格上涨0.1%，衣着价格上涨1.3%，一般日用品价格上涨1.0%，耐用消费品价格上涨0.1%。

二、工业生产者价格指数环比变动情况

工业生产者出厂价格中，生产资料价格环比下降0.2%，影响工业生产者出厂价格总水平下降约0.2个百分点。其中，采掘工业价格下降1.7%，原材料工业价格下降0.7%，加工工业价格上涨0.1%。生活资料价格环比下降0.1%。其中，食品和耐用消费品价格均下降0.2%，衣着和一般日用品价格均持平（涨跌幅度为0）。

二、统计指数的作用

（一）可用于测定不能直接相加、不能直接对比的复杂社会经济现象的综合变动方向和程度

我们在从事统计分析工作的时候，经常为所研究的总体中的个体不能直接相加所困扰，从而无法对各个同类总体作进一步的综合对比，以表6－1为例。

表6－1　　某企业三种产品产量统计表

产品名称	计量单位	今年产量	今年为去年的%
甲	双	17 460	113.4
乙	件	12 600	104.1
丙	米	21 800	91.6

上述资料表明，该企业三种产品产量今年比去年有增有减，但由于三种产品价值不同，计量单位不同，因此无法求出该企业今年与去年的产品总量，前后期也无法进行综合对比，从总产量上无法搞清是增产还是减产。这时就需要利用统计指数的方法，把这些不能直接相加、直接对比的现象，过渡到可以直接相加和对比的数量，以确定综合变动的方向和程度。

（二）可用于测定某一现象的总变动中受各因素变动影响的相对程度和绝对差额

任何一个复杂现象总体，总是由多个因素构成的。例如，产值就是由产品产量和价格两个因素组成，即产值＝产量×价格。产值的增减与否及增减程度的大小，决定于产量和价格的增减与否及增减程度，以表6－2为例。

表6－2　　某企业一、二季度产值情况对比统计表

指标名称	一季度	二季度	二季度产值比一季度增长量	二季度是一季度的%
产值/元	100 000	122 100	22 100	122.1
产量/件	500	550	50	110.0
价格/（元/件）	200	222	22	111.0

由表6－2可见，二季度的产值之所以比一季度多22 100元，即多了22.1%，是由于其中两个因素存在差异：一是二季度的产量比一季度多50件，即多了10.0%；二是二季度的价格比一季度多了22元/件，即多了11.0%。两个因素共同作用，产生了如上结果。

将社会现象总体的差异分解为各个因素再进行对比分析，研究各个因素变动的原因及其对总体的影响，就可以搞清总体差异的原因。这是统计分析时广泛采用的一种方法，通常称这种方法为因素分析法。

（三）可用于测定某一现象内部结构变动和总体各部分标志值的一般水平变动对总平均水平变动的影响程度与方向

我们知道，总体平均水平的差异，一方面，受各组标志值水平变动的影响，另一方面，还受总体内部结构变动的影响。例如，同一工业企业的两个不同时期的职工平均工资发生了变动，它不仅受各工种、车间的职工平均工资水平变动的影响，还受各工种、车间的职工人数在全体职工总数中的比重高低的结构变动影响。利用统计指数，可分析职工平均工资水平的变动以及职工人数比重的变动对总平均工资变动的影响。

（四）可用来分析社会经济现象在长时间内的发展变化趋势

通过连续编制的统计指数，可形成一指数数列。利用这一数列，可对现象总体在长时间内的发展变化趋势进行分析。同时，还可以把反映不同现象而又联系密切的指数数列加以比较分析。如将农村工业品零售价格指数和农产品生产价格指数两个指数数列对比，可获得工农业产品的综合比价指数数列，从而分析工农业商品交换过程中的价格变化趋势。

三、统计指数的分类

根据不同的标准，可以将统计指数划分为不同的类型。

（一）个体指数和总指数

按照指数所说明的社会现象范围的不同，统计指数分为个体指数和总指数。

1. 个体指数

个体指数是反映某一种现象变动的相对数，用该现象的报告期水平与基期水平之比来表示。它属于广义指数。

常见的个体指数有：

（1）产量（或销售量）个体指数。产量（或销售量）个体指数是反映一种产品（或商品）产量（或销售量）变动的动态相对数。用公式表示为：

$$k_q = q_1/q_0 \times 100\%$$

q_1代表报告期某产品（或商品）产量（或销售量），q_0代表基期同一产品（或商品）产量（或销售量）。

如某产品2015年产量为9 823万吨，2016年产量为9 595万吨，2016年产量为2015年产量的97%（$\frac{9\ 595}{9\ 823}\times 100\%$），97%就是该产品产量的个体指数。

（2）价格个体指数。价格个体指数是反映一种商品价格变动的动态相对数。用公式表示为：

$$k_p = p_1 / p_0 \times 100\%$$

p_1代表报告期某种商品价格，p_0代表基期同一商品价格。

如某商品2015年单价为4元，2016年单价为4.2元，2016年价格为2015年价格的105%（$\frac{4.2}{4} \times 100\%$），105%就是该商品价格的个体指数。

（3）成本个体指数。成本个体指数是反映某单位产品成本变动的动态相对数。用公式表示为：

$$k_z = z_1 / z_0 \times 100\%$$

z_1代表报告期某单位产品成本，z_0代表基期同一单位产品成本。

如2015年某单位产品成本为10元，2016年该单位产品成本为8元，2016年单位成本为2015年的80%（$\frac{8}{10} \times 100\%$），80%就是该产品成本的个体指数。

2. 总指数

总指数是综合反映多种（或全部）社会现象变动的相对数。它属于狭义指数。例如，某企业各种不同产品总产量指数为110.2%，即其所生产的几种产品产量虽有不同的增长或有增有减，但总体上看，总产量增长了10.2%，那么，110.2%就是说明该企业全部产品产量变动的总指数。

总指数按其表现形式的不同，又分为综合指数和平均数指数两种。

（二）数量指标指数和质量指标指数

按照指数所说明社会经济现象性质的不同来分类，可以将指数分为数量指标指数和质量指标指数。

数量指标指数是反映社会经济现象总体规模、总数量变动的相对数。例如产量指数、销售量指数等。质量指标指数是反映现象相对水平或平均水平变动的相对数。由于它能体现经济工作质量的好坏，所以称为质量指标指数。例如商品价格指数、成本指数、职工平均工资指数等。

（三）环比指数和定基指数

按照指数所采用的基期不同来分类，可以将指数分为环比指数和定基指数。

环比指数是用报告期指标与其前一期指标对比所得的动态相对数。它总是以报告期的前一期作为对比基期的，基期随报告期的变化而变化。环比指数可用来反映现象逐期变动的情况。如按月、季、年连续计算的产量指数、价格指数和成本指数等，均属于环比指数。

定基指数是采用固定基期而计算的指数。它总是以某一固定时期作为对比基期的，基期不随报告期的变化而变化。定基指数可用来反映现象在一个较长时期的变动情况。如要反映“十二五”期间全国工业总产值的变化情况，可以以2010年作为基期，其余各年产值与2010年产值对比，这样得到的指数即定基指数。

（四）动态指数和静态指数

按所反映的时态的不同，统计指数可分为动态指数和静态指数。

动态指数是把不同时间的同种指标数值对比，反映现象总体的发展变化情况的相对数。如商品零售价格指数、居民消费价格指数和农产品生产价格指数都属于动态指数。

静态指数是把同一时间不同空间或条件下的同种指标数值进行对比的相对数，反映现象总体水平在空间上的差异。如把不同地区的商品零售价格进行比较的地区价格指数，把实际值与计划值进行比较的计划完成指数都属于静态指数。

（五）综合指数和平均指数

狭义的统计指数，按其编制方法的不同，可分为综合指数和平均指数。

综合指数是针对不能直接相加、直接对比的现象而编制的一种指数。它是通过确定一个同度量因素，将不能直接相加、直接对比的现象过渡为可以相加与对比，通过加总后总量的对比求得的指数。如表 6－1 中，要计算三种产品的产量指数，需要引入价格（采用基期价格，后叙）作为同度量因素，将产量过渡为产值，之后，三种产品的产值相加，用今年的总产值与去年总产值对比，获得的指数即产量综合指数。

平均指数指的是将个体指数通过加权平均所得的指数，也即加权指数。如对甲、乙、丙三种商品的销售量个体指数进行加权平均即得到销售量的平均指数。

有关综合指数、平均指数的详细内容，将在后续任务中介绍。

思维延伸

社会经济现象的总量都是可以分解为两个或两个以上因素的量。这些众多因素又可归纳为两类因素：一类是指数化因素，即指数所要研究的对象；另一类是同度量因素，即计算综合指数时，为了解决不能直接加总而引入使用的一个中介因素。

（六）两因素指数和多因素指数

按照引起指数变动的因素的多少，可将统计指数分为两因素指数和多因素指数。

两因素指数是指引起该指数变动的因素是两个。如表 6－2 中的资料，引起产值指数变动的因素是产量和价格两个，产值指数则为两因素指数。

多因素指数是指引起该指数变动的因素是三个或三个以上。

为简便起见，本教材只讨论两因素指数。

任务二　编制综合指数

任务先导

大学生张某毕业后自主创业，经营了一家小店。小店初经营时，只经营一种产品甲（千克），作为店长的张某能够轻而易举地了解到产品甲的销售变动情况，从而根据销售变动情况做出相应决策，小店经营十分顺利。随着小店利润增加，规模扩张，业务增多，该店由当初经营一种产品甲（千克）增加到经营五种产品甲（千克）、乙（件）、丙（盒）、丁（个）、戊（升）。作为店长，掌握店内商品的销售动态是十分重要的，是制定各种决策的重要依据。可此时张某犯了难，原来一种商品的销售动态很好把握，如今这么多种类的商品的销售变动情况该如何获知呢？

狭义的统计指数也叫总指数。总指数有两种表现形式：一是综合指数，二是平均指数。综合指数是总指数的基本形式，平均指数是综合指数的变形。

一、综合指数的概念

综合指数是将不可同度量现象的指标数值，通过同度量因素，过渡成可以同度量的数值，并且将同度量因素的数值固定在基期或报告期，之后将过渡后的报告期数值总量与基期数值总量对比，所得的指数即综合指数。由于将同度量因素加以固定，所以，最终的指数值反映的是原来的不可同度量现象的变动情况。

例如，要分析全国工业产品产量的变动，首先遇到的一个问题就是各种不同类产品的产量不能直接相加，如一吨钢和一万双皮鞋是无法相加的，这在统计上即为不可同度量。为此，需要引入一个因素——价格，将产量变成产值，以货币单位表示。产值是可以同度量的，即能够直接相加、直接对比的。这里的价格即为同度量因素。之后，将报告期各工业产品的产值总量与基期产值总量对比，得到的指数即综合指数。由于把价格的数值固定在了同一时期，所以，它并不参与现象的变动，只起同度量的作用，最终的综合指数反映的是产量的变动情况，即产量综合指数，如图6－4所示。

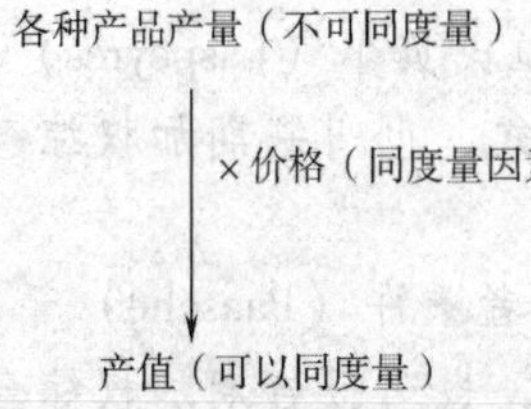

$$产量综合指数=\frac{报告期总产值}{基期总产值}$$

图6－4　产量综合指数

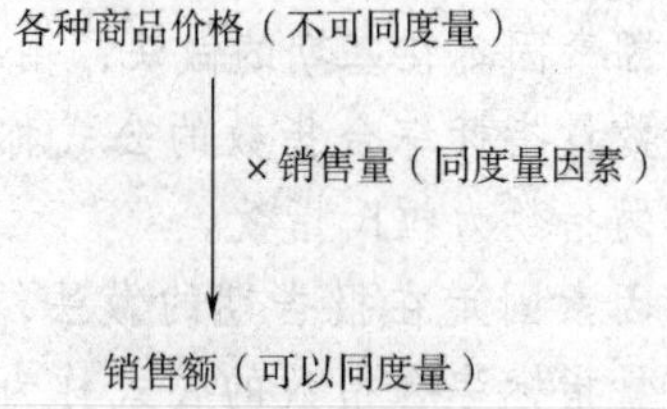

$$价格综合指数=\frac{报告期销售总额}{基期销售总额}$$

图6－5　价格综合指数

再如，要研究各种商品价格的变动，不同商品的价格是不可同度量的，如每吨钢的价格与每双皮鞋的价格不能直接相加。这时，需引入一个同度量因素——销售量，并加以固定，将价格过渡为销售额。然后，将报告期的销售总额与基期销售总额对比，所得指数即价格综合指数，见图6－5。

同样道理，产品单位成本综合指数如图6－6所示。

二、综合指数的编制

（一）编制综合指数的基本步骤

1. 确定同度量因素

根据所分析现象的特点和现象之间的联系，确定同度量因素，将不可同度量现象过渡到可以同度量。例如，研究全国工业产品产量的变动，选择价格作为同度量因素，将产量过渡为产值。

产品单位成本（不可同度量）

↓ ×产量（同度量因素）

总成本（可以同度量）

$$单位成本指数=\frac{报告期成本总额}{基期成本总额}$$

图 6－6　单位成本综合指数

2. 将同度量因素固定在同一时期

为了使同度量因素不影响所分析现象的变动，必须把同度量因素固定在同一时期。至于固定在基期还是固定在报告期，要根据指数的性质来确定。我国的习惯做法是：计算数量指标指数时，同度量因素固定在基期，即采用拉氏指数；计算质量指标指数时，同度量因素固定在报告期，即采用派氏指数。

思维延伸

将同度量因素固定在基期的做法，由德国学者拉氏贝尔（Laspeyres）于 1864 年首先提出，此计算数量指标综合指数的公式称为拉氏公式，也叫基期加权综合指数公式，根据该公式计算的指数为拉氏指数。

将同度量因素固定在报告期的做法，由德国学者派许（Paasche）于 1874 年首先提出，此计算质量指标综合指数的公式称为派氏公式，也叫报告期加权综合指数公式，根据该公式计算的指数为派氏指数。

3. 将报告期与基期过渡后的数值先综合，后对比

例如，要计算产量（或销售量）综合指数，则：

$$\bar{K}_q=\frac{\sum p_0q_1}{\sum p_0q_0}\quad p\text{ 代表价格(固定在基期)},q\text{ 代表产量(或销售量)}$$

该计算式适用于所有两因素的数量指标指数的计算。

要计算价格（或单位成本）综合指数，则：

$$\bar{K}_p=\frac{\sum p_1q_1}{\sum p_0q_1}\quad p\text{ 代表价格},q\text{ 代表产量(或销售量,固定在报告期)}$$

该计算式适用于所有两因素的质量指标指数的计算。

需要说明的是，在进行综合、对比的时候，一定要注意，分子和分母的范围应一致，如商品范围、计量单位等，都应一致，否则得到的结果将是不正确的。

此外，计算综合指数时，除了把指数减去 100%，可观察现象升降的程度外，还可以根据指数的子项与母项之差，说明由于指数的变动而产生的绝对数的影响效果。如在计算产量

指数时，$\sum p_0q_1 - \sum p_0q_0$ 说明由于产量的综合变动对产值变动所产生的绝对额影响；在计算价格指数时，$\sum p_1q_1 - \sum p_0q_1$ 说明价格变动对销售额变动所产生的绝对额影响。

（二）数量指标综合指数的编制

数量指标综合指数反映了数量指标的综合变动情况。数量指标指数的编制方法，我们通过下面的例子具体说明。

【例 6－1】某商店销售甲、乙、丙三种商品，其销售量和价格资料如表 6－3 所示。计算三种商品销售量总的变动情况。

表 6－3　　某商店商品销售量和价格资料

商品名称	计量单位	销售量		价格/元	
		基期	报告期	基期	报告期
		q_0	q_1	p_0	p_1
甲	米	1 000	1 200	10	8
乙	吨	2 000	2 200	21	21
丙	百件	3 000	3 400	30	28

显然，甲、乙、丙三种商品的销售量都有所增加，但增幅不同，甲增长了 20%（$\frac{1\,200}{1\,000}\times 100\% = 120\%$），乙增长了 10%（$\frac{2\,200}{2\,000}\times 100\% = 110\%$），丙增长了 13%（$\frac{3\,400}{3\,000}\times 100\% = 113\%$）。

现在的任务是要计算三种商品销售量总的变动情况，由于甲、乙、丙三种商品销售量不能直接相加，所以，解决这类问题，需计算销售量综合指数。

1. 先确定同度量因素

显然，应以各商品的价格作为同度量因素，将销售量过渡为销售额。

2. 将同度量因素固定在同一时期

销售量指数属数量指标指数，所以要将同度量因素（价格）固定在基期，即在计算报告期、基期销售额时，都采用基期价格。

3. 先综合，后对比

首先计算甲、乙、丙三种商品报告期、基期的销售额，之后综合（表 6－4）。

表 6－4　　某商店商品销售量综合指数计算表

商品名称	计量单位	销售量		价格/元		销售额/元	
		基期	报告期	基期	报告期	基期	报告期（按基期价格计算）
		q_0	q_1	p_0	p_1	p_0q_0	p_0q_1
甲	米	1 000	1 200	10	8	10 000	12 000
乙	吨	2 000	2 200	21	21	42 000	46 200

续表

商品名称	计量单位	销售量		价格/元		销售额/元	
		基期	报告期	基期	报告期	基期	报告期（按基期价格计算）
		q_0	q_1	p_0	p_1	p_0q_0	p_0q_1
丙	百件	3 000	3 400	30	28	90 000	102 000
合计	—	—	—	—	—	142 000	160 200

$$\text{销售量综合指数}\bar{K}_q = \frac{\sum p_0q_1}{\sum p_0q_0} = \frac{160\ 200}{142\ 000} = 112.8\%$$

即该商店甲、乙、丙三种商品的销售量，报告期比基期总体上增长了 12.8%（=112.8% −100%）。

销售量指数的分子与分母之差：

$$\sum p_0q_1 - \sum p_0q_0 = 160\ 200 - 142\ 000 = 18\ 200(\text{元})$$

即由于三种商品销售量增长了 12.8%，导致商品销售额增加了 18 200 元。

小思考

上述在编制商品销售量综合指数时，为什么选择将同度量因素 p 固定在基期？

（三）质量指标综合指数的编制

质量指标综合指数反映质量指标的综合变动情况。我们通过下面的例子，来说明质量指标指数的编制方法。

【例6－2】某企业生产甲、乙、丙三种产品，三种产品的产量和价格资料如表6－5所示。计算该三种产品价格的总体变动情况。

表6－5　　某企业产品产量和价格资料

产品名称	计量单位	单价/元		产量	
		基期	报告期	基期	报告期
		p_0	p_1	q_0	q_1
甲	台	25	20	400	600
乙	架	40	36	500	600
丙	吨	50	60	200	180

由以上资料看出，甲、乙、丙三种产品的价格变动情况不同，甲产品的价格下降了 20%（$\frac{20}{25}\times100\%=80\%$），乙产品的价格下降了 10%（$\frac{36}{40}\times100\%=90\%$），丙产品的

价格增长了20%（$\frac{60}{50}\times100\%=120\%$）。

现在的任务，不是分别说明甲、乙、丙三种产品各自的价格变动，而是要综合说明三种产品价格的总体变动。由于三种产品价格不可同度量，所以，需编制价格综合指数：

（1）确定产量为同度量因素，将价格过渡为产值。

（2）由于价格指数属质量指标指数，所以，要将同度量因素（产量）固定在报告期。

（3）计算甲、乙、丙三种产品报告期、基期的总产值（表6-6）。

表6-6　　某企业产品价格指数计算表

产品名称	计量单位	单价/元		产量		总产值/元	
		基期	报告期	基期	报告期	基期（按报告期产量计算）	报告期
		p_0	p_1	q_0	q_1	p_0q_1	p_1q_1
甲	台	25	20	400	600	15 000	12 000
乙	架	40	36	500	600	24 000	21 600
丙	吨	50	60	200	180	9 000	10 800
合计	—	—	—	—	—	48 000	44 400

$$\text{价格指数}\bar{K}_p=\frac{\sum p_1q_1}{\sum p_0q_1}=\frac{44\ 400}{48\ 000}=92.5\%$$

即该企业甲、乙、丙三种产品的价格，报告期比基期总体降低了7.5%（100%－92.5%＝7.5%）。

价格指数的分子与分母之差：

$$\sum p_1q_1-\sum p_0q_1=44\ 400-48\ 000=-3\ 600(\text{元})$$

即由于三种产品价格下降了7.5%，导致企业总产值减少了3 600元。

以上是用综合指数法计算总指数的基本原理和基本过程。它的最大优点在于不仅可以反映复杂经济现象总体的变动方向和程度，而且可以确定地、定量地说明由于现象变动，对绝对额产生的影响。但是运用综合指数法编制总指数，要求掌握全面的、相对应的质量指标和数量指标的原始资料，否则无法进行编制。

小思考

上述在编制产品价格综合指数时，为什么选择将同度量因素 q 固定在报告期？

小阅读

景气指数也称景气度，是反映某一特定调查群体或某一社会经济现象所处的状态或发展趋势的统计指标。景气指数介于0~200，100为景气指数的临界值。当景气指数大于100时，表明经济状况趋于上升或改善，处于景气状态；当景气指数小于100时，表明经济状况趋于下降或恶化，处于不景气状态。目前从企业角度计算的景气指数包括企业景气指数和企业家信心指数两类。

企业景气指数：也称企业综合生产经营景气指数，是根据企业家对本企业综合生产经营情况的判断与预期而编制的指数，用以综合反映企业的生产经营状况。

企业家信心指数：也称宏观经济景气指数，是根据企业家对企业外部市场经济环境与宏观政策的认识、看法、判断与预期而编制的指数，用以综合反映企业家对宏观经济环境的感受与信心。

任务三　编制平均数指数

任务先导

为了提高副食店的经营管理水平，做出科学决策，店长张某需要充分地了解副食店商品的销售状况，他要求其助理李某收集副食店三种主要商品（大米、面粉和食用油）近两年的销售量资料，并进行加工整理形成三种商品销售量总的变动情况的报告。助理李某收集到的资料如表6-7所示。

表6-7　某副食店三种主要商品的销售资料

商品	销售量		基期销售额 p_0q_0/元
	基期 q_0	报告期 q_1	
大米/千克	12 000	15 000	21 600
面粉/袋	2 000	3 000	9 000
食用油/桶	1 500	1 000	120 000

问题：假如你是店长助理李某，如何完成这一任务？

综合指数是总指数的基本形式，但它的最大局限就在于，编制综合指数时，需要掌握全面资料，如编制销售量指数时，不仅需要知道各商品的报告期、基期销售量资料，还需知道各商品的基期价格。同样，编制价格指数时，不仅需要知道各商品（或产品）报告期、基期价格资料，还需知道各商品（或产品）的报告期销售量（或产量），缺少其中任何一项都无法计算。这时，通常需要编制平均指数。

平均指数即是对个体指数进行加权平均而求得的指数（也称为平均数指数）。它通过对所要综合的全部个体指数进行加权平均，来综合反映现象总的变动方向和程度。其编制步骤是"先对比，后平均"，即先计算个体指数，再求平均数指数。

平均指数是综合指数的变形，但它本身又具有独立的意义。

平均指数主要分为两种：一种是加权算术平均指数，另一种是加权调和平均指数。

一、加权算术平均指数

加权算术平均指数是对个体指数进行加权算术平均计算的指数。它可由综合指数演变而来。

先以数量指标指数为例来说明加权算术平均指数的计算：

$$\bar{K}_q = \frac{\sum p_0 q_1}{\sum p_0 q_0} \text{ 由于 } k_q = \frac{q_1}{q_0} \quad q_1 = k_q q_0$$

所以，$\bar{K}_q = \dfrac{\sum p_0 q_1}{\sum p_0 q_0} = \dfrac{\sum k_q p_0 q_0}{\sum p_0 q_0}$

将上式与加权算术平均数一般计算式 $\bar{x} = \dfrac{\sum xf}{\sum f}$ 相比较，不难发现，这是一个以个体指数为变量值，以综合指数公式中的母项资料为权数的加权算术平均数。

【例6-3】仍以表6-3的资料，计算甲、乙、丙三种商品的销售量平均指数（表6-8）。

表6-8　　某商店三种商品销售量平均指数计算表

商品名称	计量单位	销售量		个体指数	基期价格/元	p_0q_0 /元	$k_qp_0q_0$ /元
		基期	报告期	$k_q=q_1/q_0$	p_0		
		q_0	q_1				
甲	米	1 000	1 200	1.20	10	10 000	12 000
乙	吨	2 000	2 200	1.10	21	42 000	46 200
丙	百件	3 000	3 400	1.13	30	90 000	102 000
合计	—	—	—	—	—	142 000	160 200

$$\bar{K}_q = \frac{\sum k_q p_0 q_0}{\sum p_0 q_0} = \frac{160\ 200}{142\ 000} = 112.8\%$$

$$\sum k_q p_0 q_0 - \sum p_0 q_0 = 160\ 200 - 142\ 000 = 18\ 200(\text{元})$$

计算结果表明，三种商品的销售量总体上增长了12.8%；由于销售量的增长，使销售额增加了18 200元。这个结果与采用综合指数公式计算的结果完全相同。

再以质量指标指数为例来说明加权算术平均数指数的计算：

$$\bar{K}_p = \frac{\sum p_1 q_1}{\sum p_0 q_1} \text{ 由于 } k_p = \frac{p_1}{p_0} \quad p_1 = k_p p_0$$

所以，$\bar{K}_p = \dfrac{\sum p_1 q_1}{\sum p_0 q_1} = \dfrac{\sum k_p p_0 q_1}{\sum p_0 q_1}$

这同样是一个以个体指数为变量值，以综合指数公式中的母项资料为权数的加权算术平均数。

【例 6－4】以表 6－5 的资料，计算甲、乙、丙三种产品的价格平均指数（表 6－9）。

表 6－9　　某企业三种产品价格平均指数计算表

产品名称	计量单位	单价/元		个体指数	报告期产量	p_0q_1 /元	$k_pp_0q_1$ /元
		基期	报告期	$k_p=p_1/p_0$	q_1		
		p_0	p_1				
甲	台	25	20	0.8	600	15 000	12 000
乙	架	40	36	0.9	600	24 000	21 600
丙	吨	50	60	1.2	180	9 000	10 800
合计	—	—	—	—	—	48 000	44 400

$$\bar{K}_p = \frac{\sum k_pp_0q_1}{\sum p_0q_1} = \frac{44\ 400}{48\ 000} = 92.5\%$$

$$\sum k_pp_0q_1 - \sum p_0q_1 = 44\ 400 - 48\ 000 = -3\ 600(\text{元})$$

结果表明，三种产品的价格总体上降低了 7.5%；由于价格的降低，使产值减少了 3 600元。这个结果与采用综合指数公式计算的结果完全相同。

加权算术平均数的计算，既可用绝对数加权，也可用相对数（比重）加权。即：

$$\bar{K}_q = \frac{\sum k_qp_0q_0}{\sum p_0q_0} \text{可变为}: \bar{K}_q = \sum k_q \frac{p_0q_0}{\sum p_0q_0}$$

$$\bar{K}_p = \frac{\sum k_pp_0q_1}{\sum p_0q_1} \text{可变为}: \bar{K}_p = \sum k_p \frac{p_0q_1}{\sum p_0q_1}$$

若用 w 代表比重，则上式又可写成：

$$\bar{K}_q = \sum k_qw \quad \bar{K}_p = \sum k_pw$$

如对于表 6－5 的资料，计算甲、乙、丙三种产品的价格平均指数时，也可用以下方法（表 6－10）。

表 6－10　　某企业三种产品价格平均指数计算表

产品名称	计量单位	单价/元		个体指数	报告期产量	p_0q_1 /元	比重/%	k_pw/%
		基期	报告期	$k_p=p_1/p_0$	q_1		$w=\frac{p_0q_1}{\sum p_0q_1}$	
		p_0	p_1					
甲	台	25	20	0.8	600	15 000	31.25	25.0
乙	架	40	36	0.9	600	24 000	50.00	45.0
丙	吨	50	60	1.2	180	9 000	18.75	22.5
合计	—	—	—	—	—	48 000	100.00	92.5

即：$\bar{K}_p = \sum k_pw = 92.5\%$　　与前面计算结果完全相同。

但是，用相对数加权的指数公式，不能直接计算出因指数变动而导致的绝对额的变化量。

二、加权调和平均指数

加权调和平均指数是对个体指数进行加权调和平均计算的指数。它也可以由综合指数演变而来。

对于数量指标指数：

$$K_q = \frac{\sum p_0 q_1}{\sum p_0 q_0} \quad 由于 k_q = \frac{q_1}{q_0} \quad q_0 = \frac{q_1}{k_q}$$

所以，$\bar{K}_q = \dfrac{\sum p_0 q_1}{\sum \dfrac{p_0 q_1}{k_q}}$

对于质量指标指数：

$$\bar{K}_p = \frac{\sum p_1 q_1}{\sum p_0 q_1} \quad 由于 k_p = \frac{p_1}{p_0} \quad p_0 = \frac{p_1}{k_p}$$

所以，$\bar{K}_p = \dfrac{\sum p_1 q_1}{\sum \dfrac{p_1 q_1}{k_p}}$

与调和平均数的一般式 $H = \dfrac{\sum m}{\sum \dfrac{m}{x}}$ 相对照，可以看出，在加权调和平均指数中，个体指数仍是变量值，而权数则是综合指数公式的子项资料。

【例6-5】仍以表6-5资料，计算甲、乙、丙三种产品的价格平均指数。

其过程见表6-11。

表6-11　　　　某企业三种产品价格平均指数计算表

产品名称	计量单位	单价/元		个体指数	报告期产量	p_1q_1/元	$\frac{p_1q_1}{k_p}$/元
		基期	报告期	$k_p = p_1/p_0$	q_1		
		p_0	p_1				
甲	台	25	20	0.8	600	12 000	15 000
乙	架	40	36	0.9	600	21 600	24 000
丙	吨	50	60	1.2	180	10 800	9 000
合计	—	—	—	—	—	44 400	48 000

$$\bar{K}_p = \frac{\sum p_1 q_1}{\sum \frac{p_1 q_1}{k_p}} = \frac{44\ 400}{48\ 000} = 92.5\%$$

$$\sum p_1 q_1 - \sum \frac{p_1 q_1}{k_p} = 44\ 400 - 48\ 000 = -3\ 600(元)$$

计算结果与前面完全相同。

小思考

平均指数和综合指数的异同点?

从上面的举例中可以看出，平均指数与综合指数虽然形式不同，但结果相同。之所以如此，主要是由于平均指数公式中所用的权数是从相应的综合指数公式中有关综合指标（子项或母项）转化而来的，所以人们习惯把平均指数公式称为综合指数的变形公式。但从应用条件来看，综合指数不如平均指数宽松与灵活。在商品（或产品）品种不多的情况下，如某个小企业生产的产品品种不多，比较容易取得报告期、基期各品种的数量指标和质量指标资料，这时，既可以应用综合指数公式计算总指数，也可用平均指数公式计算总指数。如果品种很多，如某些大型企业经营的商品品种几十种甚至上百种，无法取得两个时期各品种的销售量和价格资料，但能取得个体指数 k_q 或 k_p，又比较容易取得权数资料 p_0q_0 和 p_1q_1，这时，则不能用综合指数公式，只能用平均指数公式来计算总指数。例如，若取得价格个体指数 k_p 和报告期销售额 p_1q_1，就可用加权调和平均指数公式来计算价格总指数；若取得销售量个体指数 k_q 和基期销售额 p_0q_0，就可用加权算术平均指数公式计算销售量总指数；若取得两个时期的实际销售额 p_0q_0、p_1q_1 以及销售量或价格中的任何一种个体指数（k_q 或 k_p），则销售量总指数和价格总指数均可以计算。

任务四　指数体系与因素分析

任务先导

张某经营一家副食店。最近，他在查阅销售资料时发现，小店的销售额在逐渐下降，这可把他急坏了，要知道小本生意经不起这样的风吹雨打，于是他立即召集店员开会讨论寻求原因。

问题：如果你是副食店的一名店员，有什么好的意见或建议?

一、指数体系

（一）指数体系的概念

社会经济现象之间总是相互联系的，于是，各现象相应的指数之间也必然相互联系。指数体系即是一系列相互联系的指数所形成的体系，换言之，若一个指数可以分解为两个或两个以上指数的乘积，则这些指数便构成了一个指数体系。如：

产品产值指数 = 产品产量指数 × 产品价格指数

商品销售额指数 = 商品销售量指数 × 商品销售价格指数

产品产值指数、产量指数和产品价格指数就构成了一个指数体系。同样，商品销售额指数、销售量指数和销售价格指数也构成了一个指数体系。

这种指数体系内部的数量对等关系，不仅表现在相对数（即指数）之间，也表现在绝对数之间。即：

产品产值的实际增减额 = 产量变动引起的增减额 + 价格变动引起的增减额

商品销售额的实际增减额 = 销售量变动引起的增减额 + 价格变动引起的增减额

（二）指数体系的作用

1. 利用指数体系，可进行因素分析

利用指数体系进行因素分析，在统计和经济分析中应用很广。因素分析，即分析各因素的变动对总变动影响的方向和程度。利用指数体系，既可进行相对数分析，即分析各因素变动对总变动的影响程度，也可进行绝对额分析，即分析各因素变动对总变动的绝对数的影响。这是指数体系最主要的作用。

2. 利用指数体系，可进行估计推算

在两因素指数体系中，利用已知的两个指数的数值，可求出另一未知指数的数值。例如，某企业要达到增加产值30%的目标，已知出厂价格只允许提高3%，产量必须增长多少？$\frac{130\%}{103\%}=126.2\%$，即产量必须增长26.2%，才能达到预定目标。

小思考

（1）已知某地区商品销售量比基期增加了15%，销售额比基期增加了20%，那么商品销售价格如何变化？

（2）已知某企业职工人数比基期增长了5%，总产值比基期增长了12%，那么企业职工人均产值如何变化？

思维延伸

建立指数体系，需要遵循以下几点要求：

（1）确定现象的各影响因素以及它们之间存在的必然联系。指数体系中各指数之间的数量关系，反映了客观社会经济现象与其影响因素之间的内在联系。因此，首先要建立反映指数体系的关系式。

（2）确定数量指标指数、质量指标指数及其相互关系。无论是含有两个因素的指数体系还是含有三个或三个以上因素的指数体系，影响因素总是由数量指标指数与质量指标指数构成的，它们的顺次乘积必须含有实际经济含义。通常，按照数量指标指数在前，质量指标指数在后的顺序排列，如产量指数乘以原材料单耗指数构成原材料消耗总指数，单耗指数乘以原材料价格指数构成单位产品原材料成本指数等。

（3）区分各指数内的指数化因素和同度量因素。在指数体系的影响因素中，均含有指数化因素和同度量因素。每一个因素指数中只有一个是指数化因素，其余都是同度量因素。例如，原材料费用额指数中计算原材料单耗影响时，原材料单耗为指数化因素，产品产量和原材料价格均为同度量因素。指数化因素和同度量因素的区分应与同度量两因素所固定的时期联系起来。

二、因素分析

因素分析是指利用指数体系分析社会经济现象总变动中的各因素变动的影响方向和影响程度的一种统计分析方法。例如，以指数体系来分析工资水平、工人结构、工人总数的变动对工资总额的影响等。

因素分析主要包括两方面内容：一是相对数分析，即将互相联系的指数组成乘积关系的体系，从指数计算结果本身指出现象总体总量指标或平均指标的变动是由哪些因素变动作用的结果；二是绝对数分析，即由指数体系中各个指数分子与分母指标之差所形成绝对值上的因果关系。

因素分析按分析对象包含的因素多少，可分为两因素分析和多因素分析；按分析的指标种类不同，可分为总量指标因素分析和平均指标因素分析。以下分别就总量指标和平均指标的因素分析方法进行介绍。

（一）总量指标因素分析

总量指标因素分析包含总量指标两因素分析和总量指标多因素分析两种。以下仅就总量指标两因素分析进行详细介绍。现以下例来说明总量指标的两因素分析方法。

【例 6－6】据表 6－12 中的资料，对甲、乙、丙三种商品的销售额进行因素分析。

表 6－12　　某商店商品销售量和价格资料

商品名称	计量单位	销售量		价格/元		销售额/元		
		基期 q_0	报告期 q_1	基期 p_0	报告期 p_1	p_0q_0	p_1q_1	p_0q_1
甲	米	400	600	25	20	10 000	12 000	15 000
乙	件	500	600	40	36	20 000	21 600	24 000
丙	斤	200	180	50	60	10 000	10 800	9 000
合计	—	—	—	—	—	40 000	44 400	48 000

首先计算商品销售额指数和商品销售额变动的绝对额：

$$\bar{K} = \frac{\sum p_1q_1}{\sum p_0q_0} = \frac{44\ 400}{40\ 000} = 111\%$$

$$\sum p_1q_1 - \sum p_0q_0 = 44\ 400 - 40\ 000 = 4\ 400(\text{元})$$

即商品销售额报告期比基期增长了 11%，增加的绝对额为 4 400 元。

销售额的变动，是由商品销售量的变动和商品价格的变动引起的。于是，要对销售额作因素分析，需要分析商品销售量的变动和商品价格的变动。

$$\text{商品销售量指数}\bar{K}_q = \frac{\sum p_0q_1}{\sum p_0q_0} = \frac{48\ 000}{40\ 000} = 120\%$$

$$\sum p_0q_1 - \sum p_0q_0 = 48\ 000 - 40\ 000 = 8\ 000(\text{元})$$

$$\text{商品价格指数}\bar{K}_p = \frac{\sum p_1q_1}{\sum p_0q_1} = \frac{44\ 400}{48\ 000} = 92.5\%$$

$$\sum p_1q_1 - \sum p_0q_1 = 44\ 400 - 48\ 000 = -3\ 600(\text{元})$$

不难看出，以上各指数和各商品销售额增减额之间存在以下对应关系：

$$\frac{\sum p_1q_1}{\sum p_0q_0} = \frac{\sum p_0q_1}{\sum p_0q_0} \times \frac{\sum p_1q_1}{\sum p_0q_1}$$

即：

$$111\% = 120\% \times 92.5\%$$

$$\sum p_1q_1 - \sum p_0q_0 = (\sum p_0q_1 - \sum p_0q_0) + (\sum p_1q_1 - \sum p_0q_1)$$

即：

$$4\ 400\text{元} = 8\ 000\text{元} + (-3\ 600\text{元})$$

相对数分析：

由于商品销售量报告期比基期增长了20%，价格报告期比基期降低了7.5%，二者共同作用，导致销售额报告期比基期增长了11%。

绝对额分析：

商品销售量的变动使销售额增加了8 000元，价格的变动使销售额降低了3 600元，二者共同作用，导致销售额增加了4 400元。

思维延伸

总量指标多因素分析是指分析三个或三个以上因素变动对总量指标的影响方向和影响程度。例如，对原材料费用总额变动中产量、单位产品原材料消耗量和单位原材料价格三因素的影响进行分析。具体步骤如下。

(1) 因素分解：原材料费用总额=产品产量 (q) ×单位产品原材料消耗量 (m) ×单位原材料价格 (p)。需要注意的是，因素分解时，量在前，价在后。

(2) 相对数分析：原材料费用总额指数=产量指数×单耗指数×价格指数，即：

$$\frac{\sum q_1m_1p_1}{\sum q_0m_0p_0} = \frac{\sum q_1m_0p_0}{\sum q_0m_0p_0} \times \frac{\sum q_1m_1p_0}{\sum q_1m_0p_0} \times \frac{\sum q_1m_1p_1}{\sum q_1m_1p_0}$$

(3) 绝对数分析：

$$\sum q_1m_1p_1 - \sum q_0m_0p_0 = (\sum q_1m_0p_0 - \sum q_0m_0p_0) + (\sum q_1m_1p_0 - \sum q_1m_0p_0) + (\sum q_1m_1p_1 - \sum q_1m_1p_0)$$

(二) 平均指标因素分析

情境创设

张某是某企业生产部经理，管理着三个车间。去年年底，企业进行车间整顿，其中包括各车间员工人数的增减等。企业整顿已过去了大半年，张某想了解目前所有车间员工总的劳动生产率如何，于是，让助理小李整理出相关资料。表6-13为小李整理的资料。

问题：如果你是张某，从此表中能得出哪些信息？下一步该如何决策？

表 6－13　　某企业职工人数和劳动生产率资料

车间	职工人数/人		劳动生产率/（万元/人）	
	基期 f_0	报告期 f_1	基期 x_0	报告期 x_1
一车间	200	240	4.4	4.5
二车间	160	180	6.2	6.4
三车间	150	120	9.0	9.2

1. 平均指标指数

在分析实际问题时，常常需要就平均指标的变动进行对比分析，这时，涉及一个新的概念——平均指标指数。

平均指标指数是将两个不同时期、同一经济内容的平均指标值对比，以说明同类现象在两个不同时期平均水平变动的相对数。如平均工资指数、平均单位成本指数等。用公式表示为：

$$\overline{K}=\frac{\overline{x_1}}{\overline{x_0}}$$

$\overline{x_1}$ 代表报告期平均指标，$\overline{x_0}$ 代表基期平均指标。

在总体分组的情况下：

$$\overline{x_1}=\frac{\sum x_1f_1}{\sum f_1}\quad \overline{x_0}=\frac{\sum x_0f_0}{\sum f_0}$$

x_1代表报告期各组变量值，x_0代表基期各组变量值，f_1代表报告期各组单位数，f_0代表基期各组单位数。

$$\text{于是，}\overline{K}=\frac{\overline{x_1}}{\overline{x_0}}=\frac{\dfrac{\sum x_1f_1}{\sum f_1}}{\dfrac{\sum x_0f_0}{\sum f_0}}\text{或}\frac{\sum x_1\cdot\dfrac{f_1}{\sum f_1}}{\sum x_0\cdot\dfrac{f_0}{\sum f_0}}$$

由上式可以看出，平均指标的变动受两个因素的影响：一是各组的变量水平；二是总体的结构，即各组单位数占总体单位数的比重。平均指标的变动就是这两个因素共同影响的结果：

$$\overline{x_0}\longrightarrow\overline{x_1}\begin{cases}x_0\longrightarrow x_1\text{（水平变动）}\\ \dfrac{f_0}{\sum f_0}\longrightarrow\dfrac{f_1}{\sum f_1}\text{（结构变动）}\end{cases}$$

借用指数体系和因素分析的方法，可以对平均指标的变动及其各因素对它的影响进行考察。于是，要涉及以下一些指数：

（1）结构影响指数。结构影响指数，即单纯反映结构变动对平均指标变动影响的指数。求结构影响指数，需将各组变量值固定下来。结构影响指数类似于数量指标指数，所以，要将各组变量值固定在基期：

$$\overline{K}_f = \frac{\sum x_0 \cdot \dfrac{f_1}{\sum f_1}}{\sum x_0 \cdot \dfrac{f_0}{\sum f_0}} \quad 或 \quad \frac{\dfrac{\sum x_0 f_1}{\sum f_1}}{\dfrac{\sum x_0 f_0}{\sum f_0}}$$

（2）固定构成指数。固定构成指数，即单纯反映各组变量值变动对平均指标变动影响的指数。求固定构成指数，需将各组构成固定下来。固定构成指数类似于质量指标指数，要将各组构成固定在报告期：

$$\overline{K}_x = \frac{\sum x_1 \cdot \dfrac{f_1}{\sum f_1}}{\sum x_0 \cdot \dfrac{f_1}{\sum f_1}} \quad 或 \quad \frac{\dfrac{\sum x_1 f_1}{\sum f_1}}{\dfrac{\sum x_0 f_1}{\sum f_1}}$$

（3）可变构成指数。可变构成指数，即综合反映结构和水平两个因素共同变化所引起的平均指标变动的指数。我们一般所说的平均指标指数，指的都是可变构成指数。用公式表示为：

$$\overline{K} = \frac{\sum x_1 \cdot \dfrac{f_1}{\sum f_1}}{\sum x_0 \cdot \dfrac{f_0}{\sum f_0}} \quad 或 \quad \frac{\dfrac{\sum x_1 f_1}{\sum f_1}}{\dfrac{\sum x_0 f_0}{\sum f_0}}$$

2. 平均指标指数体系与因素分析

不难看出，以上三类指数，可构成如下指数体系：

可变构成指数 = 结构影响指数 × 固定构成指数

即：$\overline{K} = \overline{K}_f \times \overline{K}_x$

根据该指数体系，可进行相对数分析和绝对额分析。

相对数分析：

$$\frac{\dfrac{\sum x_1 f_1}{\sum f_1}}{\dfrac{\sum x_0 f_0}{\sum f_0}} = \frac{\dfrac{\sum x_0 f_1}{\sum f_1}}{\dfrac{\sum x_0 f_0}{\sum f_0}} \times \frac{\dfrac{\sum x_1 f_1}{\sum f_1}}{\dfrac{\sum x_0 f_1}{\sum f_1}}$$

绝对额分析：

$$\frac{\sum x_1 f_1}{\sum f_1} - \frac{\sum x_0 f_0}{\sum f_0} = \left(\frac{\sum x_0 f_1}{\sum f_1} - \frac{\sum x_0 f_0}{\sum f_0}\right) + \left(\frac{\sum x_1 f_1}{\sum f_1} - \frac{\sum x_0 f_1}{\sum f_1}\right)$$

现以平均工资的变动为例，来说明平均指标的因素分析方法。

【例 6－7】表 6－14 中所显示的是北京某公司 100 名员工在一次工资调整前后的有关资料：

表 6－14　　某公司员工工资情况表

工资等级	月工资/元		员工数/人		x_0f_0	x_1f_1	x_0f_1
	基期 x_0	报告期 x_1	基期 f_0	报告期 f_1			
1	4 000	5 000	40	60	160 000	300 000	240 000
2	7 000	8 000	60	40	420 000	320 000	280 000
合计	5 800	6 200	100	100	580 000	620 000	520 000

据上表资料，对该公司全部员工的平均工资变动进行因素分析。

（1）分析公司员工平均工资的变动程度和变动规模。

计算可变构成指数：

$$\bar{K} = \frac{\dfrac{\sum x_1 f_1}{\sum f_1}}{\dfrac{\sum x_0 f_0}{\sum f_0}} = \frac{\dfrac{620\ 000}{100}}{\dfrac{580\ 000}{100}} = \frac{6\ 200}{5\ 800} = 106.9\%$$

平均工资变动的绝对额为：

$$\frac{\sum x_1 f_1}{\sum f_1} - \frac{\sum x_0 f_0}{\sum f_0} = 6\ 200 - 5\ 800 = 400(\text{元})$$

即：公司员工的平均工资，报告期比基期增长了 6.9%，增长的绝对额为 400 元。

（2）分析员工结构的变动对平均工资影响的程度和影响的绝对额。

计算结构影响指数：

$$\bar{K}_f = \frac{\dfrac{\sum x_0 f_1}{\sum f_1}}{\dfrac{\sum x_0 f_0}{\sum f_0}} = \frac{\dfrac{520\ 000}{100}}{\dfrac{580\ 000}{100}} = \frac{5\ 200}{5\ 800} = 89.65\%$$

平均工资变动的绝对额为：

$$\frac{\sum x_0 f_1}{\sum f_1} - \frac{\sum x_0 f_0}{\sum f_0} = 5\ 200 - 5\ 800 = -600(\text{元})$$

即：在工资水平不变的条件下，员工结构的变动使总平均工资下降了 10.35%，下降的绝对额为 600 元。

（3）分析各等级工资水平的变动对平均工资影响的程度和影响的绝对额。

计算固定构成指数：

$$\bar{K}_x = \frac{\dfrac{\sum x_1 f_1}{\sum f_1}}{\dfrac{\sum x_0 f_1}{\sum f_1}} = \frac{\dfrac{620\ 000}{100}}{\dfrac{520\ 000}{100}} = \frac{6\ 200}{5\ 200} = 119.2\%$$

平均工资变动的绝对额为：

$$\frac{\sum x_1 f_1}{\sum f_1} - \frac{\sum x_0 f_1}{\sum f_1} = 6\ 200 - 5\ 200 = 1\ 000(元)$$

即：在员工结构不变的条件下，各等级工资水平的变动，使总平均工资增长了19.2%，增长的绝对额为1 000元。

（4）综合分析。

相对数分析：

总体上看，报告期的平均工资比基期增长了6.9%，其原因有两个方面：一是员工结构的变动，使总平均工资下降了10.35%；二是各等级工资水平的变动，使总平均工资增长了19.2%。二者共同作用的结果，总平均工资增长了6.9%。

即：106.9% =89.65% ×119.2%

绝对额分析：

总体上来看，报告期平均工资比基期增长了400元，原因有两个方面：一是员工结构的变动，使总平均工资下降600元；二是各等级工资水平的变动，使总平均工资增长了1 000元。二者共同作用的结果，总平均工资增长了400元。

即：400元 = -600元 +1 000元

小思考

某村2015年和2016年谷物种植面积和产量资料统计如表6-15所示。

表6-15　　谷物种植面积和产量资料

谷物名称	2015年			2016年		
	面积/亩	平均亩产/千克	总产量/千克	面积/亩	平均亩产/千克	总产量/千克
小麦	520	342	177 840	620	351	217 620
稻谷	680	635	431 800	540	640	345 600
玉米	300	320	96 000	350	328	114 800
合计	1 500	470.4	705 640	1 510	449.0	678 020

（1）该村2016年总产量比2015年有所下降。请分析：引起总产量变动的因素有哪些？各自的影响程度是怎样的？

（2）该村2016年与2015年相比，各种谷物平均亩产量均有不同程度的提高，而总体平均亩产量却有所下降。请对引起总体平均亩产量下降的因素做分析。

任务五　识记几种常用的经济指数

任务先导

实际生活中，我们经常听说各种指数。如商品零售价格指数、居民消费价格指数、农产品生产价格指数、工业生产者出厂价格指数、股票价格指数……，这些指数是怎么计算出来的？编制的意义是什么？

指数作为一种重要的经济分析指标和方法，在实践中获得了广泛的应用。我国目前编制的经济指数主要有商品零售价格指数、居民消费价格指数、农产品生产价格指数、工业生产者出厂价格指数和股票价格指数等，这些指数分别从不同的角度综合反映了全国范围相关商品（或产品）价格的变化情况。一般而言，选择指数的标准是指数的经济意义，同时考虑指数实际编制的可行性。

一、商品零售价格指数

商品零售价格指数（Retail Price Index），英文缩写为RPI，是反映一定时期内城乡商品零售价格变动趋势和变动程度的一种统计指数。商品零售价格的变动直接影响城乡居民的生活支出和购买力水平，影响国家的财政收入、市场供需的平衡以及消费与积累的比例。

我国的商品零售价格指数的编制采用固定权数加权算术平均指数公式（相对数加权）。先从各类零售商品中选择有代表性的商品计算出个体指数 $k_p = p_1/p_0$，再以 w 为权数计算加权算术平均数指数。其计算公式如下：

$$\bar{K}_p = \frac{\sum k_p w}{\sum w} = \frac{\sum \frac{p_1}{p_0} w}{\sum w}$$

从观察范围来看，既可以编制全国商品零售价格指数，也可以编制地区商品零售价格指数以及商品零售分类价格指数。我国现行的商品零售价格指数的基本编制过程如下。

（一）商品分类

我国编制商品零售价格指数的商品分类是全国统一规定的。全部商品分为十六个大类，分别是食品、饮料烟酒、服装鞋帽、纺织品、家用电器及音像器材、文化办公用品、日用品、体育娱乐用品、交通通信用品、家具、化妆品、金银饰品、中西药品及医疗保健用品、书报杂志及电子出版物、燃料、建筑材料及五金电料。在每个大类下，再分为若干个中类。例如，食品大类可分为粮食、油脂、肉禽及其制品、蛋、水产品、菜、调味品、糖、干鲜瓜果、糕点饼干面包、液体乳及乳制品、在外用膳食品、主食、炒菜、地方小吃、其他食品十六个中类。在每个中类下，再细分为若干个小类。例如，粮食中类可分为细粮和粗粮两个小类。

（二）选择代表规格品

全社会零售商品成千上万，要编制包括全部商品在内的零售价格指数显然是不可能的。因此，只能选择部分具有代表性的商品进行编制。这就要求首先应在各类商品中分别选择能代表该类别的代表规格品。例如，在细粮这一类别中，选取大米、面粉两个代表规格品。选择代表规格品时应注意，一般选择成交量大、生产和销售前景好、价格变动趋势和变动程度有较强的代表性的商品。

（三）选择典型地区

全国商品零售价格指数反映全社会商品零售价格的总体变动趋势和程度，但要包括所有地区也是不可能的，一般只选择部分具有代表性的地区编制价格总指数。典型地区的选择既要考虑其代表性，也要注意类型上的多样性，以及地区分布上的合理性和相对稳定性。一般是在全国的大、中、小型城市和县城中采用抽样方法选取，对抽中的市、县再确定调查的商品或集贸市场。

（四）确定商品价格

计算商品零售价格指数采用的商品价格，是按月、季、年编制的平均价格。月平均价格是将本月变价前后的价格以变价前后的天数通过加权算术平均计算的。例如，菜市6月11日某商品价格由130元降为100元，则月平均价格 $=\dfrac{130\times10+100\times20}{30}=110$（元）。年平均价格是将12个月的平均价格简单算术平均计算（如果某几个月价格相等，也可以加权平均）。例如，某商品1～6月每月平均价格为12元，而7～12月每月平均价格为14元，则年平均价格 $=\dfrac{12\times6+14\times6}{12}=13$（元）。

（五）确定固定权数

大类商品的权数根据商品流转统计中商品销售构成资料计算，且应符合当地居民的消费结构。具体商品的权数根据典型调查资料推算。权数是按大类、中类、小类、单项商品分层确定的，每层权数之和均应等于100%。权数一般每年确定一次，年内固定不变。

（六）计算指数

首先，根据报告期和基期的综合平均价格计算单项商品价格指数；然后，根据单项商品价格指数，用固定加权算术平均数指数计算小类指数；接着，根据小类指数用固定加权算术平均数指数计算中类指数；再根据中类指数按同样的方法计算大类指数；最后，根据大类指数编制总指数。

【例6－8】表6－16是某市商品零售价格资料，据此计算该市的商品零售价格指数。

表6－16　　某市某年某月商品零售价格资料

类别及品名	规格	计量单位	平均价格/元		权数（比重）w/%	指数 k_p /%	$k_p w$/%
			上年同月 p_0	本月 p_1			
一、食品类					51	103.69	52.882
1. 粮食					25	102.95	25.738
（1）细粮					90	103.18	92.86
面粉	富强粉	千克	3.70	3.90	40	105.4	42.16

续表

类别及品名	规格	计量单位	平均价格/元		权数（比重）w/%	指数 k_p /%	$k_p w$/%
			上年同月 p_0	本月 p_1			
大米	机白	千克	5.80	5.90	60	101.7	61.02
（2）粗粮					10	100.9	10.09
玉米	二等	千克	12.50	12.60	90	100.8	90.72
杂豆	二等	千克	11.40	11.60	10	101.8	10.18
2. 油脂					5	102.3	5.115
3. 肉禽及其制品					10	104.4	10.44
4. 蛋					8	103.7	8.296
5. 水产品					7	103.8	7.266
6. 菜					10	109.8	10.98
7. 调味品					5	102.4	5.12
8. 糖					3	100.3	3.009
9. 干鲜瓜果					5	103.6	5.18
10. 糕点饼干面包					5	102.0	5.10
11. 液体乳及乳制品					6	101.3	6.078
12. 在外用膳食品					5	105.2	5.26
13. 其他食品					6	101.8	6.108
二、饮料、烟酒类					8	103.0	8.24
……					……	……	……
十六、建筑材料及五金电料					10	99.1	9.91

计算过程：

（1）计算每一代表规格品的价格个体指数，其公式为：$k_p = p_1/p_0$。

如表中面粉、大米两个规格品的价格个体指数分别105.4%、101.7%。

（2）计算小类指数。

如表中细粮小类价格指数为：

$$K_{p细粮} = \sum k_p w = 42.16\% + 61.02\% = 103.18\%$$

（3）顺次计算中类、大类以及总指数。

如表中粮食中类价格指数为：

$$K_{p粮食} = \sum K_p w = 92.86\% + 10.09\% = 102.95\%$$

食品大类价格指数为：

$$K_{p食品} = \sum K_p w = 25.738\% + 5.115\% + 10.44\% + 8.296\% + 7.266\% + 10.98\% + 5.12\% + 3.009\% + 5.18\% + 5.10\% + 6.078\% + 5.26\% + 6.108\% = 103.69\%$$

商品零售价格总指数为：

$$\overline{K_p} = \sum K_p w = 52.882\% + 8.24\% + \cdots + 9.91\% = 101.9\%$$

二　居民消费价格指数

居民消费价格指数（Consumer Price Index，英文缩写为 CPI），又称为生活费用指数，是反映一定时期内城乡居民所购买的生活消费品和服务项目价格变动趋势和程度的重要经济指数，是对城市居民消费价格指数和农村居民消费价格指数进行综合汇总计算的结果。通过该指数可以观察和分析消费品的零售价格和服务项目价格变动对城乡居民实际生活费支出的影响程度，可以用于分析市场物价的基本动态，以调整工资水平，使其与物价水平相适应，等等。它是政府制定物价政策和工资政策的重要依据，世界各国都在编制这种指数。

我国的居民消费价格指数的计算也是采用固定权数加权算术平均指数公式（相对数加权），具体公式如下：

$$\overline{K_p} = \frac{\sum k_p w}{\sum w} = \frac{\sum \frac{p_1}{p_0} w}{\sum w}$$

式中，k_p为个体指数；w 为固定权数，由商品销售构成资料以及典型调查资料推算，每层权数之和均应等于100%，权数一般每年确定一次，年内固定不变。

可以看出，居民消费价格指数和商品零售价格指数的计算方法是完全相同的。只是居民消费价格指数所包含的项目分为八大类，分别是食品烟酒类、衣着类、居住类、生活用品及服务类、交通和通信类、教育文化和娱乐类、医疗保健类、其他用品和服务类。

下面通过【例6－9】来说明居民消费价格指数的编制过程。

【例6－9】表6－17是某市居民消费价格资料，据此计算该市的居民消费价格指数。

表6－17　　某市居民消费价格指数计算表

类别及品名	规格等级	计量单位	平均价格/元		指数 k_p /%	权数（比重）w/%	$k_p w$ /%
			基期 p_0	报告期 p_1			
一、食品烟酒类					101.5	35	35.525
二、衣着类					102.2	12	12.264
三、居住类					100.2	13	13.026
四、生活用品及服务类					100.1	12	12.012
五、交通和通信类					98.74	8	7.899
1. 交通					98.11	55	53.961
（1）交通工具					99.84	53	52.915
汽车	中型	辆	211 900	211 500	99.81	56	55.894
电动车	48v	辆	2 760	2 800	101.45	23	23.334
自行车	26寸	辆	489	480	98.16	21	20.614
（2）车用燃料及零配件					85.7	16	13.712

续表

类别及品名	规格等级	计量单位	平均价格/元		指数 k_p /%	权数（比重）w/%	k_pw /%
			基期 p_0	报告期 p_1			
（3）车辆使用及维修费					103.6	15	15.54
（4）市区公共交通费					99.3	6	5.958
（5）城市间交通费					99.8	10	9.98
2. 通信					99.5	45	44.775
六、教育文化和娱乐类					101.7	8	8.136
七、医疗保健类					101.8	8	8.144
八、其他用品和服务类					101.5	4	4.06

计算过程：

（1）计算每一代表规格品的价格个体指数，公式为：$k_p = p_1/p_0$。如表中汽车、电动车、自行车的价格个体指数分别为99.81%、101.45%、98.16%。

（2）计算交通工具这一小类的价格指数：

将汽车、电动车、自行车的“k_pw”相加，可得

$$K_{p交通工具} = \sum k_pw = 55.894\% + 23.334\% + 20.614\% = 99.84\%$$

（3）计算交通这一中类的价格指数：

将交通工具、车用燃料及零配件、车辆使用及维修费、市区公共交通费和城市间交通费这5个小类的“K_pw”相加，可得

$$K_{p交通} = \sum K_pw = 52.915\% + 13.712\% + 15.54\% + 5.958\% + 9.98\% = 98.11\%$$

（4）计算交通和通信这一大类的价格指数：

将交通和通信这两个中类的“k_pw”相加，可得

$$K_{p交通和通信} = \sum K_pw = 53.961\% + 44.775\% = 98.74\%$$

（5）计算居民消费价格总指数：

将各大类的“k_pw”相加，可得

$$\begin{aligned}消费价格总指数\bar{K_p} &= \sum K_pw \\ &= 35.525\% + 12.264\% + 13.026\% + 12.012\% + 7.899\% + 8.136\% + 8.144\% + 4.06\% \\ &= 101.07\%\end{aligned}$$

思维延伸

居民消费价格指数和商品零售价格指数的主要区别有以下三点：

（1）编制目的不同。居民消费价格指数属于消费领域的价格指数，其编制目的在于为各级政府掌握居民消费状况，研究和制定居民消费价格政策、工资政策提供科学依据。而商品零售价格指数属于流通领域的价格指数，其编制目的在于为各级政府制定经济政

策、研究市场流通提供科学依据。

（2）权数来源不同。居民消费价格指数的权数来源于居民用于各类商品和服务项目的消费支出额以及各种商品、服务项目的实际消费支出额的构成比重，主要根据住户调查资料计算。而商品零售价格指数的权数来源于各类消费品零售额和各种消费品零售额的构成比重，主要根据社会消费品零售额资料计算。

（3）调查商品范围不同。居民消费价格指数的调查范围是居民用于日常生活消费的商品和服务项目价格，它既包括商品也包括非商品与服务，但不包括居民一般不消费而主要供集团消费的商品。商品零售价格指数只反映商品，包括居民消费和集团消费，而不反映非商品与服务价格。

三、农产品生产价格指数

农产品生产价格指数是反映一定时期内，农产品生产者出售农产品价格水平变动趋势及幅度的统计指数。该指数可以客观反映全国农产品生产价格水平和结构变动情况，满足农业与国民经济核算需要。我国从2000年开始编制这一指数（在此之前编制的是农副产品收购价格指数）。

我国农产品生产价格指数通过加权调和平均指数公式（质量指标指数）计算：

$$\bar{K}_p = \frac{\sum m}{\sum \frac{m}{k_p}} = \frac{\sum p_1 q_1}{\sum \frac{p_1 q_1}{k_p}}$$

式中，k_p为农产品的价格个体指数；m为权数（采用报告期销售额作为权数）。

同样，农产品的种类成千上万，要调查全部农产品的价格资料显然是不可能的。于是，要先把农产品分类，在分类的基础上选取代表规格品，由代表规格品的个体指数，通过逐级加权平均得到总指数。我国农产品分为种植业、林业、畜牧业、渔业4个大类、17个中类。代表规格品要从每个中类中选取。

【例6-10】表6-18是某省农产品生产价格资料，据此计算该省农产品生产价格指数。

表6-18　　某省某年农产品生产价格指数计算表

类别及品名	规格等级	计量单位	平均价格/元		本年全省实际销售额/万元	指数k_p/%
			上年p_0	本年p_1		
一、种植业类					18 258 176	101.36
1. 谷物					1 932 600	96.6
（1）小麦	二等	100千克	245	243	60 750	99.18
（2）稻谷	二等	100千克	298	303	1 524	101.6
（3）玉米	中等	100千克	194	187	1 589 500	96.5
2. 大豆					47 320	99.0
3. 油料					18 850	100.8

续表

类别及品名	规格等级	计量单位	平均价格/元		本年全省实际销售额/万元	指数 k_p /%
			上年 p_0	本年 p_1		
4. 棉花					22 974	87.5
5. 糖料					58 500	98.8
6. 蔬菜					7 325 000	104.6
7. 水果					7 526 000	99.7
二、林业类					2 227	108.2
三、畜牧业类					7 716 000	96.5
四、渔业类					160 000	104

（注：表中各中类的本期实际销售额不仅仅是各代表规格品的销售额之和，而是包含在该类中的所有商品的销售额总和。）

计算过程：

（1）计算每一代表规格品价格的个体指数。其公式为：$k_p = p_1/p_0$

如表中，小麦价格个体指数为 99.18%（$= \frac{243}{245} \times 100\%$）；稻谷为 101.68%（$= \frac{303}{298} \times 100\%$）；玉米为 96.39%（$= \frac{187}{194} \times 100\%$）。

（2）用代表规格品价格的个体指数、代表规格品的报告期销售额，计算中类指数。其公式为：$K_p = \frac{\sum p_1 q_1}{\sum \frac{p_1 q_1}{k_p}}$

如表中谷物类价格指数为：

$$K_{p谷物} = \frac{60\ 750 + 1\ 524 + 1\ 589\ 500}{\frac{60\ 750}{99.18\%} + \frac{1524}{101.6\%} + \frac{1\ 589\ 500}{96.5\%}} = 96.6\%$$

（3）仍用 $K_p = \frac{\sum p_1 q_1}{\sum \frac{p_1 q_1}{k_p}}$ 公式，顺次计算大类指数以及总指数。

如表中种植业类价格指数为：

$$K_{p经济作物} = \frac{1\ 932\ 600 + 47\ 320 + 18\ 850 + 22\ 974 + 58\ 500 + 7\ 325\ 000 \pm 7\ 526\ 000}{\frac{1\ 932\ 600}{96.6\%} + \frac{47\ 320}{99.0\%} + \frac{18\ 850}{100.8\%} + \frac{22\ 974}{87.5\%} + \frac{58\ 500}{98.8\%} + \frac{7\ 325\ 000}{104.6\%} \pm \frac{7\ 526\ 000}{99.7\%}}$$

$$= 101.36\%$$

农产品生产价格总指数为：

$$\bar{K}_p = \frac{18\ 258\ 176 + 2\ 227 + 7\ 716\ 000 + 160\ 000}{\frac{18\ 258\ 176}{101.36\%} + \frac{2\ 227}{108.2\%} + \frac{7\ 716\ 000}{96.5\%} + \frac{16\ 000}{104\%}} = 99.89\%$$

四、工业生产者出厂价格指数

工业生产者出厂价格指数（Producer Price Index，简称 PPI），是反映某个时期内工业企业产品第一次出售时价格变动的相对数，它是反映全部工业产品出厂价格变化趋势和变动幅度的统计指数，包括工业企业售给本企业以外所有单位的各种产品和直接售给居民用于生活消费的产品。该指数可以观察出厂价格变动对工业总产值及增加值的影响，反映了国民经济活动中生产环节的产品价格变动情况，对监测宏观经济运行情况具有重要作用。

工业生产者出厂价格指数的计算方法与商品零售价格指数、居民消费价格指数类似，也是采用固定权数加权算术平均指数公式计算：

$$\bar{K_p} = \frac{\sum k_p w}{\sum w} = \frac{\sum \frac{p_1}{p_0} w}{\sum w}$$

基本步骤：

（1）把全国的工业产品分为生产资料和生活资料两个大类。生产资料又分为采掘工业、原材料工业、加工工业三个中类，生活资料分为食品类、衣着类、一般日用品和耐用消费品四个中类。每个中类下面又划分若干小类。

（2）选择代表企业和代表产品。选择代表企业的原则：①按工业行业选择调查企业，各中类行业原则上都要有调查企业；②大型企业应尽量都选上（或占相当大比重）；③选择生产正常、稳定的企业作为调查对象。选择代表产品的原则：①按工业行业选择代表产品；②选择对国计民生影响大的产品；③选择生产较为稳定的产品；④选择有发展前景的产品；⑤选择具有地方特色的产品。2016 年的《工业生产者出厂价格调查目录》共包括了 11000 多种产品，并将其划分为 1702 个基本分类。

（3）确定固定权数（以％表示）。工业生产者出厂价格统计中，工业小类及小类以上的权数资料来源于工业统计中分行业工业销售产值数据资料；基本分类的权数资料来源于独立的工业企业产品权数调查。权数一般五年更换一次。权数按大类、中类、小类等分层确定，每层权数之和均应等于 100％。

（4）计算各代表产品的个体指数；然后顺次计算各小类、中类、大类指数以及总指数。

小阅读

2008—2015 年，我国 PPI 数据资料见表 6－19。

表 6－19　　2008－2015 年我国工业生产者出厂价格指数

类别	2008	2009	2010	2011	2012	2013	2014	2015
总指数	106.9	94.6	105.5	106.0	98.3	98.1	98.1	94.8
生产资料	107.7	93.3	106.6	106.6	97.5	97.4	97.5	93.3

续表

类别	2008	2009	2010	2011	2012	2013	2014	2015
采掘工业	123.2	84.2	122.2	115.4	97.6	94.3	93.5	80.3
原材料工业	108.9	91.9	110.1	109.2	98.0	96.9	97.0	90.5
加工工业	105.2	95.1	103.1	104.6	97.3	98.0	98.2	95.7
生活资料	104.1	98.8	102.0	104.2	100.8	100.2	100.0	99.7
食品类	108.3	98.6	103.8	107.4	101.4	100.7	100.2	100.0
衣着类	102.2	100.1	102.0	104.2	102.1	101.2	100.7	100.7
一般日用品	103.6	99.2	101.9	104.0	100.9	99.8	100.1	99.3
耐用消费品	99.5	97.7	99.4	99.4	99.1	99.1	99.2	99.2

虽然PPI反映的是各种工业产品的出厂价格水平变化趋势和程度的相对数，体现的是生产环节的价格水平，但跟我们的生活息息相关。

会波及消费品

也许对普通消费者来说，CPI、PPI都显得很宏观，不通俗易懂。PPI反映生产环节价格水平，CPI反映消费环节的价格水平。由此可见，PPI是CPI的上游环节，根据价格传导规律，PPI对CPI有一定的影响。从经济学角度看，整体价格水平的波动一般首先出现在生产领域，然后通过产业链向下游产业扩散，最后波及消费品。PPI变化带动CPI变化的原因有两种，一是PPI上涨后主要通过成本推动的形式传导到CPI，而另一种原因是PPI自己本身的变化，从而影响到了CPI的变化。

从生产成本的上涨到出厂价格的上涨，再到老百姓买到的实实在在的商品价格的上涨，都是息息相关，一环扣着一环。

PPI上升非好事

PPI通常会作为观察通货膨胀水平的重要指标。由于食品价格因季节变化加大，而能源价格也经常出现意外波动，为了能更清晰地反映出整体商品的价格变化情况，一般将食品和能源价格的变化剔除，从而形成“核心生产者物价指数”。“核心PPI”是指将食物及能源去除后的，即称为“核心PPI”（Core PPI）指数。用“核心PPI”作为考察指数目的在于正确判断物价的真正走势，这是由于食物及能源价格一向受到季节及供需的影响，波动剧烈。

所以，PPI上升不是好事。如果生产者转移成本，终端消费品价格上扬，通胀上涨。如果不转移，企业利润下降，经济有下行风险。

五、股票价格指数

股票价格指数简称股价指数，它是反映某一股票市场上多种股票价格综合变动程度的相对数，其单位一般用“点（Point）”表示。它是由证券交易所或金融服务机构编制的表明股票行市变动的一种供参考的指示数字。投资者据此可以检验自己投资的效果，并预测股票市场的动向。同时，企业管理层、政界领导人等也可以此为参考指标，来观察、预测社会经济、政治发展形势。

股价指数具有四个特征。一是综合性，它反映的是整个股市价格的变动情况；二是代表性，它选择的样本股具备一定的代表性；三是敏感性，不管股票价格上升或下跌，股价指数都能灵敏地将其变化反映出来；四是连续性，股价指数能够反映长时间的股市变化进程，不同时期的股价指数具有历史参考作用。

思维延伸

股票价格指数的作用主要体现在以下几个方面：

(1) 它是反映市场行情变化的指示灯。股票价格指数是表明股市变动的重要指标，人们可以通过它了解到不同国家和地区股市变动的情况。

(2) 它能为投资者提供重要的信息。投资者在进行股票投资时，要考虑整个股市的变化情况。股价指数为他们把握投资机会、选择投资对象提供依据。

(3) 它是观察、分析国民经济的重要依据。编制股价指数时，一般选择实力雄厚的上市公司的股票为代表，这些公司的股价变动反映了股市的股价水平，同时这些公司的经营业绩也反映了该国或地区的经济状况。

股票价格指数的编制方法有简单算术平均和加权算术平均两种形式，前者以美国道·琼斯股价指数为代表，后者以知名度仅次于前者的标准·普尔公司的混合指数为代表。

(一) 道·琼斯股价指数

道·琼斯股价指数是由美国新闻出版商道·琼斯公司计算并发布的，是历史最悠久的股票价格指数。最初组成道·琼斯股票价格平均数的股票只有12种，采用简单算术平均法计算。后来几经变动，选择的股票种类不断增加，从1938年至今增加到65种，其中包括30种工业股票、20种交通运输业股票及15种公用事业股票，编制方法也从简单算术平均改为平均数修正法。由于各股份公司经常有股数增加和股票拆细的情况发生，这样，作为分母的股票总股数必然增加，促使单位股价降低，难以体现股票价格变动的真实情况，因此需要对分母做适当处理，以免平均数受到影响。这种方法称为平均修正法，其本质仍然是简单算术平均数。道·琼斯股票价格指数以1928年10月1日为基期，即以该日的股价平均数为基数（基期指数为100），以后各期股价平均数同基期相比计算出来的百分数就成为各期的股票价格指数。

【例6-11】假设某证券市场基期有4种股票出售，每股股票的收市价格分别为：A=25元、B=40元、C=15元、D=30元，则该市场基期股票价格平均数为：

$$\bar{p}_0 = \frac{\sum p_0}{n_0} = \frac{25+40+15+30}{4} = 27.5(\text{元})$$

再假设该市场报告期的股票价格有升有降，股票种类也有所增加，各种股票的每股收市价格分别为：A=35元、B=45元、C=20元、D=20元、E=40元，则该市场报告期股票价格平均数为：

$$\overline{p_1} = \frac{\sum p_1}{n_1} = \frac{35 + 45 + 20 + 20 + 40}{5} = 32(\text{元})$$

那么，该市场的股票价格指数为：

$$\text{股价指数} = \frac{\overline{p_1}}{\overline{p_0}} \times 100 = \frac{32}{27.5} \times 100 = 116.4$$

计算结果表明，该市场的股票价格指数为 116.4，即平均数水平上涨了 16.4 个点。

由于道·琼斯指数的采样股票数目少且多是热门股，缺乏广泛的代表性，并且没有考虑权数，会导致少数几种流通性较小的股票价格的大幅度涨落对平均数产生很大的影响。

（二）标准·普尔混合指数

标准·普尔混合指数是由美国最大的证券研究机构标准·普尔公司于 1957 年开始编制和发表的，基期指数也是100。该指数具有以下特点：第一，该指数包括的股票范围广泛，它包括500家股票（含400种工业股票、20种运输业股票、40种公用事业股票以及40种金融业股票）的总价值，占纽约证券交易所上市股票总市值的90%，能够全面反映股票市场价格的变动。第二，该指数是随机抽样的，包括了上、中、下各类股票。第三，该指数是按照股票交易额为权数计算的，对拆股的股票不需要进行调整。近年来许多专家认为标准·普尔指数更能真实地反映股票市场上的实际情况。

（三）纳斯达克（NASDAQ）指数

NASDAQ 股票市场是世界知名的创业板股票交易市场，以发现和培育高科技明星企业称著于世界。NASDAQ 指数包含多种指数，但最主要的是 NASDAQ 综合指数和 NASDAQ－100 指数。NASDAQ 综合指数是以在 NASDAQ 证券市场上市的、所有本国和外国的上市公司的普通股为基础计算的。该指数按每个公司的市场价值来设权重，这意味着每个公司对指数的影响是由其市场价值所决定的，市场总价是所有已公开发行的股票在每个交易日的卖出价总和。现在 NASDAQ 综合指数包含了5 000 多家公司，远远超过其他市场指数。该指数是在 1971 年 2 月 5 日启用的，基准点位 100 点。NASDAQ－100 指数是由在 NASDAQ 证券市场上市的、最大的 100 家非金融性国内公司的 4 个指数综合而成，反映纳斯达克成长最快的主要非金融性公司的情况，每一家公司的股票通过其市值在综合指数中的比例来影响 NASDAQ－100 指数。

（四）英国金融时报股票指数

金融时报股票指数是由伦敦证券交易所编制，并在《金融时报》上发布的股票指数。根据样本股票的总数，金融时报股票指数分为 30 种股票指数、100 种股票指数和 500 种股票指数三种指数。目前常用的金融时报工业普通股票指数，其成分股由 30 种代表性的工业公司的股票构成，最初以 1935 年 7 月 1 日为基期，后来调整为以 1962 年 4 月 10 日为基期，基期指数为 100，采用几何平均法计算。而作为股票指数期货合约标的的金融时报指数则是以市场上交易较频繁的 100 种股票为样本编制的指数，其基期为 1984 年 1 月 3 日，基期指数为 1 000。

（五）日经指数

日经指数是东京证券交易所于1950年模仿道·琼斯指数的计算方法，以225种股票为样本股编制的。1975年5月1日，日本经济新闻社向道·琼斯公司买进商标，采用美国道·琼斯公司的修正法计算，这种股票指数也就改称为“日经道·琼斯平均股价”，其后将样本股增加到500只。该指数被看作日本最有影响和代表性的股价指数，通过它可以了解日本的股市行情变化和经济景气变动状况。

（六）香港恒生指数

香港恒生指数是香港股票市场上历史最悠久、影响最大的股价指数，由香港恒生银行于1969年11月24日开始发布，基期为1964年7月31日。香港恒生指数共选择了33种具有代表性的股票（成分股）为指数计算对象，包括4种金融业股票、6种公用事业股票、9种房地产业股票和14种其他工商业股票。香港恒生指数是加权股价指数，它主要根据各种样本股票的相对重要性进行加权。

（七）上证综合指数

上证综合指数是由上海证券交易所编制的，以1990年12月19日为基期，于1991年7月15日正式开始发布，基期指数为100。该股价指数的样本为所有在上海证券交易所挂牌上市的股票，其中新上市的股票在挂牌的第二天会纳入股价指数的计算范围。该股价指数的权数为股票的总股本。由于我国上市公司的股票有流通股和非流通股之分，所以其流通量与总股本并不一致。总股本较大的股票对股价指数的影响较大。

上证综合指数的计算公式为：

$$\text{上证综合指数} = \frac{\text{报告期市价总值}}{\text{基期市价总值}} \times 100$$

（八）深证综合指数

深证综合指数是由深圳证券交易所编制的，以1991年4月3日为基期，基期指数为100。该股价指数的计算方法与上证综合指数基本相同，其样本为所有在深圳证券交易所挂牌上市的股票，权数为股票的总股本。

任务六　运用Excel进行统计指数的编制与分析

在Excel中，没有专门用于指数计算和因素分析的工具和统计函数，因此，本项任务中，利用Excel进行计算，主要是使用公式并结合填充柄功能进行操作完成。以下举例说明如何在Excel中实现综合指数及其有关数值的计算。

以下操作以Excel2010为例。

一、综合指数的计算

【例6－12】某商场销售甲、乙、丙三种商品，具体资料如表6－20所示。试利用Excel计算销售额指数、销售量指数和价格指数。

表 6-20　　某商场销售商品资料

商品名称	计量单位	销售量		销售价格（元）	
		基期 q_0	报告期 q_1	基期 p_0	报告期 p_1
甲	千克	5 000	6 000	230	250
乙	件	2 400	2 200	50	65
丙	盒	9 000	12 000	100	80
合计	—	—	—	—	—

具体步骤如下：

（1）将表 6-20 中的数据录入 Excel 工作表，并增加一列“销售额”，如图 6-7 所示。

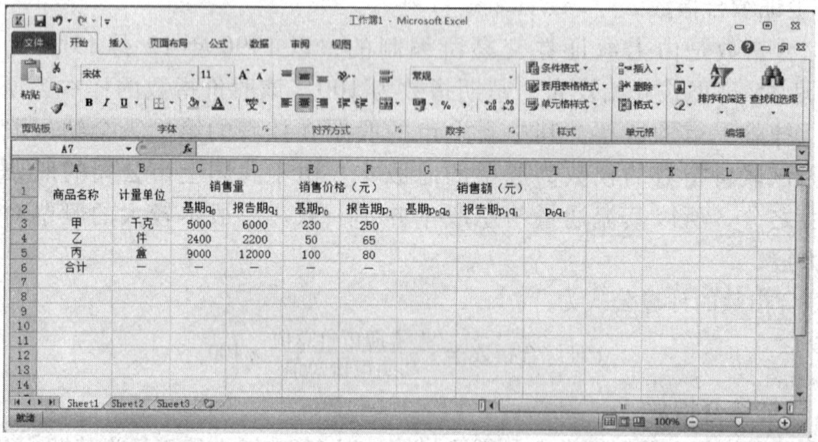

图 6-7　录入商品的销售量和销售价格

（2）计算三种商品基期销售额和销售总额：单击单元格 G3，输入公式“=C3*E3”，按下 Enter 键，并用鼠标拖曳将公式填充至单元格 G5；选定 G3：G5 区域，单击工具栏上的按钮“Σ自动求和”，在单元格 G6 中出现该列的求和值。

（3）计算三种商品报告期销售额和销售总额：单击单元格 H3，输入公式“=D3*F3”，按下 Enter 键，并用鼠标拖曳将公式填充至单元格 H5；选定 H3：H5 区域，单击工具栏上的按钮“Σ自动求和”，在单元格 H6 中出现该列的求和值。

（4）计算三种商品的“p_0q_1”和“$\sum p_0q_1$”：单击单元格 I3，输入公式“=D3*E3”，按下 Enter 键，并用鼠标拖曳将公式填充至单元格 I5；选定 I3：I5 区域，单击工具栏上的按钮“Σ自动求和”，在单元格 I6 中出现该列的求和值。

以上计算结果如图 6-8 所示。

（5）计算销售额指数：在单元格 B8 中输入公式“=H6/G6”，按下 Enter 键，即可求得销售额指数。

（6）计算销售量指数：在单元格 B9 中输入公式“=I6/G6”，按下 Enter 键，即可求

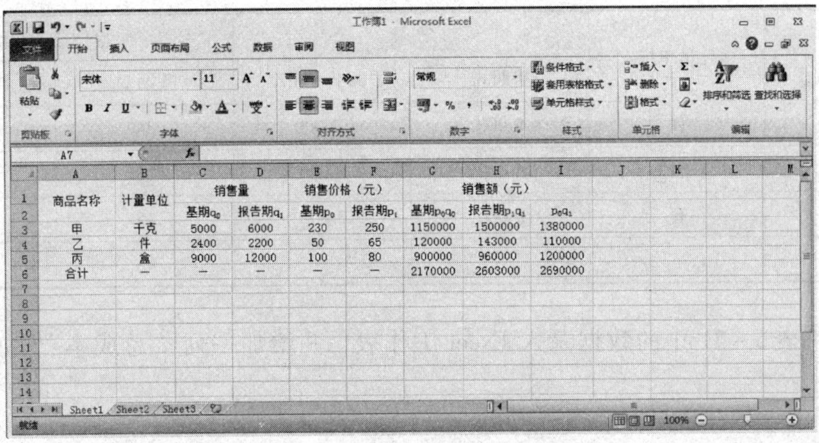

图 6－8　相关销售额计算结果

得销售量指数。

（7）计算销售价格指数：在单元格 B10 中输入公式“＝H6/I6”，按下 Enter 键，即可求得销售价格指数。

以上计算结果如图 6－9 所示。

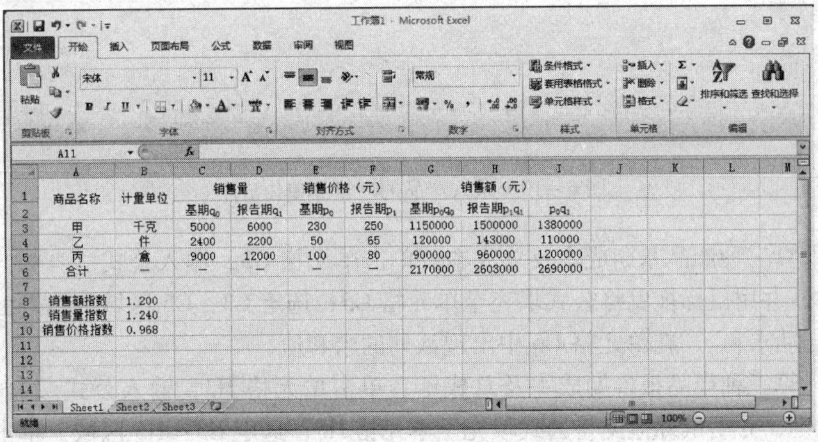

图 6－9　相关指数计算结果

二、总量指标变动的因素分析

【例 6－13】某企业生产甲、乙、丙三种产品，产量及成本资料如表 6－21 所示。试利用 Excel 对该企业三种产品总成本的变动进行因素分析。

具体步骤如下：

表 6－21　　某企业三种产品产量及成本资料

产品	计量单位	产量		单位成本/元	
		基期 q_0	报告期 q_1	基期 p_0	报告期 p_1
甲	件	8 000	12 000	24	20
乙	台	6 000	6 000	18	18
丙	套	5 000	3 000	15	19
合计	—	—	—	—	—

（1）将表 6－21 中的数据录入 Excel 工作表，并增加一列“总成本”，如图 6－10 所示。

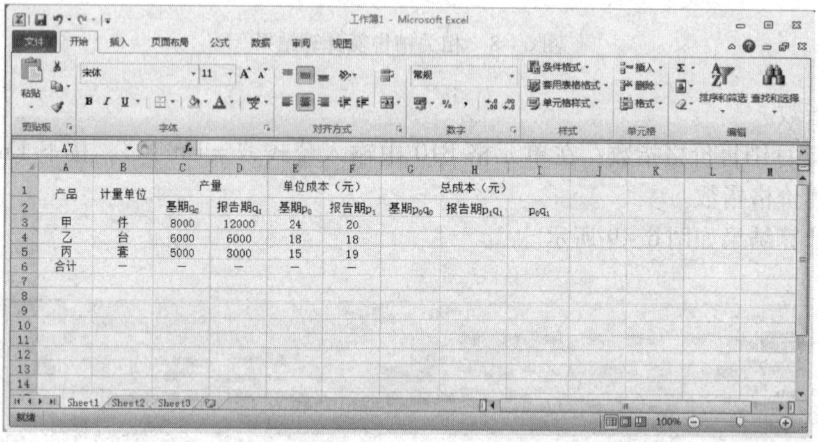

图 6－10　录入产品的产量和单位成本

（2）计算三种产品基期成本及总成本：单击单元格 G3，输入公式“＝C3＊E3”，按下 Enter 键，并用鼠标拖曳将公式填充至单元格 G5；选定 G3：G5 区域，单击工具栏上的按钮“Σ自动求和”，在单元格 G6 中出现该列的求和值。

（3）计算三种产品报告期成本及总成本：单击单元格 H3，输入公式“＝D3＊F3”，按下 Enter 键，并用鼠标拖曳将公式填充至单元格 H5；选定 H3：H5 区域，单击工具栏上的按钮“Σ自动求和”，在单元格 H6 中出现该列的求和值。

（4）计算三种产品的“p_0q_1”和“$\sum p_0q_1$”：单击单元格 I3，输入公式“＝D3＊E3”，按下 Enter 键，并用鼠标拖曳将公式填充至单元格 I5；选定 I3：I5 区域，单击工具栏上的按钮“Σ自动求和”，在单元格 I6 中出现该列的求和值。

以上计算结果如图 6－11 所示。

（5）计算单位成本指数、产量指数和总成本指数：在 C9 中输入“＝H6/I6”，求得单位成本指数；在 C10 中输入“＝I6/G6”，求得产量指数；在 C11 中输入“＝H6/G6”，求得总成本指数。

（6）计算由于单位成本变动对总成本的影响数、由于产量变动对总成本的影响数和

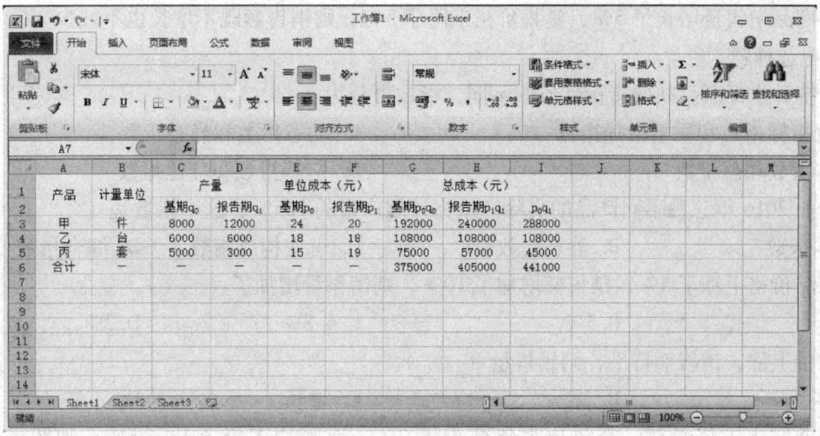

产品	计量单位	产量		单位成本（元）		总成本（元）		
		基期q_0	报告期q_1	基期p_0	报告期p_1	基期p_0q_0	报告期p_1q_1	p_0q_1
甲	件	8000	12000	24	20	192000	240000	288000
乙	台	6000	6000	18	18	108000	108000	108000
丙	套	5000	3000	15	19	75000	57000	45000
合计	—	—	—	—	—	375000	405000	441000

图 6－11　相关总成本计算结果

总成本变动总数：在 H9 中输入“＝H6－I6”，可求得单位成本变动对总成本的影响数；在 H10 中输入“＝I6－H6”，可求得产量变动对总成本的影响数；在 H11 中输入“＝H6－G6”，可求得总成本变动总数。

以上计算结果如图 6－12 所示。

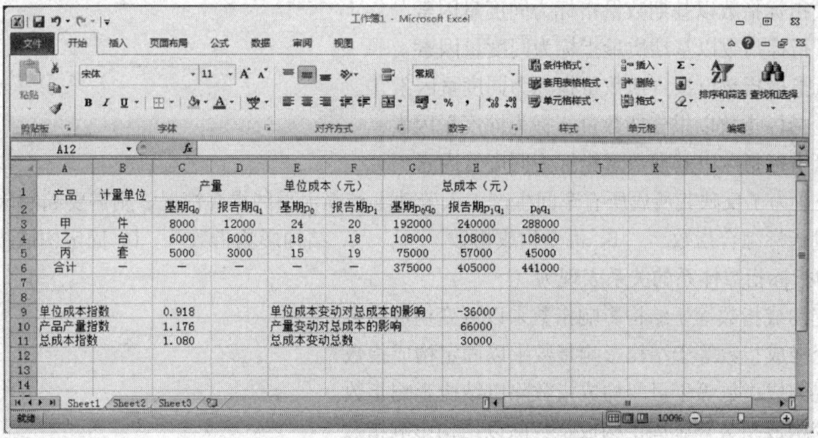

产品	计量单位	产量		单位成本（元）		总成本（元）		
		基期q_0	报告期q_1	基期p_0	报告期p_1	基期p_0q_0	报告期p_1q_1	p_0q_1
甲	件	8000	12000	24	20	192000	240000	288000
乙	台	6000	6000	18	18	108000	108000	108000
丙	套	5000	3000	15	19	75000	57000	45000
合计	—	—	—	—	—	375000	405000	441000
单位成本指数		0.918		单位成本变动对总成本的影响			-36000	
产品产量指数		1.176		产量变动对总成本的影响			66000	
总成本指数		1.080		总成本变动总数			30000	

图 6－12　相关指数、影响数计算结果

思考与练习

一、判断题

1. 狭义的指数专指个体指数。(　　)
2. 按反映现象总体范围大小的不同，统计指数可分为综合指数和平均指数。(　　)
3. 质量指标指数一般把同度量因素固定在基期。(　　)
4. 平均指标指数又称可变构成指数，它可以分解为固定构成指数和结构影响指数。(　　)

5. 如果商品销售量增长了5%，销售价格下降了5%，则销售额既不增长也不减少。(　　)

二、单项选择题

1. 根据统计指标所反映的指标性质的不同，指数可分为（　　）。

A. 数量指标指数和质量指标指数　　B. 动态指数和静态指数

C. 个体指数和总指数　　D. 定基指数和环比指数

2. 某企业2016年三种不同产品的实际产量为计划产量的105%，这个指数是（　　）。

A. 个体指数　　B. 静态指数　　C. 可变构成指数　　D. 综合指数

3. 某商品价格上涨了5%，销售额增加了10%，则销售量增加了（　　）。

A. 15%　　B. 5%　　C. 4.8%　　D. 2%

4. 若物价上涨，销售额持平，则销售量（　　）。

A. 为零　　B. 减少　　C. 增长　　D. 不变

5. 某企业职工工资总额，今年比去年减少了2%，而平均工资上升了5%，则职工人数减少了（　　）。

A. 3%　　B. 10%　　C. 40%　　D. 6.7%

三、多项选择题

1. 统计指数按照其所采用的基期不同可分为（　　）。

A. 综合指数　　B. 平均指数　　C. 简单指数　　D. 环比指数

E. 定基指数

2. 编制综合指数的一般原则是（　　）。

A. 数量指标指数以基期数量指标为同度量因素

B. 数量指标指数以基期质量指标为同度量因素

C. 数量指标指数以报告期数量指标为同度量因素

D. 质量指标指数以报告期数量指标为同度量因素

E. 质量指标指数以基期数量指标为同度量因素

3. 某企业为了反映其所属所有车间生产工人劳动生产率水平的提高情况，则需要编制（　　）。

A. 数量指标综合指数　　B. 可变构成指数　　C. 结构影响指数　　D. 固定构成指数

4. 平均指标指数体系的关系表现为（　　）。

A. 固定构成指数等于结构影响指数乘以可变构成指数

B. 可变构成指数等于结构影响指数乘以固定构成指数

C. 固定构成指数等于可变构成指数除以结构影响指数

D. 可变构成指数等于固定构成指数除以结构影响指数

E. 结构影响指数等于可变构成指数除以固定构成指数

5. 某产品的生产总成本2016年为20万元，比2015年多支出0.4万元，单位成本2016年比2015年降低2%，则（　　）。

A. 生产总成本指数为102%　　B. 单位成本指数为2%

C. 产品产量指数为104%　　D. 单位成本指数为98%

E. 产品产量指数为96%

四、简答题

1. 广义统计指数与狭义统计指数有何差异？统计指数有什么作用？

2. 什么是综合指数？

3. 什么是同度量因素？

4. 什么是平均指数？平均指数有哪两种计算方法，其相应的权数怎样确定？

5. 什么是指数体系？指数体系内的各个指数之间存在哪些方面的数量对等关系？

五、计算题

1. 某商业企业商品销售量和价格资料如表6－22所示。

表6－22　　销售量和销售价格表

商品名称	计量单位	销售量		价格/元	
		基期	报告期	基期	报告期
甲	件	1 200	1 500	24	26
乙	千克	2 400	2 400	12	15
丙	台	560	600	86	98

根据上述资料，计算（列表）：

（1）三种商品销售量总指数；

（2）三种商品价格总指数；

（3）由于价格变动，该企业增加的商品销售额。

2. 某企业总产值及产量增长速度资料如表6－23所示。

表6－23　　产值及产量增速表

产品名称	总产值/万元		产量增长/%
	基期	报告期	
甲	120	150	10
乙	200	210	5
丙	400	440	20

根据资料，计算（列表）：

（1）三种产品的产量总指数；

（2）由于产量变动，导致总产值的增加额或减少额；

（3）三种产品的价格总指数。

3. 某企业的总成本及个体成本的增长率与下降率资料如表6－24所示。

根据资料，试求（列表）：

（1）三种产品的单位成本总指数；

（2）由于成本变化而节约或增支的金额；

（3）三种产品的产量总指数。

表6－24　　总成本及单位成本变动表

产品名称	总成本/万元		单位成本提高（+）或降低（－）的%
	基期	报告期	
甲	70	84	+5
乙	24	38	－6
丙	12	15	－3

4. 某公司商品销售量及商品价格资料如表 6－25 所示。

表 6－25　　销量及价格表

商品名称	单价/元		销售量	
	基期	报告期	基期	报告期
甲	12	10	120	140
乙	8	7	200	220
丙	6	8	300	280

根据资料，计算（列表）：

（1）商品销售额指数；

（2）分析商品销售量变动和商品价格变动，对商品销售额变动的影响程度和影响的绝对额。

5. 某企业工人月平均工资资料如表 6－26 所示。

表 6－26　　月平均工资表

工人类别	工人数/人		月平均工资/元	
	基期	报告期	基期	报告期
技术工	300	400	7 000	7500
辅助工	200	600	4 000	4 500
合计	500	1 000	5 800	5 700

试计算：

（1）可变构成指数；

（2）固定构成指数；

（3）结构影响指数；

（4）对总平均工资的变动进行因素分析。

技能实训

【实训目的】

1. 使学生进一步理解并掌握综合指数的意义、编制方法；
2. 使学生能运用指数进行因素分析；
3. 提高学生用所学知识分析实际问题的能力；
4. 培养学生的团队合作精神。

【实训任务】

以学院某一商店（或某食堂）为分析对象，搜集相关资料，分析从入学至今，商品（或菜品）销售额、价格、销量的总体变动情况，并对销售额变动情况做因素分析。

【实训要求】

全班同学分组，组内同学合理进行任务分工。

【成果检验】

每组同学将整个实训内容整理成实训报告并提交，由教师随机挑选某组做课堂汇报与交流分享。教师对各组进行点评及成绩评定。

项目七 抽样推断

【知识目标】

1. 了解抽样推断的含义、特点及作用；
2. 理解抽样推断中常用的基本概念；
3. 掌握抽样误差、抽样估计和必要样本容量等计算方法；
4. 了解各种抽样组织方式。

【能力目标】

1. 能够使用恰当的抽样组织方式和抽样方法进行抽样调查；
2. 能够进行抽样估计；
3. 能运用 Excel 进行区间估计。

【实例导入】

盖洛普民意测验

在美国总统竞选民意测验的历史中，乔治·盖洛普（George Gallup）在 1936 年使用的配额抽样法（注：一种非随机抽样方式），曾获得巨大的成功，开创了民意测验作为一种科学方法时代的到来。配额抽样法，力求调查对象在州、市、镇、村的大小、年龄、性别、人种和社会阶层等各方面，能准确地代表美国的所有选民。例如，如果二十几岁的人占全体选民的 27%，那么在调查对象中，二十几岁的人也应占 27%。但这种方法的主要问题在于，调查员在既定的配额下，拥有自主判断力，以决定哪些被访者被列入调查范围。调查员的这个主观态度将会导致偏差，因为在结果样本中可能会遗失具有某种特征的人群，如某些难以联络的调查对象。

从 1948 年开始，民意测验方法得到改进，民意测验的误差也从此很微小。接着，从 1986 年开始，盖洛普公司采用家庭电话概率抽样的方法进行民意测验。因为进入八十年代，95% 的美国家庭拥有电话，电话访问成为可能，同时也比入屋访问便宜得多。其基本过程是：按照随机原则，随机选取家庭电话号码进行访问，并根据人口统计的变量结果进行较正。对于美国总统选举，这里的随机原则就等同于等概率原则，即必须保证每个选民有相等的概率被抽中，则依此抽取的样本将对总体具有代表性。

盖洛普民意测验的基本步骤如下：

1. 识别总体，确定抽样框

盖洛普公司对美国总统竞选的民意测验，在确定抽样框的过程中，随机原则体现在以下几点：

首先，识别总体，产生包含所有抽样单元的抽样框。抽样框是用来代表总体，从中抽选样本的一个框架。因此，其重要性不言而喻。在理论上，总体是指所有年满18周岁的美国公民。家——这是所有人等可能被找到的地方，是调查地点的理想选择。早期的盖洛普民意测验采取的是入屋采访的方式，这种方法几乎沿用了五十年，经证明有很高的精确度。如今因为家庭电话的普及与为节省费用双重考虑，采用电话访问。因此，民意测验在实践中，总体是指那些年满18周岁、居住在美国大陆的、家里拥有电话的美国公民。初级单元是所有拥有电话的美国大陆家庭，所以抽样框就是包含所有美国家庭电话的清单。值得注意的是，由于是以家庭为初级单元，所以学校、医院、军事基地和其他的群体机构的电话就不能列入“抽样框”。一方面是盖洛普公司所做的妥协，另一方面是防止出现重复调查的误差。

第二，抽样框产生的具体办法。首先想到的是电话本，它几乎包含了所有的家庭电话。但是，据估计，大约有30%的美国家庭电话号码不在电话本上，所以将电话作为抽样框这个简便的方法是不可行的，否则会遗漏不在列的电话，造成样本的偏差。进一步说，如果从电话本中随机抽取号码，将会遗失具有特定特征的样本，如喜欢拥有完全隐私权的群体。这些群体可能存在相同的爱好从而投相同的选票，误差由此而产生，并且误差也会很大。盖洛普民意测验，利用计算机辅助的方法，从美国所有的电话总机出发，采用一个RDD（Random Digit Dialing）的程序，从电话总机中产生美国所有可能的家庭电话号码，然后再从这些号码中选取一个子集作为样本。于是，从总机产生的所有家庭电话号码就作为一个抽样框，并且不会有所遗漏。普洛普公司就利用由此产生的电话子集作为样本进行调查访问。

2. 样本量的确定

为保证一定的精确度，同时又不至于过分增加调查费用和浪费时间。盖洛普·乔治根据实际情况，调查了3 000人。

3. 访问的实施

由于初级单元是家庭，因此当家庭成员多于一人时，就需要对被访家庭成员进行随机抽样，选取其中一人进行访问。比如，选取最近生日的那个成员进行访问，或者叫接电话者按照年龄和性别将所有家人排序，然后访问员从中随机选一人。这些措施虽小，但是其随机性是民意测验反映真实民意的保证之一。如果选中的被访对象不在家，则实行再访问程序（Call - back Procedure），即在调查期间随后的晚上打回电，尽量找到选定的人，以减少误差。实际存在的问题是，不在家的成员可能是比较年轻的成年人，或者由于喜欢讲电话的人占住电话使电话无法拨通。不管是年轻人或是喜欢讲电话的人，这些群体都很可能有相同的特征，如果忽略这些人而另找被访对象，出现误差在所难免。

最后，对数据进行了整理，得出了预测结论。

盖洛普在战后做过多次关于总统大选结果的民意测验，每次都与实际结果接近（当选者预测无误，得票率估计略有误差），可见盖洛普的民意测验相当成功。

（资料来源。胡志萍，王斌会．盖洛普民意测验及其实现抽样随机原则的思考［J］．统计与决策，2004（3）：89、90）

任务一 认识抽样推断

任务先导

某企业欲了解A市目标消费者对其产品的需求状况、偏爱程度、消费行为等，有下列三种调查方案：①对A市所有目标消费者进行调查；②对某一片区的目标消费者进行调查；③从A市目标消费者中随机抽取一部分进行调查。你认为哪种方案较为可行？

一、抽样推断的含义与特点

（一）抽样推断的含义

抽样推断是指按照随机原则，从总体中抽取一定数量的单位组成样本进行调查，计算出样本指标数值，然后根据样本资料的数量特征对总体的数量特征作出估计和推断，以达到认识总体数量特征的目的。抽样推断示意图如图7－1所示。

图7－1 抽样推断示意图

统计分析的目的是说明某一现象总体的数量特征，为此，理应搜集现象总体的全面资料。但在实际工作中，由于受客观条件或环境的限制，往往不可能或没必要搜集总体的全面资料，只可能或只需要从总体中抽取一个样本作为总体的代表，对样本进行调查，然后，利用样本资料推断总体的数量特征或推算总体的总量指标。这样，既可以提高工作效率，也可以节约工作成本和费用。

例如，调查5 000台电脑的合格率就没有必要采用全面调查方法，会耗费不必要的人力、物力和财力。可以按照10%的比例，抽取500台电脑作为样本进行检查，结果发现10台不合格，则样本合格率为98%。根据98%的样本合格率，来推断5 000台电脑总体的合格率，这就是抽样推断。

再如，调查10 000台冰箱的使用寿命不能采用全面调查方法，因为检验之后冰箱就全部报废了。可以按照8%的比例，抽取80台作为样本进行调查，结果发现平均使用寿命为97 600小时。之后，根据这80台电冰箱的平均使用寿命，来推断10 000台冰箱的平均使用寿命，这也是抽样推断。

（二）抽样推断的特点

抽样推断是认识现象总体的一种重要方法，在统计调查分析活动中应用很广。它具有以下几个特点。

1. 按照随机原则进行抽样

按照随机原则进行抽样，意味着总体中的每一个单位被抽取的机会是均等的。这就要求在抽取样本时，不能掺杂人为因素，必须客观地对待每一单位。只有坚持按随机原则抽样，才能事先掌握各种样本出现的可能性大小，提供样本指标值的分布情况，计算样本指标的抽样平均误差，并且用概率论基本知识来分析样本指标与总体指标的关系。

2. 以样本指标推断总体的相应指标

抽样推断是将抽取的样本作为调查对象，计算得出样本指标，然后由样本指标推算总体的相应指标。调查是手段，推断是目的，即通过对部分单位的调查分析，达到认识总体现象的目的。

3. 运用概率估计的方法进行抽样推断

利用样本指标来估计总体指标，从数学上来讲是运用了不确定的概率估计法，而不是确定的数学分析方法。抽样推断原则上把由不同样本所决定的样本指标看作随机变量，而在实践中往往只抽取一个样本，并以样本指标数值为基础估计相应总体指标数值。于是接着需要解决的问题便是这样估计的总体指标数值其可靠程度究竟有多大，这就是概率估计所要解决的问题。

4. 抽样误差可以事先计算和控制

抽样推断是用样本指标推断总体指标，由于样本毕竟不是总体，这就必然会产生一定的误差。这个误差的大小能够被科学地计算出来，并在事前可以采取必要的抽样组织方式或抽样方法来控制，以保证抽样推断的结果达到一定的可靠程度，从而使推断更加科学。

二、抽样推断的作用

抽样推断在统计工作中，有着很重要的作用，主要表现在以下几个方面：

第一，对许多产品的质量检查具有破坏性或消耗性，不可能进行全面调查。如灯泡的使用寿命、纸张的强度、烟酒的质量品尝等，检测出质量后，相应的产品已经报废或消耗，只能用抽样推断的方法。

第二，由于受客观条件限制，对有些现象不必要或很难进行全面调查。如家庭收支情况的调查、消费者消费行为的调查等，如果进行全面调查，需要花费大量的人力、物力、财力和时间，于是需采用抽样推断。另外，对于无限总体，则无法进行全面调查。如要了解空气的污染程度、森林的木材积蓄量等，只有借助于抽样推断的方法。

第三，可以检验或修正全面调查资料。在某种情况下，抽样调查的数据比全面调查的数据更准确。例如人口普查等，由于调查单位多、涉及面广，容易产生操作性的登记误差。我国人口普查规定，在人口普查工作完毕后，还要按照规定的抽样方法抽取若干地区的人口进行复查，利用抽样调查资料的数据去修正普查数据，从而提高调查资料的准确性。

第四，用于工业生产过程中的质量检验。在工业产品成批或大量连续生产过程中，采用抽样推断可以检验生产工艺过程是否正常，及时提供有关信息，便于企业采取相应措施，进行质量控制，保证生产质量稳定，防止损失。

思维延伸

当我们对总体的变化情况不了解时，可先对总体的状况作出某种假设，然后再根据抽样推断的原理，通过样本资料对所作假设进行检验，来判断这种假设的真伪，以决定我们行动的取舍，这种推断方法称为总体参数的假设检验。

具体地讲，假设检验是指根据我们的经验或不成熟的认识，在对总体的有关分布函数、分布参数或数字特征等信息作出某种假设的前提下，为了确定该假设的正确性，而自总体中随机抽取部分单位，利用部分与总体间的关系来对所提出的假设作出判断，以决定是否接受该假设的过程。

三、抽样推断中的若干基本概念

情境创设

某大型公司人事部要对其 12 000 名员工的档案进行抽样整理。以考察这些员工的平均年收入水平及参加过公司培训的人员比例。请问调查的总体是什么？要得到的指标是什么？

（一）全及总体和样本总体

1. 全及总体

全及总体简称总体或母体，是我们所分析对象的全体。全及总体的单位数一般用 N 表示。如从 5 000 台电脑中抽取 500 台，调查其合格率，则这 5 000 台电脑就是一个全及总体，全及总体单位数 N 为 5 000 个。

2. 样本总体

样本总体简称样本或子样，是从全及总体中随机抽出来的部分单位组成的整体。样本中所包含的单位数叫样本容量，一般用 n 表示。如上例中所抽取的 500 台电脑就是样本，样本容量 n 为 500 个。

在实际工作中，样本容量必须结合调查任务的要求、总体标志值的变异情况以及抽样方法等多方面因素综合考虑。样本容量的大小通常关系到抽样调查的效果，人们通常把 $n \geqslant 30$ 的样本称为大样本，而把 $n < 30$ 的样本称为小样本。

样本来源于总体，是总体的代表，抽取样本的目的就是要用样本的特征去估计总体的特征。但由于样本只是总体的一部分，样本的抽取又具有随机性，所以，样本的内部构成与总体的内部构成总是有一定的差异，即样本不能完全代表总体，因而抽样推断总是存在一定的误差。样本对总体的代表性越大，则误差越小。如何科学地从总体中抽取样本、如何估计和控制误差、怎样利用样本的特征去估计和推断总体的特征，这正是抽样推断中所要探讨的主要内容。

小思考

全及总体是唯一确定的，那么从总体中抽取的样本是不是唯一的?

（二）全及指标和样本指标

全及指标即反映全及总体的统计指标，是根据全及总体中各单位标志值或标志属性计算而来的。由于总体是唯一的、确定的，总体指标是个固定不变的常数，但往往是未知的、需要估计的，因此总体指标又称为参数。

样本指标即反映样本总体的统计指标，是根据样本中各单位标志值或标志属性计算而来的。由于从全及总体中所抽取的样本具有不唯一性，样本指标随样本的不同而不同，因而是个随机变量。但是，当从总体中取定某个样本时，则得到某个确定的样本指标值，因此样本指标又称为统计量。

常用的全及指标与样本指标有：

1. 平均数

总体平均数 $\bar{X} = \dfrac{\sum X}{N}$，$X$ 为总体中各单位的变量值，N 为总体单位数。

样本平均数 $\bar{x} = \dfrac{\sum x}{n}$，$x$ 为样本中各单位的变量值，n 为样本容量。

2. 成数

成数即具有某一特征的单位数占总体单位数的比重。

总体成数 $P = \dfrac{N_1}{N}$，N_1 代表总体中具有某种特征的单位数，N 为总体单位数。若用 N_2 代表总体中不具有某种特征的单位数，用 Q 代表不具有某种特征单位数占总体单位数的比重，则：$Q = \dfrac{N_2}{N}$。显然，$P+Q=1$。

同样道理，样本成数 $p = \dfrac{n_1}{n}$，$q = \dfrac{n_2}{n}$，$p+q=1$。其中，n_1 代表样本中具有某种特征的单位数，n_2 代表样本中不具有某种特征的单位数，n 为样本容量。

3. 方差和标准差

总体平均数的方差 $\sigma^2 = \dfrac{\sum (X-\bar{X})^2}{N}$，标准差 $\sigma = \sqrt{\dfrac{\sum (X-\bar{X})^2}{N}}$

总体成数的方差 $\sigma^2 = PQ = P(1-P)$，标准差 $\sigma = \sqrt{P(1-P)}$

样本平均数的方差 $s^2 = \dfrac{\sum (x-\bar{x})^2}{n}$，标准差 $s = \sqrt{\dfrac{\sum (x-\bar{x})^2}{n}}$

样本成数的方差 $s^2 = pq = p(1-p)$，标准差 $s = \sqrt{p(1-p)}$

（三）重复抽样和不重复抽样

重复抽样是指从总体逐个抽取样本单位时，对被抽中的单位进行调查登记后，把这个单位放回总体中，然后再从总体中抽取下一个样本单位。这样，在进行第二次、第三次、……抽取样本时，已经被抽中的样本单位，仍然有同等的机会再被抽中。

不重复抽样是指从总体中抽取一个样本单位，进行调查登记之后，不再把这个单位放回去参加下一次的抽选。这样，每个总体单位最多只能被抽中一次。

（四）样本可能数目

样本可能数目是指在一个抽样方案中所有可能被抽取的样本的总数量。其具体数值随抽样的方式方法而不同，最常见的算法是按照简单随机重复抽样的排列组合运算求得。

假设总体有A、B、C、D、E五个单位，即$N=5$，现简单随机抽取两个单位组成样本，即样本容量$n=2$，那么考虑顺序的重复抽样样本可能数目如表7－1所示，样本可能数目为$N^n=5^2=25$个。如果变为不考虑顺序的重复抽样方法，则样本可能数目为15个，如表7－2所示。

表7－1　　　　考虑顺序的重复抽样样本可能数目

AA	AB	AC	AD	AE
BA	BB	BC	BD	BE
CA	CB	CC	CD	CE
DA	DB	DC	DD	DE
EA	EB	EC	ED	EE

表7－2　　　　不考虑顺序的重复抽样样本可能数目

AA	AB	AC	AD	AE
—	BB	BC	BD	BE
—	—	CC	CD	CE
—	—	—	DD	DE
—	—	—	—	EE

考虑顺序的不重复抽样样本可能数目为20个，如表7－3所示。如果变为不考虑顺序的不重复抽样方法，则样本可能数目为$C_5^2=\dfrac{5\times4}{2\times1}=10$个，如表7－4所示。

表7－3　　　　考虑顺序的不可重复抽样样本可能数目

—	AB	AC	AD	AE
BA	—	BC	BD	BE
CA	CB	—	CD	CE
DA	DB	DC	—	DE
EA	EB	EC	ED	—

表 7-4　　不考虑顺序的不可重复抽样样本可能数目

—	AB	AC	AD	AE
—	—	BC	BD	BE
—	—	—	CD	CE
—	—	—	—	DE
—	—	—	—	—

在现实的统计工作中，我们只能抽取一个样本进行估计推断，不可能也没有必要获得所有可能样本。

思维延伸

在统计学中，习惯上将随样本的随机性而体现出随机性样本单位的变量称为随机变量。在抽样推断中，在样本没有形成之前，样本各单位的标志值 x_1，x_2，…，x_n 及各抽样指标 $\bar{x}$，p，s，s^2 都属于随机变量。随机变量的某一确定的变量值在一次试验或一次抽样中出现的可能性大小称为该变量值在一次试验或一次抽样中出现的概率。

（五）抽样框

在抽样推断中，所要分析的现象总体是理论上的抽样范围。但实际进行抽样的范围与要分析的总体有时是不一致的。此外，样本单位可以是各个总体单位，也可以是若干总体单位的集合。如某市进行家庭收支状况的调查，要分析的总体是全市所有家庭，而抽样单位可以是该市每个家庭，也可以是该市的每个社区或街道。所以，有了要分析的总体，还需要明确实际进行抽样的总体范围和抽样单位，这就需要编制一个抽样框。抽样框是包括全部抽样单位的名单框架，它是实施抽样的基础。

抽样框的主要形式有三种：

（1）名单抽样框。即列出全部总体单位的名录一览表，如职工名单、企业名单等。

（2）区域抽样框。即按地理位置将总体范围划分为若干小区域，以小区域为抽样单位。如对某市居民家庭收支状况进行调查，将全市居民户划分为若干街道或片区。

（3）时间表抽样框。即将总体全部单位按时间顺序排列，把总体的时间过程分为若干个小的时间单位，以此时间单位为抽样单位。如对 24 小时内连续生产的产品进行质量抽查时，以 10 分钟为一个抽样单位，可将全部产品分为 144 个抽样单位并按时间顺序排列。

理论上说，一个理想的抽样框应该与所要分析的总体一致，即应包括全部总体单位，既不重复也不遗漏。也就是说，每个总体单位在抽样框里必须出现一次而且只能出现一次，以保证抽样框能完全代表所分析的总体。若有遗漏，则缺少的那些总体单位根本没有被抽取的可能，这就破坏了抽样的随机原则，容易造成偏差。同样，抽样框中总体单位若有重复或包括了非研究总体单位，也会造成偏差。如对某市居民进行抽样调查，以该市的电话号码簿为抽样框就很不科学，因为有的居民户并没有安装电话，有的居民户却不止一部电话，有的电话号码不属于居民户，所以，从这一抽样框中抽出的样本难以代表总体。

但是，在抽样实践中，要取得与总体完全一致的抽样框往往很困难，甚至不可能。况且，总体单位本身也是在不断增加与消减的变化过程中。所以，常常只能采用与所分析总体近似的抽样框。在此情况下，用样本推断总体时就应该充分考虑抽样框与总体之间的差异。

四、抽样组织方式

随机抽样最基本的组织方式有：简单随机抽样、分层抽样、等距抽样、整群抽样和多阶段抽样。

（一）简单随机抽样

情境创设

某高校市场营销专业约1 000名学生，若要了解他们的就业倾向，如何从中抽取200名学生作为样本？

1. 简单随机抽样的含义

简单随机抽样又称为纯随机抽样，它对总体不作任何加工整理，完全按照随机原则，从总体中抽取调查单位。简单随机抽样是最常用的抽样方式。前面讲述中所使用的抽样概念都是针对简单随机抽样而言的。在以后的学习中，如果没有特别说明，则都是指简单随机抽样。它适用于以下几种情况：

（1）总体单位分布比较均匀，各单位变量值差异不大；

（2）总体单位数较少，各单位排列无次序；

（3）在抽到的样本单位较分散的情况下，对调查结果没有什么影响。

2. 简单随机抽样的方法

从总体中按简单随机抽样方式抽取样本，有许多种方法，最常用的有直接抽选法、抽签法和随机数字表法。

（1）直接抽选法。这种方法是指直接从调查对象中随机抽选。例如，从仓库中存放的所有同类产品中随机指定若干件产品进行质量检验等。

（2）抽签法。这种方法是先将总体单位编号，通常对总体中的每个单位按自然数的顺序编为1，2，3，……，N，另制N个与总体各单位对应的号签。然后将全部号签搅和均匀，从中随机抽取n个号签，与之对应的总体单位即为样本。这种方法看起来简单易行，但在总体单位数较多时，编号做签的工作量很大，也很难搅和均匀，所以它适用于单位数较少的总体。如对全市家庭进行某项调查，由于家庭数目很多，而且差异性较大，就不适合采用这种方法。

（3）随机数字表法。如果总体单位数较大，需要利用随机数字表，见附录一。表上数字的出现及其排列，是用计算机、随机数字机等方法编制的。我们可随机确定随机数的起始位置，然后按任意行、列或划某一随机线确定随机数字，与这些随机数字对应编号的总体单位即为样本。例如，要从 300 家公司中抽选 30 家公司进行调查，首先应把 300 家公司都编上号，形成抽样框；然后利用随机数字表的数字抽取样本。我们可在随机确定的起始位置上顺选或跳选三列，从右向左或从左向右读取数字均可（但要事先规定）。比如，利用随机数字表前三列从左向右的数字抽取样本，第一个数字是 034，于是 34 号公司被选上；第二个数字是 977，超过 300，不要；第三个数字是 167，于是 167 号公司被选上；……如此下去，直到抽足 30 家公司为止。如前三列数码用完了，可接着用 2、3、4 等列的数字。

3. 简单随机抽样的局限性

从理论上说，简单随机抽样方式最符合随机原则，同时也是与其他抽样方式效果好坏进行比较的标准。但它在实践应用中有较多的局限性。主要表现在：

（1）只有总体单位的数量特征均匀分布，采用简单随机抽样才能取得较好效果。因为简单随机抽样完全依靠随机原则抽选调查单位，当总体单位的数量特征表现或大或小、不够均匀时，有可能使得中选单位的数量特征都偏高或都偏低，使样本代表性不足，估计总体时误差会增大。

（2）在简单随机抽样下，需要选择适当的方法。抽签法和随机数字表法都需要事先对总体各单位进行编号，这一工作烦琐庞大，造成实践中运用这两种方法的困难。而且很多时候还会遇到根本不可能对总体单位编号码的情况。如以某池塘的鱼为总体，进行推断估计，则总体单位是每条鱼，而我们根本无法对每条鱼事先一一编号，因此要采用其中的直接抽选法。

（3）不能充分利用已知信息。对于要调查的总体，我们在事前并不是盲目无知的，而总会有一定的了解，如总体的基本概况、基本分类等情况。但由于简单随机抽样完全按随机原则抽取样本单位，这样就会丧失利用已知信息的机会，从而降低样本的代表性。

虽然简单随机抽样有种种局限性，但由于它在理论上和实践上有明显的重要意义，所以仍然是值得重视的。

（二）分层抽样

情境创设

若要调查某地区 10 万户城市居民家庭收入状况，据事先了解，家庭月收入水平大致情况为 5 000 元以下、5 000 ~ 10 000 元、10 000 ~ 15 000 元和 15 000 元以上四组，各占 10%、30%、40%、20%，如何从中抽取 1 000 户家庭作为样本？

1. 分层抽样的含义

分层抽样也叫分类抽样或类型抽样，它是将总体单位先按一定标志分组，然后在各组中随机抽取样本的抽样组织方式。该法适用于总体内各单位在被研究标志上有明显差别的情况。如在调查某地区城市居民家庭收入状况时，按收入高低不同分为低收入组、中等收入组、高收入组，然后再从每个组中，采用简单随机抽样的方法抽取样本。

分层抽样实质上是把统计分组和抽样原理有机地结合在一起，通过分组，使组内各单位具有同质性，组间具有差异性，然后从各组中简单随机抽样。由于抽样时确保每一层都有被抽中的单位，可以保证样本对总体具有更高的代表性，从而使抽样误差进一步缩小。一般说来，分层抽样的抽样误差要小于简单随机抽样。

分层抽样的主要原则是：分组时应使组内差异尽可能小，使组间差异尽可能大，这样可使抽样误差尽可能小。

2. 分层抽样的方法

按样本单位在各组中的分配状况，分层抽样可分为等比例抽样和不等比例抽样。

（1）等比例抽样。该法是按各组单位数占总体单位数的比重来分配各组的抽样数目，多数情况下都采用等比例抽样。以“情境创设”为例，按照等比例抽样，四个组所分配的抽样数目如下：

5 000 元以下：1 000 ×10% =100 户

5 000 - 10 000 元：1 000 ×30% =300 户

10 000 - 15 000 元：1 000 ×40% =400 户

15 000 元以上：1 000 ×20% =200 户

（2）不等比例抽样。该法即不按各组单位数占总体单位数的比重来分配各组的抽样数目。若某一组单位数在总体中所占的比重过小，对其按比例抽不到或只能抽到很少数量时，为了保证样本各类单位的代表性，应采取不等比例抽样的方法。或者，有的组方差小，有的组方差大，则方差大的组可以多抽一些。

（三）等距抽样

1. 等距抽样的含义

等距抽样又称为机械抽样或系统抽样。它是先将总体单位按某一标志排序，然后按照固定的顺序和相同的间隔来抽选样本单位的抽样组织方式。例如，某公司从一个社区1000 户住户中抽取 100 户进行某种洗衣液的使用需求调查，先将住户按户籍表顺序排序，然后再分成 100 个组，每组包括 10 个住户。从每组中抽取一个住户，即抽取的样本数共为 100 个。在对第一组住户抽样时，完全按照随机原则。假如第一组抽中了 6 号，则按照相等的间隔（本例中的间隔为 10），依次抽取 16 号、26 号、36 号、46 号、……等等，依此类推。

2. 等距抽样的方法

等距抽样排序，可分为无关标志排序抽样和有关标志排序抽样两类。

（1）无关标志排序抽样。无关标志排序抽样是指排序的标志与所分析的标志无关。如上例洗衣液使用需求调查中，按户籍表顺序排序抽样，就属于无关标志排序抽样。无关标志排序可保证抽样的随机性，它实质上相当于简单随机抽样。

（2）有关标志排序抽样。有关标志排序抽样是指排序的标志与所分析的标志相关。如家庭消费水平调查时，按收入额排序等。按有关标志排序可以利用辅助信息，使抽样估计的效率提高，但必须采用科学的方法，避免由于抽样间隔与排序标志的周期性变化的重合所产生的误差。例如工业产品质量检查时，产品抽取时间不要和上下班的时间相一致，以减少误差。

按等距抽样组织形式抽取样本单位，能够使抽出的样本单位更均匀地分布在总体中。特别是当研究的现象离散程度较大时，更能显示出有关标志排序等距抽样的优越性。

小思考

某大型企业对5 000职工收入水平进行等距抽样，按姓氏笔画排序和按职工收入水平排序，你认为哪个更科学合理？

（四）整群抽样

整群抽样也叫分群抽样或集团抽样，是将总体划分为若干群，然后以群为单位从中随机抽取部分群，最后对中选群中的所有单位进行全面调查的抽样组织方式。如对某市居民进行某种消费品需求调查时，可以先抽出部分小区，然后对抽中小区中的全体住户进行全面调查；再如，对某企业连续生产的产品质量进行检验时，每隔50分钟抽取10分钟所生产的全部产品进行检验，或者每隔7小时抽取1小时所生产的全部产品进行检验。这些都属于整群抽样。显然，整群抽样与前面所讲的几种抽样方式的最大不同点就是，前面几种抽样所抽取的样本都是个体的，而整群抽样是从调查对象中成批地抽取样本。在大规模的抽样调查中，如果总体单位多，分布区域广，缺少进行抽样的抽样框，或按经济效益原则不宜编制抽样框的情况下，宜采用这种形式。

由于整群抽样样本单位的分布集中于群内，样本分布不均匀，样本的代表性差，所以应适当增加样本单位，以提高推断的精确度。

思维延伸

整群抽样与分层抽样对比，虽然两者都需要将总体划分成许多组，但分组的作用却大不相同。分层抽样划分的组称为“类”，它的作用是使各层内部的单位变量值之间相近，缩小层内各单位的变异程度，而抽取的基本单位仍是总体单位；整群抽样划分的组称为“群”，要尽量扩大每个群内部各标志值的变化程度，抽取的基本单位不再是总体单位而是群，从而使抽样的工作变得简便得多。所以，整群抽样适用于群与群之间差异较小，而群内各单位差异较大的情形。

（五）多阶段抽样

抽样调查中，如果抽出的样本单位直接就是总体单位，叫单阶段抽样，如前面所讲的几种抽样方式都属于单阶段抽样。如果先将总体进行分组，从中随机抽出一些组，然后再从中选的组中随机抽取总体单位，叫两阶段抽样。如果将总体进行多层次分组，然后依次在各层中随机抽组，直到最终抽取总体单位，称为多阶段抽样。如要了解某市居民对某种新产品的接受程度，就可采用多阶段抽样调查，即先从城市中抽区，然后从中选的区抽街道，街道中抽社区，再由中选的社区中抽居民作为样本单位。

在实际工作中，当总体单位很多、分布广泛，又几乎不可能从总体中直接抽取总体单位时，常采用多阶段抽样。

多阶段抽样具有如下优点：

第一，便于组织抽样。它可以按现有的行政区划或地理区域划分各阶段的抽样单元，从而简化抽样框的编制。

第二，可以获得各阶段单元的调查资料。根据最初级资料可进行逐级抽样推断，得到各级的调查资料。如上例中新产品接受程度调查，可根据样本推断社区资料，根据社区资料又可推断街道的资料，然后依次推断区、区推市等。

第三，多阶段抽样的方式比较灵活。各阶段抽样的组织方式可以以前述四种组织方式为依据进行选择，一般在初级阶段抽样时多用分层抽样和等距抽样，在次级阶段抽样时多用等距抽样和简单随机抽样。同时，还可以根据各阶段的不同特点，采用不同的抽样比，如方差大的阶段，抽样比可大一些，方差小的阶段，抽样比可小一些。而且多阶段抽样在简化抽样工作的同时，又因抽样单位的分布较广，而具有较强的代表性。

小思考

多阶段抽样与整群抽样有什么区别与联系？

任务二　计算抽样误差

任务先导

某大学经管学院共 3 000 名学生，随机抽取 300 名调查其性别比例，发现男生 100 名，女生 200 名，男女性别比例为 1:3。能否由此推定经管学院 3 000 名学生的男女性别比例一定为 1:3？若不能，误差是怎么产生的？该误差能否计算出来？

一、统计误差

统计误差是指调查样本所得结果与总体真实数值之间的差异。在抽样推断中，统计误差的来源有登记性误差和代表性误差两大类。

登记性误差也叫责任性误差，是指在调查和汇总过程中由于观察、测量、登记、计算等方面的差错或被调查者提供虚假资料而造成的误差，如测量工具不够精确、观察方法不够规范、人为的抄录笔误等。登记性误差不是抽样调查特有的，而是任何一种统计调查都可能产生的。一般说来，调查范围越大，调查单位越多，产生登记性误差的可能性就越大。

代表性误差是指用样本指标推断总体指标时，由于样本结构与总体结构不一致、样本不能完全代表总体而产生的误差。代表性误差又有系统误差和随机误差两种。系统误差是指在抽样过程中，由于没有遵循随机原则，掺杂了人为因素，从而引起样本代表性不足而产生的误差。如在对产品质量进行检验时，故意抽取合格产品作为样本，这样得出抽样检验的结果，产品的合格率就偏高。由于系统误差会导致样本指标值的系统性偏高或偏低，故也将其称为偏差。随机误差也称为偶然性误差，是指按照随机原则抽样时，由于随机因素（偶然性因素）引起的样本指标值与总体指标值之间的误差。抽样推断中所谓的抽样误差，就是指这种随机误差。

统计误差的种类如图7-2所示。

- 统计误差
  - 登记性误差（责任性误差）
  - 代表性误差
    - 系统误差（偏差）
    - 随机误差（偶然性误差）——抽样误差

图7-2　统计误差的种类

在抽样调查中，登记性误差和系统误差都是由抽样工作中的组织问题造成的，可以通过人们的努力来尽量避免。而随机误差则是不可避免的，只要是随机抽样，这种差异必然客观存在，但是这种误差可以计算并通过改变抽样方式加以控制。在计算抽样误差时，常常假设不存在登记性误差和系统误差。

二、抽样平均误差

情境创设

一个总体含有4个单位，某变量分别为1、2、3、4，可得总体平均值为2.5。现从总体中抽取$n=2$的简单随机样本，在重复抽样且考虑顺序的条件下，共有16个样本。所有可能样本的结果如表7-5所示：

表7-5　所有可能样本

1，1	1，2	1，3	1，4
2，1	2，2	2，3	2，4
3，1	3，2	3，3	3，4
4，1	4，2	4，3	4，4

试比较各样本平均值与总体平均值，可以得出什么结论？

（一）抽样平均误差的含义

在抽样推断中，抽样误差是客观存在的，它随样本的随机性表现为随机变量，有多少个可能的样本，就有多少个可能的抽样误差。在现实的抽样推断中，这些抽样误差是不可能得到的，我们只能以抽样平均误差为基础，来对抽样推断的准确性进行科学评估。

抽样平均误差是指一个抽样方案的所有可能样本指标值对总体指标值的标准差。简单随机抽样下抽样平均误差的定义关系式如下：

$$\mu_{\bar{x}} = \sqrt{\frac{\sum(\bar{x} - \bar{X})^2}{M}} \quad \mu_p = \sqrt{\frac{\sum(p - P)^2}{M}}$$

式中，$\mu_{\bar{x}}$ 为平均数抽样平均误差，μ_p 为成数抽样平均误差，$\bar{x}$ 、p 为各样本指标值，$\bar{X}$ 、P 为总体指标值，M 为所有可能样本数目。

不难看出，抽样平均误差反映的是所有可能样本的指标值与总体指标值的平均差异程度，揭示了所有可能样本的实际抽样误差的一般水平，可用来衡量样本对总体的代表性大小。抽样平均误差越小，则样本对总体的代表性越大；反之，则越小。

上式只表明了抽样平均误差的含义，并不能作为抽样平均误差的计算公式。因为在现实的抽样中，我们只能取得一个样本，不可能也没必要获得所有可能样本，而且，总体指标值也是未知的。因此，要计算抽样平均误差，通常用它的推导公式。

（二）抽样平均误差的计算

对于不同的抽样方法和不同类型的调查指标，其抽样平均误差的计算方法不同。

1. 简单随机抽样平均误差的计算

（1）平均数的抽样平均误差。当抽样方式为重复抽样时，推导可得：

$$\mu_{\bar{x}} = \sqrt{\frac{\sigma^2}{n}}$$

式中，$\mu_{\bar{x}}$ 为平均数的抽样平均误差。

σ 为总体标准差，如果总体标准差未知，一般可以用样本标准差、过去所进行的类似调查的标准差或事先进行一次小型抽查的标准差来代替近似计算；

n 为样本单位数。

当抽样方式为不重复抽样时，推导可得：

$$\mu_{\bar{x}} = \sqrt{\frac{\sigma^2}{n}\left(\frac{N-n}{N-1}\right)}$$

当总体单位数 N 很大时，$N-1 \approx N$，则上式可简化为：$\mu_{\bar{x}} = \sqrt{\frac{\sigma^2}{n}\left(1 - \frac{n}{N}\right)}$

由于 $1 - \frac{n}{N} < 1$ 所以 $\sqrt{\frac{\sigma^2}{n}\left(1 - \frac{n}{N}\right)} < \sqrt{\frac{\sigma^2}{n}}$

即不重复抽样平均误差总是小于重复抽样平均误差。

【例 7－1】移动公司准备针对高校学生推出一款新产品，从 20 000 名学生中，按照随机原则抽取了 1 000 名，调查其每月通讯费支出额，其结果是每月通讯费支出平均额 $\bar{x}$ 为 58 元，标准差 σ 为 10 元，试计算：在重复抽样和不重复抽样下，其抽样平均误差分别是多少？

在重复抽样下：

$$\mu_{\bar{x}} = \sqrt{\frac{\sigma^2}{n}} = \sqrt{\frac{10^2}{1000}} = \sqrt{\frac{100}{1\,000}} = 0.316\,2(\text{元})$$

在不重复抽样下：

$$\mu_{\bar{x}} = \sqrt{\frac{\sigma^2}{n}\left(1 - \frac{n}{N}\right)} = \sqrt{\frac{10^2}{1\,000} \times \left(1 - \frac{1\,000}{20\,000}\right)} = 0.308\,2(\text{元})$$

（2）成数的抽样平均误差。在项目四/任务四中述及，成数标准差为 $\sqrt{P(1-P)}$。因此，由平均数的抽样平均误差和总体标准差的关系，可推得成数的抽样平均误差计算公式。

在重复抽样下：$\mu_p = \sqrt{\dfrac{P(1-P)}{n}}$

在不重复抽样下：$\mu_p = \sqrt{\dfrac{P(1-P)}{n}(1-\dfrac{n}{N})}$

式中，μ_p 为成数的抽样平均误差；

P 为总体成数，由于总体成数 P 是未知的，所以，可用样本成数、过去类似调查的成数或事先进行一次小型抽查的成数来代替；

n 为样本单位数；

N 为总体单位数。

思维延伸

成数方差的最大值为：$P(1-P)=0.5\times(1-0.5)=0.25$，即总体内部两种情况各占50%时，成数方差最大，值为0.25。因此，当成数方差 $P(1-P)$ 未知，也没有合适的替代值的情况下，可以用0.25来代替。

【例7-2】某商场准备推出一种新品牌的旅行包，为了预测此销售决策成功的可能性，从商场1 000名老顾客中，随机抽取100名进行调查，发现有95名顾客打算尝试购买这个品牌的旅行包。试计算：在重复抽样和不重复抽样下，其抽样平均误差分别是多少？

购买该旅行包的顾客比例为：$p = \dfrac{n_1}{n}\times 100\% = \dfrac{95}{100}\times 100\% = 95\%$

在重复抽样下：

$$\mu_p = \sqrt{\frac{p(1-p)}{n}} = \sqrt{\frac{0.95\times(1-0.95)}{100}} = 2.18\%$$

在不重复抽样下：

$$\mu_p = \sqrt{\frac{p(1-p)}{n}(1-\frac{n}{N})} = \sqrt{\frac{0.95\times(1-0.95)}{100}\times(1-\frac{100}{1\,000})} = 2.07\%$$

思维延伸

在统计工作实践中，一般都采用不重复抽样的方法进行抽样调查，但其抽样平均误差的计算公式较为麻烦。一般情况下，当样本单位数很少，而总体单位数很多时，抽样比 $\dfrac{n}{N}$ 则很小，这时，$1-\dfrac{n}{N}$ 接近于1，重复抽样和不重复抽样的抽样误差相差不大，可用重复抽样平均误差公式近似计算不重复抽样的抽样平均误差。

2. 分层抽样平均误差的计算

对于等比例分层抽样，其抽样平均误差的计算方法如下：

（1）平均数的抽样平均误差

在重复抽样下：$\mu_{\bar{x}} = \sqrt{\dfrac{\overline{\sigma^2}}{n}}$

在不重复抽样下：$\mu_{\bar{x}} = \sqrt{\dfrac{\overline{\sigma^2}}{n}(1-\dfrac{n}{N})}$

式中，$\overline{\sigma^2}$ 为各组方差的平均数，习惯上称平均组内方差。可用下式计算：

$\overline{\sigma^2} = \dfrac{\sum \sigma_i{}^2 n_i}{\sum n_i} = \dfrac{\sum \sigma_i{}^2 n_i}{n}$，$\sigma_i$ 为各组方差（由样本值代替），n_i为各组样本单位数，n 为样本容量。

（2）成数的抽样平均误差

在重复抽样下：$\mu_p = \sqrt{\dfrac{\overline{P(1-P)}}{n}}$

在不重复抽样下：$\mu_p = \sqrt{\dfrac{\overline{P(1-P)}}{n}(1-\dfrac{n}{N})}$

式中，$\overline{P(1-P)}$ 为各组的方差平均数，即成数的平均组内方差。可用下式计算：

$\overline{P(1-P)} = \dfrac{\sum[P_i(1-P_i)\cdot n_i]}{\sum n_i} = \dfrac{\sum[P_i(1-P_i)\cdot n_i]}{n}$，$P_i$为各组成数（由样本值代替），$n_i$为各组样本单位数，$n$ 为样本容量。

【例 7－3】某高校经济管理学院共有 4 000 名学生，其中男生 3 000 名，女生 1 000 名。为了了解学生的每天平均上网时间，现对男、女学生按不重复等比例分层抽样法抽取 200 名学生进行调查。已知男生的样本标准差为 1.2 小时，女生的样本标准差为 0.8 小时。试计算抽样平均误差。

在经济管理学院中，男生所占比例为：$\dfrac{3\ 000}{4\ 000} \times 100\% = 75\%$

女生所占比例为：$\dfrac{1\ 000}{4\ 000} \times 100\% = 25\%$

抽男生数：$n_1 = 200 \times 75\% = 150$（名）

抽女生数：$n_2 = 200 \times 25\% = 50$（名）

平均组内方差：$\overline{\sigma^2} = \dfrac{\sum \sigma_i{}^2 n_i}{n} = \dfrac{1.2^2 \times 150 + 0.8^2 \times 50}{200} = 1.24$（小时^2）

抽样平均误差：$\mu_{\bar{x}} = \sqrt{\dfrac{\overline{\sigma^2}}{n}(1-\dfrac{n}{N})} = \sqrt{\dfrac{1.24}{200} \times (1-\dfrac{200}{4\ 000})} = 0.076\ 7$（小时）

3. 等距抽样平均误差的计算

等距抽样平均误差的计算一般用下列方法处理：

（1）从理论上说，无关标志排序等距抽样其抽样误差等同于简单随机抽样，应按简单随机抽样误差公式计算；有关标志排序等距抽样的误差较简单随机抽样的误差小，一般来说也比分层抽样的抽样平均误差小，可按分层抽样误差计算公式计算。但在实践中，为了简便通常都用简单随机抽样误差公式计算。

（2）等距抽样都采用不重复抽样方法抽选样本单位，因而都用不重复抽样误差公式计算。

4. 整群抽样平均误差的计算

整群抽样都采用不重复抽样的方法，因此计算抽样平均误差的公式都用不重复抽样公式。

$$\mu = \sqrt{\frac{\delta^2}{r}\left(\frac{R-r}{R-1}\right)}$$

式中，δ^2 为组间方差或群间方差，R 为总体划分的群数，r 为所抽取的样本群数。

当 R 数量较大时，上式可简化为：$\mu = \sqrt{\frac{\delta^2}{r}\left(1-\frac{r}{R}\right)}$

需要强调的是，整群抽样中的 R 并不总是很大（不同于其他抽样方式中的 N 一般都较大），所以用以上简化式时要注意。

群间方差 δ^2 的计算方法如下：

（1）平均数群间方差的计算。

当每群大小相同时：

$\delta^2 = \frac{\sum(\overline{x_i}-\overline{x})^2}{r}$，$\overline{x_i}$ 为抽选各群平均数，$\overline{x}$ 为样本总平均数。

$\overline{x_i} = \frac{\sum x_i}{m}$，$x = \frac{\sum \overline{x_i}}{r}$，$x_i$ 为样本单位变量值，m 为每群包含单位数。

当每群大小不同时：

$$\delta^2 = \frac{\sum[(\overline{x_i}-\overline{x})^2 f_i]}{\sum f_i} = \frac{\sum[(\overline{x_i}-\overline{x})^2 f_i]}{n}$$

$\overline{x} = \frac{\sum \overline{x_i} f_i}{\sum f_i} = \frac{\sum \overline{x_i} f_i}{n}$，$f_i$ 为各群单位数，n 为样本总单位数。

（2）成数群间方差的计算。

当每群大小相同时：

$\delta^2 = \frac{\sum(p_i-p)^2}{r}$，$p_i$ 为抽选各群成数，p 为总的样本成数，$p = \frac{\sum p_i}{r}$

当每群大小不同时：

$$\delta^2 = \frac{\sum[(p_i-p)^2 f_i]}{\sum f_i} = \frac{\sum[(p_i-p)^2 f_i]}{n}, p = \frac{\sum p_i f_i}{\sum f_i} = \frac{\sum p_i f_i}{n}$$

f_i为各群单位数，n为样本总单位数。

【例 7-4】从 200 批盒装铁钉中抽取 10 批，调查其每盒铁钉平均个数和铁钉不合格率。每批铁钉盒数相等，调查结果如表 7-6 所示。计算抽样平均误差。

表 7-6　　每盒铁钉平均个数和铁钉不合格率调查资料

批号（群）	平均每盒铁钉个数 $\overline{x_i}$	$(\overline{x_i}-\overline{x})^2$	不合格率 p_i	$(p_i-p)^2$
1	50	184.96	0.10	0.001 936
2	54	92.16	0.08	0.000 576
3	58	31.36	0.07	0.000 196
4	80	268.96	0.01	0.002 116
5	72	70.56	0.03	0.000 676
6	66	5.76	0.04	0.000 256
7	60	12.96	0.05	0.000 036
8	54	92.16	0.08	0.001 936
9	78	207.36	0.04	0.000 256
10	64	0.16	0.06	0.000 016
合计	$\overline{x}=63.6$	966.4	$p=0.056$	0.008

计算每盒铁钉平均个数的抽样平均误差：

$$\overline{x}=\frac{\sum\overline{x_i}}{r}=\frac{50+54+58+80+72+66+60+54+78+64}{10}=63.6(\text{个})$$

$$\delta^2=\frac{\sum(\overline{x_i}-\overline{x})^2}{r}=\frac{966.4}{10}=96.64$$

$$\mu=\sqrt{\frac{\delta^2}{r}\left(\frac{R-r}{R-1}\right)}=\sqrt{\frac{96.64}{10}\times\left(\frac{200-10}{200-1}\right)}=3.04(\text{个})$$

计算铁钉不合格率的抽样平均误差：

$$p=\frac{\sum p_i}{r}=\frac{0.1+0.08+0.07+0.01+0.03+0.04+0.05+0.08+0.04+0.06}{10}=5.6\%$$

$$\delta^2=\frac{\sum(p_i-p)^2}{r}=\frac{0.008}{10}=0.0008$$

$$\mu=\sqrt{\frac{\delta^2}{r}\left(\frac{R-r}{R-1}\right)}=\sqrt{\frac{0.0008}{10}\times\left(\frac{200-10}{200-1}\right)}=0.0087\quad\text{即 }0.87\%$$

在整群抽样中，有时样本群数和总体群数需要通过计算来得到。

【例 7-5】某连续生产的企业，对所生产的产品，每隔 50 分钟抽取 10 分钟生产的全部产品，检验其合格率。已知群间方差 δ^2 为 0.1。试计算：在对全天产品进行该抽样检验时，其抽样平均误差是多少？

$$\text{总体群数 }R=24\times\frac{60}{10}=144$$

$$\text{样本群数 }r=24$$

$$\mu = \sqrt{\frac{\delta^2}{r}(\frac{R-r}{R-1})} = \sqrt{\frac{0.1}{24} \times (\frac{144-24}{144-1})} = 0.024 \quad 即 2.4\%$$

5. 多阶段抽样误差的计算

多阶段抽样除最后一个阶段为非整群抽样外，其余各阶段都属于整群抽样。它的每一阶段都有抽样误差。多阶段抽样的抽样误差是每一阶段抽样误差的总和，其计算方法要根据各阶段抽样时的具体情况，采用不同的计算公式。

三、抽样极限误差

情境创设

在抽样调查中，得知抽样平均误差后，是否就可以由样本指标推断总体指标了呢？怎么推断？推断的精确度、把握程度如何？

（一）概率和概率度

抽样平均误差是说明样本指标与总体指标之间的离差的平均数。由抽样平均误差，能推断总体指标的可能范围。例如，对 20 000 袋方便面的单位重量进行抽样调查，调查结果是平均每袋重量为 $\bar{x}$ =98 克，抽样平均误差 $\mu_{\bar{x}}$ =3 克，于是，我们会认为，20 000 袋方便面的平均重量 $\bar{X}$ 的可能范围是：

98 克 −3 克 ≤ $\bar{X}$ ≤98 克 +3 克　即 95 克 ≤ $\bar{X}$ ≤101 克

用符号概括表示为：

$$\bar{x} - \mu_{\bar{x}} \leqslant \bar{X} \leqslant \bar{x} + \mu_x \text{（平均数）}$$

$$p - \mu_p \leqslant P \leqslant p + \mu_p \text{（成数）}$$

但是，这一范围只是可能范围而非完全肯定的范围，其把握程度有多大，与误差范围的大小密切相关。抽样误差范围越大，把握程度越大。当抽样误差范围为 1μ 时（如上例），把握程度为 0.6827，即 68.27%；当抽样误差范围为 1.5μ 时，则把握程度为 0.8664；当抽样误差范围为 2μ 时，则把握程度为 0.9545；当抽样误差范围为 3μ 时，则把握程度为 0.9973。

上面列举的抽样平均误差的倍数，我们称其为概率度，用符号 t 表示。相应的把握程度，则为概率，用 $F(t)$ 表示。概率度和概率有着数量对应关系，概率越大，则概率度也越大；反之，概率越小，则概率度也越小。概率与概率度之间的对应值，须查正态分布概率表（附录二）。

思维延伸

正态分布是最常用的连续型随机变量的概率分布，它的特点是随机变量在其平均值附近的概率分配较多，而在远离平均值的地方概率分配很少。

正态分布的特征很多，其中：

（1）正态分布的概率密度函数曲线为一对称的钟形曲线，对称线是 $X=\overline{X}$；

（2）正态分布随机变量 X 在区间 $[\overline{X}-\sigma,\overline{X}+\sigma]$ 内，取值的概率等于68.27%；在区间 $[\overline{X}-2\sigma,\overline{X}+2\sigma]$ 内，概率为95.45%；在区间 $[\overline{X}-3\sigma,\overline{X}+3\sigma]$ 内，概率是99.73%，如图7－3所示。

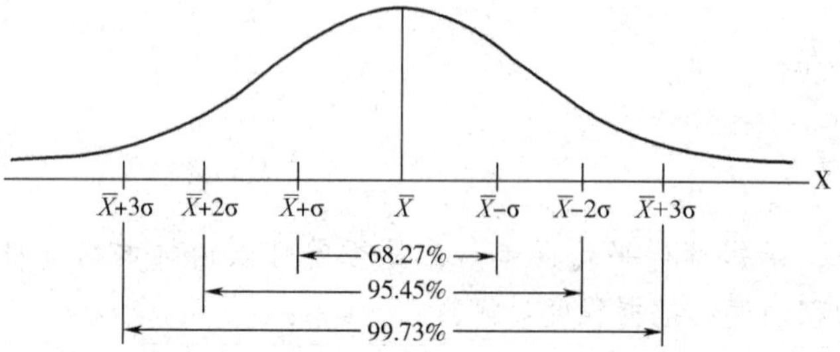

图7－3　正态分布随机变量 X 的分布

（二）抽样极限误差的概念和计算

抽样极限误差是指抽样推断中依一定概率保证下的误差的最大范围，也称允许误差，记作Δ。显然，它应该等于概率度乘以抽样平均误差。即：

$$\Delta_{\bar{x}}=t\mu_{\bar{x}}(\text{平均数})\quad \Delta_p=t\mu_p(\text{成数})$$

【例7－6】某食品加工企业2016年出口某种产品20 000箱，按随机原则不重复抽取1 000箱，对其平均重量进行检查。已知样本标准差为15千克。试求在概率为0.954 5的条件下，其抽样极限误差是多少？

由 $F(t)=0.954\,5$，查附录二，$t=2$

$$\Delta_{\bar{x}}=t\mu_{\bar{x}}=t\sqrt{\frac{\sigma^2}{n}\left(1-\frac{n}{N}\right)}=2\times\sqrt{\frac{15^2}{1\,000}\left(1-\frac{1\,000}{20\,000}\right)}=0.924\text{ 千克}$$

【例7－7】某商店销售一种名茶，为检查每包重量是否符合要求，进行了抽样检查。已知抽样平均误差为0.087克。若将抽样极限误差确定为0.26克，请问其估计的把握程度有多大？

据 $\Delta_{\bar{x}}=t\mu_{\bar{x}}$，$t=\dfrac{\Delta_{\bar{x}}}{\mu_{\bar{x}}}=\dfrac{0.26}{0.087}=2.99$，查附录二，$F(t)=0.997\,2$

即估计的把握程度为99.72%。

【例7－8】对10 000件产品，按随机原则不重复抽取600件进行质量检验，发现有18件废品。试求概率为95.45%的条件下，这些产品的抽样极限误差。

由 $F(t)=0.954\,5$，查附录二，$t=2$

$$\text{样本成数 } p=\frac{n_1}{n}\times100\%=\frac{18}{600}\times100\%=3\%$$

$$\Delta_p=t\mu_p=t\sqrt{\frac{p(1-p)}{n}\left(1-\frac{n}{N}\right)}=2\times\sqrt{\frac{0.03\times(1-0.03)}{600}\times\left(1-\frac{600}{10000}\right)}$$

$$=0.013\,5$$

即1.35%。

任务三 进行抽样估计

任务先导

某大型公司共有120名销售人员，为了解全部销售人员的平均日销量，公司随机抽取了10名销售人员进行调查，发现10名销售人员的平均日销量为36件。如何由10名销售人员的平均日销量估计全部销售人员的平均日销量呢？

所谓抽样估计就是根据样本提供的信息对总体的某些特征进行估计或推断。如，用样本平均数估计总体平均数，用样本成数估计总体成数等。用来估计总体特征的样本指标也可以称为估计量或统计量，待估计的总体指标也可以称为总体参数，所以，对总体数字特征的抽样估计也叫参数估计。

一、抽样估计方法

（一）点估计

点估计是以样本指标值直接作为总体指标估计值，也就是将样本平均数作为总体平均数，将样本成数作为总体成数。即：

$$\bar{x} = \bar{X}, p = P$$

例如，某高校英语统考，从10 000名学生中随机抽取100名调查其考试成绩，测得平均成绩为78分。运用点估计方法，该高校10 000名学生的英语平均成绩也为78分。

点估计的优点是简单、具体、明确。但由于样本的随机性，从一个样本得到的估计值往往不会恰好等于实际值，总有一定的抽样误差。而点估计本身无法说明抽样误差的大小，也无法说明估计结果有多大的把握程度，这就必须采用区间估计方法。

小阅读

第二次世界大战期间，盟军非常想知道德军总共制造了多少辆坦克。德国人在制造坦克时是墨守成规的，他们把坦克从1开始进行了连续编号。在战争过程中，盟军缴获了一些敌军坦克，并记录了它们的生产编号。那么怎样利用这些号码来估计坦克总数呢？在这个问题中，总体参数是未知的坦克总数 N，而缴获坦克的编号则是样本。

统计学家们作了如下估计：

N 的一个点估计公式是：先找到被缴获坦克编号的平均值，并认为这个值是全部编号的中点。因此样本均值乘以2就是总数的一个估计。当然，其基本假设是：缴获的坦克代表了所有坦克的一个随机样本。这种估计法的缺点是：不能保证均值的2倍一定大于记录中的最大编号。

N 的另一个点估计公式是：用观测到的最大编号乘以因子 $1+1/n$，其中 n 是被俘虏坦克个数。假如你俘虏了 10 辆坦克，其中最大编号是 50，那么坦克总数的一个估计是（1 +1/10） ×50 =55。在这种估计法中，我们认为坦克的实际数略大于最大编号。

从战后发现的德军记录来看，盟军的估计值非常接近所生产的坦克的真实值。记录仍然表明统计估计比通常通过其他情报方式做出估计要大大接近于真实数目。统计学家们做得比间谍们更漂亮！

（二）区间估计

区间估计就是根据样本指标，以一定可靠程度推断总体参数所在的区间范围。由于这种估计区间是以确定的概率描述其可信赖程度，所以我们称该区间为置信区间，并将描述其把握程度的概率叫置信度或可靠度、可信程度、概率保证程度等。区间估计是在点估计的基础上，考虑可能的抽样误差而进行的，它能给出估计精度，也能说明估计结果的把握程度。

通常进行的区间估计，主要有以下两种情况。

1. 置信度约束下的区间估计

即已知置信度 $F(t)$，以此来确定置信区间。其基本步骤为：

（1）根据置信度 $F(t)$，查概率表，得到概率度 t；

（2）计算抽样平均误差 $\mu_{\bar{x}}$ 或 μ_p；

（3）计算抽样极限误差 $\Delta_{\bar{x}}$ 或 Δ_p；

（4）确定置信区间：

$$\bar{x} - \Delta_{\bar{x}} \leqslant \bar{X} \leqslant \bar{x} + \Delta_{\bar{x}} \text{（平均数）}$$

$$p - \Delta_p \leqslant P \leqslant p + \Delta_p \text{（成数）}$$

【例 7 - 9】为调查某市职工的月平均收入，从某市 1 500 000 名职工中，随机不重复抽取 9 000 名职工组成样本。调查结果是：9 000 名职工的月平均收入为 3 050 元，标准差为 1 020 元。要求在 95% 的可靠程度下，估计该市全部职工月平均收入的置信区间。

$F(t)=95\%$，可查附录二：$t=1.96$

$$\mu_{\bar{x}} = \sqrt{\frac{\sigma^2}{n}\left(1-\frac{n}{N}\right)} = \sqrt{\frac{1\,020^2}{9\,000}\times\left(1-\frac{9\,000}{1\,500\,000}\right)} = 10.72\text{（元）}$$

$$\Delta_{\bar{x}} = t\mu_{\bar{x}} = 1.96 \times 10.72 = 21.01\text{（元）}$$

置信区间为：$3050 - 21.01 \leqslant \bar{X} \leqslant 3050 + 21.01$ 即 3 028.99 元 $\leqslant \bar{X} \leqslant$ 3 071.01 元

则全市职工月平均收入在 3 028.99 元 ~ 3 071.01 元有 95% 的可能性。

【例 7 - 10】某电脑公司对某地区居民家庭是否拥有电脑的状况进行抽样调查，采用重复抽样抽取 200 户家庭，发现 95% 的家庭拥有电脑。试计算当把握程度为 90% 时该地区居民家庭拥有电脑比例的置信区间。

$F(t)=90\%$，查附录二，相应的概率度 $t=1.645$

$$\mu_p = \sqrt{\frac{p(1-p)}{n}} = \sqrt{\frac{0.95\times(1-0.95)}{200}} = 0.0154 \quad \text{即 } 1.54\%$$

$$\Delta_p = t\mu_p = 1.645 \times 1.54\% = 2.53\%$$

置信区间为：$95\% - 2.53\% \leqslant P \leqslant 95\% + 2.53\%$ 即：$92.47\% \leqslant P \leqslant 97.53\%$

即在 90% 的置信度下该地区居民家庭拥有电脑比例的置信区间在 92.47% ~97.53%。

2. 抽样极限误差约束下的区间估计

即已知抽样极限误差 $\Delta_{\bar{x}}$ 或 Δ_p，以此来确定置信区间和相应的置信度。其基本步骤为：

（1）据抽样极限误差 $\Delta_{\bar{x}}$ 或 Δ_p，确定置信区间：

$$\bar{x} - \Delta_{\bar{x}} \leqslant \bar{X} \leqslant \bar{x} + \Delta_{\bar{x}}\text{（平均数）}$$

$$p - \Delta_p \leqslant P \leqslant p + \Delta_p\text{（成数）}$$

（2）计算抽样平均误差 $\mu_{\bar{x}}$ 或 μ_p；

（3）据 $\Delta_{\bar{x}} = t\mu_{\bar{x}}$ 或 $\Delta_p = t\mu_p$，求得概率度 t；

（4）查概率表，得到与 t 相对应的概率，该概率即为以上置信区间相应的置信度。

【例 7－11】在【例 7－9】中，若没有“要求在 95% 的可靠程度下”这一条件，试确定，允许误差为 30 元的情况下：（1）全市职工月平均收入的置信区间；（2）全市职工月平均收入在该区间的可能性有多大？

（1）置信区间为：$3\,050 - 30 \leqslant \bar{X} \leqslant 3\,050 + 30$　即：$3\,020$ 元 $\leqslant \bar{X} \leqslant 3\,080$ 元

（2）据 $\Delta_{\bar{x}} = t\mu_{\bar{x}}$，$t = \dfrac{\Delta_{\bar{x}}}{\mu_{\bar{x}}} = \dfrac{30}{10.72} = 2.80$　查附录二，$F(t) = 0.994\,9$

即全市职工月平均收入在 3 020 元 ~ 3 080 元有 99.49% 的可能性。

【例 7－12】在【例 7－10】中，若没有“把握程度为 90%”这一条件，试确定，允许误差为 3% 的情况下：（1）该地区居民家庭拥有电脑比例的置信区间；（2）拥有电脑比例在该区间的把握程度有多大？

（1）置信区间为：$95\% - 3\% \leqslant P \leqslant 95\% + 3\%$　即 $92\% \leqslant P \leqslant 98\%$

（2）据 $\Delta_p = t\mu_p$，$t = \dfrac{\Delta_p}{\mu_p} = \dfrac{0.03}{0.015\,4} = 1.95$，查附录二，$F(t) = 0.948\,8$

即该地区居民家庭拥有电脑比例在 92% ~ 98% 有 94.88% 的把握。

小思考

比较【例 7－9】和【例 7－11】，全市职工月平均收入在 3 028.99 元 ~ 3 071.01 元时，其可靠性为 95%；而估计全市职工月平均收入在 3 020 元 ~ 3 080 元时，其准确性有所降低，但其可靠性达 99.49%。

比较【例 7－10】和【例 7－12】，居民家庭拥有电脑比例在 92.47% ~ 97.53% 时，其可靠性只有 90%；而估计居民家庭拥有电脑比例在 92% ~ 98% 时，估计的准确性有所降低，其可靠性达到 94.88%。

这说明，区间估计中，估计的精确度（或者置信区间大小）和置信度之间有什么关系？

在区间估计中，在其他条件不变的情况下，抽样极限误差越大，则置信区间越大，推断精确度越低，但相应的置信度却越大。在抽样推断时，我们总是希望置信区间尽可能小（即推断的精度尽可能高），并且置信度也尽可能大。但事实上这两者往往是相矛盾的。在其他条件不变的情况下，提高置信度，会增大允许误差（使推断精度降低）；缩小允许误差（提高推断的精度），则会降低置信度。可见，抽样推断时并不能只顾提高置信度或只顾缩小允许误差。若置信区间太大，则推断精度太低，这时尽管置信度接近或等于100%，抽样推断本身也会失去意义；反之，若置信度太低，尽管推断精度很高，但因错误估计的可能性太大，推断结果也无多大作用。在抽样推断时，我们若希望置信区间尽可能小（即推断的精度尽可能高），并且置信度也尽可能大，那么就必须增大样本容量。

小思考

某公司准备在某地新建一个零售商店，要求企划部经理王先生做好商店选址的准备工作。王先生明白，经过该地的行人数量是要重点考虑的对象。于是，他委托相关人员进行了两个星期的观察，得到每天经过该地的人数。具体如下：

544　468　399　759　526　212　256　456　553　259　469　366　197　178

如果设立商店要求的最低行人数量为500人，则根据上述观察数据，能否支持设立商店的决策呢？

提示：

将14天经过该地的行人数量作为样本，商店开张后经过该地的行人数量作为总体。显然，这是个抽样推断的问题。根据样本数据，可计算出样本均值为403人，样本标准差为162.33人。设置信度为95%，则可估计出平均每天经过此地的人数为316～490人。这就意味着，如果观察100天，则有95天的行人数位于上述区间。那么如果设立商店要求行人数不得低于500人的话，显然在这一地点设立商店是不明智的。

思维延伸

要估计总体某一指标，并非只能用一个样本指标，而可能有多个样本指标可供选择，即对于同一总体参数可能会有不同的估计量。但并非所有估计量都是优良的，因此也就产生了评价估计量是否优良的标准。一般有如下三条标准。

1. 无偏性

无偏性是指样本估计量的均值应等于被估计总体参数的真实值，是衡量抽样估计优劣的一个重要条件。由于样本具有不唯一性，不同的样本有不同的估计值。然而实际抽样调查只抽取一个样本，估计值与总体真实值之间很可能有偏差。但从所有可能样本来看，估计值的均值等于总体参数的真实值，这时的估计量我们通常将其叫作无偏估计量。显然，无偏估计量是没有系统偏差的平均意义上的量，并不保证单独一次估计中没有随机性误差。

2. 有效性

有效性是指作为优良的估计量，除了满足无偏性外，其方差应比其他统计量的方差都小。无偏估计量只考虑估计值的平均结果是否等于待估计参数的真实值，而不考虑估计的每个可能值及其次数分布与待估计参数真实值之间离差的大小和分散程度。我们在解决实际问题时，不仅希望估计量是无偏的，更希望所有样本估计量的变异程度尽可能得小，即要求各无偏估计量中与被估计参数的离差较小的为有效估计量，这样才能保证估计量的取值能集中在被估计的总体参数的附近，对总体参数的估计和推断才更可靠。例如，样本平均数与中位数都是总体均值的无偏估计量，但在同样的样本容量下，样本平均数是更为有效的估计量。

3. 一致性

一致性也称相合性。若估计量随样本容量 n 的增大而越来越接近总体参数的真实值时，则称该估计量是被估计参数的一致性估计量。即：当 n 趋近于 N 时，$\bar{x} \to \bar{X}$ 或者 $p \to P$。估计量的一致性是从极限意义上讲的，它适用于大样本的情况。如果一个估计量是一致性估计量，则采用大样本就更加可靠。当然随着样本容量 n 的增大，估计量一致性的增强，调查所需的人力、物力、财力也会相应增加。

以上三个标准并不是孤立的，只有能同时满足这三个标准的估计量才是一个好的估计量。有时我们不一定能找到完全符合以上标准的优良估计量，但总是希望所采用的估计量尽可能符合或接近这些标准。样本平均数作为总体平均数的估计量、样本成数作为总体成数的估计量，都具有上述优良性质，所以通常用样本平均数去估计总体平均数，用样本成数去估计总体成数。

二、总体总量指标的推算

通过前面的学习，我们已掌握了如何由样本平均数（或成数）来推断总体平均数（或成数）。在此基础上，如果结合总体中已知的有关总量指标（即绝对数），还可以进一步推算总体中未知的其他总量指标。根据抽样结果推算总体总量指标的方法，可以有如下两种。

（一）直接推算法

该法是利用样本平均数（或成数）的点估计或区间估计值来直接推算总体的总量指标。其具体方法是由总体单位数直接乘以点估计值或区间估计值：

点估计：$Q = N \cdot \bar{x}$ 或 $Q = N \cdot p$

区间估计：$N(\bar{x} - \Delta_{\bar{x}}) \leqslant Q \leqslant N(\bar{x} + \Delta_{\bar{x}})$

$N(p - \Delta_p) \leqslant Q \leqslant N(p + \Delta_p)$

式中，Q 为总体总量指标；N 为总体单位数。

【例 7 - 13】某县玉米播种面积为 26 537 亩，抽样调查的每亩产量为 532 千克，抽样平均误差为 4 千克。（1）用点估计，求该县玉米总产量；（2）在 95.45% 的置信度下，该县玉米总产量范围是多少？

（1）$Q = N \cdot \bar{x} = 26\,537 \times 532 = 14\,117\,684$（千克）

该县玉米总产量为 14 117 684 千克。

（2）$\Delta_{\bar{x}} = t\mu_{\bar{x}} = 2 \times 4 = 8$（千克）

$532 - 8 \leqslant \bar{X} \leqslant 532 + 8$　　即：524 千克$\leqslant \bar{X} \leqslant$540 千克

$26\ 537 \times 524 \leqslant Q \leqslant 26\ 537 \times 540$　即：13 905 388 千克$\leqslant Q \leqslant$14 329 980 千克

该县玉米总产量可能在 13 905 388 千克 ~ 14 329 980 千克。

【例 7－14】利用【例 7－10】的资料，若该地区居民家庭共有 20 000 户，则该地区拥有电脑的家庭数在什么范围？

在【例 7－10】中已经得出，该地区居民家庭拥有电脑比例的置信区间为：$92.47\% \leqslant P \leqslant 97.53\%$

所以，拥有电脑的居民家庭数的范围是：

$$20\ 000 \times 92.47\% \leqslant Q \leqslant 20\ 000 \times 97.53\%$$

即：18 494 户$\leqslant Q \leqslant$19 506 户（可靠程度 90%）。

（二）修正系数法

当抽样调查的任务在于检查全面统计数字的质量时，可以用抽样复查所得到的结果修正全面调查的数字，如对人口普查、农业普查等统计数据的复查，可从全面调查的总体中抽取一部分单位（抽样组织方式和抽样数目应事先作出规定，统一进行），对这些单位再次进行详细调查、登记，然后结合原来全面调查时的相应数据，计算修正系数，进而用全面调查的登记数乘以修正系数，求得修正的统计数值。

$$修正系数 = \frac{复查登记数}{全面调查登记数}$$

上式中，分子、分母的数值，都只针对抽样复查的这部分单位。

$$修正后的指标数值 = 全面调查登记数 \times 修正系数$$

该式中的全面调查登记数和修正后的指标数值都是针对总体的。

【例 7－15】某地区人口普查，得到人口总数为 1 286 546 442 人，其中高中以下人口比率为 3%。抽取 10 个观察点组成一个样本进行复查，复查结果如下：该样本的普查登记人口数为 13 584 人，高中以下人口比率为 2.95%；而复查人口数为 13 720 人，高中以下人口比率为 3.1%。试对该区人口总数、高中以下人口比率进行修正。

先计算人口总数和高中以下人口比率的修正系数：

$$人口总数的修正系数 = \frac{13\ 720}{13\ 584} = 1.01$$

$$高中以下人口比率的修正系数 = \frac{3.1}{2.95} = 1.05$$

然后，对人口总数和高中以下人口比率修正如下：

$$人口总数 = 1\ 286\ 546\ 442 \times 1.01 = 1\ 299\ 411\ 906(人)$$

$$高中以下人口比率 = 3\% \times 1.05 = 3.15\%$$

任务四　确定必要样本容量

任务先导

某大学要了解在校学生每天参加体育锻炼的时间，然而在校学生共32 000人，数量庞大，所以计划采用抽样调查的方式。为保证调查精确度，规定了最大允许误差。为满足调查精确度，同时又不致调查工作量太大，样本单位数该如何确定呢？

在抽样调查中，样本容量与抽样误差及调查费用都有直接的关系。如果样本容量过大，虽然抽样误差会很小，但调查工作量增大，耗费的时间和经费太多，体现不出抽样调查的优越性。反之，如果样本容量太小，虽然耗费少，但抽样误差太大，抽样推断就会失去价值。所以，在抽样调查中，如果提前规定了最大允许误差，就需要根据允许误差确定必要样本容量。

必要样本容量是指为了使抽样误差不超过给定的允许误差，至少应抽取的样本单位数。

一、必要样本容量的确定方法

基于以上必要样本容量的定义，必要样本容量可根据抽样极限误差与抽样数目的关系来确定。不同的抽样组织方式，其计算公式不同。

（一）简单随机抽样下必要样本容量的确定

1. 由平均数抽样极限误差公式确定

重复抽样：$\Delta_{\bar{x}} = t\sqrt{\dfrac{\sigma^2}{n}}$，则 $n_{\bar{x}} = \dfrac{t^2\sigma^2}{\Delta_{\bar{x}}^2}$

不重复抽样：$\Delta_{\bar{x}} = t\sqrt{\dfrac{\sigma^2}{n}(1-\dfrac{n}{N})}$，则 $n_{\bar{x}} = \dfrac{t^2\sigma^2}{\Delta_{\bar{x}}^2 + \dfrac{t^2\sigma^2}{N}}$

2. 由成数抽样极限误差公式确定

重复抽样：$\Delta_p = t\sqrt{\dfrac{P(1-P)}{n}}$，则 $n_p = \dfrac{t^2P(1-P)}{\Delta_p^2}$

不重复抽样：$\Delta_p = t\sqrt{\dfrac{P(1-P)}{n}(1-\dfrac{n}{N})}$，则 $n_p = \dfrac{t^2P(1-P)}{\Delta_p^2 + \dfrac{t^2P(1-P)}{N}}$

如果所遇到的问题，既可求 $n_{\bar{x}}$，又可求 n_p，且 $n_{\bar{x}} \neq n_p$，为了同时保证平均数和成数的允许误差，应取其中的较大值作为必要样本容量。

【例7－16】某企业准备在某城市进行商业投资，需要对该市10 000户居民的收入水平进行调查，并已从该市统计部门公布的统计资料中得知该市居民户年均收入的标准差为3 000元。如果以95.45%的概率保证程度，允许误差不超过200元，则该企业至少要对多少户居民进行调查?

在重复抽样条件下: $n_{\bar{x}}=\dfrac{t^2\sigma^2}{\Delta_{\bar{x}}^2}=\dfrac{2^2\times 3\ 000^2}{200^2}=900$（户）

在不重复抽样条件下: $n_{\bar{x}}=\dfrac{t^2\sigma^2}{\Delta_{\bar{x}}^2+\dfrac{t^2\sigma^2}{N}}=\dfrac{2^2\times 3\ 000^2}{200^2+\dfrac{2^2\times 3\ 000^2}{10\ 000}}=826$（户）

【例7-17】一稽查员对某公司2016年度财务状况进行审计，需要对公司5 000张财务凭证进行抽样检查。过去几次同类检查所得的凭证合格率为93%、95%和96%。为了使合格率的允许误差不超过3%，在99.73%的概率下，应抽查多少张凭证?

为保证抽样推断的把握程度，确定必要样本容量时，若有多个可供参考的方差数值，应选其中方差最大值来计算。根据过去同类调查资料，有三个合格率可供参考，应取 $P=93\%$。

在重复抽样条件下: $n_p=\dfrac{t^2P(1-P)}{\Delta_p^2}=\dfrac{3^2\times 0.93\times(1-0.93)}{0.03^2}=651$(张)

在不重复抽样条件下: $n_p=\dfrac{t^2P(1-P)}{\Delta_p^2+\dfrac{t^2P(1-P)}{N}}=\dfrac{3^2\times 0.93\times(1-0.93)}{0.03^2+\dfrac{3^2\times 0.93\times(1-0.93)}{5\ 000}}$

$=576$(张)

【例7-18】现有一批奶粉共10万袋，用重复抽样方法，检查其每袋平均重量及产品合格率。规定平均每袋重量的误差范围不超过0.2克，合格率的允许误差不超过12%。根据以往资料，产品每袋重量的方差为3.5克²。问在99.73%的概率保证下，至少应抽查多少袋奶粉进行检验?

$$n_{\bar{x}}=\frac{t^2\sigma^2}{\Delta_{\bar{x}}^2}=\frac{3^2\times 3.5}{0.2^2}=788\text{(袋)}$$

$n_p=\dfrac{t^2P(1-P)}{\Delta_p^2}$，因缺乏成数资料，取 $P(1-P)$ 的最大值0.25。

于是，$n_p=\dfrac{3^2\times 0.25}{0.12^2}=157$（袋）

用平均数和成数，计算的结果不同，即 $n_{\bar{x}}\neq n_p$

这时，应取其中的较大值，即788袋作为必要样本容量。

（二）分层抽样下必要样本容量的确定

重复抽样: $n_{\bar{x}}=\dfrac{t^2\overline{\sigma^2}}{\Delta_{\bar{x}}^2}$，则 $n_p=\dfrac{t^2\overline{P(1-P)}}{\Delta_p^2}$

不重复抽样: $n_{\bar{x}}=\dfrac{t^2\overline{\sigma^2}}{\Delta_{\bar{x}}^2+\dfrac{t^2\overline{\sigma^2}}{N}}$，　则 $n_p=\dfrac{t^2\overline{P(1-P)}}{\Delta_p^2+\dfrac{t^2\overline{P(1-P)}}{N}}$

（三）等距抽样下必要样本容量的确定

无关标志排序的按简单随机不重复抽样公式确定；有关标志排序的按分层不重复抽样公式确定。

（四）整群抽样下必要样本容量的确定

$$r=\frac{Rt^2\delta^2}{(R-1)\Delta^2+t^2\delta^2} \quad 或 \quad r=\frac{Rt^2\delta^2}{R\Delta^2+t^2\delta^2}(R\text{ 较大时})$$

思维延伸

在计算必要样本容量时，应注意以下几点：

（1）当计算的必要样本容量为小数时，不能采用四舍五入原则，而应采用小数进位原则。因为，必要样本容量是满足调查要求的最小样本单位数。

（2）在确定样本容量时，需要知道总体的方差，这在抽样调查中是不可能的。同样，样本的方差在此时也是未知的。这时可用总体方差的近似值来代替，即根据以往调查的经验数据或通过试调查来取得。若有多个方差数值可供参考时，应选其中最大的方差。成数可以用标准差的最大值，即取 $P(1-P)$ 的最大值来代替总体方差。

（3）对同一总体既要进行样本平均数的估计，又要进行样本成数的估计时，为了兼顾两者共同的需要，通常采用其中较大的 n 值作为统一的抽样单位数。

（4）在实际工作中，由于抽样比例一般很小，对于不重复抽样，仍可按重复抽样的公式来计算必要样本容量。

二、影响必要样本容量的因素

必要样本容量受以下因素影响：

（1）总体方差。在其他条件不变的情况下，总体方差越大，则总体各单位的差异程度越大，样本容量应该大一些。反之，样本容量可以小一些。

（2）允许误差。允许误差增大，意味着推断的精度要求降低。在其他条件不变的情况下，必要的样本容量可减少；反之，缩小允许误差，就要增加必要样本容量。

（3）置信度。因置信度与概率度是同方向变化的，所以在其他条件不变的情况下，要提高推断的置信度，就必须增加样本容量。

（4）抽样方法。相同条件下，由于重复抽样的抽样误差大于不重复抽样，所以采用重复抽样应比不重复抽样多抽一些样本单位。不过，总体单位数 N 很大时，二者差异很小。所以为简便起见，实际中当总体单位数很大时，一般都按重复抽样公式计算必要样本容量。

（5）抽样组织方式。由于不同的抽样组织方式有不同的抽样误差，所以，在误差要求相同的情况下，不同抽样组织方式所必需的样本容量也不同。

任务五 运用 Excel 进行区间估计

以下操作以 Excel2010 为例。

一、Excel 在总体平均数区间估计中的运用

（一）数据资料

从某高校学生中，用简单随机抽样的方式，随机抽取一部分学生，调查得知这些学生的每月生活费支出资料如下（单位：元）。

1 500　1 300　1 800　2 100　1 700　1 600　1 500　1 200　1 000　1 100

1 500　1 700　1 900　2 300　1 000　1 500　1 300　900　1 600　2 300

1 400　1 700　1 600　1 700　1 500　1 600　1 600　1 200　1 600　1 400

试在 95.45% 的概率保证程度下，利用 Excel 求该高校学生平均每月生活费的置信区间。

（二）运用 Excel 进行区间估计

方法一：运用 Excel 中的“函数”进行区间估计。

（1）将资料中的数据输入到工作表中。同时，以 C2 为起始位置，以 C 列中依次输入相关的样本指标名称，如图 7－4 所示。

图 7－4　输入数据和样本指标名称

（2）计算样本容量。单击 D2 单元格，输入“＝COUNT（A2：A31）”后回车，或者点击“f_x”图标插入函数，在“选择类别”框中选“全部”或“统计”，在下面的“选择函数”方框里点击“COUNT”，并“确定”，在出现的“函数参数”对话框的第一行“Value1”中输入“A2：A31”（或鼠标拖选），即得到样本容量为 30，如图 7－5 所示。

（3）计算样本均值。单击 D3 单元格，输入“＝AVERAGE（A2：A31）”后回车，或者点击“f_x”图标插入“AVERAGE”函数，在出现的“函数参数”对话框的第一行“Number1”中输入“A2：A31”（或鼠标拖选），即得到样本均值为 1536.67 元，如图7－6 所示。

（4）计算样本标准差。单击 D4 单元格，输入“＝STDEV（A2：A31）”后回车，或者点击“f_x”图标插入“STDEV”函数或“STDEV.S”函数，在出现的“函数参数”对话框的第一行“Number1”中输入“A2：A31”（或鼠标拖选），即得到样本标准差为

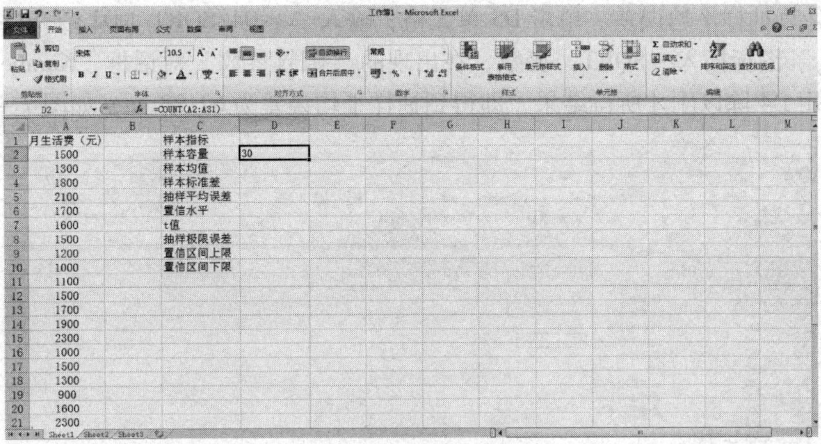

图 7－5　计算样本容量

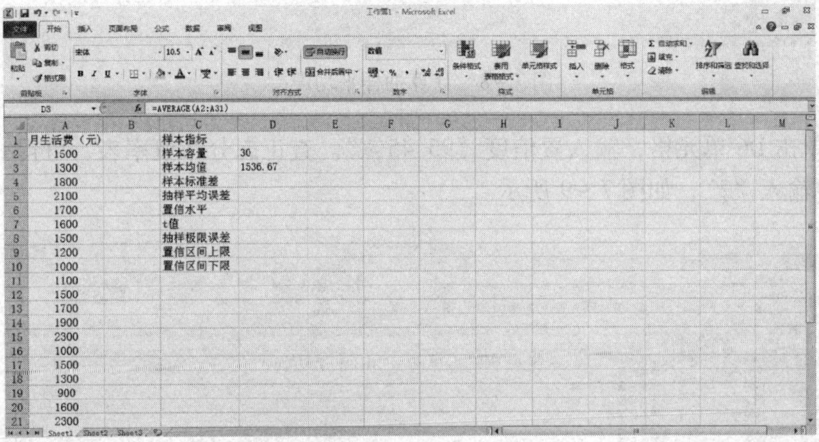

图 7－6　计算样本均值

340.87 元，如图 7－7 所示。

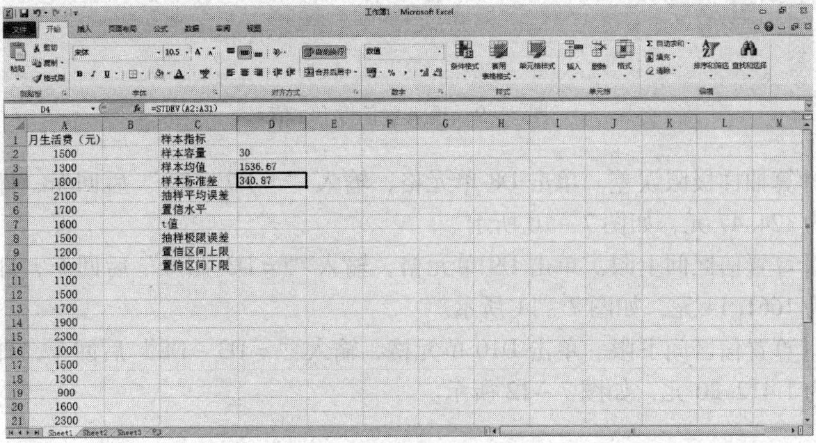

图 7－7　计算样本标准差

（5）计算抽样平均误差。单击 D5 单元格，输入“=D4/SQRT（D2）”后回车，或者先点击“f_x”图标插入“SQRT”函数，在出现的“函数参数”对话框“Number”中输入“D2”，再用 D4 除以刚才所得结果，即得到抽样平均误差为 62.23 元，如图 7－8 所示。

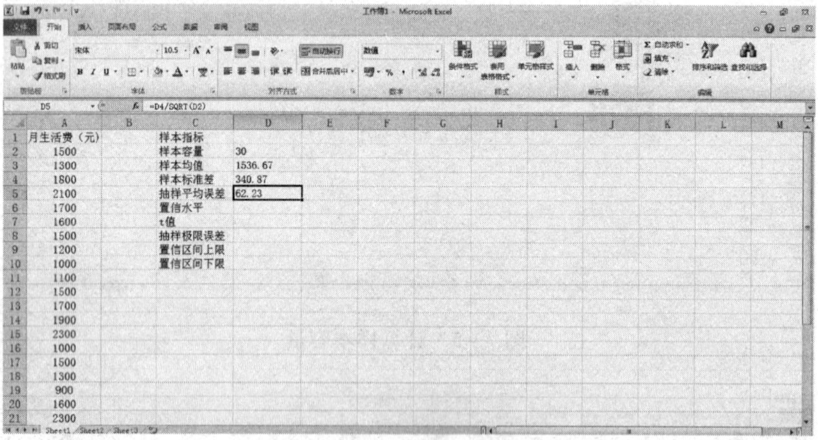

图 7－8　计算抽样平均误差

（6）单击 D6 单元格，输入置信度“95.45%”。查正态分布概率表，可得 t=2，在单元格 D7 中输入“2”，如图 7－9 所示。

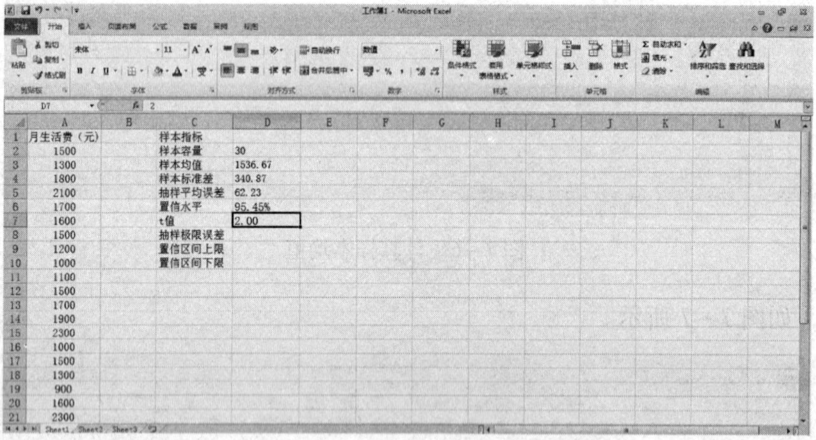

图 7－9　输入置信度和 t 值

（7）计算抽样极限误差。单击 D8 单元格，输入“=D7 * D5”后回车，即得到抽样极限误差为 124.47 元，如图 7－10 所示。

（8）计算置信区间上限。单击 D9 单元格，输入“=D3+D8”后回车，即得到置信区间上限为 1661.14 元，如图 7－11 所示。

（9）计算置信区间下限。单击 D10 单元格，输入“=D3－D8”后回车，即得到置信区间下限为 1 412.20 元，如图 7－12 所示。

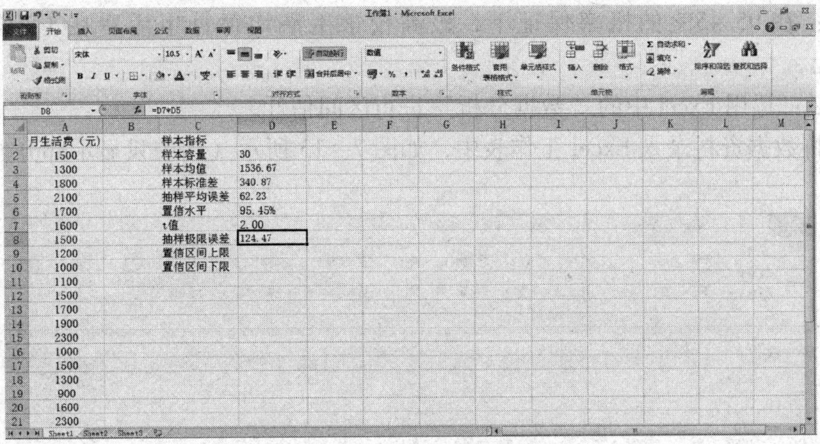

图 7－10　计算抽样极限误差

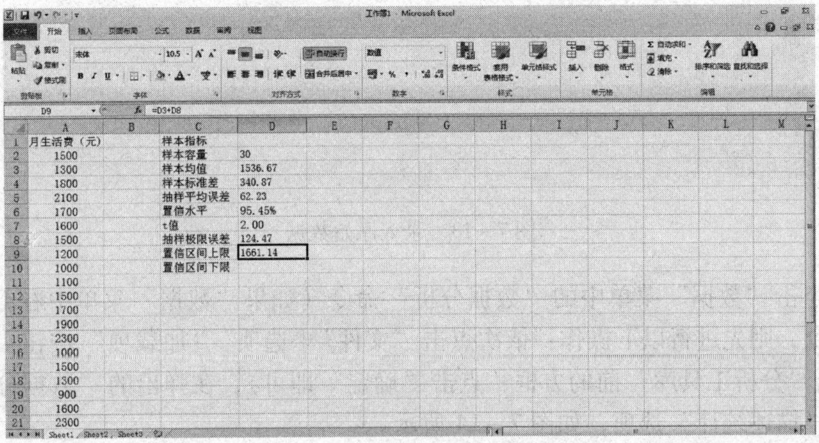

图 7－11　计算置信区间上限

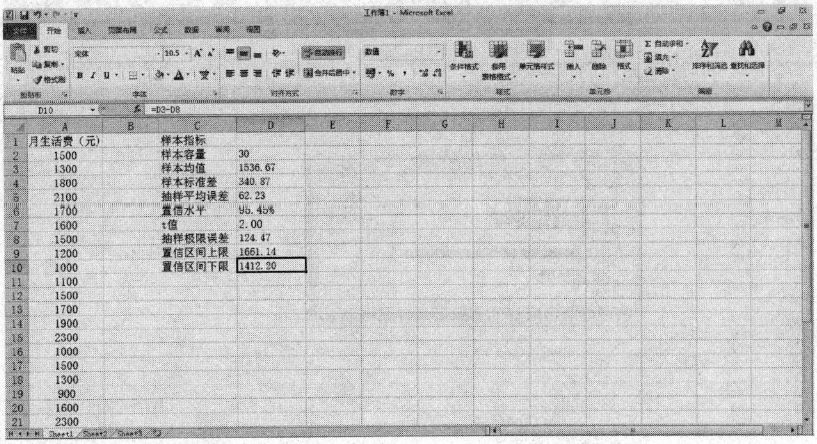

图 7－12　计算置信区间下限

结论：在95.45%的概率保证下，该高校学生平均每月生活费在1 412.20元～1 661.14元。

方法二：运用Excel中的“数据分析”进行区间估计。

（1）将数据资料录入Excel工作表中，如图7－13所示（图中只显示部分数据）。

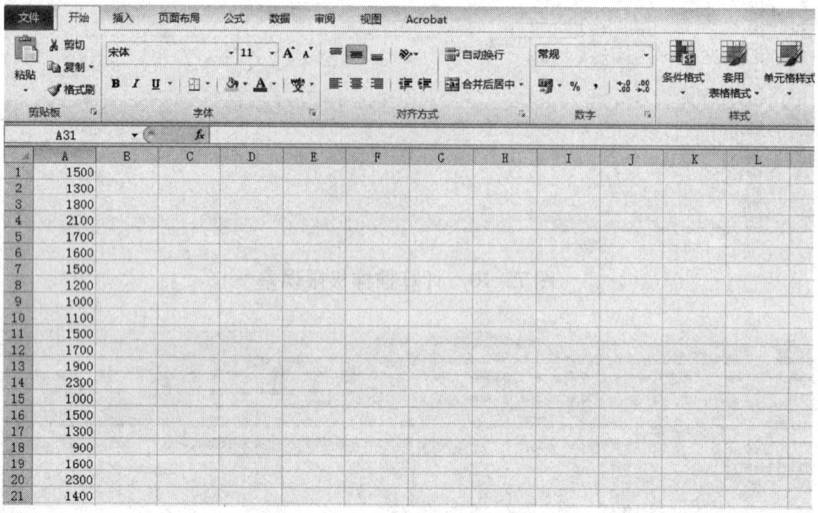

图7－13　录入原始数据

（2）点击“数据”菜单中的“数据分析”命令（如果“数据”菜单中看不到“数据分析”命令，则先进行以下操作：依次点击“文件”“选项”“加载项”按钮，点击“转到”，勾选“分析工具库”前的方框，点击“确定”即可），在弹出的“数据分析”对话框中选择“描述统计”选项，如图7－14所示。

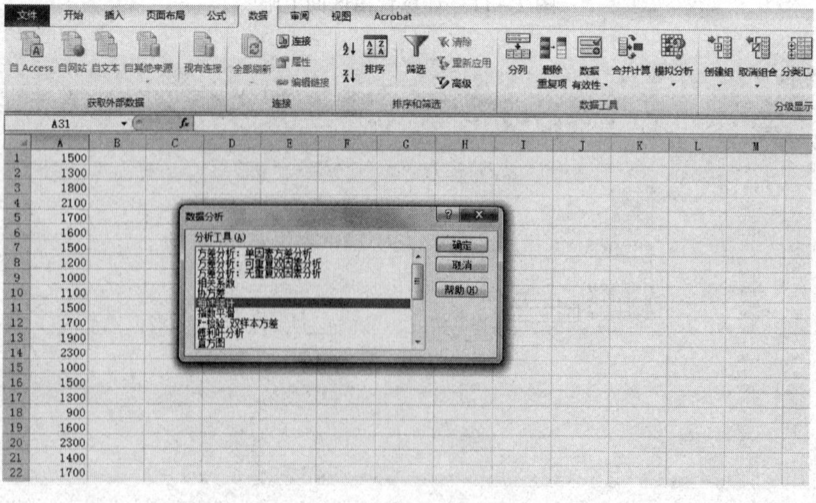

图7－14　“数据分析”对话框

(3) 单击“确定”按钮，在弹出的“描述统计”对话框中，设置“输入区域”为A1：A30，输出区域可任选某一空白单元格（此例选D2），同时勾选“汇总统计”和“平均数置信度”复选框，并在“平均数置信度”的编辑栏中指定置信度95.45%（默认值为95%），如图7－15所示。

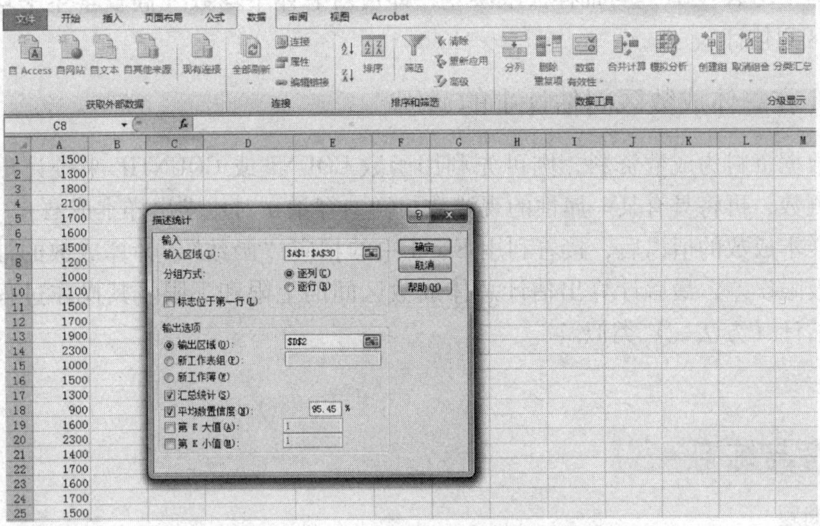

图7－15　“描述统计”对话框设置

(4) 单击“确定”按钮，结果如图7－16所示。

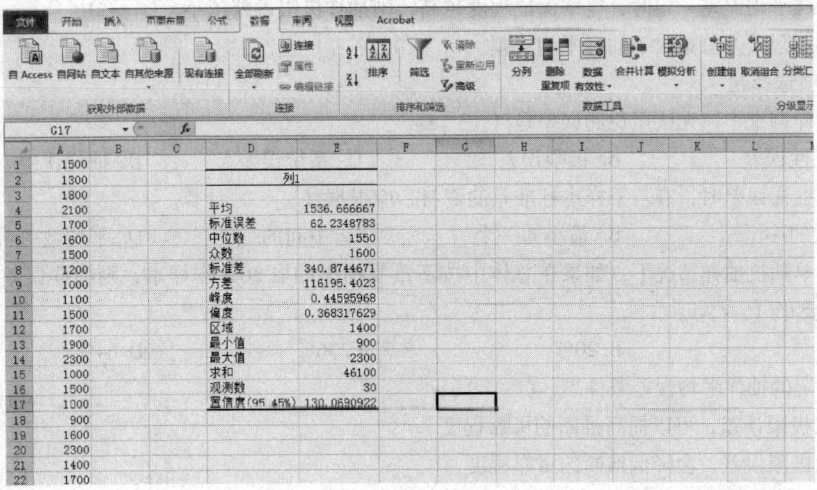

图7－16　最终输出结果图

在输出结果中，“平均”就是样本平均数；“标准误差”就是抽样平均误差；“标准差”就是样本标准差；“观测数”就是样本单位数。

需要特别说明的是，输出结果中的“置信度”指的是给定置信度（95.45%）下的抽样极限误差，但在应用“描述统计”工具计算抽样极限误差时，是严格按照总体方差未知时的估计方法进行的，并且不是根据标准正态分布确定的，因此与“方法一”按 Excel 函数公式计算的结果会有出入。但当样本较大时，上述差别可忽略不计。

如果应用“描述统计”工具计算的抽样极限误差不可取，则可根据给定置信度（95.45%）查得 t 值（t=2），乘以抽样平均误差（E5）即可。

由样本平均数（E4）与抽样极限误差，即可对总体平均数（高校学生平均每月生活费）做出区间估计。

二、Excel 在总体成数区间估计中的运用

如果数据资料为成数资料，则可先利用函数 COUNT 或 COUNTIF 来统计出具有某一属性的观测数，再将具有某一属性的观测数与样本容量 n 对比求出样本成数 p。

得到样本成数的值以后，接着利用 Excel 中的相应“函数”，计算成数的抽样平均误差和抽样极限误差，最后计算出估计总体成数区间的上限和下限。其操作过程与总体平均数区间估计（方法一）类似。

思考与练习

一、判断题

1. 按随机原则抽样，也就是按照个人主观判断来抽取样本单位。(　　)

2. 抽样误差是一种偶然性的代表性误差。(　　)

3. 重复抽样的抽样平均误差要小于不重复抽样的抽样平均误差。(　　)

4. 当抽样平均误差一定时，概率保证程度越高，则抽样极限误差越小。(　　)

5. 抽样极限误差总是大于抽样平均误差。(　　)

二、单项选择题

1. 在抽样调查中，无法避免的误差是（　　）。

A. 登记性误差　　B. 极限误差　　C. 系统误差　　D. 抽样误差

2. 计算抽样误差时，有若干样本标准差的资料，应根据（　　）计算。

A. 最大的一个　　B. 最小的一个　　C. 中间的一个　　D. 平均数

3. 在简单随机抽样情况下，如果在总体中按不重复抽样抽取 36% 作样本，则抽样误差比重复抽样的抽样误差要小（　　）。

A. 8%　　B. 20%　　C. 36%　　D. 64%

4. 在一定的抽样平均误差条件下，(　　)。

A. 扩大极限误差，可以提高推断的可靠程度

B. 扩大极限误差，会降低推断的可靠程度

C. 扩大极限误差，不改变推断的可靠程度

D. 扩大极限误差，其推断可靠程度的变化不确定，还取决于其他因素

5. 根据抽样的资料，一年级学生近视率为 10%，二年级为 20%，在人数相等时，学生近视率的抽样误差（　　）。

A. 二年级较大　　B. 一年级较大　　C. 两个年级相同　　D. 无法判断

三、多项选择题

1. 抽样推断的特点是（　　）。

A. 按随机原则抽样
B. 以样本指标推断总体指标
C. 抽样误差可以事先计算并控制
D. 运用概率估计的方法进行抽样推断
E. 没有误差

2. 抽样估计的随机误差（　　）。
A. 是不可以避免的
B. 是可以事先计算的
C. 是可以通过改进调查方法消除的
D. 是可以控制其大小的
E. 没有办法控制

3. 影响抽样平均误差的因素有（　　）。
A. 总体标志变异程度
B. 样本容量
C. 抽样组织方式
D. 抽样方法
E. 样本指标值的大小

4. 影响样本容量的因素有（　　）。
A. 抽样组织方式
B. 允许误差的大小
C. 总体各单位的差异程度
D. 推断的可靠程度
E. 抽样方法

5. 抽样调查的组织方式有（　　）。
A. 简单随机抽样　B. 分层抽样　C. 等距抽样　D. 整群抽样
E. 多阶段抽样

四、简答题

1. 什么是抽样推断？其作用有哪些？
2. 什么是重复抽样和不重复抽样？
3. 什么叫简单随机抽样、分层抽样、等距抽样和整群抽样？
4. 什么是抽样平均误差和抽样极限误差？
5. 样本容量受哪些因素的影响？

五、计算题

1. 某城市为了了解居民家庭的每月支出情况，从10 000户家庭中，按不重复抽样的方法抽取500户居民家庭进行调查，调查结果如表7－7所示。

（1）若用这500户家庭每月支出数据资料推算该城市10 000户家庭的月支出情况，则抽样平均误差是多少？

（2）从表7－7中可看出，抽取的500户居民家庭中，每月支出在4 000元以下的户数所占比重为8%（4 000元以上户数占92%），计算该比重的抽样平均误差。

表7－7　某城市居民家庭每月支出情况表

月支出额/元	居民家庭户数/户	比重/%
4 000以下	40	8
4 000～6 000	100	20
6 000～8 000	200	40
8 000～10 000	100	20
10 000以上	60	12
合计	500	100

2. 某经销生活日用品的商场，从其40 000名目标消费者中，随机不重复抽取2 000名，调查其每月

购买该商场产品的消费支出。调查结果：每月平均消费额为300元，抽样总体的标准差为6元。试求在概率保证程度为95.45%的条件下，每月平均消费额的抽样极限误差是多少？

3. 某品牌手机经销商为了解该手机的品牌形象，从4 000名手机消费者中，按不重复抽样抽取200名进行抽样调查，调查结果，发现只有6名消费者不喜欢该品牌手机。试求在概率保证程度为95.45%的条件下，喜欢该手机的消费者比例范围。

4. 某企业大批量生产某种产品，为掌握某月该种产品的合格品率资料，采取在全月连续生产的720小时中，每隔24小时抽取1小时的全部产品检查。根据抽样资料计算的合格品率为85%，各群间方差为4%。求抽样平均误差，并根据95.45%的概率推算全月合格品率的范围。

5. 某地种植3万亩农作物，抽取1 000亩进行调查，调查结果，平均亩产量为450千克，抽样平均误差为14千克。在概率保证程度为99.73%的条件下：

（1）推算这3万亩农作物的平均亩产量范围；

（2）分别用点估计和区间估计的方法，推算这3万亩农作物的总产量。

6. 某年农业普查中，对某地所饲养的牲畜进行了全面调查，调查结果为20 000头。在此之后按一定比例进行了抽样复查，复查的结果是1 050头，而对复查的这一部分牲畜，在全面调查时为1 000头。试对该地所饲养的牲畜总头数进行修正。

7. 对某高校20 000名学生，用抽样调查的方法调查其每月文具购买支出费用额。已知标准差为12元，抽样极限误差为1.2元。在概率为95.45%的条件下，应抽取多少名学生进行调查？

8. 对某企业生产的1 000件产品的合格率进行抽样调查，抽样极限误差为5%，概率保证程度为95.45%，并知过去进行同样抽样调查，其不合格率为10%。求必要样本容量。

技能实训

【实训目的】

1. 使学生能根据调查目的和任务，组织实施抽样调查；

2. 能根据样本指标，对总体指标做出估计。

【实训任务】

某高校欲对学校食堂的服务质量进行抽样调查（评分）。请你以调查人员的身份，完成此项任务。

【实训要求】

全班同学分组，组内同学分工、协作，共同完成任务。具体要求：

（1）设计问卷（评分表）；

（2）确定抽样组织方式、抽样方法和样本容量；

（3）先组织一次小型抽查，由抽查结果（分值）测得标准差；

（4）计算抽样平均误差；

（5）以一定的概率保证程度，估计全校学生对食堂评分的可能范围；

（6）进一步思考：假如将允许误差缩小到某值，则至少应抽取多少样本单位？

【成果检验】

每组同学将整个实训内容整理成实训报告并提交，由教师随机挑选某组做课堂汇报与交流分享。教师对各组进行点评及成绩评定。

项目八 相关与回归分析

【知识目标】

1. 理解函数关系和相关关系的含义；

2. 了解相关关系的种类以及相关关系分析的主要内容；

3. 掌握一元线性相关分析和回归分析以及多元线性回归分析、一元非线性回归分析的方法。

【能力目标】

1. 能够识别相关关系；

2. 能够进行一元线性相关分析；

3. 能够进行一元线性回归分析与预测；

4. 具备运用 Excel 计算相关系数、建立一元线性、一元非线性及多元线性回归方程的能力。

【实例导入】

利兴铸造厂成本波动问题

最近几年，利兴铸造厂狠抓成本管理，提高经济效益，在降低原材料和能源消耗，提高劳动生产率，以及增收节支等方面，取得了显著成效，单位成本明显下降，基本扭转了亏损局面。但是各月单位成本起伏很大，有的月份赢利较多，有的月份赢利少甚至亏损。为了控制成本波动，并指导今后的生产经营，利兴铸造厂进行了产品成本分析。

首先，研究单位成本与产量的关系（表 8－1）。

表 8－1　　铸铁件产量及单位成本资料

时间	铸铁件产量/吨	单位产品成本/元	出厂价/（元/吨）
上年 1 月	810	670	750
2 月	547	780	750
3 月	900	620	750
4 月	530	800	750

续表

时间	铸铁件产量/吨	单位产品成本/元	出厂价/（元/吨）
5 月	540	780	750
6 月	800	675	750
7 月	820	650	730
8 月	850	620	730
9 月	600	735	730
10 月	690	720	730
11 月	700	715	730
12 月	860	610	730
今年 1 月	920	580	720
2 月	840	630	720
3 月	1 000	570	720

由上表可以看出，铸铁件单位成本波动很大，在 15 个月中，最高的上年 4 月单位成本达 800 元，最低的今年 3 月单位成本为 570 元，全距是 230 元。上年 2、4、5、9 月 4 个月成本高于出厂价，出现亏损，而今年 3 月毛利率达到 20.8% [（720 − 570）/ 720 × 100%]。

成本波动大的原因是什么呢？从表中可以发现，单位成本的波动与产量有关。上年 4 月成本最高，而产量最低，今年 3 月成本最低，而产量最高，去年亏损的 4 个月中，产量普遍偏低，这显然是规模效益问题。在成本构成中，可以分为变动成本和固定成本两部分。根据利兴铸造厂的实际情况，变动成本主要包括原材料及能源消耗、工人工资、销售费用、税金等，固定成本主要包括折旧费用、管理费用和财务费用。在财务费用中，绝大部分是贷款利息，由于贷款余额大，在短期内无力偿还，所以每个月的贷款利息支出基本上是一项固定支出，不可能随产量的变动而变动，故将贷款利息列入固定成本之中。从目前情况看，在成本构成中，固定成本所占比重较大，每月产量大，分摊在单位产品中的固定成本就小；如果产量小，分摊在单位产品中的固定成本就大，所以每月产量的多少直接影响单位成本的波动。

为了论证单位成本与产量之间是否存在相关关系，并找出其内在规律以指导今后的工作，现计算相关系数

$$r = -0.98$$

计算结果表明，单位成本与产量之间，存在着高度负相关，相关系数为 −0.98。

为了掌握在不同产量条件下的单位成本，该厂根据实际情况建立了单位成本对产量的回归方程：

$$\hat{y} = 1\,049 - 0.49x$$

回归方程表明，铸铁件产量每增加 1 吨，单位成本可以下降 0.49 元。

设某月产量 x 为 1 100 吨，则单位产品成本 $\hat{y} = 1\,049 - 0.49 \times 1\,100 = 510$（元）；

当 $x=600$ 吨时，则单位产品成本 $\hat{y}=1\ 049-0.49\times600=755$（元）；

结果表明，单位成本与产量之间有着密切的负相关关系，增加产量是降低单位成本的重要途径。

而当月产量 x 为 700 吨时，则单位产品成本 $\hat{y}=1\ 049-0.49\times700=706$（元）。

即月产量达到 700 吨以上的规模，按目前的出厂价格，可以保持较好的经济效益。

任务一　认识相关关系

任务先导

现实世界中，许多事物之间都是相互联系的。如正方形的边长与周长之间、人的身高与体重之间、商品的广告支出与销售收入之间、居民的收入与消费之间、学生的成绩与学习时间之间……，都在互相制约、互相影响。如何认识上述现象之间的联系？这些联系又有何区别？

一、相关关系的概念

在现实世界里，不论是自然现象，还是社会经济现象，它们之间总是普遍联系和相互依存的。现象之间的关系由它们变量之间的关系来反映，这些关系可以分为函数关系和相关关系两大类。

（一）函数关系

函数关系亦称确定性关系，反映的是现象之间所存在的一种严格的依存关系。它是指由某种确定的原因，必然导致确定结果的因果关系，也就是说，当一个或几个变量取一定的值时，另一个变量有确定值与之相对应。

如：某种商品的销售收入 y 与该商品的销售量 x、该商品的价格 p 之间存在如下关系：

$y=px$ 这就是函数关系。

再如：总成本 y 与固定成本 a、单位变动成本 b、产量 x 之间存在 $y=a+bx$ 的关系；圆面积 s 与圆周率 π、半径 r 存在 $s=\pi r^2$ 的关系。

函数关系都可以用直线或曲线在坐标系中表示（图 8－1）。

在函数关系中，一般把作为影响因素的变量称为自变量，把发生对应变化的变量称为因变量。如在上述“$y=a+bx$”中，y 是因变量，x 则是自变量。

（二）相关关系

相关关系亦称非确定性关系，是指变量之间所存在的一种不严格的依存关系。在这种关系中，某一变量的变化受另一个变量或另一组变量的影响，却不由这一个变量或这一组变量完全确定。对于同一自变量值，往往有一组不尽相同的因变量值与之对应，而且这些因变量值分布在它们的平均值周围。如表 8－2 所示某小学学生身高与体重资料：

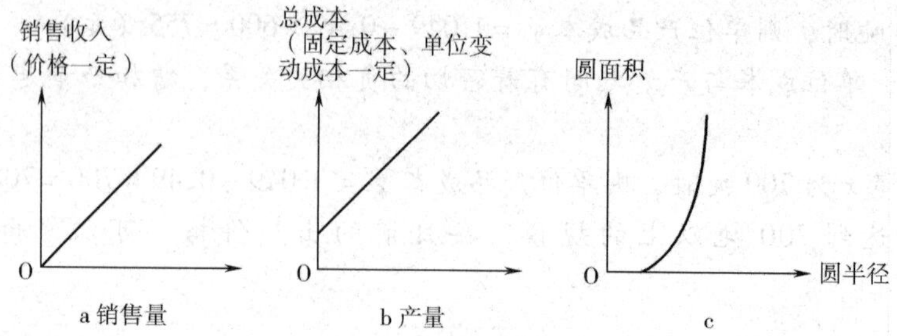

图 8－1　函数关系图

表 8－2　　某小学学生身高与体重资料

身高/厘米	体重/千克	平均体重/千克
150	40，41，42，43，44	42
151	41，43，44，46，46	44
152	41，44，45，48，52	46
153	43，46，47，49，55	48
154	44，46，49，51，60	50

从表中不难看出，人的身高与体重之间有着一定的数量联系。虽然身高较低的学生，其体重也有较重的，但总体来看，随着身高的增加，体重是上升的。然而，这种对应关系是不确定的，在同一身高下，可以有很多个体重值。这是因为体重不仅仅与身高有关，而且同时还受胖瘦等其他因素的影响。身高与体重间的这种关系就称为相关关系。相关关系在坐标系中可以用散点图来表示（图 8－2）。

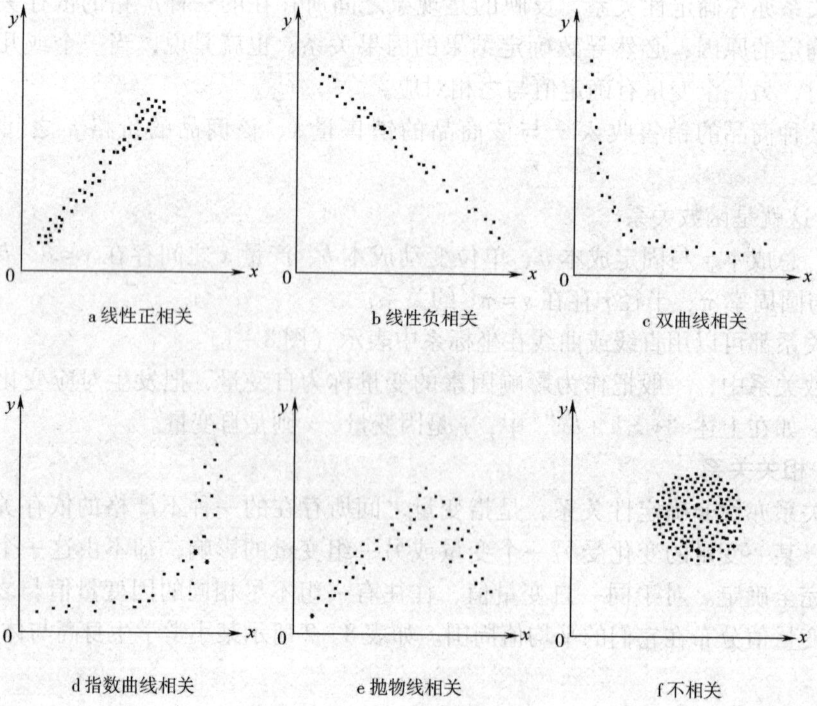

图 8－2　相关关系散点图

在社会经济现象中，这种相关关系还有很多，如商品销售量和经营利润之间、劳动生产率和产品成本之间、商品的价格和该商品的供应量之间、投资额和国民收入之间、商品流转规模和流通费用之间等，其关系都属于相关关系。

思维延伸

函数关系与相关关系的联系

函数关系与相关关系虽是两种不同类型的依存关系，但它们之间并无严格的界限。有函数关系的变量之间，由于有测量误差以及各种随机因素的干扰，可表现为相关关系；反之，有相关关系的变量之间，尽管没有确定性的关系，但对现象的内在联系常借助于函数关系进行近似地描述和分析。

小思考

根据你的工作、生活体验，你认为哪些现象之间有相关关系？试举例。

二、相关关系的种类

客观现象的相关关系，按不同的分类标准，可划分为不同的种类。

（一）按相关程度来划分

按相关程度来划分，可把相关关系分为完全相关、不完全相关和不相关。当一种现象的数量变化完全由另一种现象的数量变化所确定时，称这两种现象间的关系为完全相关。例如，在价格不变的条件下，某种商品的销售总额与其销售量总是成正比例关系，这二者就为完全相关。这时，相关关系实际上就成了函数关系。因此可以说函数关系是相关关系的一个特例。当两个现象彼此互不影响，其数量变化各自独立时，称为不相关现象（图 8 -2 f）。例如，股票价格的高低与气温的高低就是不相关的。两个现象之间的关系介于完全相关和不相关之间，称为不完全相关。一般的相关现象都是指这种不完全相关（图 8 -2a、图 8 -2b、图 8 -2c、图 8 -2d、图 8 -2e）。

（二）按相关方向来划分

按相关方向来划分，可把相关关系分为正相关和负相关。正相关是指当一个现象的数量由小变大时，另一个现象的数量也随之相应由小变大，即两种数量变动的方向具有一致性（图 8 -2a）。例如，居民货币收入和购买商品支出之间的相关关系就是正相关。负相关指当一个现象的数量由小变大时，另一个现象的数量相反由大变小，即两种数量变动的方向具有非一致性（图 8 -2b）。例如，商品流转规模和流通费用水平之间的相关关系就是负相关。

（三）按相关的表现形态来划分

按相关的表现形态来划分，可把相关关系分为线性相关和非线性相关。线性相关也称直线相关，是指相互依存的变量之间的变动近似地表现为一条直线（图 8 -2a、图 8 -

2b）。例如，人均消费水平与人均收入水平通常呈线性相关关系。非线性相关也称曲线相关，是指相互依存的变量之间的变动近似地表现为一条曲线（图8－2c、图8－2d、图8－2e）。例如，产品的平均成本与产品总产量之间的相关关系通常呈非线性相关关系。非线性相关通常有双曲线、指数曲线和抛物线等类型。实际上，绝大多数相关关系属于非线性相关，但由于线性相关分析比较简单，又是相关分析法的基础，所以我们重点讨论线性相关。

（四）按相关关系涉及的因素多少来划分

按相关关系涉及的因素多少来划分，可把相关关系分为单相关、复相关和偏相关。单相关也称简单相关，指的是两个变量之间的相关关系，即只涉及一个自变量和一个因变量。例如，身高和体重间的相关关系、企业商品销售量和经营利润间的相关关系。复相关指的是三个或三个以上变量之间的相关关系，即涉及两个或两个以上的自变量和一个因变量。例如，商品购买力与居民货币收入、居民非商品支出、手持现金、储蓄之间的关系。偏相关指的是有三个或三个以上的变量，但假定其他变量不变，只分析其中两个变量的相关关系。例如，人们的收入水平、对某种商品的需求、该商品的价格水平三者互为相关，在假定人们的收入水平不变的条件下，对某商品的需求与其价格水平的相关关系就是一种偏相关。

（五）按相关性质来划分

按相关性质来划分，可把相关关系分为“真实相关”和“虚假相关”。当两种现象之间的相关确实具有内在联系时，称之为“真实相关”。如消费与收入的相关、需求与价格的相关等都可以说是“真实相关”。当两种现象之间的相关只是表面存在，实质上并没有内在的联系时，称之为“虚假相关”。例如，有人曾经观察过某一个国家历年的国内生产总值与精神病患者人数的关系，发现两者之间存在相当高的正相关，这种相关就是一种比较典型的“虚假相关”。国内生产总值与精神病患者人数之间不可能存在内在的联系，两者之所以呈现出一种正相关，是由于它们都与另一个因素——人口总量有着内在的相关关系。判断什么是“真实相关”，什么是“虚假相关”，必须以有关的科学知识为依据。

三、相关关系分析的主要内容

对客观现象具有的相关关系进行分析所采用的统计方法称为相关分析法。运用相关分析法的目的在于对相关现象的密切程度和变化规律有一个具体的数量上的认识，从而做出某种判断，并进行相关的推算和预测。相关分析主要包括以下内容。

（一）判断现象之间的相关状态

判断现象之间是否存在相关关系，是相关分析的基础环节，属于定性认识问题。这主要依赖于分析者的理论知识和实际工作经验以及分析能力。若现象之间确实存在相关关系，即可利用相关表和相关图来分析相关关系所呈现的状态。

（二）判断相关关系的密切程度

对简单线性相关，确定相关关系密切程度的主要方法是计算相关系数；对曲线相关，则计算相关指数；对复相关，计算复相关系数。利用这些统计指标，可判断相关关系的密切程度。

（三）确定相关关系的数学表达式，即建立回归方程

把现象之间数量变化的一般关系用数学方程式进行表达（即回归方程），然后根据已知的自变量值来推算和预测因变量的未来值。这一分析过程叫回归分析，它是相关分析的必然延伸，可以帮助我们从量的方面认识相关现象。如果现象之间表现为线性相关，就采用线性方程拟合；如果现象之间表现为曲线相关，就采用曲线方程拟合。建立数学方程式是进行推算和预测的前提条件。

（四）检验因变量估计值的误差

运用回归方程进行预测，实际上是用确定性的函数关系表达不确定的相关关系，因而必然存在误差。就是说，用自变量的取值代入回归方程求得的因变量的值（即预测值）与实际值（或称观察值）一般是有出入的。通过计算标准误差可得知这种误差的平均值。依据标准误差还可以计算预测值的置信区间，分析预测值的可靠程度。

任务二 相关关系的测定

任务先导

一块田地，施肥量越多是否意味着产量越大？一个学生，学习时间越长是否学习成绩就越好？一个人，可支配收入越多，是否消费就越多？显然，答案并不十分肯定，但它们之间的确是有联系的。那么，它们之间联系的密切程度有多大？我们在实际中又如何根据这些现象之间的关联程度做出相应的决策呢？

一、相关表与相关图

相关表与相关图是分析相关关系的直观工具。一般在进行详细的定量分析之前，可以先利用它们对现象之间存在的相关关系的方向、形式和密切程度作大致的判断。

（一）相关表

相关表是一种反映变量之间相关关系的统计表。相关表分为两种：简单相关表和分组相关表。

1. 简单相关表

简单相关表是将某一变量按其取值的大小顺序排列，然后再将与其相关的另一变量的对应值平行排列而得到的相关表。

例如，对10户居民家庭的月可支配收入和消费支出进行调查，得到的原始资料如表8－3所示。

表8－3　　居民收入和消费的原始资料

居民家庭编号	1	2	3	4	5	6	7	8	9	10
可支配收入/百元	25	18	60	45	62	88	92	99	75	98
消费支出/百元	20	15	40	30	42	60	65	70	53	78

根据以上原始资料，将可支配收入按从小到大的顺序排列，可编制简单相关表如表 8－4 所示。

表 8－4　　居民消费和收入的相关表

可支配收入/百元 x	18	25	45	60	62	75	88	92	98	99
消费支出/百元 y	15	20	30	40	42	53	60	65	78	70

从表 8－4 中可以看出，随着可支配收入的提高，居民的消费支出也有相应提高的趋势，两者之间存在明显的正相关关系。

2. 分组相关表

当原始资料很多时，往往需要将原始资料进行分组，这样编制的相关表即分组相关表。分组相关表有单变量分组相关表和双变量分组相关表两种。

单变量分组相关表，是指两变量中，只对甲变量进行分组，乙变量不分组，只计算出乙变量的平均数的相关表，如表 8－5 所示。

表 8－5　　单变量分组相关表

身高/厘米 x	人数/人 f	平均体重/千克 y
150	5	42
151	5	44
152	5	46
153	5	48
154	5	50
合计	25	—

从表中看出，随着身高的增加，平均体重上升，二者存在正相关关系。

双变量分组相关表，是对两个相关变量都进行分组，交叉排列并列出两个变量各组间的共同频数的相关表。它有单项式数列和组距式数列两种形式，如表 8－6、表 8－7 所示。

表 8－6　　单项式双变量分组相关表

收获率/（千克/平方米）y	耕作深度/厘米 x						合计田块数 f_y
	8	10	12	14	16	18	
8				1	2	1	4
7			2	2	2		6
6		2	3	5	1		11
5	1	3	6	3			13
4	1		2				3
3	1	1	1				3
合计田块数 f_x	3	6	14	11	5	1	40

从表 8－6 可以看出，耕作深度越深，收获率越高，即二者存在正相关关系。大多数田地的耕作深度居中（12 厘米和 14 厘米者居多），所以，大多数田地的收获率也居中（5 千克/平方米和 6 千克/平方米者居多）。

表 8－7　　组距式双变量分组相关表

体重/千克 y	身高/厘米 x					合计人数 f_y
	130～134	134～138	138～142	142～146	146～150	
38～40		1	2	1	1	5
36～38		1	3	2		6
34～36		3	4			7
32～34	1					1
30～32	1					1
合计人数 f_x	2	5	9	3	1	20

从表 8－7 看出，身高与体重正相关。调查对象中，大多数人身高在 138～142 厘米，体重在 34～38 千克。

（二）相关图

相关图也称相关散点图或散点图。它是以直角坐标系的横轴代表自变量 x，纵轴代表因变量 y，将两个变量间相对应的变量值用坐标点的形式描绘出来，用来反映两变量之间相关关系的图形。相关图是粗略观察现象之间相关程度和相关形态的一种有效工具，同时为测定相关关系奠定了基础。

【例 8－1】依据表 8－3 的统计资料，绘制相关图。

相关图如图 8－3 所示。

图 8－3 的横轴表示居民可支配收入 x，纵轴表示消费支出 y。两变量值的坐标点显示，x 与 y 之间的相关关系近似于一条直线，它们属于线性正相关关系。

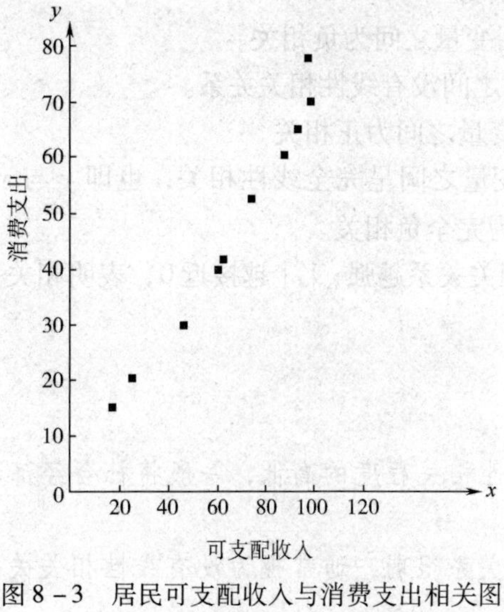

图 8－3　居民可支配收入与消费支出相关图

可以看出，相关表和相关图均具有粗略观察现象之间相关关系的功能。相关图与相关表相比较，还有观察相关形态的作用，但相关图应以相关表提供的资料为依据。

二、相关系数

相关表和相关图，能大致显示现象间相关关系的直观态势，但要从数量上测量现象相关关系的密切程度，就需要计算相关系数。

（一）相关系数的概念和特点

相关系数是在线性相关的条件下，说明两个现象之间相关关系紧密程度的统计分析指标，通常用 r 表示。它具有以下几个特点：

第一，只有当两个现象之间存在直线相关关系时，其数值大小才能说明这两个现象的相关关系密切程度。反过来说，当相关系数很小甚至为零时，我们不能说两个现象之间不存在相关关系，而只能说不存在直线相关关系。故而非直线相关关系的密切程度不能通过相关系数来表示。

第二，两个现象的数量变动如果存在直线相关关系时，那么只能得出一个相关系数。也就是说，计算相关系数之前不必确定谁是自变量，谁是因变量，因为两者无论谁为自变量，其相关系数都是同一个值。

第三，相关系数有正负之分。当相关系数为正值时，说明两现象之间存在正相关关系；若相关系数为负，则说明两现象之间存在负相关关系。而相关系数的绝对值为 1 时，表明两现象之间存在完全相关——函数关系；当相关系数为零时，说明两现象之间不存在直线相关关系。于是可以看出，相关系数的绝对值越接近 1，其相关关系的密切程度就越高。

第四，相关系数的计算，要求两现象数量变动的数据都是随机抽选的。即在选择相关系数计算所需统计资料时，所有资料不能凭选用者主观愿望来确定，这样才能保证计算结果的客观、准确。当然，如果是全面统计资料，就不存在这一问题了。

（二）相关关系的判定

相关系数 r 的取值范围为 $-1 \leq r \leq 1$ 。

当 $-1 < r < 0$ 时，表明变量之间为负相关。

当 $r = 0$ 时，表明变量之间没有线性相关关系。

当 $0 < r < 1$ 时，表明变量之间为正相关。

当 $|r| = 1$ 时，表明变量之间呈完全线性相关，也即 y 与 x 之间呈函数关系。$r = 1$，为完全正相关；$r = -1$，为完全负相关。

$|r|$ 越接近 1，表明相关关系越强；$|r|$ 越接近 0，表明相关关系越弱。

思维延伸

为了判定现象之间线性相关程度的高低，一般将社会经济现象中的相关系数划分为四个等级，其标准为：

$|r| < 0.3$，表示相关关系很弱，通常视为没有线性相关关系存在。这时虽然相关系

数不等于零，但我们认为这可能是由于某些偶然因素的影响所致。

$0.3 \leqslant |r| \leqslant 0.5$，表示变量之间存在低度线性相关关系。

$0.5 < |r| \leqslant 0.8$，表示变量之间的关系为显著相关关系。

$|r| > 0.8$，表示变量之间的关系为高度相关关系。

需要说明的是，上述标准的划分，要求计算相关系数的原始数据要足够多，只有这样，相关系数所表明的关系程度才是可信的。

（三）相关系数的计算

1. 根据简单相关表资料计算

根据简单相关表资料计算相关系数的方法有若干种，常用的主要有以下几种：

（1）积差法。该法直接来源于数理统计中相关系数的定义。它是通过两变量的协方差与两变量各自标准差乘积之比，来计算相关系数。其公式为：

$$r = \frac{\sigma_{xy}^2}{\sigma_x \sigma_y}$$

式中：$\sigma_x = \sqrt{\frac{\sum (x - \overline{x})^2}{n}}$，代表变量 x 的标准差；

$\sigma_y = \sqrt{\frac{\sum (y - \overline{y})^2}{n}}$，代表变量 y 的标准差；

$\sigma_{xy}^2 = \frac{\sum (x - \overline{x})(y - \overline{y})}{n}$，代表变量 x 与 y 的协方差。

根据 σ_{xy}^2、σ_x、σ_y 的表达式，相关系数又可表述为：

$$r = \frac{\frac{\sum (x - \overline{x})(y - \overline{y})}{n}}{\sqrt{\frac{\sum (x - \overline{x})^2}{n}}\sqrt{\frac{\sum (y - \overline{y})^2}{n}}}$$

【例 8-2】表 8-8 为某地居民货币收入与购买商品支出相关表。①绘制相关图；②若为线性相关，计算该地区 2009—2016 年居民货币收入和购买商品支出的相关系数。

表 8-8　　某地居民货币收入与购买商品支出相关表

年份	货币收入/亿元 x	购买商品支出/亿元 y	年份	货币收入/亿元 x	购买商品支出/亿元 y
2009	36	30.0	2013	42	34.8
2010	37	31.0	2014	44	36.5
2011	38	32.0	2015	47	39.0
2012	40	33.2	2016	50	41.6

①绘制相关图如下（图 8-4）：

由图 8-4 可以看出，居民货币收入与购买商品支出之间存在线性相关关系。

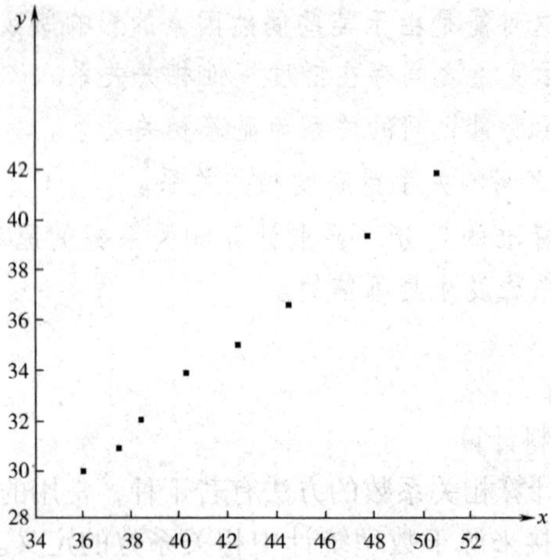

图 8-4　某地居民货币收入与购买商品支出相关图

②相关系数计算过程如下（表 8-9）：

表 8-9　　**积差法相关系数计算表**

年份	货币收入/亿元 x	购买商品支出/亿元 y	$x-\bar{x}$	$y-\bar{y}$	$(x-\bar{x})^2$	$(y-\bar{y})^2$	$(x-\bar{x})(y-\bar{y})$
2009	36	30.0	-5.75	-4.762 5	33.062 5	22.681 4	27.384 4
2010	37	31.0	-4.75	-3.762 5	22.562 5	14.156 4	17.871 9
2011	38	32.0	-3.75	-2.762 5	14.062 5	7.631 4	10.359 4
2012	40	33.2	-1.75	-1.562 5	3.062 5	2.441 4	2.734 4
2013	42	34.8	0.25	0.037 5	0.062 5	0.001 4	0.009 4
2014	44	36.5	2.25	1.737 5	5.062 5	3.018 9	3.909 4
2015	47	39.0	5.25	4.237 5	27.562 5	17.956 4	22.246 9
2016	50	41.6	8.25	6.837 5	68.062 5	46.751 4	56.409 4
合计	334	278.1	—	—	173.500 0	114.638 7	140.925 2

$$\bar{x}=\frac{\sum x}{n}=\frac{334}{8}=41.750\ 0(\text{亿元})$$

$$\bar{y}=\frac{\sum y}{n}=\frac{278.1}{8}=34.762\ 5(\text{亿元})$$

$$\sigma_x=\sqrt{\frac{\sum(x-\bar{x})^2}{n}}=\sqrt{\frac{173.500\ 0}{8}}=4.657\ 0(\text{亿元})$$

$$\sigma_y=\sqrt{\frac{\sum(y-\bar{y})^2}{n}}=\sqrt{\frac{114.638\ 7}{8}}=3.785\ 5(\text{亿元})$$

$$\sigma_{xy}^2=\frac{\sum(x-\bar{x})(y-\bar{y})}{n}=\frac{140.925\ 2}{8}=17.615\ 7$$

于是，相关系数为：

$$\mathrm{r}=\frac{\sigma_{xy}^2}{\sigma_x\sigma_y}=\frac{17.615\ 7}{4.657\ 0\times3.785\ 5}=0.999\ 2$$

计算结果表明，该地区的居民货币收入与购买商品支出之间呈现出高度正相关，相关系数 r 达到了0.999 2。我们可以据此分析预测商品市场，组织商品购销活动。

（2）用简捷式计算。按积差法计算相关系数十分烦琐，需要列出5个计算栏（如上例），而且在计算平均数 $\bar{x}$ 和 $\bar{y}$ 时，常常会出现除不尽的小数，从而影响 $x-\bar{x}$ 和 $y-\bar{y}$ 的准确性，以致使相关系数的数值出现一定程度的误差。如果将积差法的计算式整理变形，则相关系数 r 的计算将变得比较简单。经过推导变形的公式为：

$$r=\frac{n\sum xy-\sum x\sum y}{\sqrt{n\sum x^2-(\sum x)^2}\cdot\sqrt{n\sum y^2-(\sum y)^2}}$$

根据简捷式计算相关系数，只需要列出3个计算栏 x^2、y^2、xy 即可，而且避免了平均数、离差以及标准差的直接计算，减少了中间环节，相关系数的准确性也会提高。

【例8－3】仍依据表8－8的统计资料，用简捷式计算该地区2009—2016年居民货币收入和购买商品支出的相关系数。

计算过程如下（表8－10）：

表8－10　　简捷式的相关系数计算表

年份	货币收入/亿元 x	购买商品支出/亿元 y	x^2	y^2	xy
2009	36	30.0	1 296	900.00	1 080.0
2010	37	31.0	1 369	961.00	1 147.0
2011	38	32.0	1 444	1 024.00	1 216.0
2012	40	33.2	1 600	1 102.24	1 328.0
2013	42	34.8	1 764	1 211.04	1 461.6
2014	44	36.5	1 936	1 332.25	1 606.0
2015	47	39.0	2 209	1 521.00	1 833.0
2016	50	41.6	2 500	1 730.56	2 080.0
合计	334	278.1	14 118	9 782.09	11 751.6

将表8－10中有关数据代入简捷式，计算相关系数为：

$$r=\frac{n\sum xy-\sum x\sum y}{\sqrt{n\sum x^2-(\sum x)^2}\cdot\sqrt{n\sum y^2-(\sum y)^2}}$$

$$=\frac{8\times 11\ 751.6-334\times 278.1}{\sqrt{8\times 14\ 118-334^2}\cdot\sqrt{8\times 9\ 782.09-278.1^2}}=\frac{1\ 127.400\ 0}{1\ 128.25.3}=0.999\ 2$$

运用简捷式计算相关系数与运用积差法相比较，省去了一部分中间变量值的计算，提高了计算效率，一般也会提高相关系数的准确性。

（3）用其他变形公式计算。当已知 x、y 的平均数时，可使用下面计算公式：

$$r=\frac{\sum xy-n\cdot\bar{x}\cdot\bar{y}}{\sqrt{\sum x^2-n\cdot(\bar{x})^2}\cdot\sqrt{\sum y^2-n\cdot(\bar{y})^2}}$$

如前例资料，如果已知 $\bar{x}$ =41.750 0亿元，$\bar{y}$ =34.762 5亿元，则相关系数为：

$$r=\frac{11\ 751.6-8\times 41.750\ 0\times 34.762\ 5}{\sqrt{14\ 118-8\times 41.750\ 0^2}\times\sqrt{97\ 820.9-8\times 34.762\ 5^2}}=\frac{140.925}{141.031\ 3}=0.999\ 2$$

当已知平均数 $\bar{x}$、$\bar{y}$、$\overline{xy}$，以及相应的标准差时，可使用如下计算公式：

$$r = \frac{\overline{xy} - \bar{x} \cdot \bar{y}}{\sigma_x \cdot \sigma_y} \text{式中}, \overline{xy} = \frac{\sum xy}{n}$$

如前例资料，如果已知 $\bar{x} = 41.750\ 0$ 元，$\bar{y} = 34.762\ 5$ 元，$\sigma_x = 4.657\ 0$ 元，$\sigma_y = 3.785\ 5$ 元，$\overline{xy} = 1\ 468.950\ 0$，则相关系数为：

$$r = \frac{1\ 468.950\ 0 - 41.750\ 0 \times 34.762\ 5}{4.657\ 0 \times 3.785\ 5} = \frac{17.616\ 5}{17.629\ 1} = 0.999\ 2$$

计算相关系数，积差法是最基本的，它是由数理统计中相关系数的定义直接得出的，易于理解，其他公式都是依据积差法公式变形而得；简捷式易于操作，运用方便；其他变形公式都是在一定的条件下供人们选择运用的。总体来看，简捷式用的是最多的。

小思考

表 8－11 是某一连锁门店上一年度的经营资料。

表 8－11　　门店销售额与利润额资料

月份	销售额/万元	利润额/万元
1	100	15
2	92	13
3	93	14
4	85	10
5	90	12
6	82	10
7	83	9
8	81	9
9	78	8
10	73	6
11	75	7
12	70	6

根据上述资料，分析该门店销售额与利润额之间的相关关系。

2. 根据单变量分组资料计算

如果遇到的资料是单变量分组资料，则可用以下简捷式计算相关系数：

$$r = \frac{\sum f \sum xyf - \sum xf \sum yf}{\sqrt{\sum f \sum x^2 f - (\sum xf)^2} \cdot \sqrt{\sum f \sum y^2 f - (\sum yf)^2}}$$

【例 8－4】根据表 8－12 的资料，计算相关系数。

表 8-12 单变量分组相关表

产品产量/件 x	单位成本/（元/件）y	企业个数/个 f
2	52	2
3	54	2
4	52	3
4	48	3
5	48	4
6	46	2
合计	—	16

计算过程如下（表 8-13）：

表 8-13 单变量分组资料相关系数计算表

产品产量/件 x	单位成本/（元/件）y	企业个数/个 f	xf	yf	x^2f	y^2f	xyf
2	52	2	4	104	8	5 408	208
3	54	2	6	108	18	5 832	324
4	52	3	12	156	48	8 112	624
4	48	3	12	144	48	6 912	576
5	48	4	20	192	100	9 216	960
6	46	2	12	92	72	4 232	552
合计	—	16	66	796	294	39 712	3 244

$$r=\frac{\sum f\sum xyf-\sum xf\sum yf}{\sqrt{\sum f\sum x^2f-(\sum xf)^2}\cdot\sqrt{\sum f\sum y^2f-(\sum yf)^2}}$$

$$=\frac{16\times 3\ 244-66\times 796}{\sqrt{16\times 294-66^2}\times\sqrt{16\times 39\ 712-796^2}}=-0.804$$

计算结果表明，产品产量与产品单位成本之间高度线性负相关。

任务三 一元线性回归分析

任务先导

通过相关关系的测定，我们认识到很多现象之间存在着密切的甚至是高度相关的关系，如可支配收入与消费支出之间、身高与体重之间、土地耕作深度与收获率之间、销售额与利润额之间，都有着极为密切的相关关系。那么，我们如何进一步测定现象之间具体数值上的变化规律？如何根据一个现象的变化去推测另一个现象的变化，如根据施肥量预测亩产量、根据可支配收入预测消费支出、根据销售额预测利润额？

相关分析只能反映出相关关系的方向和密切程度，却无法获得两个变量相互关系的具体形式，也无法根据一个变量的变化来推测另一个变量的变化。要想刻画变量之间的数量依存关系，则必须进行回归分析。

一、回归分析的概念和主要内容

（一）回归分析的概念

回归分析，就是根据相关关系的具体形态，选择一个合适的数学模型，来近似地表达变量间的平均变化关系的一种统计分析方法。这里的数学模型称为回归模型，它可以是直线方程，也可以是曲线方程。其中用于配合的直线或曲线称为回归直线或回归曲线。

进行回归分析，要以现象之间存在相关关系为前提，在此基础上确定自变量和因变量，然后对自变量和因变量的变动拟合适宜的回归方程，确定其定量关系式，最后利用所确定的关系式进行推算和预测。

由于现象之间的相关关系有的表现为直线型，有的表现为曲线型，因而回归分析可分为线性回归分析和非线性回归分析；又由于现象之间的关系是复杂的，有些现象的变化受一个因素的影响，有些现象的变化受两个或多个因素的影响，因而，线性回归分析又可以分为一元线性回归分析和多元线性回归分析。

小阅读

“回归”是由英国著名生物学家兼统计学家高尔顿（Galton）在研究人类遗传问题时提出来的。为了研究父代与子代身高的关系，高尔顿搜集了1 078对父亲及其儿子的身高数据。他发现这些数据的散点图大致呈直线状态，也就是说，总的趋势是父亲的身高增加时，儿子的身高也倾向于增加。但是，高尔顿对试验数据进行了深入的分析，发现了一个很有趣的现象——回归效应。当父亲高于平均身高时，他们的儿子身高比他更高的概率要小于比他更矮的概率；父亲矮于平均身高时，他们的儿子身高比他更矮的概率要小于比他更高的概率。它反映了一个规律，即这两种身高父亲的儿子的身高，有向他们父辈的平均身高回归的趋势。对于这个一般结论的解释是：大自然具有一种约束力，使人类身高的分布相对稳定而不产生两极分化，这就是所谓的回归效应。

1855年，高尔顿发表《遗传的身高向平均数方向的回归》一文，他和他的学生卡尔·皮尔逊（Karl Pearson）通过观察1 078对夫妇的身高数据，以每对夫妇的平均身高作为自变量，取他们的一个成年儿子的身高作为因变量，分析儿子身高与父母身高之间的关系，发现根据父母的身高可以预测子女的身高，两者近乎一条直线。当父母越高或越矮时，子女的身高会比一般儿童高或矮。他将儿子与父母身高的这种现象拟合出一种线形关系，分析出儿子的身高y与父亲的身高x大致可归结为以下关系：

$$y = 33.73 + 0.516x \quad \text{（单位为英寸）}$$

根据换算公式：1英寸=0.025 4米，1米=39.37英寸

所以，$y = 0.856\,7 + 0.516x$（单位为米）。

这种趋势及回归方程表明：父母身高每增加一个单位时，其成年儿子的身高平均增加0.516个单位。这就是“回归”一词最初在遗传学上的含义。

有趣的是，通过观察，高尔顿还注意到，尽管这是一种拟合较好的线形关系，但仍然存在例外现象：矮个父母所生的儿子比其父要高，身材较高的父母所生子女的身高却回降到多数人的平均身高。换句话说，当父母身高走向极端，子女的身高不会像父母身高那样极端化，其身高要比父母们的身高更接近平均身高，即有“回归”到平均数去的趋势，这就是统计学上最初出现“回归”时的含义。高尔顿把这一现象叫作“向平均数方向的回归”（regression toward mediocrity）。虽然这是一种特殊情况，与线性关系拟合的一般规则无关，但“线性回归”的术语却因此沿用下来，作为根据一种变量预测另一种变量或多种变量关系的描述方法。

（二）回归分析的主要内容

回归分析的主要内容包括以下三点：

（1）确定现象之间关系的数学模型。将现象之间数量变化的一般关系用数学模型来表达，可以进一步从量的方面来认识相关现象。如果现象之间表现为直线关系，则采用配合直线方程的方法；如果现象之间表现为曲线关系，则采用配合曲线方程的方法。总之，回归方程是进行回归预测和推算的依据。

（2）由自变量的数值估计因变量的相应值。使用配合直线或曲线方程的方法，能够找到现象之间一般的变化关系，即当自变量变化时，因变量一般会发生多大的变化。假定现象在未来某一时间仍以回归方程为规律进行发展变化，则根据给出的若干自变量的数值，可以计算出因变量的估计值或预测值。

（3）确定因变量估计值的误差。估计值与实际值是会有差异的，而差异的大小影响着统计分析结论的准确性。因此，必须对建立的回归方程进行估计值误差程度的计算，即计算估计标准误差。

二、一元线性回归分析

情境创设

对某公司11年来的销售收入和广告费用进行调查，得到如下资料（表8-14）。

表8-14　某公司销售收入和广告费用资料

广告费用/万元	40	58	33	65	80	80	56	30	33	90	72
销售收入/百万元	13	14	12	20	26	26	14	12	12	30	22

该公司销售收入和广告费用是否具有线性相关关系？若下一年度公司广告费用欲控制在70万元，将会实现多大的销售收入？这一预测的准确度如何？

（一）一元线性回归模型的建立

配合线性回归模型的前提条件是：现象之间确实存在高度的线性相关关系。这样，根据配合的线性回归模型进行估计时，产生的误差才能相对较小。

对具有高度线性相关关系的两个现象之间的变动关系，配合的一元线性回归模型的一般形式可表达为：

$$\hat{y} = a + bx$$

式中，x 为自变量；

$\hat{y}$ 是根据给定的自变量 x 的值，推算出的因变量 y 的估计值；

a 为直线的纵轴截距，代表现象的基础水平（或初始值）；

b 为直线的斜率，又称回归系数，表明 x 每变动一个单位时，影响到 y 的平均变动的数值。同时，b 还可反映出 x 与 y 之间的相关方向，b 为正时，表明两变量的变动方向相同，是正相关；b 为负时，表明两变量的变动方向相反，是负相关。

显然，a、b 都是待定参数，一旦 a、b 确定，回归直线就确定下来了。

建立一元线性回归模型，一般可以分四步进行。

1. 分析变量之间的相互关系

首先在理论分析的基础上，采用相关表或相关图进行观察，然后再计算相关系数，从而将两变量之间的关系描述出来。这一内容在前面相关分析中已经介绍。例如，前面分析的居民货币收入与购买商品支出之间，理论上存在着相关关系，相关图说明存在线性相关，计算的相关系数 $r=0.999\ 2$，说明二者高度相关，这直接为建立回归模型奠定了基础。

2. 进行显著性检验

相关系数是反映现象之间相关方向和相关程度的重要分析指标。但是，相关系数也有其局限性。因为在大多数情况下，相关系数是根据总体的样本资料计算出来的，这就会出现抽样误差，使人们对它的可靠性产生怀疑，所以有必要对相关系数进行显著性检验。通过这一检验，来说明将要建立的回归模型有无实际意义。

显著性检验，可以根据相关系数、自由度（$n-m$，其中，n 为样本容量，m 为回归模型中待定参数的个数）和给定的显著水平 α 值（在社会经济现象中，给定的显著水平 α 值一般为 0.05），从相关系数检验表（附录三）中查出临界值 $r_{\alpha(n-m)}$，据此判断其线性关系是否成立。如果 $|r| \geq r_{\alpha(n-m)}$，表明在显著水平 α 条件下，变量之间的线性关系是显著的，因此将要建立的线性回归模型是有意义的；如果 $|r| < r_{\alpha(n-m)}$，表明不宜建立线性回归模型，需要对其进一步分析，然后再作处理。

【例 8-5】以【例 8-2】中的表 8-8 统计资料为例，对居民购买商品支出与货币收入的相关系数进行显著性检验。

相关系数 $r=0.999\ 2$，自由度 $n-m=8-2=6$（在一元线性回归模型中，只有 a、b 两个待定参数，因此 $m=2$），给定的显著水平 $\alpha=0.05$。

查附录三的相关系数检验表，$r_{0.05(6)}=0.707$

由于 $r=0.999\ 2>r_{0.05(6)}=0.707$，因此，在 $\alpha=0.05$ 的显著水平上，居民购买商品支出与货币收入之间确实存在线性相关关系。

3. 变量定位

在两变量之间的相关分析中，可以不区分自变量和因变量，但回归分析不同。在回归分析中，必须区分谁是自变量，谁是因变量。在现实社会经济生活中，对自变量和因变量，有些现象容易区分，如前例中的居民购买商品支出与其货币收入，显然货币收入是自变量，购买商品支出是因变量。但有些现象难以区分，如身高和体重。究竟谁作自变量，谁作因变量，要根据分析目的确定。

4. 参数估计

对一元线性回归模型 $\hat{y}=a+bx$ 中的两个待定参数 a 和 b，可以采用最小平方法求解，即使因变量的估计值 $\hat{y}$ 与观察值 y 的离差平方之和为最小值。按照这一原理，可推导出 a、b 的计算公式如下。

对于简单相关表资料：

$$b=\frac{n\sum xy-\sum x\sum y}{n\sum x^2-(\sum x)^2}$$

$$a=\frac{\sum y}{n}-b\cdot\frac{\sum x}{n}=\bar{y}-b\bar{x}$$

对于单变量分组资料：

$$b=\frac{\sum f\sum xyf-\sum xf\sum yf}{\sum f\sum x^2f-(\sum xf)^2}$$

$$a=\frac{\sum yf}{\sum f}-b\cdot\frac{\sum xf}{\sum f}=\bar{y}-b\bar{x}$$

【例 8 - 6】仍以【例 8 - 2】中表 8 - 8 的资料为例，对某地居民购买商品支出与其货币收入建立回归模型。

前面我们已进行了相关分析和显著性检验，该两变量之间确实存在线性相关关系，且可用回归模型来表示。

设回归模型为：$\hat{y}=a+bx$

式中，y 代表购买商品支出（因变量），x 代表居民货币收入（自变量）。

以上资料为简单相关资料，依据公式计算 a、b 如下（计算所需数据见表 8 - 10）：

$$b=\frac{n\sum xy-\sum x\sum y}{n\sum x^2-(\sum x)^2}=\frac{8\times 11\,751.6-334\times 278.1}{8\times 14\,118-334^2}=\frac{1\,127.4}{1\,388.0}=0.812\,2$$

$$a=\frac{\sum y}{n}-b\cdot\frac{\sum x}{n}=\frac{278.1}{8}-0.812\,2\times\frac{334}{8}=0.853\,2$$

将计算结果代入模型之中，即得回归模型为：

$$y=0.8532+0.812\,2x$$

【例 8 - 7】以【例 8 - 4】中表 8 - 12 的资料为例，建立产品单位成本与产量之间的回归模型。

前面已进行了相关分析，$r=-0.804$

自由度 $n-m=16-2=14$，$r_{0.05(14)}=0.497$

$|r|=0.804>r_{0.05(14)}=0.497$，所以在 $\alpha=0.05$ 显著水平上，产品单位成本与产量之间确实存在线性相关关系，且可建立线性回归模型。

设回归模型为：$\hat{y}=a+bx$

式中，y 代表产品单位成本（因变量），x 代表产品产量（自变量）。

以上资料为单变量分组资料，则：

$$b=\frac{\sum f\sum xyf-\sum xf\sum yf}{\sum f\sum x^2f-(\sum xf)^2}=\frac{16\times 3\ 244-66\times 796}{16\times 294-66^2}=-1.816$$

$$a=\frac{\sum yf}{\sum f}-b\cdot\frac{\sum xf}{\sum f}=\frac{796}{16}-(-1.816)\times\frac{66}{16}=57.24$$

于是，产品单位成本与产量之间的回归模型为：

$$\hat{y}=57.24-1.816x$$

（二）一元线性回归模型的应用

1. 分析自变量的解释力

自变量对因变量的影响有多大，或者说因变量的变化有多少可以通过自变量的变化得到解释，这通常可利用决定系数进行分析。决定系数也称可决系数或判定系数，它等于相关系数的平方，反映的是因变量的总变差中可以被自变量解释部分的比例。其计算公式为：

$$r^2=\frac{\sum(\hat{y}-\bar{y})^2}{\sum(y-\bar{y})^2}\quad 或\quad r^2=1-\frac{\sum(y-\hat{y})^2}{\sum(y-\bar{y})^2}$$

式中，$\sum(y-\bar{y})^2$ 代表因变量 y 的总变差；

$\sum(\hat{y}-\bar{y})^2$ 代表自变量 x 可解释的变差（或称回归变差）；

$\sum(y-\hat{y})^2$ 代表未解释的变差（或称剩余变差）；

$\sum(y-\bar{y})^2=\sum(\hat{y}-\bar{y})^2+\sum(y-\hat{y})^2$。

在已经计算出相关系数 r 的条件下，很容易得到决定系数 r^2 的值。如【例 8－6】中某地居民购买商品支出与其货币收入的相关系数 $r=0.999\ 2$，则其决定系数 $r^2=0.998\ 4$。它说明在居民购买商品支出的总变差中，99.84% 可以用其货币收入的变化来解释，未能解释的 0.16% 是由于其他原因所致。

决定系数是衡量所建模型优劣的一个重要统计分析指标，其值越大越好。决定系数 r^2 的值越大，说明回归模型拟合得越好；反之，则说明回归模型拟合得越差。

2. 测算估计标准误差

估计标准误差是指估计值 $\hat{y}$ 与实际观察值 y 的平均离差，通常用 S_y 表示。它反映了以回归直线为中心的各观察值与其估计值之间的平均离差程度。它是回归模型的误差分析指标，可从另一方面显示回归模型拟合的优劣状况。S_y 越小，说明各相关点与回归直线上点的平均离差程度越小，回归模型的误差越小，代表性越好，也即回归模型拟合得越好；S_y 越大，说明各相关点与回归直线上点的平均离差程度越大，回归模型的误差越大，代表性越差，也即回归模型拟合得越差。

估计标准误差的计算方法如下：

（1）对于简单相关表资料。

$$S_y=\sqrt{\frac{\sum(y-\hat{y})^2}{n-m}}$$

【例8-8】以【例8-3】表8-10的资料和【例8-6】中所建立的某地区居民购买商品支出与其货币收入的回归模型，测算估计标准误差。

计算过程如下（表8-15）：

表8-15 估计标准误差计算表

年份	货币收入/亿元 x	购买商品支出/亿元 y	y 的估计值/亿元 $\hat{y}$	$y-\hat{y}$	$(y-\hat{y})^2$
2009	36	30.0	30.092	-0.092	0.008 5
2010	37	31.0	30.905	0.095	0.009 1
2011	38	32.0	31.717	0.283	0.080 2
2012	40	33.2	33.341	-0.141	0.019 9
2013	42	34.8	34.966	-0.166	0.027 4
2014	44	36.5	36.590	-0.090	0.008 1
2015	47	39.0	39.027	-0.027	0.000 7
2016	50	41.6	41.463	0.137	0.018 7
合计	334	278.1	278.100	—	0.172 7

$$S_y=\sqrt{\frac{\sum(y-\hat{y})^2}{n-m}}=\sqrt{\frac{0.172\,7}{8-2}}=0.169\,7(\text{亿元})$$

估计标准误差为0.169 7亿元，表明购买商品支出的估计值 $\hat{y}$ 与实际值 y 之间的平均离差为0.169 7亿元。

在计算估计标准误差过程中，由于 $\hat{y}$ 是估计值，使得 $\sum(y-\hat{y})^2$ 的计算相当烦琐，而且由于 $\hat{y}$ 通常是近似值，会使计算结果不够精确。于是，可采用如下简捷式计算：

$$S_y=\sqrt{\frac{\sum y^2-a\sum y-b\sum xy}{n-m}}$$

【例8-9】仍以【例8-3】表8-10的资料和【例8-6】中所建立的某地区居民购买商品支出与其货币收入的回归模型，用简捷式计算其估计标准误差。

$$S_y=\sqrt{\frac{\sum y^2-a\sum y-b\sum xy}{n-m}}=\sqrt{\frac{9\,782.09-0.853\,2\times278.1-0.812\,2\times11\,751.6}{8-2}}$$
$$=0.166\,1(\text{亿元})$$

比较【例8-8】和【例8-9】，S_y 的计算结果相差0.003 6亿元，这是由参数值计算过程中四舍五入的因素引起的。应该说，【例8-9】的结果更为精确。

（2）对于单变量分组资料。对于单变量分组资料，其估计标准误差的计算式（简捷式）为：

$$S_y=\sqrt{\frac{\sum y^2f-a\sum yf-b\sum xyf}{\sum f-m}}$$

【例8-10】以【例8-4】中表8-13的资料和【例8-7】中所建立的产品单位成本与产量之间的回归模型，计算估计标准误差。

$$S_y=\sqrt{\frac{\sum y^2f-a\sum yf-b\sum xyf}{\sum f-m}}=\sqrt{\frac{39\,712-57.24\times796-(-1.816)\times3\,244}{16-2}}$$

$= 1.692$（元）

3. 运用模型进行预测

建立了有效的回归模型，就可以利用该模型，根据未来某一时期给定的自变量值，对其因变量进行预测。

（1）点预测。据回归模型 $\hat{y}=a+bx$，将未来某一时期给定的 x 值代入，求得 $\hat{y}$。

（2）区间预测。在点预测的基础上，根据要求的把握程度，查得概率度 t，再结合估计标准误差 S_y，即可得到未来时期因变量的置信区间：

$\hat{y}_{点预测值}-tS_y \leqslant \hat{y} \leqslant \hat{y}_{点预测值}+tS_y$

【例 8－11】接【例 8－9】，假定 2018 年该地区居民货币收入为 58 亿元。（1）预测 2018 年该地区居民购买商品支出额。（2）以 95.45% 的置信度预测 2018 年该地区居民购买商品支出的置信区间。

计算过程如下：

（1）已知 $x_{2018}=58$ 亿元

据回归模型 $\hat{y}=0.8532+0.8122x$ 可得

$$\hat{y}_{2018}=0.8532+0.8122\times 58=47.9608（亿元）$$

即预计 2018 年该地区居民购买商品支出额为 47.960 8 亿元。

（2）估计标准误差 $S_y=0.1661$ 亿元

在 95.45% 的置信度下，$t=2$ 于是

$$47.9608-2\times 0.1661 \leqslant \hat{y}_{2018} \leqslant 47.9608+2\times 0.1661$$

$$47.6286 \leqslant \hat{y}_{2018} \leqslant 49.2930$$

即 2018 年该地区居民购买商品支出的置信区间为 47.628 6 亿元～49.293 0 亿元。

小思考

炼钢是一个氧化降碳的过程，钢水含碳量的多少直接影响冶炼时间的长短，必须掌握钢水含碳量和冶炼时间的关系。已测得炉料熔化完毕时，钢水的含碳量 x 与冶炼时间 y（从炉料熔化完毕到出钢的时间）的一列数据，如表 8－16 所示。

表 8－16　钢水的含碳量与冶炼时间的资料

x（0.01%）	104	180	190	177	147	134	150	191	204	121
y（min）	100	200	210	185	155	135	170	205	235	125

（1）y 与 x 是否具有线性相关关系？

（2）若具有线性相关关系，求回归直线方程。

（3）预测当钢水含碳量为 160 个 0.01% 时，应冶炼多少分钟？

任务四 多元线性回归与一元非线性回归分析

任务先导

(1) 影响工业企业利润额的大小的因素有哪些？如果将利润额作为因变量，那么自变量唯一吗？

(2) 如果将人的身高作为因变量，年龄作为自变量，根据个人观察与感受，看看二者的相关关系是怎样的？

对以上两个现象，如何根据自变量的变动去推测因变量的变动情况？

一、多元线性回归分析

多个自变量的回归分析为多元回归分析，也称复回归分析。这里只介绍多元线性回归分析，即分析在线性相关条件下，两个或两个以上自变量对一个因变量的数量变化关系。表现这一数量关系的数学公式，称为多元线性回归模型或称为复回归模型。多元线性回归模型是一元线性回归模型的扩展，其未知参数的求解原理与一元线性回归模型相类似，只是在计算上比较麻烦一些而已，这里简要介绍一下。

n 元线性回归方程的形式为：

$$\hat{y} = a + b_1x_1 + b_2x_2 + \cdots + b_nx_n$$

求解参数 a，b_1，b_2，…，b_n的方程为：

$$\begin{cases} \sum y = na + b_1\sum x_1 + b_2\sum x_2 + \cdots + b_n\sum x_n \\ \sum x_1y = a\sum x_1 + b_1\sum x_1^{\ 2} + b_2\sum x_1x_2 + \cdots + b_n\sum x_1x_n \\ \sum x_2y = a\sum x_2 + b_1\sum x_1x_2 + b_2\sum x_2^{\ 2} + \cdots + b_n\sum x_2x_n \\ \cdots \\ \sum x_ny = a\sum x_n + b_1\sum x_1x_n + b_2\sum x_2x_n + \cdots + b_n\sum x_n^{\ 2} \end{cases}$$

解联立方程组可得相应参数。

二、一元非线性回归分析

（一）一元非线性回归的意义

在现实生活中，非线性关系是大量存在的。对于非线性关系，显然不能用直线方程来拟合，这类问题我们称为曲线回归问题或非线性回归问题。如果一个自变量与因变量之间为曲线相关或非线性相关，则要进行一元非线性回归分析。一元非线性回归分析就是根据曲线的类型建立相应的非线性回归方程。

（二）一元非线性回归方程的确定

一元非线性回归方程的形式有很多，如指数曲线方程、二次曲线方程、幂函数曲线方程、对数函数曲线方程、双曲线方程、S 曲线方程等。在对客观现象进行定量分析时，选择回归方程的具体形式应遵循以下原则：

第一，方程形式应与经济学的基本理论相一致。例如，采用幂函数的形式能够较好地表现生产函数；采用多项式方程能够较好地反映总成本与总产量之间的关系等。

第二，方程要有较高的拟合程度。因为只有这样，才说明回归方程可以较好地反映现实经济的运行情况。

第三，方程的数学形式尽可能简单。如果几种形式都能基本符合上述两项要求，则应该选择其中数学形式比较简单的一种。一般来说，数学形式越简单，其可操作性就越强。

下面扼要介绍较常用的几种一元非线性回归方程的形式。

1. 指数曲线方程

指数曲线的方程为：$y = ab^x$

线性化的方法为对方程两边取对数：

$$\log y = \log a + x\log b$$

令 $Y = \log y$，$A = \log a, B = \log b$,则转化为直线方程：$Y = A + Bx$，求解 a 和 b 的方法为：以 Y 与 x 的直线回归方程先求出 A 和 B 的值，然后用反对数再求出 a 和 b 的值。

2. 二次曲线方程

二次曲线的方程为：$y = a + bx + cx^2$

求解 a、b、c 三个参数的方法为：将 x、x^2 看作两个自变量，按多元线性回归分析的方法解出 a、b、c 的值。

求解 a、b、c 的方程组为：

$$\begin{cases} \sum y = na + b\sum x + c\sum x^2 \\ \sum xy = a\sum x + b\sum x^2 + c\sum x^3 \\ \sum x^2 y = a\sum x^2 + b\sum x^3 + c\sum x^4 \end{cases}$$

解联立方程组可得相应参数。

3. 幂函数曲线方程

幂函数曲线的方程式为：$y = ax^b$ （$a > 0$）

线性化方法为方程两边取对数：$\log y = \log a + b\log x$

令 $Y = \log y$，$A = \log a, X = \log x$,则转化为直线方程：$Y = A + bX$，以 Y 与 X 的直线回归方程先求出 A 和 b 的值，然后用反对数再求出 a 的值。

4. 对数函数曲线方程

对数函数曲线的方程式为：$y = a + b\log x$

线性化方法：令 $X = \log x$,则转化为直线方程：$y = a + bX$，以 y 与 X 的直线回归方程求出 a 和 b 的值。

5. 双曲线方程

双曲线方程形式有两种：

$$①\ y = a + \frac{b}{x}$$

线性化方法：令 $X=\frac{1}{x}$，则转化为直线方程：$y=a+bX$，以 y 与 X 的直线回归方程求出 a 和 b 的值。

$$②\ \frac{1}{y}=a+\frac{b}{x}$$

线性化方法：令 $Y=\frac{1}{y}$　$X=\frac{1}{x}$ 则 转化为直线方程：$Y=a+bX$，以 Y 与 X 的直线回归方程求出 a 和 b 的值。

6. S 曲线方程

S 函数曲线的方程式为：$y=\frac{1}{a+be^{-x}}$

线性化方法：令 $Y=\frac{1}{y}$　$X=e^{-x}$，则 转化为直线方程：$Y=a+bX$，以 Y 与 X 的直线回归方程求出 a 和 b 的值。

任务五　运用 Excel 进行相关与回归分析

以下操作以 Excel2010 为例。

基础资料：某连锁企业 8 个门店的商品销售资料如表 8－17 所示。

表 8－17　　门店商品销售额与利润额资料

门店编号	商品销售额/万元	利润额/万元
1	650	40.0
2	220	12.5
3	430	22.0
4	390	18.0
5	1 000	69.0
6	170	8.1
7	480	26.5
8	950	64.0

在该资料中，商品销售额为自变量，利润额为因变量。

一、运用 Excel 编制相关表

（1）打开一张空白的 Excel 工作表，输入表 8－17 中的表头及数据，如图 8－5 所示。

（2）选中单元格区域 A2：C10，点击“排序和筛选”下拉菜单“自定义排序”，弹出“排序”对话框，在“列”的“主要关键字”选“销售额（万元）”，排序依据选“数值”，次序选“升序”，如图 8－6 所示。

（3）单击“确定”按钮，修改表标题，即得销售额与利润额相关表（图 8－7）。

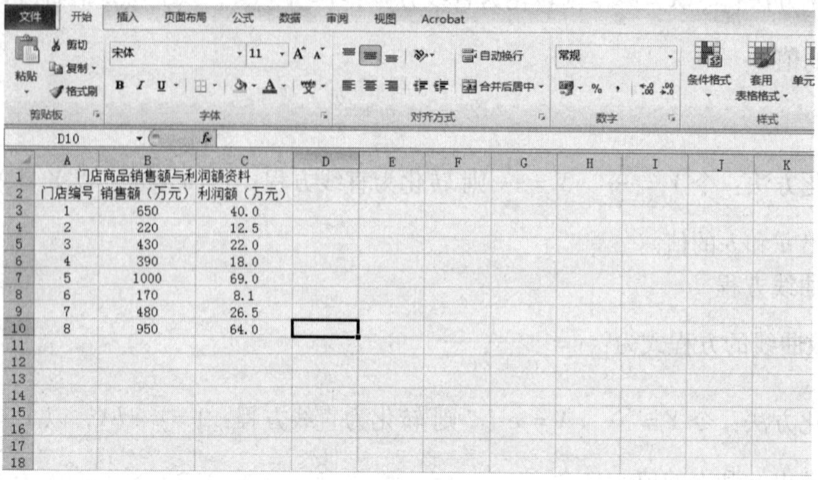

图 8-5　商品销售额与利润额资料录入

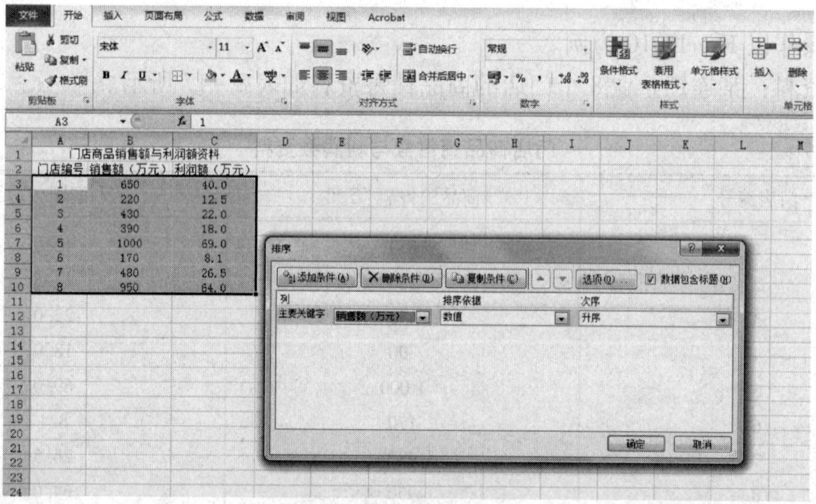

图 8-6　“排序”对话框设置

二、利用 Excel 绘制相关图

（1）对图 8-7 所示相关表，选中单元格区域 B3：C10，点击工具栏中“插入”工具中的“散点图”，选择第一个图例，出现如图 8-8 所示的散点图。

（2）单击工具栏“布局”按钮，选择“图表标题”中的“图表上方”，输入标题内容；单击“坐标轴标题”，选择“主要横坐标轴标题”中的“坐标轴下方标题”以及“主要纵坐标轴标题”中的“竖排标题”，输入标题内容。删掉图右侧“系列 1”，即出现如图 8-9 所示的相关图。

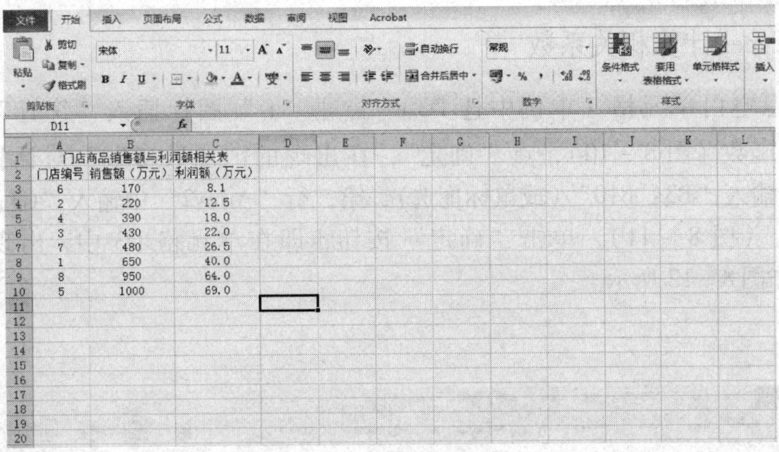

门店编号	销售额（万元）	利润额（万元）
6	170	8.1
2	220	12.5
4	390	18.0
3	430	22.0
7	480	26.5
1	650	40.0
8	950	64.0
5	1000	69.0

图 8－7　销售额与利润额相关表

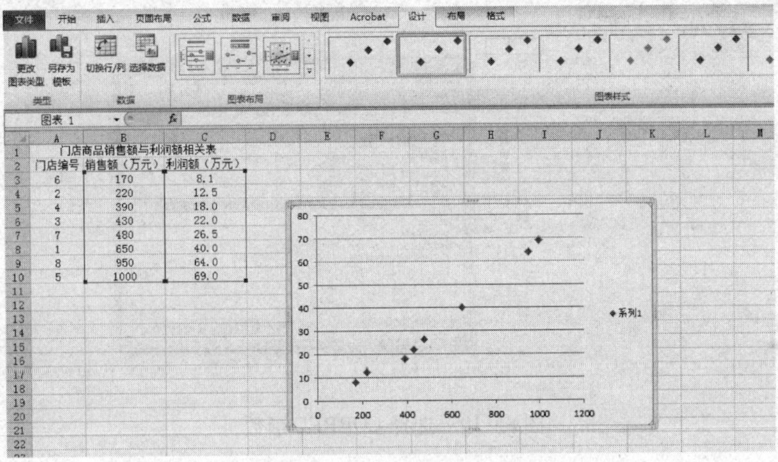

图 8－8　绘制散点图

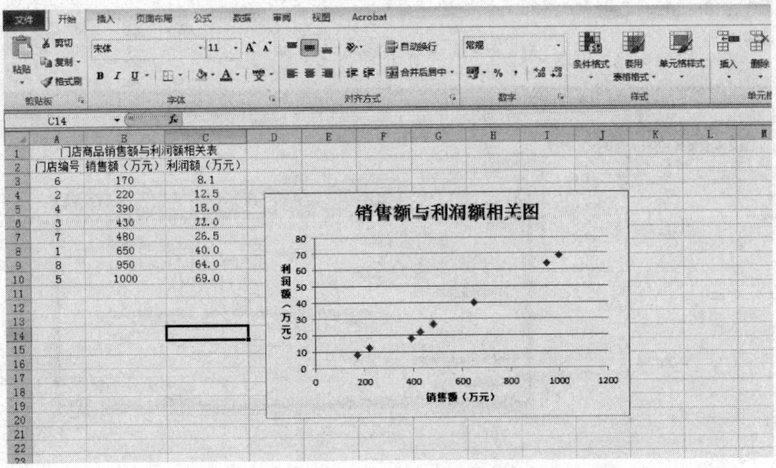

图 8－9　绘制相关图

三、利用 Excel 计算相关系数

选中任意空白单元格（本例中选 D3），点击“f_x”图标插入“统计”类别中的“CORREL”函数（图 8 - 10），点“确定”，在出现的“函数参数”对话框的第一行“Array1”中输入“B3：B10”（或鼠标拖选），第二行“Array2”中输入“C3：C10”（或鼠标拖选）（图 8 - 11），单击“确定”按钮，即在单元格 D3 中，出现相关系数 0.993 402，如图 8 - 12 所示。

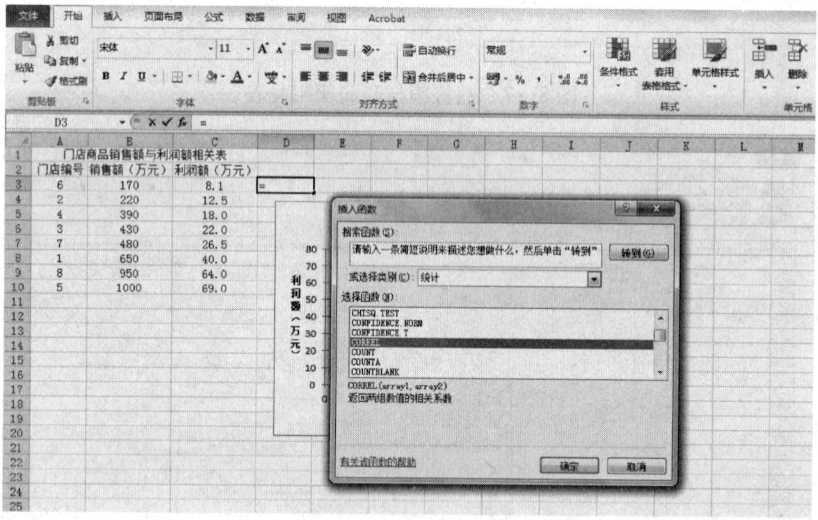

图 8 - 10 选择 CORREL 函数

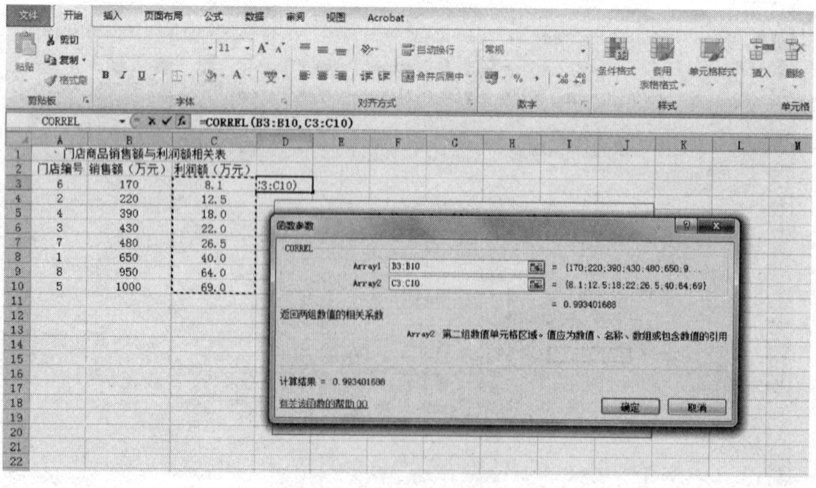

图 8 - 11 输入参数

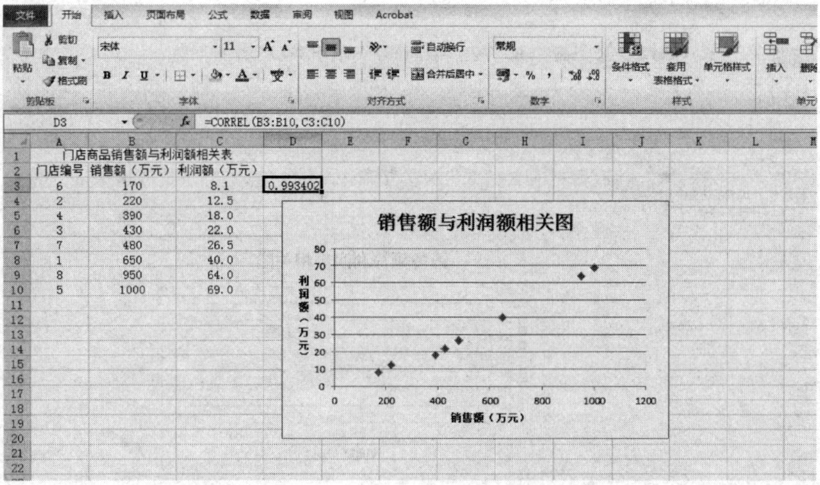

图 8－12 相关系数输出结果

四、利用 Excel 进行一元线性回归分析

观察前面散点图，发现其有线性相关趋势；$r=0.993402$，接近于 1，表明线性相关关系较强；$|r|=0.993402>r_{0.05(6)}=0.707$，说明在 $\alpha=0.05$ 的显著水平上，利润额与商品销售额之间确实存在线性相关关系，可建立线性回归模型。

方法一：

(1) 将鼠标指向相关图中的某一散点，右击，在弹出的快捷菜单中选择“添加趋势线”。

(2) 在“趋势线选项”中选择“线性”，勾选“显示公式”与“显示 R 平方值”前面的复选框（图 8－13）。

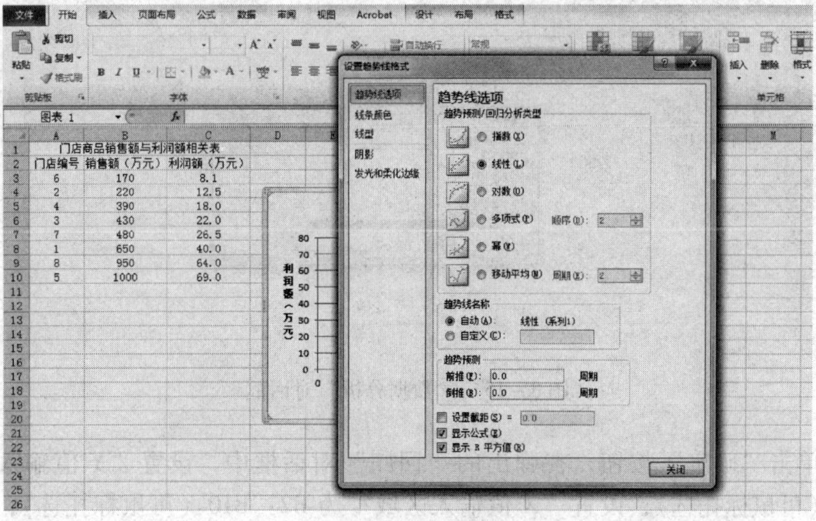

图 8－13 添加趋势线

（3）点“关闭”，结果如图 8－14 所示。

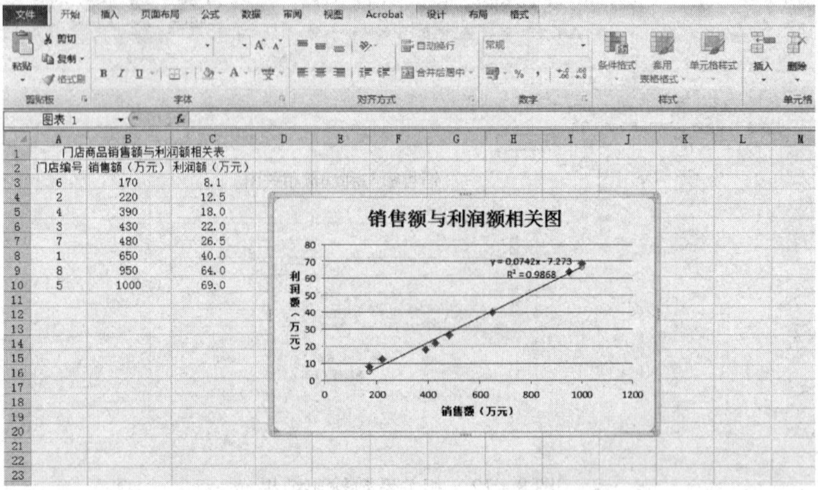

图 8－14　趋势线与线性回归模型

从图 8－14 可以看出，本例中参数 a 的估计值为 －7.273，回归系数 b 的估计值为 0.074 2。回归直线方程为：$\hat{y} = -7.273 + 0.074\,2x$（$y$ 代表利润额，x 代表销售额）。

方法二：

（1）打开录有原始资料的 Excel 工作表（图 8－5），点击“数据”菜单中的“数据分析”命令，在弹出的“数据分析”对话框中选择“回归”选项，如图 8－15 所示。

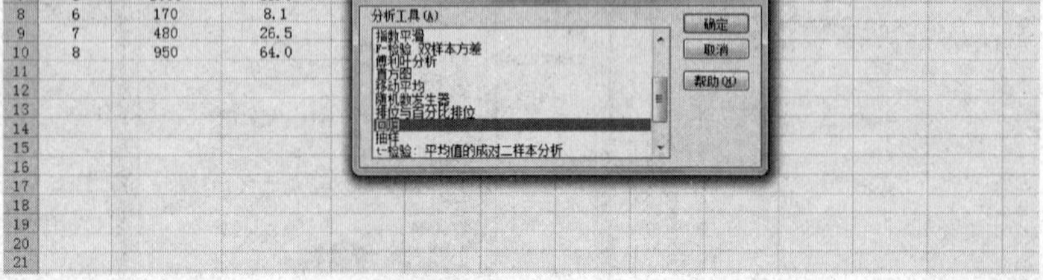

图 8－15　“数据分析”对话框

（2）单击“确定”按钮，在弹出的“回归”对话框中，设置“Y 值输入区域”为 C2：C10（可鼠标托选），设置“X 值输入区域”为 B2：B10（可鼠标托选）；勾选“标志”；输出选项可任选（本例选输出区域 E4），如图 8－16 所示。

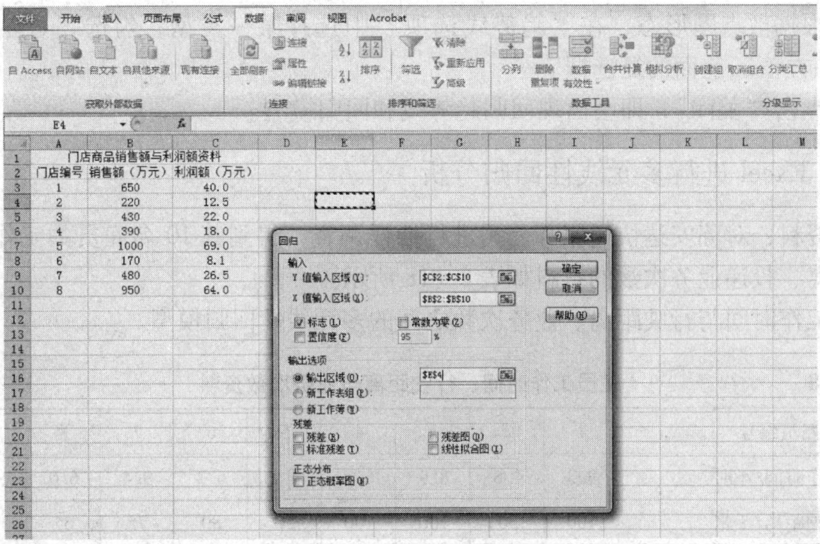

图 8－16　“回归”对话框设置

（3）单击“确定”按钮，结果如图 8－17 所示。

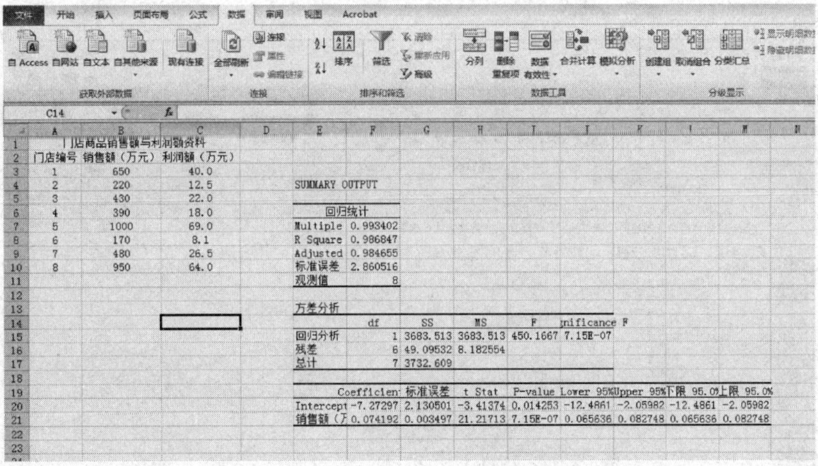

图 8－17　最终输出结果图

从图 8－17 可以看出，输出结果中包括“回归统计”“方差分析”“回归系数估计”等。从“回归系数估计”中可看出，参数 a 的估计值（Intercept）为 －7.27297，回归系数 b 的估计值为 0.074192。则回归直线方程为：$\hat{y} = -7.272\ 97 + 0.074\ 192x$（与“方法一”结果一致）。

五、利用 Excel 进行一元非线性回归分析

一元非线性回归分析与一元线性回归分析（方法一）类似：

（1）绘制相关图（散点图）。

（2）根据散点图形态，在“趋势线选项”中选择某一类型，勾选“显示公式”与“显示 R 平方值”前面的复选框。

（3）点击“关闭”，即会出现回归趋势线和回归模型。

六、利用 Excel 进行多元线性回归分析

基础资料：对苏安达快递服务公司进行抽样调查，得到其 10 名雇员的工作时间与投递行驶距离、投递业务次数的资料如表 8－18 所示。

建立工作时间与行驶距离、业务次数之间的多元线性回归模型。

表 8－18　　雇员工作时间、行驶距离与业务次数资料

雇员编号	1	2	3	4	5	6	7	8	9	10
工作时间/小时	9.3	4.8	8.9	6.5	4.2	6.2	9.4	6.0	9.5	6.1
行驶距离/千米	100	50	100	100	50	80	75	65	90	90
业务次数/次	4	3	4	2	2	2	3	4	3	2

在该资料中，行驶距离、业务次数为自变量，工作时间为因变量。

（1）打开一张空白的 Excel 工作表，输入表 8－18 中资料，如图 8－18 所示。

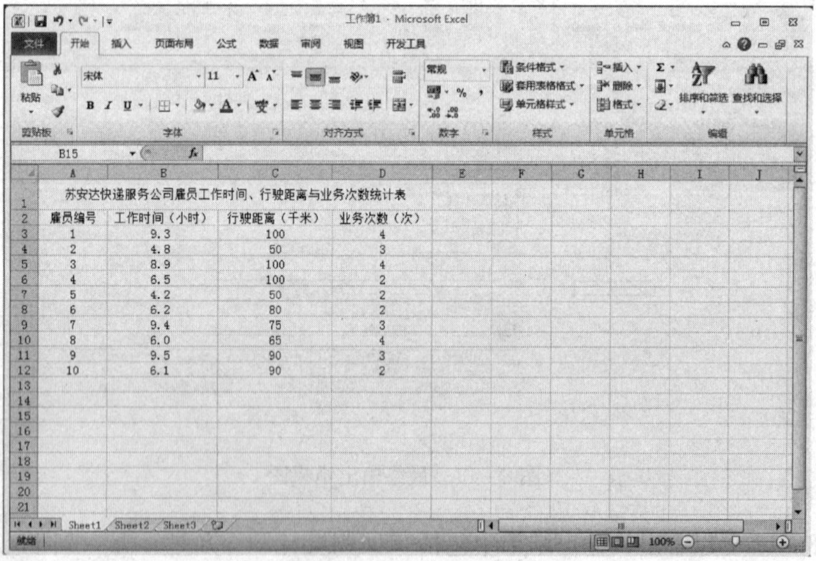

图 8－18　数据录入

（2）单击“数据”中的“数据分析”命令，弹出对话框，在“数据分析”对话框中选择“回归”选项，如图 8－19 所示。

（3）单击“确定”，将出现“回归”对话框。在“回归”对话框的“Y 值输入区域”输入因变量“工作时间”的单元格区域 B2：B12，在“X 值输入区域”输入自变量“行

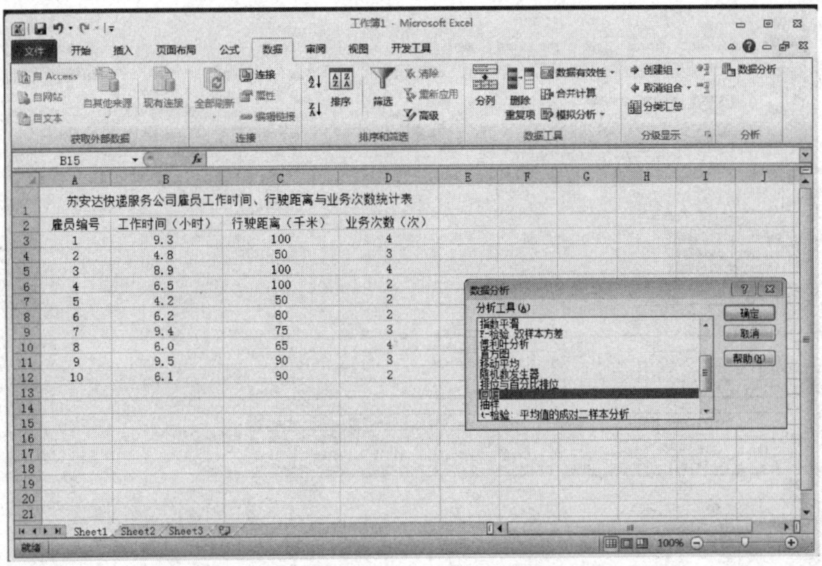

图 8-19　“数据分析”对话框

驶距离”与“业务次数”的单元格区域 C2：D12；“输出选项”可任选其一（本例选择默认的“新工作表组”）；勾选“标志”（图 8-20）。

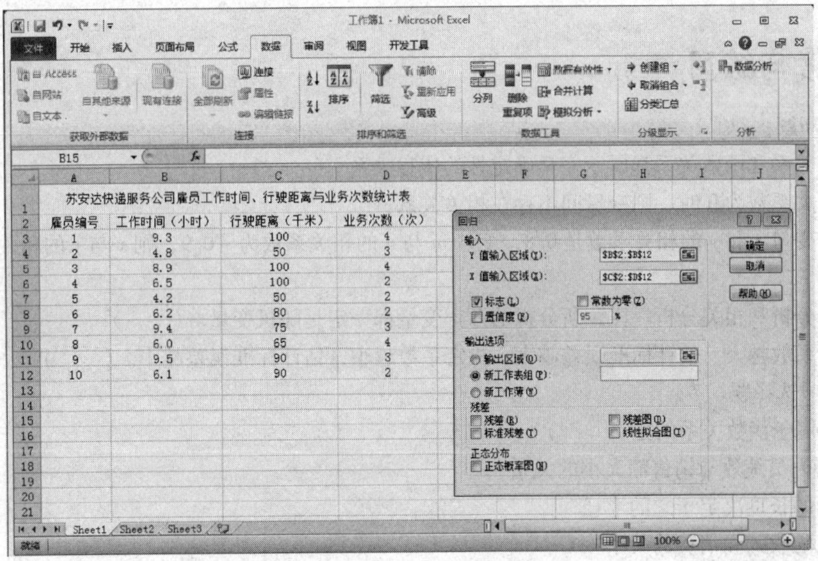

图 8-20　“回归”对话框

（4）点击“确定”，结果如图 8-21 所示。

从输出结果的“回归系数估计”中，可看出各参数值。于是可得工作时间与行驶距离、业务次数之间的多元线性回归模型为：

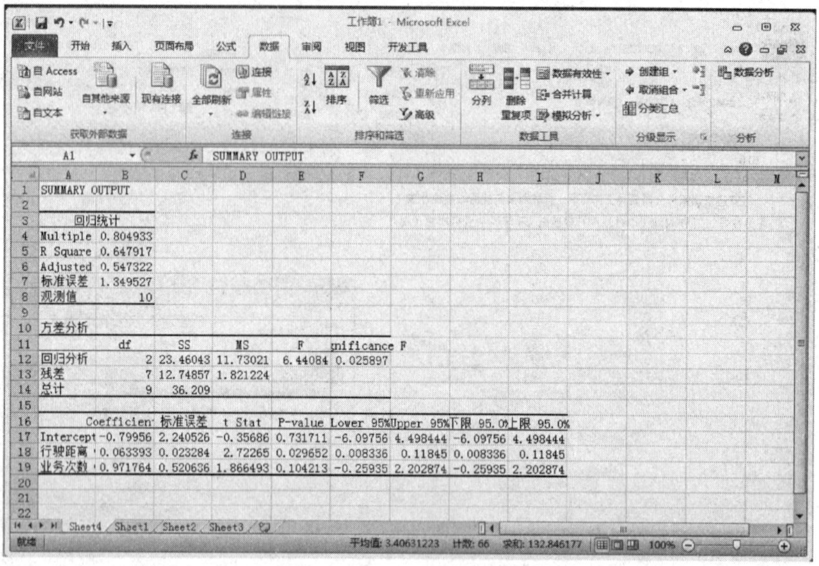

图 8-21 多元线性回归分析结果

$\hat{y} = -0.7996 + 0.063393x_1 + 0.971764x_2$（$y$代表工作时间，$x_1$代表行驶距离，$x_2$代表业务次数）。

思考与练习

一、判断题

1. 相关关系和函数关系都属于完全确定性的依存关系。(　　)

2. 当相关系数为0时，则变量间不存在相关关系。(　　)

3. 假定变量x和y的相关系数是0.8，变量m与n的相关系数为-0.9，则x与y的相关密切程度较高。(　　)

4. 回归分析和相关分析一样，所分析的两个变量都一定是随机变量。(　　)

5. 决定系数越大，估计标准误差越大；决定系数越小，估计标准误差越小。(　　)

二、单项选择题

1. 下列属于函数关系的是（　　）。

A. 销售人员绩效与销售额大小的关系

B. 圆周的长度决定于它的半径

C. 家庭的收入和消费的关系

D. 数学成绩与统计学成绩的关系

2. 下列关系中，属于正相关关系的有（　　）。

A. 合理限度内，施肥量和平均亩产量之间的关系

B. 产品产量与单位产品成本之间的关系

C. 商品的流通费用与销售利润之间的关系

D. 流通费用率与商品销售量之间的关系

3. 相关系数 r 的取值范围是（　　）。

A. $-\infty < r < \infty$　　B. $-1 \leqslant r \leqslant 1$　　C. $-1 < r < 1$　　D. $0 \leqslant r \leqslant 1$

4. 估计标准误差说明回归直线的代表性，因此（　　）。

A. 估计标准误差越大，说明回归直线的代表性越大

B. 估计标准误差越大，说明回归直线的代表性越小

C. 估计标准误差越小，说明回归直线的代表性越小

D. 估计标准误差越小，说明回归直线的实用价值越大

5. 每吨铸铁成本（元）依铸件废品率（%）变动的回归方程为：$\hat{y} = 56 + 8x$，这意味着（　　）。

A. 废品率每增加 1%，成本每吨增加 64 元

B. 废品率每增加 1%，成本每吨增加 8%

C. 废品率每增加 1%，成本每吨增加 8 元

D. 废品率每增加 1%，则每吨成本为 56 元

三、多项选择题

1. 下列哪些现象之间的关系为相关关系（　　）。

A. 家庭收入与消费支出关系　　B. 正方形面积与边长的关系

C. 广告支出与商品销售额关系　　D. 单位产品成本与利润关系

E. 在价格固定情况下，销售量与商品销售额关系

2. 销售额与流通费用率，在一定条件下，存在相关关系，这种相关关系属于（　　）。

A. 完全相关　　B. 单相关　　C. 负相关　　D. 复相关

E. 正相关

3. 对于一元线性回归分析来说，（　　）。

A. 两变量之间必须明确哪个是自变量，哪个是因变量

B. 回归方程是据以利用自变量的给定值来估计和预测因变量的平均可能值

C. 可能存在着 y 依 x 和 x 依 y 的两个回归方程

D. 回归系数只有正值

E. 确定回归方程时，尽管两个变量也都是随机的，但要求自变量是给定的

4. 单位成本（元）依产量（千件）变化的回归方程为 $\hat{y} = 78 - 2x$，这表示（　　）。

A. 产量为 1 000 件时，单位成本为 76 元

B. 产量为 1 000 件时，单位成本为 78 元

C. 产量每增加 1 000 件时，单位成本下降 2 元

D. 产量每增加 1 000 件时，单位成本下降 78 元

E. 产量每增加 1 000 件时，单位成本下降 76 元

5. 在线性相关与回归分析中，（　　）。

A. 据同一资料，相关系数只能计算一个

B. 据同一资料，相关系数可以计算两个

C. 据同一资料，回归方程只能配合一个

D. 据同一资料，回归方程随自变量与因变量的确定不同，可能配合两个

E. 对同一资料，回归方程中的自变量与因变量永远不能互换

四、简答题

1. 什么是相关关系？什么是函数关系？二者有什么区别？

2. 相关关系如何分类？

3. 什么是相关系数？相关系数有什么作用？

4. 相关分析与回归分析有什么区别和联系？

5. 什么是估计标准误差？其作用是什么？

五、计算题

1. 十名学生身高和体重资料见表 8－19。

表 8－19　　学生身高和体重资料

序号	身高/厘米	体重/千克	序号	身高/厘米	体重/千克
1	171	53	6	175	66
2	167	56	7	163	52
3	177	64	8	152	47
4	154	49	9	172	58
5	169	55	10	160	50

根据以上资料：

（1）计算相关系数，说明相关程度并进行显著性检验；

（2）求出身高 y 对体重 x 的回归方程；

（3）求出体重 y 对身高 x 的回归方程。

2. 在 7 块并排、形状大小相同的试验田上进行施化肥量对水稻产量影响的试验，得到如下资料（表 8－20）。

表 8－20　　施化肥量与水稻产量的资料　　单位：千克

施化肥量	15	20	25	30	35	40	45
水稻产量	330	345	365	405	445	450	455

要求：

（1）计算相关系数 r，判断施化肥量与水稻产量的相关方向和程度，并进行显著性检验；

（2）建立水稻产量对施化肥量的回归方程，并指出施化肥量每增加 1 千克时，水稻产量平均增加多少千克？

（3）计算估计标准误差。

3. 某连锁企业下属 10 个门店，2017 年 6 月各门店销售额与利润额资料如表 8－21 所示。

表 8－21　　各门店销售额与利润额资料

门店编号	销售额/万元	利润额/万元
1	880	110
2	450	50
3	180	15
4	700	91
5	1 000	108
6	600	72
7	530	75
8	1 100	120

续表

门店编号	销售额/万元	利润额/万元
9	300	34
10	1 250	125

计算：

(1) 产品销售额和利润额之间的相关系数；

(2) 确定利润额对销售额的线性回归方程，并说明斜率的经济意义；

(3) 确定产品销售额为 1 500 万元时利润额的估计值。

4. 某地高校教育经费与学生人数连续 6 年的统计资料如表 8 - 22 所示。

表 8 - 22　　高校教育经费与学生人数统计资料

教育经费/万元	在校学生数/万人
316	11
343	16
373	18
393	20
418	22
455	25

要求：

(1) 建立教育经费对学生数的线性回归方程；

(2) 计算估计标准误差；

(3) 在校学生数为 30 万人时，对教育经费进行点预测和区间预测（置信度 95%）。

5. 从某市抽查 10 家超市，得到销售额和利润率的资料如表 8 - 23 所示。

表 8 - 23　　超市销售额和利润率资料

门店编号	每月平均销售额/万元	利润率/%
1	60	12. 6
2	50	10. 4
3	80	18. 5
4	10	3. 0
5	40	8. 1
6	70	16. 3
7	60	12. 3
8	30	6. 2
9	30	6. 6
10	70	16. 8

要求：

（1）计算每月平均销售额与利润率的相关系数；

（2）建立利润率对每月平均销售额的线性回归方程；

（3）计算估计标准误差；

（4）若某超市每月平均销售额为20万元时，对利润率进行点预测和区间预测（置信度95.45%）。

技能实训

【实训目的】

1. 使学生进一步理解并掌握相关与回归分析的方法；
2. 提高学生用所学知识分析和解决实际问题的能力；
3. 培养学生的团队合作精神。

【实训任务】

选择校内一家商店，对其利润额及影响因素进行相关与回归分析。

【实训要求】

全班同学分组，组内同学分工、协作，共同完成任务。具体要求：

（1）分析影响商店利润额的主要因素有哪些，并搜集近一年各月利润额及主要影响因素的数据资料；

（2）进行相关与回归分析，建立回归方程；

（3）测算估计标准误差，并对未来某期的利润额作点预测和区间预测。

【成果检验】

每组同学将整个实训内容整理成实训报告并提交，由教师随机挑选某组做课堂汇报与交流分享。教师对各组进行点评及成绩评定。

附录

附录一　随机数字表

03 47 43 73 86	16 22 77 94 39	18 18 07 92 46	34 50 57 74 37	49 54 43 54 82
97 74 24 67 62	84 42 17 53 31	26 62 38 97 75	85 22 04 39 43	57 24 55 06 88
16 76 02 27 66	63 01 63 78 59	23 42 40 54 74	09 79 13 77 48	16 95 55 67 19
12 56 85 99 26	33 21 12 34 29	62 36 28 19 95	88 75 80 18 14	78 64 56 07 82
55 59 56 35 64	57 60 86 32 44	37 85 94 35 12	90 96 23 70 00	09 47 27 96 54
36 96 47 36 61	13 89 51 03 74	05 26 93 70 60	79 83 86 19 62	83 62 64 11 12
42 81 14 57 20	97 12 25 93 47	07 97 10 88 23	83 11 46 32 24	06 09 19 74 66
56 50 26 71 07	16 64 36 16 00	68 71 86 85 85	07 45 32 14 08	33 32 51 26 38
96 96 68 27 31	45 59 34 68 49	26 99 61 65 53	00 56 76 31 38	42 38 97 01 50
38 54 82 46 22	20 15 37 00 49	64 65 52 68 75	42 34 07 96 88	96 44 33 49 13
67 19 00 71 74	55 74 30 77 40	87 35 20 96 43	92 03 51 59 77	09 77 93 19 82
02 94 37 34 02	59 29 97 68 60	21 76 33 50 25	61 71 62 99 15	33 62 46 86 28
79 78 45 04 91	48 55 90 65 72	12 86 73 58 07	73 32 08 11 12	05 03 27 24 83
87 75 66 81 41	66 37 32 20 30	15 51 00 13 42	42 10 50 67 42	39 32 82 22 49
34 86 82 53 91	68 49 69 10 82	90 52 84 77 27	26 78 63 06 55	55 85 78 38 36
06 76 50 03 10	31 99 73 68 68	40 33 20 38 26	33 26 16 80 45	17 37 93 23 78
20 14 85 88 45	94 58 28 41 36	96 83 50 87 75	27 07 36 07 51	77 04 74 47 67
32 98 94 07 72	98 80 33 00 91	88 42 95 45 72	13 55 38 58 59	98 10 50 71 75
80 22 02 53 53	73 81 53 94 79	33 27 14 34 09	57 12 10 14 21	52 42 07 44 28
54 42 06 87 98	73 82 97 22 21	50 27 89 87 19	06 18 44 32 53	49 17 46 09 62
17 53 77 58 71	64 05 71 95 86	00 52 43 48 85	66 67 40 67 14	17 76 37 13 04
90 26 59 21 19	75 73 88 05 90	76 83 20 37 90	14 90 84 45 11	70 33 24 03 54
41 23 52 55 99	33 96 02 75 19	22 98 12 22 08	68 05 51 18 00	04 43 18 66 79
60 20 50 81 69	97 51 40 14 02	59 33 82 43 90	20 46 78 73 90	12 72 07 34 45
91 25 38 05 90	15 06 15 93 20	39 34 16 49 36	64 19 58 97 79	52 85 66 60 44
14 22 78 84 26	68 34 30 13 70	12 41 94 96 26	46 98 63 71 62	44 17 17 58 09
71 91 38 67 54	74 57 25 65 76	96 93 02 18 39	42 53 32 37 32	84 16 07 44 99
96 57 69 36 10	27 42 37 86 53	10 47 48 45 88	32 90 79 78 53	82 97 77 77 81
77 84 57 03 29	00 39 68 29 61	35 81 33 03 76	05 03 72 93 15	50 92 26 11 97
53 75 91 93 30	29 94 98 94 24	45 37 59 03 09	31 62 43 09 90	83 39 50 08 30
70 29 17 12 13	22 35 85 15 13	16 90 82 66 59	11 05 65 09 68	71 41 61 50 72
56 62 18 37 35	09 98 42 99 64	11 27 94 75 06	52 27 41 14 86	23 52 23 33 12
99 49 57 22 77	54 87 66 47 54	35 24 10 16 20	07 60 62 93 55	31 04 49 69 96
16 08 15 04 72	58 37 78 80 70	38 23 16 86 38	04 02 33 31 08	22 95 75 42 49
31 16 93 32 43	87 59 36 22 41	31 96 25 91 47	01 90 10 75 06	39 00 03 06 90

附录二　正态分布概率表

t	*F*（*t*）	*t*	*F*（*t*）	*t*	*F*（*t*）	*t*	*F*（*t*）
0.00	0.000 0	0.31	0.243 4	0.62	0.464 7	0.93	0.647 6
0.01	0.008 0	0.32	0.251 0	0.63	0.471 3	0.94	0.652 8
0.02	0.016 0	0.33	0.258 6	0.64	0.477 8	0.95	0.657 9
0.03	0.023 9	0.34	0.266 1	0.65	0.484 3	0.96	0.662 9
0.04	0.031 9	0.35	0.273 7	0.66	0.490 7	0.97	0.668 0
0.05	0.033 9	0.36	0.281 2	0.67	0.497 1	0.98	0.672 9
0.06	0.047 8	0.37	0.288 6	0.68	0.503 5	0.99	0.677 8
0.07	0.055 8	0.38	0.296 1	0.69	0.509 8	1.00	0.682 7
0.08	0.063 8	0.39	0.303 5	0.70	0.516 1	1.01	0.687 5
0.09	0.071 7	0.40	0.310 8	0.71	0.522 3	1.02	0.692 3
0.10	0.079 7	0.41	0.318 2	0.72	0.528 5	1.03	0.697 0
0.11	0.087 6	0.42	0.325 5	0.73	0.534 6	1.04	0.701 7
0.12	0.095 5	0.43	0.332 8	0.74	0.540 7	1.05	0.706 3
0.13	0.103 4	0.44	0.340 1	0.75	0.546 7	1.06	0.710 9
0.14	0.111 3	0.45	0.347 3	0.76	0.552 7	1.07	0.715 4
0.15	0.119 2	0.46	0.354 5	0.77	0.558 7	1.08	0.719 9
0.16	0.127 1	0.47	0.361 6	0.78	0.564 6	1.09	0.724 3
0.17	0.135 0	0.48	0.368 8	0.79	0.570 5	1.10	0.728 7
0.18	0.142 8	0.49	0.375 9	0.80	0.576 3	1.11	0.733 0
0.19	0.150 7	0.50	0.382 9	0.81	0.582 1	1.12	0.737 3
0.20	0.158 5	0.51	0.389 9	0.82	0.587 8	1.13	0.741 5
0.21	0.166 3	0.52	0.396 9	0.83	0.593 5	1.14	0.745 7
0.22	0.174 1	0.53	0.403 9	0.84	0.599 1	1.15	0.749 9
0.23	0.181 9	0.54	0.410 8	0.85	0.604 7	1.16	0.754 0
0.24	0.189 7	0.55	0.417 7	0.86	0.610 2	1.17	0.758 0
0.25	0.197 4	0.56	0.424 5	0.87	0.615 7	1.18	0.762 0
0.26	0.205 1	0.57	0.431 3	0.88	0.621 1	1.19	0.766 0
0.27	0.212 8	0.58	0.438 1	0.89	0.626 5	1.20	0.769 9
0.28	0.220 5	0.59	0.444 8	0.90	0.631 9	1.21	0.773 7
0.29	0.228 2	0.60	0.451 5	0.91	0.637 2	1.22	0.777 5
0.30	0.235 8	0.61	0.458 1	0.92	0.642 4	1.23	0.781 3

续表

t	$F(t)$	t	$F(t)$	t	$F(t)$	t	$F(t)$
1.24	0.785 0	1.59	0.888 2	1.94	0.947 6	2.58	0.990 1
1.25	0.788 7	1.60	0.890 4	1.95	0.948 8	2.60	0.990 7
1.26	0.792 3	1.61	0.892 6	1.96	0.950 0	2.62	0.991 2
1.27	0.795 9	1.62	0.894 8	1.97	0.951 2	2.64	0.991 7
1.28	0.799 5	1.63	0.896 9	1.98	0.952 3	2.66	0.992 2
1.29	0.803 0	1.64	0.899 0	1.99	0.953 4	2.68	0.992 6
1.30	0.806 4	1.65	0.901 1	2.00	0.954 5	2.70	0.993 1
1.31	0.809 8	1.66	0.903 1	2.02	0.956 6	2.72	0.993 5
1.32	0.813 2	1.67	0.905 1	2.04	0.958 7	2.74	0.993 9
1.33	0.816 5	1.68	0.907 0	2.06	0.960 6	2.76	0.994 2
1.34	0.819 8	1.69	0.909 0	2.08	0.962 5	2.78	0.994 6
1.35	0.823 0	1.70	0.910 9	2.10	0.964 3	2.80	0.994 9
1.36	0.826 2	1.71	0.912 7	2.12	0.966 0	2.82	0.995 2
1.37	0.829 3	1.72	0.914 6	2.14	0.967 6	2.84	0.995 5
1.38	0.832 4	1.73	0.916 4	2.16	0.969 2	2.86	0.995 8
1.39	0.835 5	1.74	0.918 1	2.18	0.970 7	2.88	0.996 0
1.40	0.838 5	1.75	0.919 9	2.20	0.972 2	2.90	0.996 2
1.41	0.841 5	1.76	0.921 6	2.22	0.973 6	2.92	0.996 5
1.42	0.844 4	1.77	0.923 3	2.24	0.974 9	2.94	0.996 7
1.43	0.847 3	1.78	0.924 9	2.26	0.976 2	2.96	0.996 9
1.44	0.850 1	1.79	0.926 5	2.28	0.977 4	2.98	0.997 1
1.45	0.852 9	1.80	0.928 1	2.30	0.978 6	3.00	0.997 3
1.46	0.855 7	1.81	0.929 7	2.32	0.979 7	3.20	0.998 6
1.47	0.858 4	1.82	0.931 2	2.34	0.980 7	3.40	0.999 3
1.48	0.861 1	1.83	0.932 8	2.36	0.981 7	3.60	0.999 68
1.49	0.863 8	1.84	0.934 2	2.38	0.982 7	3.80	0.999 86
1.50	0.864 4	1.85	0.935 7	2.40	0.983 6	4.00	0.999 94
1.51	0.869 0	1.86	0.937 1	2.42	0.984 5	4.50	0.999 993
1.52	0.871 5	1.87	0.938 5	2.44	0.958 3	5.00	0.999 999
1.53	0.874 0	1.88	0.939 9	2.46	0.986 1		
1.54	0.876 4	1.89	0.941 2	2.48	0.986 9		
1.55	0.876 9	1.90	0.942 6	2.50	0.987 6		
1.56	0.881 2	1.91	0.934 9	2.52	0.988 3		
1.57	0.883 6	1.92	0.945 1	2.54	0.988 9		
1.58	0.885 9	1.93	0.946 4	2.56	0.989 5		

附录三　相关系数检验表

自由度 (n－m)	约束条件数（m）				自由度 (n－m)	约束条件数（m）			
	2	3	4	5		2	3	4	5
	（α =0.05）					（α =0.01）			
1	0.997	0.999	0.999	0.999	1	1.000	1.000	1.000	1.000
2	0.950	0.975	0.983	0.987	2	0.990	0.995	0.997	0.998
3	0.878	0.930	0.950	0.961	3	0.959	0.976	0.983	0.987
4	0.811	0.881	0.912	0.930	4	0.917	0.949	0.963	0.970
5	0.754	0.836	0.874	0.898	5	0.874	0.917	0.937	0.949
6	0.707	0.795	0.839	0.867	6	0.934	0.886	0.911	0.927
7	0.666	0.758	0.807	0.838	7	0.798	0.855	0.885	0.904
8	0.632	0.726	0.777	0.811	8	0.765	0.827	0.860	0.882
9	0.602	0.697	0.750	0.766	9	0.735	0.800	0.835	0.861
10	0.576	0.671	0.726	0.763	10	0.708	1.776	0.814	0.840
11	0.553	0.648	0.703	0.741	11	0.684	0.753	0.793	0.821
12	0.532	0.627	0.683	0.722	12	0.661	0.732	0.773	0.802
13	0.514	0.608	0.664	0.703	13	0.641	0.712	0.755	0.785
14	0.497	0.590	0.646	0.686	14	0.623	0.694	0.737	0.768
15	0.482	0.574	0.630	0.670	15	0.606	0.677	0.721	0.752
16	0.468	0.559	0.615	0.655	16	0.590	0.662	0.706	0.738
17	0.456	0.545	0.601	0.641	17	0.575	0.647	0.691	0.724
18	0.444	0.532	0.587	0.628	18	0.561	0.633	0.678	0.710
19	0.433	0.520	0.575	0.615	19	0.549	0.620	0.665	0.698
20	0.423	0.509	0.563	0.604	20	0.537	0.608	0.652	0.685
25	0.381	0.462	0.514	0.553	25	0.487	0.555	0.600	0.633
30	0.349	0.426	0.476	0.514	30	0.449	0.514	0.558	0.591
35	0.325	0.397	0.445	0.482	35	0.418	0.481	0.523	0.556
40	0.304	0.373	0.419	0.445	40	0.393	0.454	0.494	0.526
50	0.273	0.336	0.379	0.412	50	0.354	0.410	0.449	0.479
60	0.250	0.308	0.348	0.380	60	0.325	0.377	0.414	0.442
70	0.232	0.286	0.324	0.354	70	0.302	0.351	0.386	0.413
80	0.217	0.269	0.304	0.332	80	0.283	0.333	0.362	0.389
100	0.195	0.241	0.274	0.300	100	0.254	0.297	0.327	0.351

参考文献

［1］刘桂荣．统计学原理：第三版［M］．上海：华东理工大学出版社，2016.
［2］李志伟．统计学［M］．北京：中国财政经济出版社，2016.
［3］李洁明．统计学原理：第六版［M］．上海：复旦大学出版社，2014.
［4］戴德锋．统计学基础［M］．北京：电子工业出版社，2014.
［5］刘太平．统计学原理［M］．北京：北京理工大学出版社，2014.
［6］陈建宏，杨彦柱．统计学基础［M］．北京：北京理工大学出版社，2013.
［7］李爱强．统计学基础［M］．北京：北京邮电大学出版社，2012.
［8］崔奇，梁珍．统计学原理［M］．北京：中央广播电视大学出版社，2011.
［9］邓红，向辉．统计学基础［M］．北京：北京理工大学出版社，2009.
［10］马三生，刘明星．统计学原理［M］．北京：冶金工业出版社，2008.
［11］吕朝辉，张会锋．统计学基础［M］．北京：化学工业出版社，2008.
［12］郑国，赵爱威．统计学原理［M］．北京：中国轻工业出版社，2006.